全国工会工作指导用书
依据中国工会最新文件精神组织编写

工会
劳动争议防范与处理实务

张安顺　寇煜　赵超◎编著

人民日报出版社

图书在版编目（CIP）数据

工会劳动争议防范与处理实务 / 张安顺，寇煜，赵超编著. —北京：人民日报出版社，2024. 11.
ISBN 978-7-5115-8559-2

Ⅰ.①D922.591

中国国家版本馆 CIP 数据核字第 2024G35R93 号

书　　名：工会劳动争议防范与处理实务
GONGHUI LAODONG ZHENGYI FANGFAN YU CHULI SHIWU
作　　者：张安顺　寇　煜　赵　超

出 版 人：刘华新
责任编辑：刘天一
封面设计：陈国风

出版发行：人民日报出版社
地　　址：北京金台西路 2 号
邮政编码：100733
发行热线：（010）65369527　65369846　65369509　65369510
邮购热线：（010）65369530　65363527
编辑热线：（010）65363105
网　　址：www.peopledailypress.com
经　　销　新华书店
印　　刷　北京柯蓝博泰印务有限公司

开　　本：170mm×240mm　1/16
字　　数：400 千字
印　　张：27.75
版次印次：2025 年 6 月第 1 版　2025 年 6 月第 1 次印刷

书　　号：ISBN 978-7-5115-8559-2
定　　价：128.00 元

前言
Preface

随着社会主义市场经济发展，我国企业组织形式、用工方式、职工队伍结构、劳动关系等方面发生了深刻变化，劳动争议随之呈现增长趋势。劳动争议是劳动关系当事人之间因劳动权利和义务产生分歧而引起的争议。劳动争议实质上是劳动关系当事人之间利益矛盾、利益冲突的表现，是劳动关系不协调的反映。如果劳动争议得不到及时妥善解决，不仅可能导致劳动关系矛盾激化，影响到社会的和谐稳定，还会对劳动者合法权益造成损害。工会作为劳动者合法权益的代表者和维护者，要切实履行维护职工合法权益、竭诚服务职工群众的基本职责，促进劳动关系和谐稳定，推动经济社会高质量发展，就必须高度重视并积极参与劳动争议的防范与处理。

为了真正做好劳动争议防范与处理工作，充分发挥工会在劳动争议防范与处理工作中的积极作用，工会干部应当认真学习、掌握劳动争议防范与处理的基本知识与相关法律法规，进一步提高参与劳动争议防范与处理的能力和水平。为了满足工会干部学习培训的需要，我们组织编写了本书。本书共分11章，按照劳动争议防范与处理整个过程，对劳动争议的预防、协商、调解、仲裁、诉讼分别进行了比较全面系统的阐述，突出了通用性、实用性、可操作性和时效性特点，依据可靠，结构合理，层次清晰，通俗易懂，而且每章都附有思考题与案例，便于工会干部学习理解掌握。希望本书能为工会组织和工会干部参与劳动争议防范与处理工作提供帮助。

本书在编写过程中参考了不少有关书籍和文献资料，在此谨向有关作者表示诚挚的谢意。同时，也向为本书出版做出辛勤努力的出版社编辑同志表示衷心感谢。

尽管我们付出了很大的努力，但由于编者水平有限，疏漏不妥之处在所难免，敬请读者提出宝贵意见。

目 录
Contents

第一章 劳动争议处理基础理论

第一节 劳动争议及其构成要素 / 2
第二节 劳动争议的种类及与其他争议的区别 / 9
第三节 工会与劳动争议处理 / 15

第二章 劳动争议处理的一般规定

第一节 劳动争议处理的范围 / 35
第二节 劳动争议处理的原则和基本程序 / 56
第三节 劳动争议的举证 / 65
第四节 协调劳动关系三方机制 / 74
第五节 劳动者有权向劳动保障行政部门投诉 / 76

第三章 劳动争议的产生和预防

第一节 当前我国劳动争议的主要特点和表现形式 / 85
第二节 劳动争议的预防 / 87
第三节 工会劳动争议预防工作 / 94

第四章 劳动争议协商

第一节 劳动争议协商概述 / 109

第二节　劳动争议协商的实施 / 114
第三节　工会参与劳动争议协商 / 120

第五章　劳动争议调解（上）

第一节　劳动争议调解概述 / 131
第二节　劳动争议调解组织 / 138

第六章　劳动争议调解（下）

第一节　劳动争议调解程序 / 158
第二节　劳动争议调解协议书和调解意见书 / 166
第三节　劳动争议调解的效力 / 169
第四节　新就业形态劳动纠纷一站式调解 / 174
第五节　工会参与劳动争议调解 / 177

第七章　劳动争议仲裁概述

第一节　劳动争议仲裁理论与一般规定 / 185
第二节　劳动争议仲裁的原则 / 188
第三节　劳动争议仲裁参加人 / 193
第四节　劳动争议仲裁管辖 / 207
第五节　工会参加劳动争议仲裁 / 212

第八章　劳动争议仲裁组织

第一节　劳动争议仲裁委员会 / 223
第二节　劳动争议仲裁庭 / 233
第三节　劳动争议仲裁员 / 237

第九章 仲裁程序

第一节 申请和受理 / 260
第二节 仲裁开庭 / 282
第三节 仲裁裁决 / 306

第十章 简易处理、集体劳动人事争议处理与调解程序

第一节 简易处理 / 337
第二节 集体劳动人事争议处理 / 345
第三节 调解程序 / 354

第十一章 劳动争议诉讼

第一节 劳动争议诉讼概述 / 381
第二节 劳动争议诉讼当事人 / 386
第三节 劳动争议诉讼管辖 / 391
第四节 劳动争议诉讼证据 / 394
第五节 第一审普通程序 / 396
第六节 简易程序 / 411
第七节 第二审程序 / 413
第八节 劳动争议案件的执行 / 416
第九节 工会参与劳动争议诉讼 / 422

参考资料及说明 / 432

第一章 劳动争议处理基础理论

劳动争议是劳动关系不协调的表现，是劳动关系矛盾的反映。及时、妥善处理劳动争议，矫正被扭曲的劳动关系，对保护劳动关系双方当事人的合法权益，构建和发展和谐稳定的劳动关系，促进经济社会高质量发展，有着非常重要的意义。

第一节　劳动争议及其构成要素

一、劳动争议

劳动争议，也称“劳动纠纷”“劳资争议”，指劳动关系双方当事人因实现劳动权利和履行劳动义务所发生的纠纷，也包括用人单位与劳动者的集体组织即工会因集体劳动权利、集体劳动义务发生的争议。

可以从以下几方面理解劳动争议的内涵。

（一）劳动争议的发生以劳动关系为基础

劳动争议产生的前提必须是双方当事人之间存在着一定的劳动关系。不存在劳动关系，劳动争议是无从谈起的。劳动关系是劳动者在运用劳动能力，实现劳动过程中与用人单位之间产生的一种社会关系。在现代市场经济条件下，劳动关系有以下基本特征。第一，它以劳动为目的，以劳动力与生产资料相结合为方式，在人们运用劳动能力、作用于劳动对象、实现劳动过程中发生。第二，它具有自然关系和社会关系的双重属性。劳动关系不仅表现为单纯的劳动力的使用和被使用关系，即人与自然的关系，还包含着社会经济、政治、文化、道德等的社会关系。第三，它的主体是特定的，一方为劳动力的所有者，即劳动者；另一方为劳动力的使用者，即用人单位。第四，它是人身关系属性和财产关系属性相结合的社会关系。由于劳动力的存在和支出与劳动者人身不可分离，劳动者把劳动力让渡给用人单位使用，实际上就等于劳动者将其人身在一定限度内交给了用人单位，因而劳动关系在此意义上是一种人身关系。由于劳动者给用人单位提供劳动力是为了换取生活资料，所以用人单位必须为劳动者支付工资、缴纳社会保险费、提供福利待遇等。在此意义上，劳动关系同时又是一种财产关系。第五，它是平等性与隶属性兼有的社会关系。其平等性表现在劳动者与用人单位通过劳动力市场相互选择、平等协商，以劳动合同的方式建立劳动关系的过程中，并可以通过平等协商来延续、变更或终止劳动关系。其隶属性表现在劳动关系一旦建立，劳动者就成为用人单位的一名职工，接受用人单位的管理，遵守用人单位的规章制度，从而形成一种管理和被管理的隶属关系。第六，它体现的是一种权利和义务关系，双方既享有权利，又承担义务。第七，它的产生、变更和终止必须符合法律规定。

（二）劳动争议的当事人是特定的

劳动争议的当事人，一方为劳动者或者其团体，另一方为用人单位。如果争议不是发生在劳动关系双方当事人或者其团体之间，而是发生在劳动者与劳动者之间、用人单位与用人单位之间、劳动者与国家机关之间、用人单位与国家机关之间，即使争议的内容涉及劳动方面的问题，也不构成劳动争议。例如，劳动者之间在劳动过程中发生的争议，用人单位之间因劳动力流动发生的争议，劳动者与劳动服务主体在劳动服务过程中发生的争议，用人单位与劳动行政主管部门在劳动行政管理过程中因执行劳动标准而发生的争议，都不属于劳动争议。

（三）劳动争议的内容是劳动权利和劳动义务

劳动权利和劳动义务是依据《劳动法》、集体合同和劳动合同具体确定的，主要包括劳动就业、工作时间和休息休假、劳动报酬、劳动安全卫生、女职工特殊劳动保护、未成年工特殊劳动保护、社会保险、社会福利、职业培训、奖励惩罚等，因而劳动争议的内容相当广泛。对于以劳动权利和劳动义务以外的其他权利、义务为标的的争议，如劳动者与用人单位之间因借款、集资款发生的争议，尽管发生在劳动者与用人单位之间，但不属于劳动争议。

（四）劳动争议有特定的表现形式

劳动争议的形式，表现为劳动关系双方当事人提出不同主张和要求的意思表示。即当事人双方对劳动权利和劳动义务的确定或实现各持己见，既包括当事人一方反驳另一方的主张或者拒绝另一方的要求，也包括当事人向国家机关、劳动争议处理机构或者有关团体提出给予保护或处理争议的请求。

劳动争议主要是劳动者与用人单位之间利益矛盾的表现，就其矛盾性质而言，具有以下特征。

1. 劳动争议的矛盾是非对抗性的。在社会主义条件下，劳动者与用人单位的根本利益是一致的，只有用人单位的经济效益提高了，发展壮大了，劳动者的利益才能从根本上得到保障；而只有把职工的利益实现好、维护好、发展好，才能充分调动劳动者的积极性，从而促进用人单位的发展。双方即使发生矛盾，也是人民内部矛盾，完全可以用处理人民内部矛盾的办法来加以解决。

2. 劳动争议的矛盾在一定条件下可以发生转化。在社会主义市场经济条件下，劳动争议一般表现为非对抗性矛盾，但是它比较容易被激化，若处理不当或者不及时，就会转化为对抗性矛盾，甚至引发职工群体性事件，影响劳动领域政治安全和社会的稳定与和谐。所以，对劳动争议应当高度重视，及时妥善处理。

二、劳动争议的构成要素

劳动争议由主体、内容和客体三个要素构成。

（一）劳动争议的主体

劳动争议的主体，即劳动争议当事人，指依照劳动法律法规规定参与劳动法律关系并享有劳动权利和承担劳动义务的当事人。根据我国《劳动法》《劳动争议调解仲裁法》等有关法律法规规定，劳动争议的主体是用人单位和劳动者。

1. 用人单位

用人单位，又称用工单位，在许多国家被称为雇主或者雇佣人，指有用人权利能力和用人行为能力，使用 1 名以上劳动者并且向劳动者支付劳动报酬的单位。在我国，法律界定的用人单位包括以下几方面。

（1）企业。一般指以营利为目的，运用各种生产要素（土地、劳动力、资本、技术、管理等），向市场提供商品或服务，实行自主经营、自负盈亏、独立核算的法人或其他社会经济组织，包括我国境内的各种所有制性质、各种治理形式的企业。各种所有制性质，包括国有、集体、私营、外商投资、港澳台投资和混合所有制企业等。各种治理形式，包括独资企业、合伙企业、合作制企业、有限责任公司、股份有限公司，也包括法人企业和非法人企业，集团公司和下属子公司，还有企业下属分支机构等。

（2）事业单位。指国家为了社会公益目的，由国家机关举办或者其他组织利用国有资产举办的，从事教育、科技、文化、卫生等活动的社会服务组织，包括各类事业单位，如学校、医院、科研院所等。

（3）机关。即国家机关，指国家为行使其职能而设立的各种机构，包括县级以上中国共产党委员会及其所属各工作部门、县级以上各级人民代表大会机关、县级以上各级人民政府及其所属各工作部门、县级以上各级政治协商会议机关、县级以上各级人民法院和检察机关、县级以上各民主党派机关、乡镇中国共产党委员会和人民政府，以及街道办事处，但不包括国家军事机关。

（4）社会组织。社会组织，又称民间组织、非营利组织，对应国外一般称为非政府组织，在我国指政党、政府之外的各类民间性组织，主要由以下三个主体组成：社会团体、基金会和社会服务机构。

（5）个体经济组织，指有雇工的个体工商户。

（6）民办非企业单位，指企业事业单位、社会团体和其他社会力量以及公民个人利用非国有资产举办的，从事非营利性社会服务活动的组织，如民办学校、民办医院、民办图书馆等。

2. *劳动者*

劳动者，有广义和狭义之分，广义指具有劳动权利能力和劳动行为能力的公民；狭义仅指劳动关系中的劳动者，指具有劳动权利能力和劳动行为能力并且已经依法参与劳动关系的公民，在世界各国还有职工、员工、雇工、劳工、雇员、受雇人等称谓。在我国一般称为职工（员工）。从许多国家劳动法所规定的劳动者定义和范围来看，劳动关系中的劳动者一般包括四层含义：（1）劳动者是被用人单位依法雇佣（录用）的公民；（2）劳动者是在用人单位（雇主）管理下从事劳动的公民；（3）劳动者是以工资收入为主要生活来源的公民；（4）劳动者是依法享受社会保险待遇的公民。

劳动者团体——工会。《工会法》规定："工会是中国共产党领导的职工自愿结合的工人阶级群众组织，是中国共产党联系职工群众的桥梁和纽带。中华全国总工会及其各工会组织代表职工的利益，依法维护职工的合法权益。"《中国工会章程》规定："中国工会是中国共产党领导的职工自愿结合的工人阶级群众组织，是党联系职工群众的桥梁和纽带，是国家政权的重要社会支柱，是会员和职工利益的代表。"工会的基本职责是维护职工合法权益、竭诚服务职工群众。

（二）劳动争议的内容

劳动争议的内容，指劳动争议所涉及的劳动权利和劳动义务，也就是说劳动争议以劳动权利和劳动义务为标的。在劳动关系中，双方当事人都享有权利和负有义务，双方的权利和义务相互对应、彼此依存，即各方的权利都以对方的义务为保证，各方的义务都是对方权利的体现。《劳动法》规定："劳动者享有平等就业和选择职业的权利、取得劳动报酬的权利、休息休假的权利、获得劳动安全卫生保护的权利、接受职业技能培训的权利、享受社会保险和福利的权利、提请劳动争议处理的权利以及法律规定的其他劳动权利。劳动者应当完成劳动任务，提高职业技能，执行劳动安全卫生规程，遵守劳动纪律和职业道德。"

（三）劳动争议的客体

劳动争议的客体，是劳动争议双方当事人权利义务所共同指向的对象。在实践中，劳动争议的客体有复杂多样的具体表现形态，一般主要有行为、现金、物。例如，解除劳动合同争议的标的，劳动争议的客体通常主要表现为行为；因劳动报酬发生的争议，劳动争议的客体通常主要表现为现金；因劳动安全卫生条件发生的争议，劳动争议的客体通常主要表现为物。

三、劳动争议处理的重要意义

（一）有利于保护双方当事人的合法权益

劳动关系是劳动者与用人单位之间在实现劳动过程中的权利义务关系，双方当事人都享有权利并负有义务，根据《劳动法》规定，劳动者享有平等就业和选择职业的权利、取得劳动报酬的权利、休息休假的权利、获得劳动安全卫生保护的权利、接受职业技能培训的权利、享受社会保险和福利的权利、提请劳动争议处理的权利以及法律规定的其他劳动权利。同时，劳动者应当履行完成劳动任务、提高职业技能、执行劳动安全卫生规程、遵守劳动纪律和职业道德的义务。而用人单位的权利主要是：要求劳动者按时、保质、保量完成劳动任务的权利；要求劳动者努力提高职业技能、以适应生产工作需要的权利；要求劳动者认真执行劳动安全卫生规程的权利；要求劳动者严格遵守劳动纪律和职业道德的权利。用人单位的义务主要是：依法与劳动者签订、变更、解除、终止劳动合同或集体合同的义务；支付劳动者劳动报酬的义务；保证劳动者休息休假的义务；为劳动者提供安全卫生和劳动保护的义务；为女职工和未成年工提供特殊劳动保护的义务；为劳动者提供职业培训的义务；为劳动者提供社会保险和福利的义务；保证劳动者实现法律规定的其他权利的义务；依法建立和完善劳动规章制度，保证劳动者享有劳动权利和履行劳动义务。劳动者和用人单位的权利和义务是紧密联系、相互对应的，任何一方都应当正确行使权利，严格履行义务，双方的权利和义务都受法律保护。当劳动争议发生时，必然会使劳动关系一方当事人的权利受到侵犯。通过公正及时地处理劳动争议，纠正违法或不适当的行为，从而保护劳动者和用人单位的合法权益。

（二）有利于促进劳动关系和谐稳定

劳动关系是劳动者在运用劳动能力，实现劳动过程中与用人单位之间产生的一种社会关系。劳动关系是现代社会经济生活中最基本、最主要的社会关系，关系到人们最基本的生存和发展权益，具有极其鲜明的社会普遍性、具体权益性、复杂多变性、协调共决性和历史过程性。劳动争议反映的是涉及人民群众最关心、最直接、最现实的基本权利与利益的矛盾，劳动关系的和谐稳定是社会和谐稳定的前提和基础，化解劳动关系矛盾是化解社会矛盾的根本环节与基本内容之一。所以，确保劳动关系领域政治安全，必须保证劳动关系的和谐稳定。和谐稳定的劳动关系是劳资双方齐心协力、共谋发展的双赢关系，是劳资双方相互尊重、和谐相处的平等关系，是相互支持、相互信任的合作关系，是利益相容、矛盾协调的共生关系，是共同创造、共享社会成果的发展关系。而要实现劳动关系的和谐稳定，就必须依法妥善处理劳动争议。劳动争议是劳动关系双方当事人之间的纠纷，是劳动关系矛盾的表现，是劳动关系不和谐的反映。劳动争议如果得不到正确、及时、妥善处理，就可能使矛盾激化，引发恶性事件。特别是集体劳动争议，如果不能及时、妥善处理，还可能引起职工集体上访、停工怠工等群体性事件的发生，影响社会的安定团结。只有及时、妥善处理劳动争议，才能化解矛盾，消除隔阂，增进双方的信任和团结，促进劳动关系的和谐稳定。同时，通过及时妥善处理劳动争议，还可以使劳动者和用人单位从中受到劳动法治教育，增强劳动法律意识，自觉遵守国家有关劳动法律法规，依法规范劳动用工行为，把劳动关系的运行纳入法治化轨道，确保劳动关系的和谐稳定。

（三）有利于推动经济社会高质量发展

通过及时妥善处理劳动争议，维护劳动关系双方当事人的合法权益，可以使劳动者在劳动方面的各项权利得到实现，从而充分调动劳动者的积极性、主动性、创造性，不断提高劳动生产率。对用人单位来说，可以维护正常的生产工作秩序，使用人单位在和谐的环境中组织生产和劳动，不断改进生产技术和经营管理，提高市场竞争力和经济效益，推动经济社会高质量发展。

第二节 劳动争议的种类及与其他争议的区别

一、劳动争议的种类

劳动关系纵横交错，纷繁复杂，涉及面广，内容丰富，由此决定了劳动争议的错综复杂性和纷繁多样性。对劳动争议这一复杂的社会现象，按其发生发展规律进行分类，找出共性，抓住特性，从中发现劳动争议处理的规律，对我们做好劳动争议处理工作，促进劳动关系的和谐稳定，具有重要的意义。

根据不同的划分标准，劳动争议分类如下。

（一）个人劳动争议、集体劳动争议和团体劳动争议

根据劳动争议职工一方当事人人数的多少或者是否为工会来划分，劳动争议可划分为个人劳动争议、集体劳动争议和团体劳动争议。

个人劳动争议，也叫个别劳动争议，指单个劳动者与用人单位之间的劳动争议。在这种劳动争议中，职工一方当事人仅限于1—9人，争议的处理必须由职工当事人本人或者其委托的代理人参加。职工一方当事人为2—9人时，其中任何一人在无另一人委托授权的情况下，都无权代表另一人参加劳动争议处理。

集体劳动争议，也叫多人劳动争议，指多个劳动者就同一类个人行为或者基于共同的争议理由，与用人单位发生的劳动争议。按照《劳动争议调解仲裁法》第7条规定：“发生劳动争议的劳动者一方在十人以上，并

有共同请求的，可以推举代表参加调解、仲裁或者诉讼活动。”可见，集体劳动争议指发生劳动争议的劳动者一方在十人以上，并有共同请求的劳动争议。集体劳动争议的劳动者一方当事人可以推举代表参加调解、仲裁或者诉讼活动。

团体劳动争议，也叫集体合同争议，指工会与用人单位或团体之间因集体合同的订立、履行、变更或者解除、终止发生的争议。团体劳动争议不同于集体劳动争议。团体劳动争议的标的是全体职工的共同利益，集体劳动争议的标的是部分职工的共同利益；团体劳动争议由工会主席为法定代表人参加争议的处理，集体劳动争议的当事人应当推举代表参加争议的处理。

（二）权利争议和利益争议

按照劳动争议的性质可划分为权利争议、利益争议。

权利争议，也叫实现既定权利争议，指因实现劳动法律法规、集体合同和劳动合同所规定的权利和义务所发生的争议。在当事人权利义务既定的情况下，只要当事人双方都按照法律法规、集体合同、劳动合同的规定行使权利和履行义务，一般不会发生争议；如果当事人一方不按规定行使权利和履行义务，侵犯另一方当事人既定合法权益，或者当事人双方对如何行使权利和履行义务理解上存在分歧，争议就会发生。例如支付工资争议、缴纳社会保险费争议、工伤待遇争议、支付经济补偿金争议等。

利益争议，也叫确定权利的争议，指因主张有待确定的权利和义务所发生的争议。在当事人的权利和义务尚未确定的情况下，如果双方对权利和义务有不同的主张，就会发生争议。利益争议通常是在劳动关系运行过程中，用人单位或者其团体与工会因订立、变更集体合同发生的争议。它是为创设将来的合同，设定将来的劳动权利和义务而发生的争议。较多表现为订立、变更集体合同的集体谈判陷入僵局或者失败。

划分权利争议和利益争议的意义在于两者的处理方式、程序不同。一般而言，权利争议是由于执行劳动法律、法规和合同规定而发生的争议，双方的权利义务是明确的，是有法律依据的，易于判断，因而适用劳动争议的调解、仲裁和诉讼程序；而利益争议的解决没有可以适用的实体依据，没有明确的判断标准，无法通过诉讼作出裁判，因此，一般主要是通过双方协商来解决，在协商不成时，可以通过协调解决。

（三）国内劳动争议和涉外劳动争议

按照劳动争议是否有涉外因素划分，劳动争议可划分为国内劳动争议和涉外劳动争议。

国内劳动争议指我国的用人单位与具有我国国籍的劳动者之间发生的劳动争议。其中包括：我国在国（境）外设立的机构与我国派往该机构工作的人员之间发生的劳动争议。

涉外劳动争议，指劳动争议当事人一方或双方具有外国国籍或无国籍的劳动争议。它包括：中国用人单位与外籍职工之间、外籍雇主与中国职工之间、在华外籍雇主与外籍职工之间的劳动争议。涉外劳动争议的处理，应当按照国际惯例，适用雇主所在地法。凡用人单位（雇主）在我国境内的涉外劳动争议，都应当适用我国的法律进行处理。

（四）劳动关系争议和劳动条件争议

按照劳动争议所涉及的权利义务的具体内容，劳动争议可划分为劳动关系争议和劳动条件争议。

劳动关系争议涉及劳动关系的建立、存续和消灭，表现为劳动合同的订立、变更、解除、终止与续订发生的争议；也包括因事实劳动关系认定引起的争议，因除名、开除、辞退、辞职、离职发生的争议。

劳动条件争议涉及劳动法律、法规规定和劳动合同约定的劳动条件的履行，还可以细分为：因工作时间和休息休假发生的劳动争议，因职业教育和技术技能培训发生的劳动争议，因劳动报酬（工资、奖金、津贴）发生的劳动争议，因劳动保护发生的劳动争议，因社会保险和生活福利发生的劳动争议等。

二、劳动争议与其他争议的区别

劳动争议与民事争议、劳动行政争议、人事争议等较为相近的争议相比，主要有以下区别。

（一）劳动争议与民事争议

民事争议又称民事纠纷，是公民之间、法人之间、公民和法人之间因民事权利和民事义务而产生的纠纷。它与劳动争议的区别主要如下。

1. 争议的主体不同。劳动争议的主体是特定的，即劳动争议只能发生在用人单位和劳动者之间；民事争议的主体是不特定的，它既可以发生在公民与公民之间，也可以发生在公民与法人之间、法人和法人之间。劳动争议的主体之间存在两种法律关系，即用人单位和劳动者在劳动合同关系中既是平等的法律主体，同时在劳动过程中又存在一种管理与被管理的隶属关系；而民事争议的主体是相互独立平等的，不存在任何隶属关系。

2. 争议的内容不同。劳动争议的内容是用人单位和劳动者之间在劳动过程中的劳动权利和义务，具体体现为支付工资、履行劳动合同、提供劳动保护、参加社会保险、给付福利待遇、遵守劳动纪律等，这都是双方当事人在劳动领域的权利和义务；民事争议的内容则是当事人之间民事权利和民事义务，是关于财产权益和人身权益的纠纷，具体表现为物权、债权、人身权等，多是当事人生活领域和经济活动范围内的权利和义务，较劳动争议具有相对的广泛性。

3. 产生的基础不同。劳动争议是基于当事人之间的劳动法律关系而产生的；民事争议的产生则是建立在当事人之间的民事法律关系基础之上。

4. 解决争议的法律依据和程序不同。处理劳动争议的法律依据是劳动法律、法规，包括劳动实体法和劳动程序法；解决民事争议的法律依据是民事法律、法规，包括《民法典》等实体法和《民事诉讼法》。劳动争议发生后，当事人可以协商解决，不愿协商或者协商不成的，可以向本单位劳动争议调解委员会、依法设立的基层人民调解组织以及其他具有劳动争议调解职能的组织申请调解，调解不成或者不愿调解的，可以向劳动争议仲裁委员会申请仲裁，对仲裁裁决不服的，可以向人民法院起诉。发生了民事争议，当事人既可以进行协商和解，也可以请求人民调解委员会、有关单位、有关行政部门进行调解，还可以依法向仲裁机构申请仲裁，或者向人民法院提起民事诉讼。

（二）劳动争议与劳动行政争议

劳动行政争议是劳动行政机关因实施国家劳动行政管理活动与管理相对人发生的一种行政法律关系中的权利、义务纠纷。它与劳动争议有以下区别。

1. 争议的主体不同。劳动行政争议的主体是劳动行政机关和公民、法人及其他组织。而劳动争议的主体是用人单位和本单位的劳动者。

2. 争议的内容不同。劳动行政争议的内容表现在劳动行政机关主体的职权、职责和相对人的权利、义务方面，即劳动行政机关的具体行政行为是否侵犯了相对人的合法权益。而劳动争议的内容是劳动关系主体之间劳动权利义务的纠纷。

3. 发生争议的原因不同。劳动行政争议是为实现劳动管理而产生的争议。而劳动争议则是为实现劳动过程而产生的争议。

4. 争议引起的诉讼程序不同。劳动行政争议引起劳动行政复议或劳动行政诉讼程序，被告只能是劳动行政机关；而劳动争议引起调解、仲裁程序，当事人不服仲裁裁决的，才可提起诉讼，劳动争议的双方当事人均可能成为原告或被告。

5. 处理争议的依据不同。处理劳动行政争议依据的是《行政复议法》和《行政诉讼法》，而处理劳动争议依据的是《劳动法》、《劳动合同法》、《劳动争议调解仲裁法》和《民事诉讼法》。

（三）劳动争议与人事争议

根据中组部、原人事部、解放军原总政治部 2007 年 8 月 9 日发布的

《人事争议处理规定》第2条规定，人事争议包括实施公务员法的机关与聘任制公务员之间、参照《中华人民共和国公务员法》管理的机关（单位）与聘任工作人员之间因履行聘任合同发生的争议，事业单位与工作人员之间因解除人事关系、履行聘用合同发生的争议，社团组织与工作人员之间因解除人事关系、履行聘用合同发生的争议，军队聘用单位与文职人员之间因履行聘用合同发生的争议，依照法律、法规规定可以仲裁的其他人事争议。它与劳动争议有以下区别。

1. 争议的主体不同。人事争议的主体是实施公务员法的机关、参照公务员法管理的机关、事业单位、社团组织、军队聘用单位与其聘任制公务员、工作人员、文职人员；劳动争议的主体是用人单位和与其建立劳动关系的劳动者。

2. 争议的内容不同。人事争议是因履行聘任合同、解除人事关系、履行聘用合同发生的争议；劳动争议是劳动关系双方因劳动权利和劳动义务发生的争议。

3. 处理机构和处理程序不同。根据《人事争议处理规定》，人事争议发生后，当事人可以协商解决；不愿协商或者协商不成的，可以向主管部门申请调解，其中军队聘用单位与文职人员的人事争议，可以向聘用单位的上一级单位申请调解；不愿调解或调解不成的，可以向人事争议仲裁委员会申请仲裁。当事人也可以直接向人事争议仲裁委员会申请仲裁。当事人对仲裁裁决不服的，可以向人民法院提起诉讼。而按照《劳动争议调解仲裁法》规定，发生劳动争议，当事人不愿协商、协商不成或者达成和解协议后不履行的，可以向劳动争议调解组织申请调解；不愿调解、调解不成或者达成调解协议后不履行的，可以向劳动争议仲裁委员会申请仲裁；对仲裁裁决不服的，除本法另有规定的外，可以向人民法院提起诉讼。

第三节 工会与劳动争议处理

一、工会概述

（一）工会的性质

《工会法》第2条第1款规定："工会是中国共产党领导的职工自愿结合的工人阶级群众组织，是中国共产党联系职工群众的桥梁和纽带。"这一规定表明了中国工会的本质属性是阶级性、群众性和政治性的相互统一。

1. 工会的阶级性。工会的阶级性，指工会是真正的工人阶级组织，并以工人阶级作为自己的阶级基础。工会的阶级性主要表现为：参加工会组织的是工人阶级的成员，工会是工人阶级利益的代表，工会的成立和发展体现了工人阶级的利益要求，工会是为工人阶级的利益而奋斗的，工会是按照工人阶级的特性组织起来、开展活动的。

2. 工会的群众性。工会的群众性，指工会是工人阶级在本阶级范围内最广泛的组织。首先，工会的群众性体现在工会的会员构成具有工人阶级范围内的广泛性方面；其次，工会的群众性体现在工会代表广大会员和职工群众的正当利益，维护他们的合法权益方面；再次，工会的群众性还体现在工会组织内部的民主性方面；最后，工会的群众性还体现在工会组织的自愿性方面。

3. 工会的政治性。工会自觉接受中国共产党的领导，鲜明地体现了我国工会具有高度的政治性。习近平总书记强调："工会工作做得好不好、有没有取得明显成效，关键看有没有坚持正确政治方向。"正确政治方向，核心就是要坚持中国共产党领导和社会主义制度。坚持正确政治方向，是工会做好工作、发挥作用的根本，也是工会作为党领导下的工人阶级群众组织的历史使命。

工会是阶级性、群众性和政治性的有机统一。工会的阶级性、群众性和政治性不是分割的，而是辩证地统一在一起的。阶级性离不开群众性，以群众性为基础；群众性也离不开阶级性，受阶级性的制约；工会的阶级性和群众性以政治性为方向和保障。始终坚持党的领导，坚持走中国特色社会主义工会发展道路，这是中国工会的显著特点。

（二）工会的社会职能

根据《工会法》《中国工会章程》规定，归纳起来，工会的社会职能有以下四项。

1. 维权服务职能。即工会维护职工群众合法权益、竭诚服务职工群众的职能。《工会法》规定："中华全国总工会及其各工会组织代表职工的利益，依法维护职工的合法权益。""维护职工合法权益、竭诚服务职工群众是工会的基本职责。工会在维护全国人民总体利益的同时，代表和维护职工的合法权益。"维护职工合法权益、竭诚服务职工群众是工会的性质决定的，是工会服从服务于党的中心任务的主要手段。从本质上讲，工会维护了职工的合法权益，就是维护了党与职工群众的血肉联系，就是维护了稳定的大局，就是维护了执政党的执政地位和执政基础。工会必须密切联系职工群众，听取和反映职工的意见和要求，全心全意为职工服务，切实把职工群众合法权益实现好、维护好、发展好。

2. 建设职能。即吸引和组织职工群众参加经济建设和改革，努力完成经济和社会发展任务、促进经济社会发展的职能。《工会法》规定："工会动员和组织职工积极参加经济建设，努力完成生产任务和工作任务。"工会的建设职能不仅是在生产领域，而且要不断地深入交换、分配、消费的各个领域；工会履行建设职能的目的，不仅要促进生产力的发展和技术进步，而且要促进生产关系的变革。工会要围绕立足新发展阶段、贯彻新发展理念、构建新发展格局，推动高质量发展，组织开展主题劳动和技能竞赛，大力开展合理化建议、职工技术协作、技术革新活动，拓展"五小"

竞赛活动，大力弘扬工人阶级伟大品格和劳模精神、劳动精神、工匠精神，充分调动广大职工的积极性、主动性、创造性，为全面建设社会主义现代化国家贡献力量。

3. 参与职能。即工会代表和组织职工群众参与国家和社会事务管理，参与企业、事业单位、社会组织的民主管理，发挥职工参政议政民主渠道的职能。《工会法》规定："工会组织和教育职工依照宪法和法律的规定行使民主权利，发挥国家主人翁的作用，通过各种途径和形式，参与管理国家事务、管理经济和文化事业、管理社会事务。"工会履行参与职能具有两个层次的含义：一是各级工会机构成为职工群众有组织地参政议政的民主渠道；二是基层工会要做好以职工代表大会或职工大会为基本形式的职工民主管理工作机构的工作。工会履行参与职能的主要形式和途径有：参与立法和政策的制定；工会与政府及其有关部门召开联席会议；发挥工会界代表和委员在各级人大、政协中的作用；加强基层职工民主管理，完善基层协调劳动关系的机制；参加协调劳动关系三方会议；畅通信息渠道；民主监督等。

4. 教育职能。即帮助职工不断提高思想政治觉悟和科学文化技术素质、建设高素质劳动者大军的职能。《工会法》规定："教育职工不断提高思想道德、技术业务和科学文化素质，建设有理想、有道德、有文化、有纪律的职工队伍。"工会履行教育职能的主要内容有：思想政治引领；牢固树立社会主义核心价值观；提高职工思想道德素质；提高职工技术业务素质；提高职工科学文化素质。履行教育职能的主要途径有：大力开展职工素质工程活动；深入开展社会主义核心价值观教育；协助政府和行政部门不断加强对职工职业培训，促进和完善继续教育制度，为职工素质的提高创造良好的条件；继续在职工中深入开展读书自学活动、群众性经济技术创新活动和建设"职工之家"活动。工会教育职能的目标是建设有理想、有道德、有文化、有纪律的"四有"职工队伍，建设知识型、技能型、创新型劳动者大军。

（三）我国工会的根本活动准则

《工会法》规定：“工会必须遵守和维护宪法，以宪法为根本的活动准则。”《中国工会章程》规定：“中国工会以宪法为根本活动准则，按照《工会法》和本章程独立自主地开展工作，依法行使权利和履行义务。”这些规定明确了工会活动的根本准则是宪法。

宪法是我国的根本大法，是治国安邦的总章程，集中体现了我国绝大多数人民的意志，在我国法律体系中具有最高的权威性和法律效力。全国各族人民、一切国家机关和武装力量，各政党和各社会团体、各企业事业、社会组织，都必须以宪法为根本的活动准则，并且负有维护宪法尊严、保证宪法实施的职责。作为执政党和国家政权阶级基础的工人阶级的群众组织，工会也必须以宪法为根本活动准则，以宪法原则、精神和具体规定来指导和规范工会的一切活动。

工会遵守和维护宪法，在宪法和法律的范围内开展活动，才能保证工会工作有明确的方向。同时，宪法体现了广大人民意志和对人民利益的保障，工会只有遵守和维护宪法的尊严，才能真正维护职工群众的根本利益。

（四）工会的基本职责

《工会法》规定：“维护职工合法权益、竭诚服务职工群众是工会的基本职责。工会在维护全国人民总体利益的同时，代表和维护职工的合法权益。”《中国工会章程》规定：“中国工会的基本职责是维护职工合法权益、竭诚服务职工群众。”

维护职工合法权益、竭诚服务职工群众是工会组织的基本职责，也是发挥广大职工积极性、主动性、创造性最重要最基础的工作。工会要赢得职工群众信任和支持，必须高举维护职工合法权益的旗帜，扎扎实实解决好职工群众最困难、最操心、最忧虑的实际问题，使改革发展成果更多更公平惠及职工群众；要坚持职工利益无小事的理念，顺应职工对美好生活的新期待，把工作重心放在广大职工身上，从大处着眼、小处着手，满腔热情做好服务职工工作，不断提升维权服务的质量和水平，切实提升职工群众的获得感、幸福感、安全感。

（五）工会维权的主要内容与机制

1. 工会维权的主要内容

（1）劳动经济权益

劳动经济权益是职工最基本最重要的权利和最具体最切身的利益，是劳动关系的核心内容，主要包括：劳动就业权，劳动报酬权，休息休假权，劳动安全卫生保护权，社会保险权等。

①劳动就业权。劳动就业指具有劳动能力的公民在法定劳动年龄内自愿从事有一定劳动报酬或者经营收入的社会劳动。劳动就业权，也叫就业权或者工作权，指公民享有的使自己的劳动力与生产资料相结合实现职业劳动的权利。劳动就业权是劳动者各项权利的基础，是各国宪法确认和保护公民的一项重要的基本权利。《劳动法》规定，劳动者享有平等就业和选择职业的权利。劳动就业权包含三方面内涵，一是劳动者平等就业权，就是要反对就业歧视；二是劳动者自主择业权，即劳动者就业的行为不受干涉的权利；三是非法定情由不失去劳动机会的权利，主要表现为用人单位不得随意辞退劳动者、解除劳动合同。

②劳动报酬权。劳动报酬权指劳动者依照劳动法律关系，履行劳动义务，由用人单位根据按劳分配的原则及劳动力价值支付报酬的权利。包括三方面基本内容：一是劳动报酬协商权，指劳动者与用人单位依法通过协商确定劳动报酬的形式和水平的权利，其核心是依法确定劳动者自己的劳动报酬；二是劳动报酬取得权，即劳动者在与用人单位建立劳动关系、付出了劳动之后，有权取得劳动报酬；三是劳动报酬支配权，即劳动者独立支配管理和处分自己劳动报酬的权利。劳动报酬支配权具有民法物权的属性，即劳动者有权自主地支配处分其劳动报酬，任何人都不能干涉和侵犯，否则就构成了侵权。

③休息休假权。休息休假权是一种基本人权，指劳动者在享受劳动权的过程中，享有为了保护自己身体健康和提高劳动效率，根据国家法律法规和规章制度的有关规定而享有的一系列休息权和休假权的总称。《宪法》

第 43 条规定，“中华人民共和国劳动者有休息的权利。国家发展劳动者休息和休养的设施，规定职工的工作时间和休假制度。”为保障劳动者休息休假权，《劳动法》《国务院关于职工工作时间的规定》《职工带薪年休假条例》等法律法规对职工工作时间和休息休假作了明确规定。

④劳动安全卫生保护权。劳动安全卫生保护指国家为了保护劳动者在生产劳动过程中的安全与健康，在改善劳动条件、消除事故隐患、防止生产安全事故和职业病危害、实现劳逸结合和女职工保护等方面，在法律上、组织上、制度上、技术上、设备上、教育上所采取的一系列的综合措施的总称。根据《安全生产法》规定，劳动者在安全生产方面的权利主要如下。

生产经营单位与劳动者订立的劳动合同，应当载明有关保障从业人员劳动安全、防止职业危害的事项，以及依法为劳动者办理工伤保险的事项。生产经营单位不得以任何形式与劳动者订立协议，免除或者减轻其对劳动者因生产安全事故伤亡依法应承担的责任。

生产经营单位的劳动者有权了解其作业场所和工作岗位存在的危险因素、防范措施及事故应急措施，有权对本单位的安全生产工作提出建议。

劳动者有权对本单位安全生产工作中存在的问题提出批评、检举、控告；有权拒绝违章指挥和强令冒险作业。生产经营单位不得因劳动者对本单位安全生产工作提出批评、检举、控告或者拒绝违章指挥、强令冒险作业而降低其工资、福利等待遇或者解除与其订立的劳动合同。

劳动者发现直接危及人身安全的紧急情况时，有权停止作业或者在采取可能的应急措施后撤离作业场所。生产经营单位不得因劳动者在前文所述的紧急情况下停止作业或者采取紧急撤离措施而降低其工资、福利等待遇或者解除与其订立的劳动合同。

生产经营单位发生生产安全事故后，应当及时采取措施救治有关人员。因生产安全事故受到损害的劳动者，除依法享有工伤保险外，依照有关民事法律尚有获得赔偿的权利的，有权提出赔偿要求。

⑤社会保险权。指劳动者由于年老、疾病、失业、伤残、生育等原因

失去劳动能力或劳动机会因而没有正常的劳动收入来源时，通过国家社会保险制度获得物质帮助的权利，是宪法赋予的公民社会保障权的重要内容。《宪法》第45条第1款规定，“中华人民共和国公民在年老、疾病或者丧失劳动能力的情况下，有从国家和社会获得物质帮助的权利。国家发展为公民享受这些权利所需要的社会保险、社会救济和医疗卫生事业”。《社会保险法》第2条规定，“国家建立基本养老保险、基本医疗保险、工伤保险、失业保险、生育保险等社会保险制度，保障公民在年老、疾病、工伤、失业、生育等情况下依法从国家和社会获得物质帮助的权利”。第3条规定，“社会保险制度坚持广覆盖、保基本、多层次、可持续的方针，社会保险水平应当与经济社会发展水平相适应”。

（2）民主政治权利

①民主管理权。民主管理指企事业单位职工依照我国法律法规和有关政策规定，通过职工代表大会为基本形式的各种组织形式，参加企（事）业管理，行使民主决策、民主参与、民主监督权力的活动。民主管理权是广大职工以主人翁的身份，依照法律规定，参与企事业单位管理的权利。民主管理权是宪法赋予劳动者的基本权利之一。民主管理权的基本内涵包括以下几方面。一是知情权。指职工了解企事业单位生产经营管理、关系职工切身利益的重大问题等信息的权利。知情权是职工最基本的权利，是职工民主参与和民主监督的前提。二是参与权。主要指职工依法通过各种途径和形式，参与管理企事业的权利。这里的各种途径和形式，包括选举、集体协商、座谈会、职代会、民主信箱、批评、建议以及网络等。三是表达权。即话语权，主要指职工通过职代会、座谈会、报刊、民主信箱等各种途径公开发表自己的思想、观点、主张、看法、意见、建议的权利。表达权是职工的基本人权，其实现的程度是衡量一个国家民主、法治和文明的重要尺度。四是监督权。主要指职工对企事业单位管理人员的管理决策行为进行监督的权利。

我国《宪法》第2条规定：“中华人民共和国的一切权力属于人民。人民行使国家权力的机关是全国人民代表大会和地方各级人民代表大会。

人民依照法律规定，通过各种途径和形式，管理国家事务，管理经济和文化事业，管理社会事务。”第 16 条规定：“国有企业在法律规定的范围内有权自主经营。国有企业依照法律规定，通过职工代表大会和其他形式，实行民主管理。”第 17 条规定：“集体经济组织在遵守有关法律的前提下，有独立进行经济活动的自主权。集体经济组织实行民主管理，依照法律规定选举和罢免管理人员，决定经营管理的重大问题。”

②依法参加和组织工会的权利。依法参加和组织工会是劳动者的一项基本权利。《劳动法》第 7 条规定：“劳动者有权依法参加和组织工会。工会代表和维护劳动者的合法权益，依法独立自主地开展活动。”《工会法》第 3 条规定：“在中国境内的企业、事业单位、机关、社会组织（以下统称用人单位）中以工资收入为主要生活来源的劳动者，不分民族、种族、性别、职业、宗教信仰、教育程度，都有依法参加和组织工会的权利。任何组织和个人不得阻挠和限制。工会适应企业组织形式、职工队伍结构、劳动关系、就业形态等方面的发展变化，依法维护劳动者参加和组织工会的权利。”

劳动者参加和组织工会的权利受国家法律保护，任何组织和个人不得阻挠和限制。违反工会法，侵犯劳动者参加和组织工会权利的，将依法追究其法律责任。《工会法》第 51 条规定：“违反本法第三条、第十二条规定，阻挠职工依法参加和组织工会或者阻挠上级工会帮助、指导职工筹建工会的，由劳动行政部门责令其改正；拒不改正的，由劳动行政部门提请县级以上人民政府处理；以暴力、威胁等手段阻挠造成严重后果，构成犯罪的，依法追究刑事责任。”

（3）精神文化权利

精神文化权利指职工依法在接受教育培训，不断丰富精神文化生活，努力提高自身思想道德和科学文化素质，增强创业能力和竞争能力等方面享有的权益。主要包括以下几方面。

①职业技能培训权。是劳动者有要求接受职业技能的教育和训练的权利，并可根据这一权利享受相应待遇的权利。《劳动法》第 3 条规定，劳

动者享有接受职业技能培训的权利。第 66 条规定，“国家通过各种途径，采取各种措施，发展职业培训事业，开发劳动者的职业技能，提高劳动者素质，增强劳动者的就业能力和工作能力”。我国劳动者的职业培训权，主要表现在劳动者在职培训中，但也包括就业前培训。劳动者在就业之后的职业培训权内容主要如下。一是获得参加各种职业培训资格的权利。劳动者依法要求参加规定的各种技能职业培训，用人单位不得拒绝。二是在职业培训中，有权获得规定的学习时间的权利。三是在职业培训中，按规定由用人单位负担的费用，用人单位应当支付，已经由劳动者代付的，用人单位必须依法返还。四是进行特殊培训的权利。从事特种作业的劳动者，要求进行专门培训是职工培训权的具体内容之一。五是获得职业培训证书或资格证书的权利。我国的职业培训中心环节就是建立统一的资格证书制度。通过国家确定职业分类，制定职业技能标准，建立起职业技能培训网络、职业资格证书制度和职业技能鉴定网络，逐步建立和完善职业技能开发体系，保障劳动者的职业培训权得以实现。

②参与文体活动权。文体活动是文艺活动和体育活动的总称。开展健康有益、丰富多彩的文化体育活动，可以丰富职工的业余文化生活，满足职工的精神文化需要，推动职工文化建设。对于工会组织和有关方面组织开展的文体活动，职工有权参与。

（4）社会权利

工会组织和代表职工参与社会事务管理和社会利益关系协调的各项活动，保障职工在社会生活领域拥有的各项权益，享受社会公共事业服务与保障。

（5）生态文明权益

工会要大力推进生态文明建设，维护环境权益，弘扬环境文化，促进人与人、人与自然和谐相处。

2. 工会的维权机制

建立健全利益协调机制，加强源头参与，推动完善工会与政府联席会议制度和协调劳动关系三方机制，抓好劳动合同、集体合同与职代会三个关键环节，促进广大职工共享改革发展成果。

建立健全诉求表达机制，进一步畅通信息渠道和诉求渠道，加强对职工权益实现状况的调查研究，有针对性地提出工会的政策建议，主动向党委报告、向政府反映职工的意愿和要求，督促企业落实有关法律法规和政策。

建立健全矛盾调处机制，推动完善劳动保障法律监督制度和机制，搞好劳动保障群众监督与行政监察的配合，健全劳动关系矛盾预警和疏导机制、劳动争议调解仲裁机制，完善工会法律援助与服务机制，向困难职工、农民工提供及时有效的帮助。

建立健全权益保障机制，围绕职工群众最关心最直接最现实的利益问题，大力促进就业和再就业，推动政府实施更加积极的就业政策，主动参与收入分配方面有关法规政策的研究制定，加大理顺收入分配关系、规范收入分配秩序工作的力度，促进健全社会保障体系。

二、参与劳动争议处理是工会的重要任务

根据《工会法》规定，工会的基本职责是维护职工合法权益、竭诚服务职工群众，而工会履行基本职责的一个重要途径和有效机制就是参与劳动争议处理工作，充分发挥工会在劳动争议处理中的重要作用。参与劳动争议处理是工会的法定权利和义务，也是工会推动在劳动领域贯彻落实全面依法治国战略、坚持和发展新时代“枫桥经验”的有力抓手。

在社会主义市场经济条件下，劳动关系日趋多元化、复杂化、市场化。由于劳动关系的变化，劳动争议不断增长。在这种现实背景下，依法参与劳动关系协调、参与劳动争议处理，在协调劳动关系和调处劳动争议中实现维权，成为工会工作的题中应有之义，成为工会的一项重要任务，也是广大职工对工会的要求和期望。而作为社会经济矛盾的产物，解决劳资冲突、协调劳动关系，并在这一过程中维护职工合法权益，是工会参与调整劳动关系的必然选择。

2023 年 12 月 28 日全国总工会印发了《工会参与劳动争议处理办法》，

要求进一步规范和加强工会参与劳动争议处理工作，提升工作实效，充分发挥工会在参与劳动争议多元化解、推动构建和谐劳动关系中的重要作用。

工会参与劳动争议处理，应当坚持中国共产党的领导，坚持以职工为本，坚持立足预防、立足调解、立足法治、立足基层，坚持公平、正义，最大限度将劳动争议矛盾化解在基层，化解在萌芽状态。

《工会参与劳动争议处理办法》要求，县级以上总工会应当将工会参与劳动争议处理工作纳入服务职工工作体系，健全工会参与劳动争议处理保障机制，促进工会参与劳动争议处理工作高质量发展。全国总工会法律工作部门负责指导、协调全国工会参与劳动争议处理工作。县级以上地方总工会法律工作部门负责指导、协调并组织实施本地区工会参与劳动争议处理工作。各级工会加强与同级人力资源社会保障、人民法院、人民检察院、司法行政、公安、工商业联合会、企业联合会/企业家协会、律师协会等部门的沟通，推动建立健全劳动争议处理协作联动机制，协力做好劳动争议处理工作。

三、工会在处理劳动争议中的作用

根据《工会参与劳动争议处理办法》规定，工会依法参与劳动争议协商、调解、仲裁、诉讼等工作。县级以上总工会依法为所属工会和职工提供法律援助等法律服务。职工因用人单位侵犯其劳动权益而申请劳动争议仲裁或者向人民法院起诉的，工会依法给予支持和帮助。

工会在处理劳动争议中的作用主要有以下几方面。

（一）参与劳动争议协商

劳动争议协商指劳动争议双方当事人就协调劳动关系、解决劳动争议进行商谈的行为。《劳动争议调解仲裁法》规定："发生劳动争议，劳动者可以与用人单位协商，也可以请工会或者第三方共同与用人单位协商，达成和解协议。"这就是说，发生劳动争议，工会可以接受职工及用人单位请求参与协商，促进劳动争议解决。工会发现劳动争议，应主动参与协商，及时化解矛盾。双方当事人经协商达成协议的，工会应当督促其自觉履行。

（二）主持用人单位劳动争议调解

根据《劳动争议调解仲裁法》及《工会参与劳动争议处理办法》的规定，工会在劳动争议中的作用主要如下。

1. 工会应当积极参与劳动争议多元化解机制建设，充分发挥工会在调解工作中的职能作用，推动构建党委领导、政府负责、人力资源社会保障部门牵头、工会等有关部门参与、司法保障、科技支撑的劳动争议多元化解工作格局。

2. 督促、帮助企业依法建立劳动争议调解委员会，建立健全调解工作制度，充分发挥劳动争议调解委员会的作用。工会还可以在城镇和乡镇企业集中的地方设立区域性劳动争议调解指导委员会，对本区域内发生的劳动争议进行调解。

3. 主持劳动争议调解委员会工作。《劳动争议调解仲裁法》规定："企业劳动争议调解委员会由职工代表和企业代表组成。职工代表由工会成员担任或者由全体职工推举产生，企业代表由企业负责人指定。企业劳动争议调解委员会主任由工会成员或者双方推举的人员担任。"这一规定明确了工会在劳动争议调解委员会中的主导作用。

4. 做好劳动争议调解员的培训工作，提高劳动争议调解员的法律水平、业务能力。

（三）参与劳动争议仲裁

《工会法》第29条第2款规定："地方劳动争议仲裁组织应当有同级工会代表参加。"《劳动争议调解仲裁法》第19条第1款明确规定："劳动争议仲裁委员会由劳动行政部门代表、工会代表和企业方面代表组成。"《劳动争议调解仲裁法》明确了工会作为职工利益的代表者参加劳动争议仲裁委员会，参与劳动争议仲裁办案的地位和职责，不仅体现了国际通行的劳动争议仲裁三方性原则，而且为工会在仲裁过程中反映职工的利益要求、发表意见提供了有力的法律支持，有助于促使劳动争议公正合理地解决。劳动争议仲裁委员会中的工会代表应当依法履行职责，积极参与仲裁委员会管辖范围内的劳动争议案件的仲裁工作；工会工作者依法取得仲裁员资格的，由劳动争议仲裁委员会聘为兼职仲裁员，在仲裁工作中与专职仲裁员享有同等的权利。

（四）在劳动争议仲裁和诉讼中给职工以支持和帮助

《工会法》第22条规定："企业、事业单位、社会组织处分职工，工会认为不适当的，有权提出意见。用人单位单方面解除职工劳动合同时，应当事先将理由通知工会，工会认为用人单位违反法律、法规和有关合同，要求重新研究处理时，用人单位应当研究工会的意见，并将处理结果书面通知工会。职工认为用人单位侵犯其劳动权益而申请劳动争议仲裁或者向人民法院提起诉讼的，工会应当给予支持和帮助。"工会的法律服务机构，应在劳动争议处理中承担法律咨询、代写法律文书直至担任代理人，为职工解决在劳动争议处理中的困难。

（五）参与集体劳动争议处理

发生集体劳动争议，用人单位工会应当及时向上级工会报告，依法参与处理，积极反映职工的意见和要求，维护职工的合法权益，防止发生群体性事件。

（六）做好劳动争议预防工作

要充分发挥工会组织植根基层、广泛联系群众的优势，通过参政议政、参与企业民主管理，依法完善企业规章制度，规范企业的劳动管理行为。并通过各种途径和形式，对职工群众和企业经营者进行劳动法律、法规的宣传教育，增强职工和管理人员的法律意识，提高依法办事的自觉性，有效减少和防止劳动争议的发生，促进劳动关系的和谐稳定。

需要注意的是，工会参与劳动争议处理，一是要在法律法规和政策范围内，既要以劳动者的代表身份直接介入，表达职工当事人的诉求；又要积极参与到劳动争议处理过程中，争取劳动者各项权利的实现，维护他们的合法权益；要监督劳动法律执行情况，一旦发现用人单位违反劳动法律法规，工会应当与用人单位进行交涉，要求用人单位采取措施予以改正，用人单位拒不改正的，工会可以请求政府及其相关部门依法作出处理。二是要进一步理顺工会法律工作部门、工会劳动争议调解组织与产业工会、工会各职能部门以及职工服务中心（困难职工帮扶中心）之间的关系，明确各自的工作职责，充分调动各个部门参与劳动争议处理工作的积极性和主动性，主动地站到调处工作的第一线，做好劳动争议处理的各项工作。三是要坚持调解优先，以调为主、裁审为辅，把工会的影响力贯穿于案件处理的各个环节，减少劳动者维权成本。四是要力求劳动争议妥善解决，支持职工走法律程序解决争议，把构建和谐劳动关系、促进企事业单位高质量发展作为根本目的。

思考题：

1. 如何理解劳动争议的内涵？
2. 劳动争议的构成要素有哪些？
3. 劳动争议处理的重要意义是什么？
4. 劳动争议分哪些种类？
5. 劳动争议与民事争议有什么区别？
6. 如何理解工会的性质？
7. 工会的基本职责是什么？
8. 工会维权的主要内容是什么？
9. 为什么说参与劳动争议处理是工会的重要任务？

案例 1

深圳新安街道总工会“四项举措”做实做细维权服务工作

2024 年 1 月 19 日　来源：中工网

广东深圳市宝安区新安街道总工会以“工会+劳动+法庭”项目为平台，通过三方联调、陌生讲课、跟班学习、联动工联会等四项维权举措，将职工维权合法权益落到实处，成效亮眼。

据了解，“工会+劳动+法庭”项目建立了独立的街道工会劳动争议调解工作室，由街道总工会联合劳动办及法庭，开展劳资纠纷三方联调工作，为当事人提供一站式的“调解+司法确认”服务，有效节约了维权成本、缩短了劳动纠纷的维权周期。目前，工会方有一名职业化工会工作者驻点工作室，劳动办和法庭各有一名工作人员对接参与，组成了调解工作小组。据统计，2023年度该工作室参与劳资纠纷调处1093宗，其中接受咨询/电话处理案件819宗，实地调解案件274宗，调解成功率为72%，实地调解案件帮扶职工648人，为劳动者挽回经济损失5789179.49元，将职工维权落到实处。

陌生讲课是由担任工会调解员的职业化工会工作者，经与尖岗山工联会负责人沟通后，每月定期在社区（园区）工联会给工会干部开展以案例分享和法律专业知识传授为内容的授课，现已先后授课十余节，内容包括《广东省企业集体合同条例》、集体合同备案流程、微信小程序线上申请仲裁流程、群体性劳资纠纷备案流程、典型案例分享等。

同时，让社区工联会的职业化工会工作者轮流到工作室跟班学习，形式分为参与信访调解和旁听劳动仲裁开庭两种。每次1人，频率为每周两个半天，定期轮换跟班学习人员。

此外，工作室调解过的案件，涉及工联会辖区的，及时与辖区工联会进行联动，转交工联会职业化工会工作者跟进，并持续跟踪劳资纠纷动向，有效防范和化解群体性劳资纠纷。“工会+劳动+法庭”项目成功与尖岗山工联会联动化解劳资纠纷27单，有效介入群体性劳资纠纷5单，涉及职工74人，为劳动者挽回经济损失147.48万元。

据介绍，驻点开展三方联调是以直接参与劳资纠纷调解的形式化解矛盾，而陌生讲课和跟班学习是以正面传播的方式间接参与职工维权。其中，陌生讲课主要是理论知识的传授，跟班学习则为实操技能方面的学习提升。以“工会+劳动+法庭”项目为平台，通过“传帮带”的形式播种工会“种子”，让受益的职业化工会工作者再对辖区企业基层工会进行转训，指导开展劳资纠纷实地调解，更专业化地去服务职工，以此扩大项目受众面，使项目受益人群从来到劳动办参与调解的劳资双方，扩大到了整个社区（园区）工联会服务覆盖的企业及职工。

案例 2

劳动者未依法享受养老待遇再就业时与单位存在劳动关系

案情

2019 年 6 月 12 日，李某入职一家物业公司，双方未签订劳动合同，且物业公司未为李某缴纳社会保险费，物业公司每月通过银行转账向李某支付工资，李某也按时到岗打卡并完成物业公司分配的各项工作。2022 年 9 月 20 日，李某达到退休年龄，因未依法享受退休养老待遇便继续在该物业公司工作。2022 年 11 月 25 日上午 11 时，李某在工作中突然心脏病发作晕倒，在被紧急送往医院的途中不幸去世。随后，作为李某唯一继承人的李小某要求物业公司承担工伤赔偿责任，但物业公司认为李某已过了法定退休年龄，双方应成立劳务关系，故拒绝承担工伤赔偿责任。经双方协商未果，李某的女儿李小某向当地的劳动人事争议仲裁委员会（以下简称“仲裁委”）申请劳动仲裁，要求确认李某与物业公司自 2019 年 6 月 12 日至 2022 年 11 月 25 日存在劳动关系。最终，仲裁委依法支持了李小某的仲裁请求。

案例评析

本案值得思考的法律问题主要有以下两点：第一，李某达到法定退休年龄后与物业公司存在劳动关系还是劳务关系？第二，李某在工作中因心脏病去世是否构成工伤？

首先，李某达到法定退休年龄后与物业公司是存在劳动关系的。

依据《劳动合同法》第 44 条的规定，有下列情形之一的，劳动合同终止：（一）劳动合同期满的；（二）劳动者开始依法享受基本养老保险待遇的；……另依据《最高人民法院关于审理劳动争议案件适用法律问题的解释（一）》第 32 条的规定，用人单位与其招用的已经依法享受养老保险待遇或者领取退休金的人员发生用工争议而提起诉讼的，人民法院应当按劳务关系处理。由此可知，李某达到法定退休年龄后物业公司并未为李某办理终止劳动合同手续，李某也未享受基本养老保险待遇并领取退休金，而是继续在原岗位工作，该情形不符合《最高人民法院关于审理劳动争议案件适用法律问题的解释（一）》第32条关于应按劳务关系处理的规定，故仲裁委认定双方存在劳动关系是符合法律规定的。

其次，李某在工作中因突发心脏病，并在紧急送医时去世，应当被认定为工伤。

依据《工伤保险条例》第15条第1款的规定，职工有下列情形之一的，视同工伤：（一）在工作时间和工作岗位，突发疾病死亡或者在48小时之内经抢救无效死亡的；（二）在抢险救灾等维护国家利益、公共利益活动中受到伤害的；（三）职工原在军队服役，因战、因公负伤致残，已取得革命伤残军人证，到用人单位后旧伤复发的。由此可知，此条款虽属于法律拟制的视同工伤的范畴，但仍然可以依法享受工伤待遇。李某在工作时间、工作岗位突发心脏病，而后在送医过程中死亡，依据上述条款第（一）项的规定，应当被认定为工伤。

结合本案，李某仅是达到法定退休年龄，但并未办理退休手续，也未享受养老保险待遇。因此，劳动者达到退休年龄并不必然导致劳动合同终止，亦不属于《最高人民法院关于审理劳动争议案件适用法律问题的解释（一）》第32条规定的按劳务关系处理的情形，李某与物业公司双方应当成立劳动关系。

案例3

线上加班费标准如何认定？

案情

李某于2020年4月入职某文化传媒公司，担任短视频运营总监，双方签订了期限自2020年4月8日至2023年4月7日的劳动合同，约定了三个月的试用期，试用期工资标准为每月2万元。李某在2020年4月8日至

2020年5月28日任职期间，在非工作时间完成了回复设计方案、方案改进等工作。2020年5月28日，某文化传媒公司以李某试用期不符合录用条件为由解除劳动关系，未支付李某加班费。李某认为某文化传媒公司存在未支付加班费等违法行为，申请劳动争议仲裁。后李某不服仲裁裁决，提出要求某文化传媒公司支付延时加班费19670.5元、双休日加班费26331元等诉讼请求。

法院审理认为，加班费数额应当综合劳动者岗位工作情况、用人单位业务特点及报酬给付标准等予以认定。因李某的工作无须在用人单位工作场所完成，且工作时间较为分散，难以量化考勤和进行科学的统计，审理法院根据李某提交的微信内容、自述公司的考勤时间及工资标准，酌情确定某文化传媒公司支付延时加班费1万元；根据微信内容等确定李某存在三天休息日到岗事实，判令某文化传媒公司支付休息日加班工资5517.24元。

意义

本案中，人民法院在认定“线上加班”加班费时，以劳动者提供的劳动占用其休息时间为认定标准，综合考虑劳动者的加班频率、时长、工资标准、工作内容等因素，酌情认定劳动者的加班费，依法保护劳动者的合法权益。

案例4

企业有权解雇实施性骚扰的员工

基本案情

2018年3月，李某入职某机械公司，任职车间副组长。2021年7月，两名女实习生投诉称，工作期间被李某言语轻薄，被要求为李某捏肩、强行搂抱等。当天，机械公司调查相关情况时，李某承认要求实习生捏肩，并在载明“违反公司纪律规定，开除处理”的离职会签单中签字。后机械公司解除与李某的劳动合同。李某提起仲裁请求机械公司支付赔偿金被驳回后，诉至苏州市吴江区人民法院。

裁决结果

法院经审理认为，李某存在对女实习生语言、肢体的性骚扰行为，机械公司根据员工奖惩规定，对李某作出解除劳动合同的处理并无不当，不构成违法解除劳动合同，机械公司无须支付赔偿金，法院据此判决驳回李某的诉讼请求。

案例评析

性骚扰行为侵犯他人人格尊严，影响被骚扰者的工作、生活。《民法典》第 1010 条规定确立了用人单位的性骚扰防治义务，即应采取合理的预防、受理投诉、调查处置等措施，防止和制止利用职权、从属关系等实施性骚扰。本案中，李某利用从属关系、工作便利，以言语、肢体行为对实习生进行性骚扰，具有较强隐蔽性和极大危害性。本案将社会主义核心价值观融入司法判决，将民法典规定适用于劳动审判领域，肯定企业正当履行性骚扰防治义务的行为，鼓励企业向性骚扰行为“勇敢亮剑”，对有效震慑职场性骚扰行为，助力净化职场环境具有典型示范意义。

第二章
劳动争议处理的一般规定

本章主要介绍劳动争议处理的基本规定，包括劳动争议处理的范围、劳动争议处理的原则和基本程序、劳动争议的举证、协调劳动关系三方机制等。

第一节 劳动争议处理的范围

《劳动争议调解仲裁法》第 2 条规定，“中华人民共和国境内的用人单位与劳动者发生的下列劳动争议，适用本法：（一）因确认劳动关系发生的争议；（二）因订立、履行、变更、解除和终止劳动合同发生的争议；（三）因除名、辞退和辞职、离职发生的争议；（四）因工作时间、休息休假、社会保险、福利、培训以及劳动保护发生的争议；（五）因劳动报酬、工伤医疗费、经济补偿或者赔偿金等发生的争议；（六）法律、法规规定的其他劳动争议”。根据这一规定，劳动争议的处理范围如下。

一、因确认劳动关系发生的争议

劳动关系是劳动者在运用劳动能力、实现劳动过程中与用人单位之间产生的一种社会关系。劳动关系的存在是劳动者与用人单位之间相互享有权利和履行义务的基本前提和依据，直接关系到双方当事人的合法权益。在实践中，一些用人单位招用劳动者不签订劳动合同，发生劳动争议时因双方劳动关系难以确定，致使劳动者合法权益难以维护，对劳动关系的和谐稳定带来不利影响，由此也引发了不少劳动争议。而且，劳动关系的确认，往往也是妥善处理其他劳动争议的先决条件。因此，因确认劳动关系发生的争议应当纳入劳动争议调解、仲裁范围。

为规范用人单位用工行为，保护劳动者合法权益，促进社会稳定，劳动和社会保障部于 2005 年 5 月 25 日发布了《关于确立劳动关系有关事项的通知》，明确规定用人单位招用劳动者未订立书面劳动合同，但同时具备下列情形的，劳动关系成立：(1) 用人单位和劳动者符合法律、法规规定的主体资格；(2) 用人单位依法制定的各项劳动规章制度适用于劳动者，劳动者受用人单位的劳动管理，从事用人单位安排的有报酬的劳动；(3) 劳动者提供的劳动是用人单位业务的组成部分。并规定，用人单位未与劳动者签订劳动合同，认定双方存在劳动关系时可参照下列凭证：（1）工资支付凭证或记录（职工工资发放花名册）、缴纳各项社会保险费的记录；（2）用人单位向劳动者发放的“工作证”“服务证”等能够证明身份的证件；（3）劳动者填写的用人单位招工招聘“登记表”“报名表”等招用记录；（4）考勤记录；（5）其他劳动者的证言等。其中，上述第（1）（3）（4）项的有关凭证由用人单位负举证责任。

二、因订立、履行、变更、解除和终止劳动合同发生的争议

劳动合同指劳动者与用人单位确立劳动关系、明确双方权利和义务的协议。劳动合同是市场经济条件下建立劳动关系的一种法律依据，是劳动者实现劳动权的重要手段。在社会主义市场经济条件下，全面实行劳动合同制，劳动者与用人单位通过签订劳动合同的方式来建立劳动关系，劳动合同既是劳动关系的凭证，又是规范和约束劳动行为的依据。为了完善劳动合同制度，明确劳动合同双方当事人的权利和义务，保护劳动者的合法权益，构建和发展和谐稳定的劳动关系，2007 年 6 月 29 日第十届全国人大常委会第 28 次会议审议通过了《劳动合同法》，对劳动合同的订立、履行、变更、解除和终止等作了明确规定。

（一）劳动合同的订立

劳动合同的订立，指劳动者和用人单位经过相互选择和平等协商，就劳动合同条款达成协议，从而确立劳动关系和明确相互权利义务的法律行为。订立劳动合同，应当遵循合法、公平、平等自愿、协商一致、诚实信用的原则。

1. 劳动合同的条款

劳动合同应当具备的条款包括：（1）用人单位的名称、住所和法定代表人或者主要负责人；（2）劳动者的姓名、住址和居民身份证或者其他有效身份证件号码；（3）劳动合同期限；（4）工作内容和工作地点；

（5）工作时间和休息休假；（6）劳动报酬；（7）社会保险；（8）劳动保护、劳动条件和职业危害防护；（9）法律、法规规定应当纳入劳动合同的其他事项。劳动合同除上述必备条款外，用人单位与劳动者可以约定试用期、培训、保守秘密、补充保险和福利待遇等其他事项。

2. 劳动合同订立的程序

订立劳动合同的程序一般分为两个阶段。第一阶段通常称为“招收录用”，是确定劳动合同双方当事人的程序。此阶段的程序包括下述主要环节：（1）公布招工（招聘）简章；（2）自愿报名；（3）全面考核；（4）择优录用（聘用）。第二阶段即具体签订劳动合同的阶段，是对劳动合同的具体内容通过平等协商达成一致意见的过程。此阶段的程序一般包括下述主要环节：（1）提出劳动合同草案；（2）介绍内部劳动规则；（3）商定劳动合同内容；（4）签名盖章。

（二）劳动合同的履行

劳动合同的履行，指劳动合同依法订立后，双方当事人遵守和执行劳动合同规定的各项条款，实现劳动合同内容的行为。它既包括劳动合同当事人履行劳动义务的行为，也包括劳动合同当事人实现劳动权利的行为。劳动合同签订后，劳动关系双方当事人的权利义务要靠履行劳动合同来实现。没有劳动合同的履行，劳动合同的订立就变得毫无意义。因此，劳动合同的履行是建立劳动合同制度的关键，在劳动合同法律制度中占有举足轻重的地位。对于订立劳动合同的当事人来说，要把劳动合同规定的内容变成现实，达到订立劳动合同的目的，就需要双方当事人认真履行劳动合同。

按照劳动法的原理，劳动合同的履行，应当遵循以下原则。

1. 全面履行原则。即要求劳动合同的当事人双方必须按照合同约定的时间、期限、地点，用约定的方式，按质、按量全部履行自己承担的义务，既不能只履行部分义务而将其他义务置之不顾，也不得擅自变更合同，更不得任意不履行合同或者解除合同。

2. 实际履行的原则。实际履行指劳动合同双方当事人要按照合同规定的标的履行自己的义务和实现自己的权利，不得以其他标的或方式来代替。

3. 亲自履行原则。指双方当事人要以自己的行为履行合同规定的义务和实现合同规定的权利，不得由他人代为履行。

4. 协作履行的原则。协作履行，即劳动合同双方当事人在履行合同的过程中要发扬协作精神，要相互帮助，共同完成合同规定的义务和实现合同规定的权利。

（三）劳动合同的变更

劳动合同的变更，指在劳动合同依法成立后，尚未履行或者尚未履行完毕之前，当事人就劳动合同的内容达成修改或补充协议。劳动合同依法成立后，即具有法律约束力，当事人双方必须严格履行劳动合同规定的义务，任何一方都不得擅自变更劳动合同。但是，在履行中由于客观条件的变化，允许变更劳动合同。《劳动合同法》规定："用人单位与劳动者协商一致，可以变更劳动合同约定的内容。变更劳动合同，应当采用书面形式。"

劳动合同变更的对象，只限于劳动合同的部分条款。它应当符合下述要求。

1. 是尚未履行或者尚未完全履行的有效条款。已履行完毕的条款再无变更的必要和可能；而无效的条款应予撤销，不应适用变更。

2. 是依法可予变更的条款。换言之，依法不应作为变更对象的条款，如合同当事人条款、合同期限条款等，不得进行变更。

3. 是引起劳动合同变更的原因所指向的条款。劳动合同变更由于法定或约定的原因不同，所应变更的条款也有所差异。凡是与劳动合同变更的原因无关的条款，就不必予以变更。

实践中，引起劳动合同变更的原因，按照其来源不同可大致归纳为以下三个方面。

1. 用人单位方面的原因。如企业转产、调整生产任务或者生产经营项目、重新进行劳动组合、改革改制、修订劳动定额、调整劳动报酬或职工福利分配方案、发生严重亏损、防止泄露商业秘密等。

2. 劳动者方面的原因。如身体健康状况发生变化，劳动能力部分丧失，本人职业技能与所在工作岗位不相适应、职业技能提高到一定等级等。

3. 客观方面的原因。如法律、法规和政策发生变化、物价水平大幅度上升、国民经济调整、社会动乱、自然灾害等。

在上述各种原因中，有的是可以变更劳动合同的条件，有的则是应当变更劳动合同的条件，这应依据劳动法规、集体合同和劳动合同中关于劳动合同变更条件的规定来确定。但无论哪一种原因，劳动合同的变更都必须符合法律、法规规定。否则，所变更的劳动合同内容无效，得不到国家法律保护，并视为违反劳动合同的行为而承担相应的责任。

（四）劳动合同的解除

劳动合同的解除，指劳动合同签订后，尚未履行完毕之前，由于某种原因导致当事人依法提前终止劳动合同的法律效力，解除双方的劳动权利义务关系的法律行为。解除劳动合同后，劳动合同未履行的部分不再履行，对当事人不再发生法律效力。根据劳动部《关于贯彻执行〈中华人民共和国劳动法〉若干问题的意见》的解释，劳动合同解除是指“劳动合同订立后，尚未全部履行以前，由于某种原因导致劳动合同一方或双方当事人提前消灭劳动关系的法律行为”。解除劳动合同，只对未履行部分发生效力，不涉及已履行的部分。

劳动合同的解除，可按照不同的标准划分为不同的种类。

按照劳动合同解除方式不同，可分为以下几种。

1. 协议解除。即劳动合同经当事人双方协商一致而解除。立法对这种解除方式一般不规定条件，只要求解除劳动合同的合意在内容、形式、程序上合法即可。《劳动合同法》规定，用人单位与劳动者协商一致，可以解除劳动合同。

2. 单方解除。即享有单方解除权的当事人以单方意思表示解除劳动合同。单方解除权，是指当事人依法享有的，无须对方当事人同意而单方决定解除劳动合同的权利。立法要求，当事人应当以要式行为行使其单方解除权。按照行使单方解除权的主体不同，可分为劳动者单方解除和用人单位单方解除。

（1）劳动者单方解除劳动合同

《劳动合同法》规定，劳动者提前30日以书面形式通知用人单位，可以解除劳动合同。劳动者在试用期内提前3日通知用人单位，可以解除劳动合同。

根据《劳动合同法》规定，用人单位有下列情形之一的，劳动者可以解除劳动合同：①用人单位未按照劳动合同约定提供劳动保护或者劳动条件的；②用人单位未及时足额支付劳动报酬的；③用人单位未依法为劳动者缴纳社会保险费的；④用人单位的规章制度违反法律、法规的规定，损害劳动者权益的；⑤因本法第26条第1款规定的情形致使劳动合同无效的；⑥法律、行政法规规定的其他情形。

用人单位以暴力、威胁或者非法限制人身自由的手段强迫劳动者劳动的，或者用人单位违章指挥、强令冒险作业危及劳动者人身安全的，劳动者可以立即解除劳动合同，不需要事先告知用人单位。

（2）用人单位单方解除劳动合同

根据《劳动合同法》规定，劳动者有下列情形之一的，用人单位可以解除劳动合同：①在试用期间被证明不符合录用条件的；②严重违反用人单位的规章制度的；③严重失职，营私舞弊，给用人单位造成重大损害的；④劳动者同时与其他用人单位建立劳动关系，对完成本单位的工作任务造成严重影响，或者经用人单位提出，拒不改正的；⑤因本法第26条第1款第1项规定的情形致使劳动合同无效的；⑥被依法追究刑事责任的。

有下列情形之一的，用人单位提前30日以书面形式通知劳动者本人或者额外支付劳动者1个月工资后，可以解除劳动合同：①劳动者患病或者非因工负伤，在规定的医疗期满后不能从事原工作，也不能从事由用人单位另行安排的工作的；②劳动者不能胜任工作，经过培训或者调整工作岗位，仍不能胜任工作的；③劳动合同订立时所依据的客观情况发生重大变化，致使劳动合同无法履行，经用人单位与劳动者协商，未能就变更劳动合同内容达成协议的。

《劳动合同法》规定，一次性裁减人员 20 人以上或者裁减不足 20 人但占企业职工总人数 10%以上的，属于经济性裁员。有下列情形之一，用人单位可以裁减人员：①依照企业破产法规定进行重整的；②生产经营发生严重困难的；③企业转产、重大技术革新或者经营方式调整，经变更劳动合同后，仍需裁减人员的；④其他因劳动合同订立时所依据的客观经济情况发生重大变化，致使劳动合同无法履行的。用人单位裁减人员必须履行下列程序：①必须提前 30 日向工会或者全体职工说明情况，并听取工会或者职工的意见；②裁减人员方案向劳动行政部门报告。用人单位裁减人员时，应当优先留用下列人员：①与本单位订立较长期限的固定期限劳动合同的；②与本单位订立无固定期限劳动合同的；③家庭无其他就业人员，有需要扶养的老人或者未成年人的。

《劳动合同法》规定，劳动者有下列情形之一的，用人单位不得依照本法第 40 条、第 41 条的规定解除劳动合同：①从事接触职业病危害作业的劳动者未进行离岗前职业健康检查，或者疑似职业病病人在诊断或者医学观察期间的；②在本单位患职业病或者因工负伤并被确认丧失或者部分丧失劳动能力的；③患病或者非因工负伤，在规定的医疗期内的；④女职工在孕期、产期、哺乳期的；⑤在本单位连续工作满 15 年，且距法定退休年龄不足 5 年的；⑥法律、行政法规规定的其他情形。

（五）劳动合同终止

劳动合同终止，指劳动合同的法律效力依法被消灭，亦即劳动合同所确立的劳动关系由于一定法律事实的出现而终结，劳动者与用人单位之间原有的权利和义务不复存在。根据《劳动合同法》规定，有下列情形之一的，劳动合同终止：

1. 劳动合同期满的；
2. 劳动者开始依法享受基本养老保险待遇的；
3. 劳动者死亡，或者被人民法院宣告死亡或者宣告失踪的；
4. 用人单位被依法宣告破产的；

5. 用人单位被吊销营业执照、责令关闭、撤销或者用人单位决定提前解散的；

6. 法律、行政法规规定的其他情形。

为保护处于困难情况下的劳动者不致因失业而丧失生活来源，法律对终止劳动合同的某些情形作了限制性规定。根据《劳动合同法》规定，劳动合同期满，有下列情形之一的，劳动合同应当续延至相应的情形消失时终止：

1. 从事接触职业病危害作业的劳动者未进行离岗前职业健康检查，或者疑似职业病病人在诊断或者医学观察期间的；

2. 在本单位患职业病或者因工负伤并被确认丧失或者部分丧失劳动能力的；

3. 患病或者非因工负伤，在规定的医疗期内的；

4. 女职工在孕期、产期、哺乳期的；

5. 在本单位连续工作满 15 年，且距法定退休年龄不足 5 年的；

6. 法律、行政法规规定的其他情形。

三、因除名、辞退和辞职、离职发生的争议

（一）除名

除名，指把姓名从名册中除去，取消其原有身份。劳动法里的除名是由用人单位提出与无正当理由旷工的职工终止劳动关系的一种行政处理方式。它不属于行政处分，指职工无正当理由旷工超过一定期间，用人单位依法从职工名册中除掉其姓名。除名的条件如下：

1. 职工经常旷工没有正当理由。

2. 经批评教育无效。

3. 达到规定的旷工天数，即连续旷工时间超过 15 天，或者 1 年以内累计旷工时间超过 30 天。在计算连续旷工时间时，可以把旷工期间的节假日、休息日的天数扣除后计算。在累计旷工时间时，应按自然年度进行

计算。

除名没有处理时限规定。

无正当理由经常旷工一般指：除有不可抗拒的因素影响，职工无法履行请假手续外，职工不按规定履行请假手续，又不按时上下班，连续旷工超过 15 天，或者 1 年内累计旷工超过 30 天，即属于无正当理由经常旷工。“不可抗拒的因素”一般指不能预见、不能避免、不能克服的客观情况，如自然因素（火灾、水灾、地震、交通中断等）、社会因素（战争、军事行动、局部戒严等）、生理因素（生病、负伤、直系亲属病重、死亡等）。

受到除名处理的职工，对处理不服发生的争议，就称为除名争议。

（二）辞退

辞退，即停止雇用，解雇。指用人单位由于某种原因与职工解除劳动关系的一种强制措施。根据原因的不同，可分为违纪辞退和正常辞退。违纪辞退指用人单位对严重违反劳动纪律或企业内部规章，但未达到被开除、除名程度的职工，依法强行解除劳动关系的一种行政处理措施。正常辞退，也叫裁减人员，即用人单位一次辞退部分劳动者，以此作为改善生产经营状况的一种手段。其原因在于经济方面，即用人单位由于生产经营状况发生变化而出现劳动力过剩现象，因而被称为经济性裁员。其表现形式是批量辞退（或称集体辞退），而非单个辞退。在市场经济条件下，裁员具有不可避免性，但又会给劳动者和社会带来不利后果，即影响劳动者基本生活，影响社会稳定和增加就业压力。因而，劳动立法对裁员既允许又严格限制。

现在辞退职工的法律依据主要是《劳动法》第 25 条和《劳动合同法》第 39 条。

（三）辞职

辞职即辞去职务，指职工根据劳动法规或劳动合同的规定，提出辞去工作从而解除劳动关系。一般指劳动者申请并被批准离开原用人单位，是劳动者单方面解除劳动合同的行为。辞职的原因有多种，如：为了找到有一份更适合自己的工作而辞职；准备个人创业而辞职；对于企业的现状不满意、希望换个环境而辞职；因为需要学习、进修而辞职；因为个人的爱好或特长得不到发挥而辞职；个人因为在企业犯了错误，觉得无颜面待下去而辞职；企业流露出对自己不满意的迹象，希望自己主动提出辞职等。《劳动合同法》规定："劳动者提前三十日以书面形式通知用人单位，可以解除劳动合同。劳动者在试用期内提前三日通知用人单位，可以解除劳动合同。"

（四）离职

离职，也叫自动离职，指劳动者因自行离开职务，辞去本职工作而终止劳动法律关系的行为。一般指劳动者没有提出辞职申请而自行离开原用人单位，辞去本职工作而另谋职业。职工提出辞职申请，单位行政方面批准后离职，不作为自动离职；职工提出辞职申请，单位行政方面没有批准，职工坚持离职的，按自动离职处理。在我国，自动离职的职工，不享受任何辞职、辞退待遇。

因除名、辞退和辞职、离职的法律后果是导致劳动关系的消灭，直接影响双方当事人的权利和义务，因此，因除名、辞退和辞职、离职发生的劳动争议，应当纳入《劳动争议调解仲裁法》适用范围。

四、因工作时间、休息休假、社会保险、福利、培训以及劳动保护发生的争议

（一）工作时间

工作时间，指劳动者在用人单位必须用来完成其所担负的工作任务的时间。工作时间作为劳动法上的概念，不仅包括劳动者实际从事工作的时间，也包括准备工作时间、结束工作时间以及非劳动消耗时间（如劳动者生理需要中断时间、工艺需要中断时间、劳动组织造成的中断时间、女职工哺乳婴儿时间等）；不仅包括在岗位上工作的时间，也包括依据法律、法规或单位行政安排离岗从事其他活动的时间。我国的工作时间包括以下

几种。

1. 标准工作时间，指法定的在正常情况下普遍适用的工作时间。《劳动法》规定，国家实行劳动者每日工作时间不超过 8 小时，平均每周工作时间不超过 44 小时的工时制度。

2. 缩短工作时间，指法律规定的少于标准工作时间时数的工作时间。主要适用于从事矿山井下、有毒有害、特别繁重或过度紧张等作业的劳动者，以及怀孕 7 个月以上或者哺乳期内的女职工和未成年工。

3. 不定时工作时间，指无固定工作时数限制的工作时间，主要适用于高级管理人员、外勤人员、推销人员、部分值班人员、长途运输人员、出租汽车司机和铁路、港口、仓库的部分装卸人员以及其他因工作无法按标准工作时间衡量的劳动者。

4. 综合计算工作时间，指以一定时间，如周、月、季、年为周期，综合计算工作时间，但其平均日工作时间和平均周工作时间应与法定标准工作时间基本相同。主要适用于交通、铁路、邮电、水运、航空、渔业等行业因工作性质特殊需要连续作业的劳动者；地质及资源勘探、建筑、制盐、制糖、旅游等受季节和自然条件限制的行业的部分劳动者。

5. 延长工作时间，指超过标准工作时间的规定而工作的时间，即平常说的加班加点。《劳动法》第 41 条规定："用人单位由于生产经营需要，经与工会和劳动者协商后可以延长工作时间，一般每日不得超过一小时；因特殊原因需要延长工作时间的，在保障劳动者身体健康的条件下延长工作时间每日不得超过三小时，但是每月不得超过三十六小时。"

（二）休息休假

休息休假，又称休息时间，指劳动者在国家规定的法定工作时间外自行支配的时间。我国劳动者可以享受的休息休假有以下几种。

1. 工作日内的休息。指在工作日内给予劳动者休息和用餐的时间。一般为 1~2 小时，最少不得少于半小时。

2. 两个工作日之间的休息。即两个临近工作日之间的休息时间。

3. 周休息。即劳动者在 1 周内享有的以日为单位的休息。劳动者一般每周休息 2 日，一般安排在周六和周日休息。不能实现标准工时制度的企业和事业单位，可以根据实际情况灵活安排周休息日，但是应当保证劳动者每周至少休息 1 日。

4. 法定节假日休息。是由国家法律、法规统一规定的用以开展纪念、庆祝活动的休息时间。

5. 年休假休息。年休假，是国家根据劳动者工作年限每年给予的一定期间的带薪连续休假。根据《职工带薪年休假条例》规定，机关、团体、企业、事业单位、民办非企业单位、有雇工的个体工商户等单位的职工连续工作 1 年以上的，享受带薪年休假。职工累计工作已满 1 年不满 10 年的，年休假 5 天；已满 10 年不满 20 年的，年休假 10 天；已满 20 年的，年休假 15 天。国家法定休假日、休息日不计入年休假的假期。

6. 探亲假。即劳动者探望与自己分居两地的配偶和父母所享受的休息时间。根据《国务院关于职工探亲待遇的规定》，享受职工探亲假的条件是：凡是在国家机关、人民团体和全民所有制企业、事业单位工作满 1 年的固定职工，与配偶不在一起，又不能在公休假日团聚的，可以享受探望配偶的待遇；与父亲、母亲都不住在一起，又不能在公休假日团聚的，可以享受探望父母的待遇。职工探望配偶的，每年给予一方探亲假 1 次，假期为 30 天。未婚职工探望父母，原则上每年给假 1 次，假期为 20 天。如因工作需要，本单位当年不能给予假期，或者职工自愿两年探亲 1 次的，可以两年给假 1 次，假期为 45 天。已婚职工探望父母的，每 4 年给假 1 次，假期为 20 天。凡实行休假制度的职工（如学校的教职工）应该在休假期间探亲，如果休假期较短，可由本单位适当安排，补足其探亲假的天数。

（三）社会保险

社会保险，是国家通过立法强制实施的，对因年老、疾病、伤残、失业、生育等原因丧失劳动能力、劳动机会而没有正常的劳动收入来源的劳动者进行物质帮助，以保障其基本生活需要的一种社会保障制度。社会保险具有保障基本生活、调节收入分配、保护劳动者身体健康、维护社会稳定、促进经济发展等功能，是分散、化解社会风险的主要制度，也是社会保障制度的核心内容。《宪法》第 14 条第 4 款规定："国家建立健全同经济发展水平相适应的社会保障制度。"第 45 条第 1 款规定："中华人民共和国公民在年老、疾病或者丧失劳动能力的情况下，有从国家和社会获得物质帮助的权利。国家发展为公民享受这些权利所需要的社会保险、社会救济和医疗卫生事业。"根据国际劳工组织 1952 年《社会保障（最低标准）公约》的规定和各国社会保险制度的基本情况，社会保险主要包括养老保险、医疗（疾病）保险、生育保险、工伤保险、失业保险五大项目。我国的社会保险制度也主要由养老保险、医疗保险、生育保险、工伤保险、失业保险五大项目组成。《劳动法》规定，"社会保险基金按照保险类型确定资金来源，逐步实行社会统筹。用人单位和劳动者必须依法参加社会保险，缴纳社会保险费""劳动者享受的社会保险金必须按时足额支付"。《社会保险法》第 2 条规定，"国家建立基本养老保险、基本医疗保险、工伤保险、失业保险、生育保险等社会保险制度，保障公民在年老、疾病、工伤、失业、生育等情况下依法从国家和社会获得物质帮助的权利"。

（四）福利

福利通常有广义和狭义两种概念。广义的福利泛指在支付工资、奖金之外的所有待遇，包括社会保险在内。狭义的福利，指用人单位为减轻劳动者负担，提供生活方便，丰富职工文化生活，根据有关规定在本单位内部举办的各种集体福利事业和建立的某些生活困难补助、福利补贴制度。如住房补贴、通信补贴、交通补贴、工作餐、疗养等。

根据福利的范围可以分为以下几种。

1. 国家性福利：在全国范围内以社会成员为对象而举办的福利事业。

2. 地方性福利：在一定地域内以该地区的居民为对象的福利事业。

根据福利的内容可以分为以下几种。

1. 法定福利：政府通过立法要求企业必须提供的福利。

2. 企业福利：用人单位为了吸引人才或稳定职工而自行为职工采取的

福利措施。比如工作餐、工作服、团体保险等。企业福利根据享受的范围不同，可以分为以下两种。

（1）全员性福利：全体职工可以享受的福利，如工作餐、节日礼物、健康体检等。

（2）特殊群体福利：指仅供特殊群体享用，这些特殊群体往往是对企业做出特殊贡献的技术专家、管理专家等企业核心人员。

（五）培训

培训，指职业培训，是用人单位对劳动者进行的技术业务知识和实际操作技能的教育和训练。《劳动法》规定："国家通过各种途径，采取各种措施，发展职业培训事业，开发劳动者的职业技能，提高劳动者素质，增强劳动者的就业能力和工作能力。"企业职工培训应以培养有理想、有道德、有文化、有纪律、掌握职业技能的职工队伍为目标，促进企业职工队伍整体素质的提高。企业应建立健全职工培训的规章制度，根据本单位的实际对职工进行在岗、转岗、晋升、转业培训，对新录用的人员进行上岗前培训，并保证培训经费和其他培训条件。职工应按照国家规定和企业安排参加培训，自觉遵守培训的各项规章制度，并严格履行培训合同规定的各项义务，服从单位工作安排，搞好本职工作。《职业教育法》第 24 条规定："企业应当根据本单位实际，有计划地对本单位的职工和准备招用的人员实施职业教育，并可以设置专职或者兼职实施职业教育的岗位。企业应当按照国家有关规定实行培训上岗制度。企业招用的从事技术工种的劳动者，上岗前必须进行安全生产教育和技术培训；招用的从事涉及公共安全、人身健康、生命财产安全等特定职业（工种）的劳动者，必须经过培训并依法取得职业资格或者特种作业资格。企业开展职业教育的情况应当纳入企业社会责任报告。"

（六）劳动保护

劳动保护指国家为了保护劳动者在生产劳动过程中的安全与健康，在改善劳动条件、消除隐患、防止生产安全事故和职业病危害、实现劳逸结合和女职工保护等方面，在法律上、组织上、制度上、技术上、设备上、教育上所采取的一系列的综合措施的总称。企业一般把它称为安全生产。其内容主要包括：劳动安全、劳动卫生、女工保护、未成年工保护等。《劳动法》第52条规定：“用人单位必须建立、健全劳动安全卫生制度，严格执行国家劳动安全卫生规程和标准，对劳动者进行劳动安全卫生教育，防止劳动过程中的事故，减少职业危害。”《安全生产法》第3条规定：“安全生产工作坚持中国共产党的领导。安全生产工作应当以人为本，坚持人民至上、生命至上，把保护人民生命安全摆在首位，树牢安全发展理念，坚持安全第一、预防为主、综合治理的方针，从源头上防范化解重大安全风险。安全生产工作实行管行业必须管安全、管业务必须管安全、管生产经营必须管安全，强化和落实生产经营单位主体责任与政府监管责任，建立生产经营单位负责、职工参与、政府监管、行业自律和社会监督的机制。”《职业病防治法》第4、5条规定，“劳动者依法享有职业卫生保护的权利。用人单位应当为劳动者创造符合国家职业卫生标准和卫生要求的工作环境和条件，并采取措施保障劳动者获得职业卫生保护。工会组织依法对职业病防治工作进行监督，维护劳动者的合法权益。用人单位制定或者修改有关职业病防治的规章制度，应当听取工会组织的意见”“用人单位应当建立、健全职业病防治责任制，加强对职业病防治的管理，提高职业病防治水平，对本单位产生的职业病危害承担责任”。

五、因劳动报酬、工伤医疗费、经济补偿或者赔偿金等发生的劳动争议

（一）劳动报酬

劳动报酬，指在劳动关系中，劳动者因履行劳动义务而获得的，由用人单位依据劳动法律、法规以及劳动合同的约定支付的工资、奖金、津贴等。劳动报酬是满足劳动者及其家庭成员物质文化生活需要的主要或唯一来源，也是劳动者实现其劳动权的一项重要条件。《劳动法》第46条规

定："工资分配应当遵循按劳分配原则，实行同工同酬。工资水平在经济发展的基础上逐步提高。国家对工资总量实行宏观调控。"根据有关劳动法律、法规，我国工资支付的主要规定如下。

1. 工资应当以法定货币形式支付，不得以实物及有价证券替代货币支付。

2. 工资应当按月支付。按月支付是按照用人单位与劳动者约定的每月发放工资的日期支付。如遇节假日或休息日，则应提前在最近的工作日支付。工资至少每月支付 1 次，实行周、日、小时工资制的，可按周、日、小时支付。对完成一次性临时劳动或某项具体工作的劳动者，用人单位应按有关协议或劳动合同规定在其完成劳动任务后即付工资。

3. 工资应当支付给劳动者本人。劳动者本人因故不能领取工资时，可由其亲属或委托他人代领。用人单位支付工资时应向劳动者提供 1 份其个人的工资清单。

4. 用人单位支付给劳动者的工资不得低于当地的最低工资标准。

5. 用人单位不得克扣或者无故拖欠劳动者的工资。《劳动合同法》规定："用人单位应当按照劳动合同约定和国家规定，向劳动者及时足额支付劳动报酬。"

6. 特殊情况下工资支付。《劳动法》第 51 条规定，"劳动者在法定休假日和婚丧假期间以及依法参加社会活动期间，用人单位应当依法支付工资"。

7. 加班加点工资支付。根据《劳动法》规定，有下列情形之一的，用人单位应当按照下列标准支付高于劳动者正常工作时间工资的工资报酬：（1）安排劳动者延长工作时间的，支付不低于工资的 150%的工资报酬；（2）休息日安排劳动者工作又不能安排补休的，支付不低于工资的 200%的工资报酬；（3）法定休假日安排劳动者工作的，支付不低于工资的300%的工资报酬。

（二）工伤医疗费

职工因工负伤治疗，享受工伤医疗费，工伤医疗费是工伤保险待遇的一项。根据《工伤保险条例》第 30 条规定，职工因工作遭受事故伤害或者患职业病进行治疗，享受工伤医疗待遇。职工治疗工伤应当在签订服务协议的医疗机构就医，情况紧急时可以先到就近的医疗机构急救。治疗工伤所需费用符合工伤保险诊疗项目目录、工伤保险药品目录、工伤保险住院服务标准的，从工伤保险基金支付。工伤保险诊疗项目目录、工伤保险药品目录、工伤保险住院服务标准，由国务院社会保险行政部门会同国务院卫生行政部门、食品药品监督管理部门等部门规定。职工住院治疗工伤的伙食补助费，以及经医疗机构出具证明，报经办机构同意，工伤职工到统筹地区以外就医所需的交通、食宿费用从工伤保险基金支付，基金支付的具体标准由统筹地区人民政府规定。工伤职工治疗非工伤引发的疾病，不享受工伤医疗待遇，按照基本医疗保险办法处理。工伤职工到签订服务协议的医疗机构进行工伤康复的费用，符合规定的，从工伤保险基金支付。

（三）经济补偿

经济补偿，指在法定条件下用人单位应当按照法定的项目和标准，向劳动者（或者亲属）一次支付经济补偿。在有的国家立法中，这种经济补偿称为离职费或者遣散费。除劳动者个人有严重过失和在试用期内解除劳动合同外，在劳动合同解除或者终止时，用人单位应当向劳动者支付经济补偿。按照《劳动合同法》规定，有下列条件之一的，用人单位应当向劳动者支付经济补偿。

1. 劳动者在下列情况下解除劳动合同的：

（1）未按照劳动合同约定提供劳动保护或者劳动条件的；

（2）未及时足额支付劳动报酬的；

（3）未依法为劳动者缴纳社会保险费的；

（4）用人单位的规章制度违反法律、法规的规定，损害劳动者权益的；

（5）因《劳动合同法》第 26 条第 1 款规定的情形致使劳动合同无效的；

（6）法律、行政法规规定劳动者可以解除劳动合同的其他情形。

用人单位以暴力、威胁或者非法限制人身自由的手段强迫劳动者劳动的，或者用人单位违章指挥、强令冒险作业危及劳动者人身安全的，劳动者可以立即解除劳动合同，不需要事先告知用人单位。

2. 用人单位依照《劳动合同法》第36条规定向劳动者提出解除劳动合同并与劳动者协商一致解除劳动合同的。

3. 用人单位依照《劳动合同法》第40条规定解除劳动合同的，即有下列情形之一的，用人单位提前30日以书面形式通知劳动者本人或者额外支付劳动者1个月工资后，可以解除劳动合同：

（1）劳动者患病或者非因工负伤，在规定的医疗期满后不能从事原工作，也不能从事由用人单位另行安排的工作的；

（2）劳动者不能胜任工作，经过培训或者调整工作岗位，仍不能胜任工作的；

（3）劳动合同订立时所依据的客观情况发生重大变化，致使劳动合同无法履行，经用人单位与劳动者协商，未能就变更劳动合同内容达成协议的。

4. 用人单位依照《劳动合同法》规定裁减人员解除劳动合同的。

5. 除用人单位维持或者提高劳动合同约定条件续订劳动合同，劳动者不同意续订的情形外，劳动合同期满而终止固定期限劳动合同的。

6. 依照《劳动合同法》第44条第4项、第5项规定终止劳动合同的，具体包括：

（1）用人单位被依法宣告破产的；

（2）用人单位被吊销营业执照、责令关闭、撤销或者用人单位决定提前解散的；

7. 法律、行政法规规定的其他情形。

经济补偿的标准是：按照劳动者在本单位的工作年限，每满1年支付1个月工资的标准的经济补偿。6个月以上不满1年的，按1年计算；不满6个月的，向劳动者支付半个月工资的经济补偿。劳动者月工资高于用人单位所在直辖市、设区的市级人民政府公布的本地区上年度职工月平均工资3倍的，向其支付经济补偿的标准按职工月平均工资3倍的数额支付，向其支付经济补偿的年限最高不超过12年。这里的月工资指劳动者在劳动合同解除或者终止前12个月的平均工资（应当是在用人单位正常生产情况下）。

（四）赔偿金

赔偿金指当事人一方，因其违约行为给对方造成损失时，为了补偿违约金不足部分而支付给对方的一定数额的货币。

1. 支付赔偿金必须具备两个特殊条件

（1）违约行为确实给对方造成了损失；

（2）支付违约金后还不足以补偿此损失。当事人一方违约，另一方有权要求赔偿损失。

2. 赔偿的范围

损失一般包括财产的损毁、减少、灭失和为减少或者消除损失所支出的费用，以及合同如能履行可以获得的利益。

劳动法中的赔偿金指劳动者与用人单位双方或一方违反法律规定或劳动合同约定，给对方造成财产损害的，由违法或违约方以货币形式向对方支付一定赔偿金额以弥补其损失的一种损害赔偿责任方式。

3. 用人单位支付赔偿金的情形

根据《劳动合同法》规定，有以下情形用人单位应当支付赔偿金。

（1）如果用人单位违反本法规定解除或者终止劳动合同，劳动者不要求继续履行劳动合同或者劳动合同已经不能继续履行的，用人单位应当向劳动者支付赔偿金。违法解除或终止具体又包括：用人单位违反法定程序解除；不符合法定解除条件而解除劳动合同；具有限制解除劳动合同的情形却解除合同3类。用人单位违反本法规定解除或者终止劳动合同应当依照经济补偿标准的2倍向劳动者支付赔偿金。

（2）用人单位解除劳动合同后，未按照规定给予劳动者经济补偿的，责令加付赔偿金。解除或终止劳动合同时，企业依法向劳动者支付经济补偿金是企业的法定义务，如违反该项义务要承担相应的法律责任。应承担的法律责任包括：①由劳动行政部门责令企业限期支付经济补偿；②如果企业仍逾期不支付的，由劳动行政部门责令企业按应付金额50%以上100%以下的标准向劳动者加付赔偿金。

（3）企业制定的直接涉及劳动者切身利益的规章制度违反法律、法规规定的情形下，除要由劳动行政部门责令企业改正，并给予警告以外，如果因此给劳动者造成损害的，企业还应对劳动者承担赔偿责任。

（4）企业提供的劳动合同文本未载明《劳动合同法》规定的劳动合同必备条款或企业未将劳动合同文本交付劳动者的情形下，除了由劳动行政部门责令企业改正以外，如果给劳动者造成损害的，企业还应当承担赔偿责任。

（5）企业违反《劳动合同法》规定而与劳动者约定试用期的情形下，除由劳动行政部门责令企业改正以外，如果违法约定的试用期已经履行的，那么企业应当向劳动者支付赔偿金。

（6）企业违反《劳动合同法》的规定，以担保或者其他名义向劳动者收取财物的，除由劳动行政部门责令企业将收取的财物限期退还劳动者本人，并以每人500元以上2000元以下的标准处以罚款之外，如给劳动者造成损害的，企业还应当承担赔偿责任。

（7）企业未按照劳动合同的约定或者国家规定及时足额支付劳动者劳动报酬的，或者低于当地最低工资标准支付劳动者工资的，或者安排加班但不支付加班费的，解除或者终止劳动合同未依照《劳动合同法》规定向劳动者支付经济补偿金的情形下，企业应承担赔偿责任。由劳动行政部门责令限期支付劳动报酬、加班费或者经济补偿；劳动报酬低于当地最低工资标准的，应当支付其差额部分；逾期不支付的，责令用人单位按应付金额50%以上100%以下的标准向劳动者加付赔偿金。

（8）劳动合同依照《劳动合同法》第26条规定被确认无效的情形下，给对方造成损害的，有过错的一方应当承担赔偿责任。

（9）企业有下列情形之一的，除依法给予行政处罚，构成犯罪依法追究刑事责任外，如果给劳动者造成损害的，还应承担赔偿责任：①以暴力、威胁或者非法限制人身自由的手段强迫劳动的；②违章指挥或者强令冒险作业危及劳动者人身安全的；③侮辱、体罚、殴打、非法搜查或者拘禁劳动者的；④劳动条件恶劣、环境污染严重，给劳动者身心健康造成严重损害的。

(10) 企业招用与其他用人单位尚未解除或终止劳动合同的劳动者的，如果给其他用人单位造成损失的，应当承担连带赔偿责任。

(11) 个人承包经营违反《劳动合同法》规定招用劳动者的，如果给劳动者造成损害的，发包的企业与个人承包经营者承担连带赔偿责任。

(12) 不具备合法经营资格的企业，在劳动者已付出劳动时该企业或出资人应当依照《劳动合同法》有关规定向劳动者支付劳动报酬、经济补偿金、赔偿金；给劳动者造成损害的应当承担赔偿责任。

4. 劳动者支付赔偿金的情形

《劳动合同法》第 90 条规定，劳动者违反本法规定解除劳动合同，或者违反劳动合同中约定的保密义务或者竞业限制，给用人单位造成损失的，应当承担赔偿责任。

六、法律、法规规定的其他劳动争议

除了上述劳动争议事项外，法律、行政法规或者地方性法规规定的其他劳动争议，也要纳入劳动争议调解仲裁法的调整范围。

根据《最高人民法院关于审理劳动争议案件适用法律问题的解释(一)》第 1 条规定，“劳动者与用人单位之间发生的下列纠纷，属于劳动争议，当事人不服劳动争议仲裁机构作出的裁决，依法提起诉讼的，人民法院应予受理：(一) 劳动者与用人单位在履行劳动合同过程中发生的纠纷；(二) 劳动者与用人单位之间没有订立书面劳动合同，但已形成劳动关系后发生的纠纷；(三) 劳动者与用人单位因劳动关系是否已经解除或者终止，以及应否支付解除或者终止劳动关系经济补偿金发生的纠纷；(四) 劳动者与用人单位解除或者终止劳动关系后，请求用人单位返还其收取的劳动合同定金、保证金、抵押金、抵押物发生的纠纷，或者办理劳动者的人事档案、社会保险关系等移转手续发生的纠纷；（五）劳动者以用人单位未为其办理社会保险手续，且社会保险经办机构不能补办导致其无法享受社会保险待遇为由，要求用人单位赔偿损失发生的纠纷；（六）劳动者退休后，与尚未参加社会保险统筹的原用人单位因追索养老金、医疗费、工伤保险待遇和其他社会保险待遇而发生的纠纷；（七）劳动者因为工伤、职业病，请求用人单位依法给予工伤保险待遇发生的纠纷；（八）劳动者依据劳动合同法第八十五条规定，要求用人单位支付加付赔偿金发生的纠纷；（九）因企业自主进行改制发生的纠纷”。

根据《最高人民法院关于审理劳动争议案件适用法律问题的解释（一）》第2条规定，“下列纠纷不属于劳动争议：（一）劳动者请求社会保险经办机构发放社会保险金的纠纷；（二）劳动者与用人单位因住房制度改革产生的公有住房转让纠纷；（三）劳动者对劳动能力鉴定委员会的伤残等级鉴定结论或者对职业病诊断鉴定委员会的职业病诊断鉴定结论的异议纠纷；（四）家庭或者个人与家政服务人员之间的纠纷；（五）个体工匠与帮工、学徒之间的纠纷；（六）农村承包经营户与受雇人之间的纠纷”。

第二节　劳动争议处理的原则和基本程序

一、处理劳动争议的原则

处理劳动争议的原则，是劳动争议处理机构在处理劳动争议过程中必须遵循的基本准则。劳动争议处理原则作为贯穿于劳动争议处理整个过程的红线和指导思想，它的功能与作用在于，当处理劳动争议没有法律依据的时候，可以遵照这些原则进行处理。如果不能正确确定处理劳动争议的原则，那么一旦在劳动争议处理过程中遇到劳动法律、法规没有规定的情况，处理机构便无法处理；反之，如果有了这些基本原则，处理机构便可以根据基本原则的精神加以处理。

《劳动争议调解仲裁法》第 3 条规定："解决劳动争议，应当根据事实，遵循合法、公正、及时、着重调解的原则，依法保护当事人的合法权益。"根据这一规定，处理劳动争议应当遵循的原则有以下几种。

（一）合法原则

合法原则指劳动争议处理机构处理劳动争议的所有活动和行为都要符合法律规定。无论劳动争议调解组织或仲裁委员会调解达成的协议，还是劳动争议仲裁委员会作出的仲裁决定，抑或是人民法院的判决，都必须符合有关法律、法规规定。具体来说，合法原则包括以下两方面。

1. 劳动争议处理机构在适用法律时应当既要遵守实体法的规定，也要严格遵守程序法的要求，做到既要维护当事人在实体法上的权利，也要充分尊重当事人在程序法上的权利。

2. 劳动争议处理时应当保护当事人的合法权益，处理机构应当对当事人的合法权益予以保护，对违法或者不适当的行为予以纠正，使争议解决的最终目的是保护当事人的合法权益。

（二）公正原则

公正，即公道正派，这是解决任何争议的基本要求。公正原则指劳动争议处理机构在处理劳动争议时，要坚持秉公执法，做到公平正义，不徇私情，保证双方当事人处于平等的法律地位，具有平等的权利和义务，不得偏袒任何一方。对任何一方当事人，不论是用人单位还是劳动者个人，不论职务高低，在适用实体法和程序法上都应该完全平等对待，任何一方都不得凌驾于法律之上，切实保障法律面前人人平等。

强调坚持公正原则，对正确处理劳动争议有着非常重要的意义。这是因为在劳动关系中，形式上的平等掩盖着实际上的不平等，劳动者和用人单位之间存在领导与被领导、管理与被管理的隶属关系，用人单位有权对劳动者进行管理和指挥，劳动者应当遵守和服从。显然，这种管理与被管理的关系使劳动者在劳动关系中处于弱势地位，特别是在劳动力供大于求的情况下，劳动者的弱势地位更加明显，无论是权利、地位，还是经济实力，都无法与用人单位相抗衡。但是，一旦发生劳动争议，进入劳动争议处理程序，用人单位与劳动者都是平等的争议主体，劳动争议处理机构必须公平对待，一视同仁，保证双方当事人都平等地享有法律赋予的权利，承担法律规定的义务，任何一方都没有超越另一方的特权。同时，为确保劳动争议处理机构公正执法，《劳动争议调解仲裁法》及《民事诉讼法》都规定了回避制度。

（三）及时原则

及时原则指劳动争议处理机构在处理劳动争议时应当在法律、法规所规定的时限内受理、审理和结案，尽快处理劳动争议，防止矛盾激化。

劳动争议与其他争议的一个区别就是，劳动争议与劳动者的生活、用人单位的生产密切相关，一旦发生劳动争议，不仅影响生产工作的正常进行，而且直接影响劳动者及其家人的基本生活，影响劳动力生产和再生产，甚至影响社会的和谐与稳定。因此，对劳动争议必须及时处理，及时保护权利受到侵害一方当事人的合法权益，以协调劳动关系，维护社会的和谐与稳定。

及时原则包括三方面意思：一是劳动争议发生后双方当事人应当及时进行协商，协商不成的，应当及时向劳动争议处理机构申请调解或仲裁，避免超过仲裁申请时效，丧失申请仲裁的权利；二是企业劳动争议调解委员会、基层人民调解组织、乡镇设立的具有劳动争议调解职能的组织和劳动争议仲裁委员会应及时处理，即劳动争议调解组织和劳动争议仲裁委员会对于申请处理的劳动争议案件，应当根据法律、法规规定的时限及时受理，抓紧审查和作出处理决定，按时结案；三是当事人应及时执行或起诉。劳动争议调解组织经调解达成调解协议的，双方当事人应当及时履行调解协议。如果一方当事人不履行调解协议的，有关部门和机构应当及时对当事人进行说服教育，督促履行；拒不履行的，另一方当事人应当及时向劳动争议仲裁委员会申请仲裁；对劳动争议仲裁委员会的裁决书，当事人应当及时执行；如不服，应当依法及时向人民法院起诉。如果一方当事人既不提起诉讼，又拒不执行劳动争议仲裁委员会裁决的，另一方当事人有权依法请求人民法院予以强制执行，以保证劳动争议案件的最终顺利解决。

另外，为了及时妥善处理劳动争议，劳动争议仲裁机构在处理劳动争议时可采取先行裁决、先予执行的方式，如《劳动争议调解仲裁法》第 43 条第 2 款规定，仲裁庭裁决劳动争议案件时，其中一部分事实已经清楚，可以就该部分先行裁决。第 44 条第 1 款规定，仲裁庭对追索劳动报酬、工伤医疗费、经济补偿或者赔偿金的案件，根据当事人的申请，可以裁决先予执行，移送人民法院执行。

（四）着重调解原则

调解指在第三人的主持下，在查清事实、分清是非的基础上，依照法律、法规、规章，通过说服教育，劝导协商，使双方当事人互谅互让，就争议的事项自愿达成协议，从而使劳动争议得以解决的一种活动。着重调解原则，指在处理劳动争议时着重以调解方式解决，使双方当事人达成协议并认真履行，它贯穿于整个劳动争议处理过程之中。之所以要着重调解，是因为在社会主义条件下，劳动争议是在当事人根本利益一致的基础上产生的，争议双方不存在根本的利害冲突，属于人民内部矛盾，完全可以用处理人民内部矛盾的方法来解决，而调解就是一种行之有效的解决人民内部矛盾的办法。而且，调解较仲裁、法院审判程序更简便、灵活，方式更温和、平缓，易于及时、和谐地解决劳动争议，化解矛盾，增进团结。因此，各国都非常重视采用调解方式，使之成为普遍采取的解决劳动争议的重要方式之一。

根据我国的法律规定，着重调解包含以下三方面的内容。一是调解作为解决劳动争议的基本手段贯穿于劳动争议处理的全过程。《劳动法》规定，“调解原则适用于仲裁和诉讼程序”。在劳动争议发生后，当事人双方可先行协商；当进入调解程序后，劳动争议调解组织的基本手段就是调解；当进入劳动争议仲裁和诉讼程序后，劳动争议仲裁委员会和人民法院在处理劳动争议时，仍必须先进行调解，调解不成的，才能作出裁决和判决。二是调解不能违反自愿原则，即在双方当事人自愿的基础上进行，不能勉强和强制，否则即使达成协议，也难以得到履行，难以有效发挥调解的积极作用。三是调解必须合法，不得违法调解。

二、劳动争议处理的基本程序

劳动争议处理的程序，指劳动争议发生后，依照法律、法规规定进行处理的步骤、规则。《劳动争议调解仲裁法》第5条规定："发生劳动争议，当事人不愿协商、协商不成或者达成和解协议后不履行的，可以向调解组织申请调解；不愿调解、调解不成或者达成调解协议后不履行的，可以向劳动争议仲裁委员会申请仲裁；对仲裁裁决不服的，除本法另有规定的外，可以向人民法院提起诉讼。"根据这一规定可以看出，我国劳动争议处理的基本程序包括：协商、调解、仲裁、诉讼。在这些程序中，协商和调解是当事人自愿选择的程序，非必经程序；而仲裁则是劳动争议处理必经的前置程序，除另有规定外，劳动争议只有经过仲裁机构的仲裁，当事人才能向人民法院起诉。人民法院的审理是劳动争议处理的最终程序。

（一）协商

协商，指劳动争议发生后，用人单位和劳动者本着平等、合作的原则，就争议的事项进行民主讨论、自主协商、平等交流，在互谅互让的基础上达成一致，以尽快解决双方的纠纷。协商是解决劳动争议的基本手段，它不仅使争议双方了解了对方的观点、想法，而且在协商中进行交流，增进理解，加强团结，争议也容易在友好的气氛中得以解决。协商还具有成本低、效率高、不伤和气、促进和谐的优点。《劳动争议调解仲裁法》第4条规定："发生劳动争议，劳动者可以与用人单位协商，也可以请工会或者第三方共同与用人单位协商，达成和解协议。"但协商不是处理劳动争议的必经程序，双方当事人可以自愿协商，提倡协商解决劳动争议，但任何一方不得强迫协商。不愿协商或协商不成的，可以向本单位或者当地的调解组织申请调解，或者向当地劳动争议仲裁委员会申请仲裁。

协商的方式由双方当事人自主选择，但根据具体的情况，一般有如下三种方式：一是当事人之间的直接协商；二是劳动者邀请工会组织或者第三方共同与用人单位进行协商；三是当事人代表协商。

（二）调解

劳动争议调解，指在劳动争议调解组织主持下，依据有关劳动法律法规和集体合同、劳动合同规定及道德规范，在查明事实、分清是非的前提下，通过说服、劝导，促使双方当事人在互谅互让的基础上自愿达成协议，从而解决劳动争议的活动。调解是处理劳动争议的重要程序，但必须以双方当事人自愿为前提，不得强行调解。

这里说的调解，仅指法定的劳动争议调解组织即企业劳动争议调解委员会，依法设立的基层人民调解组织，在乡镇、街道设立的具有劳动争议调解职能的组织的调解，不包括劳动争议进入仲裁或法院审理程序后，由劳动争议仲裁委员会或人民法院主持的调解。调解组织的调解与仲裁调解、法院调解相比较，有以下主要特点：（1）调解活动具有任意性，基本上不受固定程序和形式的约束，也可将道德规范、社会习惯作为调解的依据；（2）调解协议书一般不具有强制执行的效力。

劳动争议调解组织的调解在劳动争议处理过程中不是必经程序。劳动争议发生后，当事人不愿协商或协商不成的，可以向劳动争议调解组织申请调解，也可以直接向劳动争议仲裁委员会申请仲裁。

（三）仲裁

仲裁，即居中公断。劳动争议仲裁，指劳动争议仲裁委员会根据劳动争议当事人一方或双方的申请，依法就争议事项居中作出判断和裁决。仲裁程序介于劳动争议调解组织的调解与法院的审判之间，既具有调解程序的灵活性，又具有法院的权威性和法律强制效力。发生劳动争议，当事人不愿协商、协商不成或者和解后反悔的，可以向劳动争议调解组织申请调解；不愿调解、调解不成或者达成调解协议后反悔的，可以向劳动争议仲裁委员会申请仲裁。劳动争议仲裁实行强制原则，只要一方申请且符合法定条件，仲裁委员会即可受理，从而启动仲裁程序，无须征得对方当事人同意。

按照《劳动争议调解仲裁法》规定，仲裁是劳动争议诉讼必经的前置程序，除另有规定外，劳动争议只有经过仲裁机构的仲裁，当事人才能向人民法院起诉。

（四）诉讼

诉讼，俗称打官司，指人民法院和案件的当事人，在其他诉讼参与人的配合下，为审理案件所进行的全部活动。劳动争议诉讼是指劳动争议当事人对仲裁机构的裁决不服，依法向人民法院进行诉讼的权益救济程序。劳动争议当事人对仲裁裁决不服，可以在收到仲裁决定书之日起15日内向人民法院起诉，由人民法院按照有关法律规定进行审理和判决。

我国的劳动争议诉讼属于民事诉讼。劳动争议当事人起诉后，人民法院审理时，适用《民事诉讼法》所规定的诉讼程序，采取两审终审制，即劳动争议当事人向人民法院起诉后，经法院审理作出第一审判决，当事人若对一审判决不服，可以在法定的上诉期内，向上一级人民法院提起上诉，由第二审人民法院重新审理，作出判决，二审判决为终审判决。

根据我国法律规定，人民法院依照法律规定对案件独立进行审判，不受行政机关、社会团体和个人的干涉。人民法院审理劳动争议案件，必须以事实为根据，以法律为准绳。案件审理过程中，诉讼当事人有平等的诉讼权利。人民法院审理劳动争议案件，应当保障和便利当事人行使诉讼权利，对当事人在适用法律上一律平等。

以上劳动争议处理的基本程序是相互联系的，它能够有效地、公正地、及时地维护劳动争议双方当事人的合法权益，促进劳动关系的和谐稳定。

三、劳动争议处理的法律依据

处理劳动争议的法律依据，从广义上来看，主要包括法律、行政法规、地方性法规，同时也包括部门规章和地方政府规章。在司法实践中既包括最高人民法院的司法解释，也包括地方性法院出台的指导意见以及地方劳动争议仲裁机构所发布的仲裁指导意见。为便于理解，下面主要从实体性法律规范和程序性法律规范两方面进行介绍。

（一）实体性法律规范

1. 劳动法律。主要指依据《立法法》所规定的由全国人民代表大会及其常务委员会制定和颁布的劳动法律，主要包括《劳动法》《工会法》《劳动合同法》《就业促进法》《安全生产法》《职业病防治法》《社会保险法》等。另外，其他法律如《刑法》《妇女权益保障法》《未成年人保护法》等法律中也有劳动方面的规定。

2. 劳动行政法规。主要指国务院制定和颁布的有关劳动方面的行政法规。如《劳动合同法实施条例》《失业保险条例》《工伤保险条例》《女职工劳动保护特别规定》《禁止使用童工规定》《职工带薪年休假条例》《国务院关于职工工作时间的规定》《社会保险经办条例》等。

3. 地方性劳动法规。主要是指地方人民代表大会及其常务委员会制定和公布的适用于本地方的有关劳动方面的规范性文件，如《××市集体合同条例》《××市劳动合同条例》《××省劳动合同条例》《××省职工劳动权益保障条例》《××省农民工权益保护条例》等。

4. 部门劳动规章。主要是指国务院劳动保障部门制定的规范性文件，如《集体合同规定》《最低工资规定》《工资支付暂行规定》《事业单位工作人员培训规定》《企业职工患病或非因工负伤医疗期规定》《关于维护新就业形态劳动者劳动保障权益的指导意见》等。在劳动争议处理过程中，部门规章对劳动争议仲裁与诉讼起着重要的作用，是重要的实体性法律依据。

5. 地方劳动规章，主要指有权地方人民政府依法根据地方政府规章制定程序制定发布的有关劳动方面的规范性文件。

6. 劳动法律解释，包括立法解释、司法解释和行政解释。如《最高人民法院关于审理劳动争议案件适用法律问题的解释（一）》《最高人民法院关于在民事审判工作中适用〈中华人民共和国工会法〉若干问题的解释》等。由于是最高人民法院制定并公布实施的，在适用上具有高度的统一性和针对性。

7. 国际劳工公约。国际劳工公约是国际劳工大会通过的法律文件。凡是经我国政府批准加入的国际劳工公约，除事先声明保留的条款外，均应按条约规定保证实施。

（二）程序性法律规范

程序性法律规范指劳动争议处理机构处理劳动争议的程序性规范文件，是劳动争议处理程序公正合理的保障。依据我国现有的法律法规，涉及劳动争议处理的程序性法律规范文件主要包括以下几种。

1.《劳动争议调解仲裁法》。该法于 2007 年 12 月 29 日经第十届全国人民代表大会常务委员会第三十一次会议通过，并自 2008 年 5 月 1 日起实施。此外《劳动法》第 10 章规定了劳动争议处理的原则、程序、机构组成及时效等，也为劳动争议处理提供了重要依据。

2.《民事诉讼法》。民事诉讼法是人民法院审理民事案件的最基本的程序法。虽然劳动争议处理有其自身特殊的规定，但一些基本程序仍需执行《民事诉讼法》的有关规定。

3. 地方性法规。如《浙江省劳动人事争议调解仲裁条例》《广西壮族自治区劳动人事争议调解仲裁条例》等。

4. 行政规章，主要包括国务院劳动行政主管部门制定的《企业劳动争议协商调解规定》《劳动人事争议仲裁组织规则》《劳动人事争议仲裁办案规则》《关于进一步加强劳动人事争议协商调解工作的意见》《关于开展基层劳动人事争议调解组织建设行动的通知》等。

5. 地方规章。如《北京市劳动人事争议调解组织工作办法》《北京市关于进一步加强劳动人事争议协商调解工作实施方案》等。

6. 法律解释，包括最高人民法院所作的司法解释和国务院劳动行政主管部门所作的行政解释。如《人力资源社会保障部　最高人民法院关于劳动人事争议仲裁与诉讼衔接有关问题的意见（一）》等。

第三节 劳动争议的举证

《劳动争议调解仲裁法》第6条规定："发生劳动争议，当事人对自己提出的主张，有责任提供证据。与争议事项有关的证据属于用人单位掌握管理的，用人单位应当提供；用人单位不能提供的，应当承担不利后果。"这一规定，明确了劳动争议处理的举证原则。

一、证据

（一）劳动争议证据

在我国，劳动争议诉讼属于民事诉讼的范畴。证据是整个民事官司的核心，从原告起诉、法院审理到作出最终判决，整个案件的一切诉讼活动都是围绕着证据的收集、提供和审查判断展开的。根据我国法律规定，证据指能够证明案件真实情况的客观事实材料。证据对于当事人进行仲裁和诉讼活动，维护自己的合法权益，对法院查明案件事实，依法正确裁判都具有十分重要的意义。证据问题是仲裁和诉讼的核心问题，在任何一起案件的仲裁和审判过程中，都需要通过证据和证据形成的证据链再现还原事件的本来面目，依据充足的证据而作出的裁判才有可能是公正的裁判。在劳动争议仲裁和诉讼中，证据是认定案情的根据。只有正确认定案情，才能正确适用法律，从而正确处理案件。因此，证据问题历来是劳动争议仲裁和诉讼中的关键问题。

劳动争议证据，是民事证据的一种，是双方当事人提供的或者劳动争议处理机构依照法定程序收集的能够证明劳动争议案件真实情况的一切事实材料。作为劳动争议处理中的证据必须具备以下三个条件。

1. 客观性。即作为证明案件事实的证据是客观存在的，是真实的，不是凭办案人员推测、假设、想象出来的。

2. 关联性。它必须同本案的真实情况有关联，并对它具有证明作用。

3. 合法性。它必须是按照法定程序收集、认定的事实，否则不能作为办案的证据。

只有同时具备以上三个条件的事实才能作为劳动争议案件的证据。

（二）劳动争议证据的种类

证据的种类，指法律上规定证据来源表现形式的分类。根据《民事诉讼法》第 66 条规定，证据包括以下八种。

1. 当事人的陈述。当事人在仲裁或诉讼中向仲裁机构或人民法院所作的关于案件事实的叙述，称为当事人陈述。在劳动争议处理中，当事人陈述指劳动争议申请人、被申请人、原告、被告向劳动争议仲裁机关或者人民法院所作的关于案件真实情况的叙述。包括申请书、答辩书、起诉状、答辩状等。根据《民事诉讼法》规定，人民法院对当事人的陈述，应当结合本案的其他证据，审查确定能否作为认定事实的根据。当事人拒绝陈述的，不影响人民法院根据证据认定案件事实。

2. 书证。指以文字、符号、图形等所记载的和表达的思想内容来证明案件真实情况的证据。主要指各种书面文件，如合同书、信件、传真、图表、文书、单据、票证等。书证应当提交原件。提交原件确有困难的，可以提交复制品、照片、副本、节录本。提交外文书证，必须附有中文译本。

3. 物证。凡是用物品的外形、特征、规格、质量、重量等证明待证事实的一部或全部的，称为物证。如当事人违反操作规程损坏设备，或违章指挥造成事故，都是证明案件真实情况的证据。物证的特点是，不具有任何主观的东西，而只以其客观存在来证明案件的事实。对物证必须妥善地加以保管，以保持物证的原有的形态。物证应当提交原物。提交原物确有困难的，可以提交复制品、照片等。

4. 视听资料。指用录像、录音、照相或其他方法记录下来的可以证明案件事实及经过的资料，是一种被固定、被保全的证据。包括电子监控资料、录音资料、录像资料、电脑存储资料等几大类。视听资料比较可靠，更接近于真实情况。但是视听资料必须经过审查，才能认定作为证据。根据《民事诉讼法》规定，人民法院对视听资料，应当辨别真伪，并结合本案的其他证据，审查确定能否作为认定事实的根据。

5. 电子数据。指通过电子邮件、电子数据交换、网上聊天记录、博客、微博客、手机短信、电子签名、域名等形成或者存储在电子介质中的信息。

6. 证人证言。证人证言指证人就其所了解的与本案有关的事实、情节，向劳动争议仲裁机关或者人民法院所作的口头或书面陈述。《民事诉讼法》规定，凡是知道案件情况的单位和个人，都有义务出庭作证。有关单位的负责人应当支持证人作证。不能正确表达意思的人，不能作证。

7. 鉴定意见。鉴定意见指劳动争议仲裁机关、人民法院委托、聘请或指定具有专门知识和设备的机构及其工作人员，对案件的有关问题进行专门性检验、分析和科学判断提出结论性的意见。它是一种独立的证据。如法医鉴定、指纹鉴定、笔迹鉴定、化学物品鉴定、精神病鉴定等。根据《民事诉讼法》规定，当事人可以就查明事实的专门性问题向人民法院申请鉴定。当事人申请鉴定的，由双方当事人协商确定具备资格的鉴定人；协商不成的，由人民法院指定。当事人未申请鉴定，人民法院对专门性问题认为需要鉴定的，应当委托具备资格的鉴定人进行鉴定。鉴定人有权了解进行鉴定所需要的案件材料，必要时可以询问当事人、证人。鉴定人应当提出书面鉴定意见，在鉴定书上签名或者盖章。

8. 勘验笔录。办案人员为了查明案情，对与案件有关的现场或者物品进行勘查检验，或者指定有关人员拍照、测量，称为勘验。对勘验情况与结果，以文字、照片、图表和录像等形式所作的记录，称为勘验笔录。勘验笔录应由勘验人、当事人和被邀请人签名或者盖章。勘验笔录是对客观事实的反映，能够证明案件的真实情况，是一种独立的证据。根据《民事诉讼法》规定，勘验物证或者现场，勘验人必须出示人民法院的证件，并邀请当地基层组织或者当事人所在单位派人参加。当事人或者当事人的成年家属应当到场，拒不到场的，不影响勘验的进行。有关单位和个人根据人民法院的通知，有义务保护现场，协助勘验工作。勘验人应当将勘验情况和结果制作笔录，由勘验人、当事人和被邀参加人签名或者盖章。

证据必须查证属实，才能作为认定事实的根据。

二、劳动争议的举证责任

劳动争议举证责任，指劳动争议当事人对自己提出的主张，有提出证据并加以证明的责任。如果当事人未能尽到举证责任，则有可能承担对自己不利的法律后果。

（一）举证责任的含义

证据作为证明案件真实情况的材料，不可能自动呈现在仲裁机构或人民法院面前，那么，仲裁或诉讼中的一个基本问题，就是证据由谁提出，这是举证责任中的主要问题。举证责任指对于有待证明的事实向劳动争议仲裁机构或者人民法院提出证据加以证明的责任。举证责任包含两方面的内容：证据由谁提出；应该举证的人没有举证的法律后果。根据《民事诉讼法》规定，当事人对自己提出的主张，有责任提供证据。按照《最高人民法院关于民事诉讼证据的若干规定》，人民法院应向当事人说明举证的要求及法律后果，促使当事人在合理期限内积极、全面、正确、诚实地完成举证。

（二）举证责任的分担

1. “谁主张，谁举证”

“谁主张，谁举证”，是我国民事诉讼举证责任的基本原则，即在民事诉讼中，无论原告、被告还是第三人，谁主张一定事实，谁就有责任举出证据加以证明。在劳动争议仲裁或诉讼中，仍然实行“谁主张，谁举证”的基本原则。《劳动争议调解仲裁法》第6条规定：“发生劳动争议，当事人对自己提出的主张，有责任提供证据。”即劳动争议中，当事人对自己的主张应负积极的举证责任，没有证据或者证据不足以证明当事人的事实主张的，由负有举证责任的当事人承担不利后果。比如，劳动者在追索劳动报酬的案件中，劳动者必须举出证据证明其与用人单位劳动关系的存在及用人单位拖欠劳动报酬的事实；用人单位如予以反驳，则必须提出其足额、按时发放劳动者劳动报酬的证据。再如，在因劳动合同发生的劳动争议案件中，主张劳动合同关系成立并生效的一方当事人对劳动合同订立和生效的事实承担举证责任；主张劳动合同变更、解除、终止的一方当事人对引起劳动合同变更、解除、终止的事实承担举证责任等。

2. 举证责任倒置

举证责任倒置，指在某些特殊情况下，由于案件事实的特殊性，法律在确定举证责任的顺序时，免除了由原告对其主张的事实首先进行举证的责任，而确定由被告人承担举证责任。它是基于公平和正义的原则，而对传统的“谁主张，谁举证”原则进行的补充、变通和矫正。为了切实维护劳动者合法权益，《劳动争议调解仲裁法》规定：“与争议事项有关的证据属于用人单位掌握管理的，用人单位应当提供；用人单位不提供的，应当承担不利后果。”这一规定表明，与争议事项有关的证据属于用人单位掌握管理的，由用人单位负举证责任。这是因为在劳动法律关系中，用人单位与劳动者的实际地位是不平等的，用人单位与劳动者之间是一种领导与被领导、管理与被管理的隶属关系，用人单位居于管理者的地位，对劳动者实施管理、指挥、命令；而劳动者则要服从管理，听从指挥和命令，相比较用人单位来说，劳动者处于弱势地位。由于劳动法律关系中双方当事人的地位不平等，导致用人单位的举证能力远远强于劳动者，而且在有些情况下，用人单位还会利用其优势地位，使劳动者举证不能或者举证困难，如用人单位不与劳动者签订劳动合同，解除劳动合同时不通知劳动者，也不办理解除劳动合同手续等。此外，有些证据掌握在用人单位手中，如人事档案、职工花名册、考勤记录等，由用人单位掌握和管理，劳动者无法取得或很难收集到。因而在这种情况下，法律有必要对举证责任进行分配。《劳动争议调解仲裁法》第 39 条第 2 款规定，劳动者无法提供由用人单位掌握管理的与仲裁请求有关的证据，仲裁庭可以要求用人单位在指定期限内提供。用人单位在指定期限内不提供的，应当承担不利后果。《劳动人事争议仲裁办案规则》第 13 条对劳动争议举证责任也作了相同的规定："当事人对自己提出的主张有责任提供证据。与争议事项有关的证据属于用人单位掌握管理的，用人单位应当提供；用人单位不提供的，应当承担不利后果。"

3. 公平确定举证责任

在法律有具体规定时适用具体规定，没有具体规定时适用谁主张谁举证规则，依然不能平衡当事人举证责任时，则适用公平确定举证责任的原则。《劳动人事争议仲裁办案规则》第 14 条规定，"法律没有具体规定、按照本规则第十三条规定无法确定举证责任承担的，仲裁庭可以根据公平原则和诚实信用原则，综合当事人举证能力等因素确定举证责任的承担"。

（1）适用前提

在根据一般的谁主张谁举证规则、特殊的举证责任倒置规则以及其他法律的具体规定依然无法确定责任承担时，则可以适用公平确定举证责任。该举证责任分配规则具有以下特征：一是补充性，补充其他证明责任分配规则；二是综合性，即需考虑案件的全部情况，尤其是案件的特别状况，在全面考量之后进行证明责任分配。

（2）适用方法

适用公平确定举证责任原则，应当把握以下几点。

一是公平原则，即公正、平等的准则，仲裁员在举证分配过程中不但要注意分配结果的公平性，还要兼顾分配过程的公平性。

二是诚实信用原则，要求当事人讲究信用，信守诺言，以诚实不欺的标准要求自己的举证行为。

三是考虑当事人举证能力，强调考虑个案中当事人的特别情况，这种特别情况除了要考虑职工和用人单位不同的证据收集能力、提出能力、证据综合能力等来决定个案中应当如何适用举证原则外，更应当涵盖所裁判案件中具体当事人特殊的情况。

（三）证据的收集

证据必须由司法人员和当事人依据法定程序收集和提供。证明主体依照法律积极主动采取相应措施、运用各种方法，深入、细致地调查研究，以发现和取得与案件相关的各种证据，是正确处理案件的必经阶段和基本前提。依法收集证据，对查明案件事实，正确处理案件，具有十分重要的意义。

1. 证据收集的原则

收集证据应当遵守以下原则。

（1）合法性原则，即收集证据必须符合民事实体法和程序法的有关规定。只有以合法方式取得的证据才具有证明力。

（2）客观性原则，即收集证据的事实材料应当全面、客观地反映证据的本来面目。

（3）科学性原则，包括四方面的内容：一是收集证据既要全面，又要相对集中；二是收集证据要讲究方式方法，防止泄露国家机密和商业秘密，也不能损害当事人和证人的合法权益；三是收集证据要充分运用科学技术手段；四是收集证据要及时。

2. 证据收集的范围

凡是同案件事实存在联系、可以证明案情的客观事实材料，都属于收集的范围。明确地说，能够证明劳动争议产生的时间、地点、原因、过程、现状和结果的证据，包括书证、物证、视听资料、证人证言、当事人陈述、鉴定结论、勘验笔录等，都是收集证据的范围。

3. 证据收集的方法

收集证据的基本方法是调查研究。调查的手段大致有七种：访问、进行谈话，制作笔录；复印、抄录资料；拍照；录音；鉴定；勘验；实验等。

《民事诉讼法》第67条第2、3款规定："当事人及其诉讼代理人因客观原因不能自行收集的证据，或者人民法院认为审理案件需要的证据，人民法院应当调查收集。人民法院应当按照法定程序，全面地、客观地审查核实证据。"《劳动人事争议仲裁办案规则》第16条规定，"当事人因客观原因不能自行收集的证据，仲裁委员会可以根据当事人的申请，参照民事诉讼有关规定予以收集；仲裁委员会认为有必要的，也可以决定参照民事诉讼有关规定予以收集”。第 17 条规定，“仲裁委员会依法调查取证时，有关单位和个人应当协助配合。仲裁委员会调查取证时，不得少于两人，并应当向被调查对象出示工作证件和仲裁委员会出具的介绍信”。

（四）举证规则

1. 举证期限

举证期限指当事人向劳动争议仲裁机构或者人民法院提出证据的期限。当事人有义务在举证期限内向仲裁委员会或者人民法院提交证据材料，当事人在举证期限内不提交的，应当承担相应的法律责任。《民事诉讼法》第 68 条规定：“当事人对自己提出的主张应当及时提供证据。人民法院根据当事人的主张和案件审理情况，确定当事人应当提供的证据及其期限。当事人在该期限内提供证据确有困难的，可以向人民法院申请延长期限，人民法院根据当事人的申请适当延长。当事人逾期提供证据的，人民法院应当责令其说明理由；拒不说明理由或者理由不成立的，人民法院根据不同情形可以不予采纳该证据，或者采纳该证据但予以训诫、罚款。”根据《最高人民法院关于民事诉讼证据的若干规定》，人民法院应当向当事人说明举证的要求及法律后果，促使当事人在合理期限内积极、全面、正确、诚实地完成举证。当事人应当在举证期限内向人民法院提交证据材料，当事人在举证期限内不提交的，视为放弃举证权利。规定举证期限，有利于案件的及时审理。举证期限可以由人民法院根据案件情况指定，也可以由当事人协商一致，并经人民法院认可。但由人民法院指定举证期限的，指定的期限不得少于 30 日，自当事人收到案件受理通知书和应诉通知书的次日起计算。如果当事人在举证期限内提交证据确有困难的，应当在举证期内向人民法院申请延期举证，经人民法院准许，可以适当延长举证期限。《劳动人事争议仲裁办案规则》第 15 条规定：“承担举证责任的当事人应当在仲裁委员会指定的期限内提供有关证据。当事人在该期限内提供证据确有困难的，可以向仲裁委员会申请延长期限，仲裁委员会根据当事人的申请适当延长。当事人逾期提供证据的，仲裁委员会应当责令其说明理由；拒不说明理由或者理由不成立的，仲裁委员会可以根据不同情形不予采纳该证据，或者采纳该证据但予以训诫。”

2. 证据交换

为保证案件及时审理，在劳动争议案件开庭审理前，由仲裁人员或者审判人员组织双方当事人互相交换证据。交换证据的时间可以由当事人协商一致并经仲裁委员会或者人民法院认可，也可以由仲裁委员会或者人民法院指定。仲裁委员会或者人民法院组织当事人交换证据的举证期限于交换证据之日届满。当事人申请延期举证经仲裁委员会或者人民法院准许的，证据交换时间相应顺延。通过开庭前的证据交换，可以使仲裁人员和审判人员了解哪些是双方当事人无异议的事实，从而明确双方当事人争议的主要问题，以便在开庭审理中加以解决。证据交换一般不超过两次，但重大、疑难和案情特别复杂的案件，仲裁委员会或者人民法院认为确有必要再次进行证据交换的除外。

3. 质证

质证指当事人提交的证据应当在法庭上出示，由双方当事人进行质询，以确定证据的证明力。《民事诉讼法》第 71 条规定：“证据应当在法庭上出示，并由当事人互相质证。对涉及国家秘密、商业秘密和个人隐私的证据应当保密，需要在法庭出示的，不得在公开开庭时出示。”根据《最高人民法院关于民事诉讼证据的若干规定》，劳动争议案件中，当事人向人民法院提交的证据都必须经过质证，未经质证的证据，不能作为认定案件事实的依据。但涉及国家秘密、商业秘密和个人隐私或者法律规定的其他应当保密的证据，不得在开庭时公开质证。当事人质证应当围绕证据的真实性、关联性、合法性，针对证据有无证明力以及证明力大小进行质疑、说明和反驳。

《劳动人事争议仲裁办案规则》第 18 条规定：“争议处理中涉及证据形式、证据提交、证据交换、证据质证、证据认定等事项，本规则未规定的，可以参照民事诉讼证据规则的有关规定执行。”

第四节　协调劳动关系三方机制

一、协调劳动关系三方机制概述

协调劳动关系三方机制，也称劳动关系三方原则，指由政府、劳动者、用人单位三方代表根据一定的议事规则和程序，通过特定的形式就劳动关系方面的重大问题进行协商、谈判和合作的一种基本制度。协调劳动关系三方机制是市场经济条件下调整劳动关系、促进劳动关系和谐稳定的有效途径，是市场经济国家通行的做法。我国协调劳动关系三方机制初创于 20 世纪 90 年代。1990 年 9 月 7 日，全国人大常委会批准了国际劳工组织《三方协商促进履行国际劳工标准公约》，表明我国已经承诺遵循国际通行的三方性原则来协商处理劳动关系方面的问题。《工会法》第 35 条第 2 款规定："各级人民政府劳动行政部门应当会同同级工会和企业方面代表，建立劳动关系三方协商机制，共同研究解决劳动关系方面的重大问题。"2007 年 6 月 29 日第十届全国人大常委会第 28 次会议审议通过的《劳动合同法》第 5 条规定："县级以上人民政府劳动行政部门会同工会和企业方面代表，建立健全协调劳动关系三方机制，共同研究解决有关劳动关系的重大问题。"这些规定为三方协商机制提供了基本的法律依据。

2001 年 8 月，我国正式建立了由劳动和社会保障部（代表政府）、中华全国总工会（代表劳动者）、中国企业联合会和中国企业家协会（代表雇主）共同组成的国家级协调劳动关系三方机制。目前，我国协调劳动关系三方机制已初步形成，在构建和发展和谐稳定的劳动关系、维护企业和社会稳定、促进经济社会持续健康发展方面发挥了积极作用。

从协调劳动关系三方机制的各方构成和运行实践来看，三方机制具有以下特点。

（一）三方主体的独立性。即参加三方协商的政府、劳动者、用人单位三方代表，在身份上和地位上都是独立的，是不同的利益主体，有着不同的利益追求，这也是三方协商的前提条件。

（二）主体权利的对等性。权利对等表明三方互为权利义务主体，在协商机制中任何一方都不能凌驾于他方之上，无权单方发号施令，指使、命令另一方。这种权利对等性对于在劳动关系中处于弱势地位的劳动者来说，是一种保障。如果权利不对等，劳动者听命于用人单位，企业遵从于政府，协商谈判就不可能正常进行。

（三）协商过程的民主性。三方协商机制的关键在于协商，而协商又体现在三方友好的对话和商讨中，互相理解，互相支持，对于讨论的事项，反复商量后取得共识。

（四）协商目的的合作性。在劳动关系中，各方存在一定的利益取向，但各方的利益只有经过合作才能得到实现。三方协商的目的就是相互合作，促进共同发展。

二、劳动关系三方协调机制的职责

《关于建立健全劳动关系三方协调机制的指导意见》提出，各地要从实际出发，制定本省劳动关系三方协调机制的工作制度和规程，明确职责，规范运作。省级三方协调机制一般应在以下几个方面开展工作。

（一）研究分析经济体制改革政策和社会经济发展计划对劳动关系的影响，提出政策性意见和建议。

（二）通报交流各自协调劳动关系工作中的情况和问题，研究分析劳动关系状况及发展趋势，对劳动关系方面带有全局性、倾向性的重大问题进行协商。

（三）对制定涉及调整劳动关系的法律、法规、规章和政策提出意见和建议，并监督实施。

（四）对地方建立三方协调机制和企业开展平等协商、签订集体合同等劳动关系调整工作进行咨询、指导。研究现行劳动争议处理体制，指导地方的劳动争议处理工作。总结推广典型经验。

（五）对具有重大影响的集体劳动争议和群体性事件进行调查研究，提出解决和预防的意见建议。

（六）开展劳动法律、法规和规章的宣传工作。

三、协调劳动关系三方机制在解决劳动争议方面的作用

《劳动争议调解仲裁法》第8条规定：“县级以上人民政府劳动行政部门会同工会和企业方面代表建立协调劳动关系三方机制，共同研究解决劳动争议的重大问题。”这一规定表明，研究解决劳动争议的重大问题是协调劳动关系三方机制的一项重要职责，协调劳动关系三方机制在解决劳动争议方面有着重要作用。

根据《劳动争议调解仲裁法》规定，三方机制在解决劳动争议方面的基本职责是：共同研究解决劳动争议的重大问题。具体包括：（1）研究分析本地区劳动关系状况及发展趋势，对劳动关系方面带有全局性、倾向性的重大问题进行协商，达成共识，预防劳动争议的发生；（2）对制定并实施涉及劳动争议处理的法律、法规、规章和政策提出意见和建议；（3）对本地区发生的重大劳动争议，特别是影响较大的集体劳动争议，进行分析研究，提出具体的指导意见。

第五节　劳动者有权向劳动保障行政部门投诉

鉴于目前拖欠劳动报酬等不少问题是由于用人单位违法而造成的，劳动保障行政部门加强劳动保障监察，对一些明显的违法行为依法及时处理，可以预防和减少劳动争议的发生，从而降低劳动者维权成本。所以，《劳动争议调解仲裁法》第9条规定：“用人单位违反国家规定，拖欠或者未足额支付劳动报酬，或者拖欠工伤医疗费、经济补偿或者赔偿金的，劳

动者可以向劳动行政部门投诉，劳动行政部门应当依法处理。”这一规定为劳动者维护自己的合法权益设置了投诉救济渠道，也明确了劳动保障行政部门的责任。

一、劳动监督检查是劳动保障行政部门的法定职责

《劳动法》第 9 条规定：“国务院劳动行政部门主管全国劳动工作。县级以上地方人民政府劳动行政部门主管本行政区域内的劳动工作。”第 85 条规定：“县级以上各级人民政府劳动行政部门依法对用人单位遵守劳动法律、法规的行为进行监督检查，对违反劳动法律、法规的行为有权制止，并责令改正。”根据本条规定，对用人单位遵守劳动法的情况进行监督检查是劳动行政部门的法定职责。而且，《劳动法》第 91 条还规定，用人单位有下列侵害劳动者合法权益情形之一的，由劳动行政部门责令支付劳动者的工资报酬、经济补偿，并可以责令支付赔偿金：（一）克扣或者无故拖欠劳动者工资的；（二）拒不支付劳动者延长工作时间工资报酬的；（三）低于当地最低工资标准支付劳动者工资的；（四）解除劳动合同后，未依照本法规定给予劳动者经济补偿的。

《劳动合同法》明确规定，县级以上地方人民政府劳动行政部门依法对下列实施劳动合同制度的情况进行监督检查：（一）用人单位制定直接涉及劳动者切身利益的规章制度及其执行的情况；（二）用人单位与劳动者订立和解除劳动合同的情况；（三）劳务派遣单位和用工单位遵守劳务派遣有关规定的情况；（四）用人单位遵守国家关于劳动者工作时间和休息休假规定的情况；（五）用人单位支付劳动合同约定的劳动报酬和执行最低工资标准的情况；（六）用人单位参加各项社会保险和缴纳社会保险费的情况；（七）法律、法规规定的其他劳动监察事项。

《劳动保障监察条例》规定，国务院劳动保障行政部门主管全国的劳动保障监察工作。县级以上地方各级人民政府劳动保障行政部门主管本行政区域内的劳动保障监察工作。劳动保障行政部门实施劳动保障监察，履行下列职责：（一）宣传劳动保障法律、法规和规章，督促用人单位贯彻

执行；（二）检查用人单位遵守劳动保障法律、法规和规章的情况；（三）受理对违反劳动保障法律、法规或者规章的行为的举报、投诉；（四）依法纠正和查处违反劳动保障法律、法规或者规章的行为。劳动保障行政部门对下列事项实施劳动保障监察：（一）用人单位制定内部劳动保障规章制度的情况；（二）用人单位与劳动者订立劳动合同的情况；（三）用人单位遵守禁止使用童工规定的情况；（四）用人单位遵守女职工和未成年工特殊劳动保护规定的情况；（五）用人单位遵守工作时间和休息休假规定的情况；（六）用人单位支付劳动者工资和执行最低工资标准的情况；（七）用人单位参加各项社会保险和缴纳社会保险费的情况；（八）职业介绍机构、职业技能培训机构和职业技能考核鉴定机构遵守国家有关职业介绍、职业技能培训和职业技能考核鉴定的规定的情况；（九）法律、法规规定的其他劳动保障监察事项。

二、劳动者向劳动保障行政部门投诉

依据《劳动争议调解仲裁法》规定，用人单位违反国家规定，拖欠或者未足额支付劳动报酬，或者拖欠工伤医疗费、经济补偿或者赔偿金的，劳动者可以向劳动行政部门投诉。《人力资源社会保障部关于实施〈劳动保障监察条例〉若干规定》明确规定，劳动者对用人单位违反劳动保障法律、侵犯其合法权益的行为，有权向劳动保障行政部门投诉。对因同一事由引起的集体投诉，投诉人可推荐代表投诉。投诉应当由投诉人向劳动保障行政部门递交投诉文书。书写投诉文书确有困难的，可以口头投诉，由劳动保障监察机构进行笔录，并由投诉人签字。

投诉文书应当载明下列事项：

（一）投诉人的姓名、性别、年龄、职业、工作单位、住所和联系方式，被投诉用人单位的名称、住所、法定代表人或者主要负责人的姓名、职务；

（二）劳动保障合法权益受到侵害的事实和投诉请求事项。

根据《人力资源社会保障部关于实施〈劳动保障监察条例〉若干规

定》，对符合下列条件的投诉，劳动保障行政部门应当在接到投诉之日起5个工作日内依法受理，并于受理之日立案查处：（一）违反劳动保障法律的行为发生在两年内的；（二）有明确的被投诉用人单位，且投诉人的合法权益受到侵害是被投诉用人单位违反劳动保障法律的行为所造成的；（三）属于劳动保障监察职权范围并由受理投诉的劳动保障行政部门管辖。对不符合第一款第（一）项规定的投诉，劳动保障行政部门应当在接到投诉之日起5个工作日内决定不予受理，并书面通知投诉人。对不符合第一款第（二）项规定的投诉，劳动保障监察机构应当告知投诉人补正投诉材料。对不符合第一款第（三）项规定的投诉，即对不属于劳动保障监察职权范围的投诉，劳动保障监察机构应当告知投诉人；对属于劳动保障监察职权范围但不属于受理投诉的劳动保障行政部门管辖的投诉，应当告知投诉人向有关劳动保障行政部门提出。

劳动保障行政部门通过日常巡视检查、书面审查、举报等发现用人单位有违反劳动保障法律的行为，需要进行调查处理的，应当及时立案查处。立案应当填写立案审批表，报劳动保障监察机构负责人审查批准。劳动保障监察机构负责人批准之日即为立案之日。

思考题：

1. 简述劳动争议处理的范围。
2. 处理劳动争议应遵循的原则是什么？
3. 劳动争议处理的基本程序是什么？
4. 劳动争议处理的法律依据主要有哪些？
5. 什么是证据？证据有哪些种类？
6. 举证责任如何分担？
7. 如何收集证据？
8. 举证规则有哪些？
9. 协调劳动关系三方机制在解决劳动争议方面有什么作用？
10. 劳动者如何向劳动保障行政部门投诉？

案例 1

重庆市巴南区总工会深入推进劳动争议多元化解机制建设

2023 年 11 月 29 日　来源：中工网

“这次出庭经历让我对工会组织又有了全新的认识……”近日，在重庆巴南区总工会新建成的职工服务中心里，一名律师发出了这样的感慨。该律师有此感慨源于当天巴南区人民法院在该区职工服务中心劳动争议巡回法庭审理了一起劳动争议案。

据介绍，邹亮（化名）于 2007 年 8 月 18 日入职某包装公司、某科技公司的关联公司工作，后根据公司安排先后到了该包装公司和科技公司工作，月平均工资为 15000 元。从 2022 年 6 月开始，科技公司拖欠邹亮工资。

邹亮认为该科技公司未安排休年休假、未支付年休假工资、加班工资等，遂于 2022 年 12 月向科技公司邮寄解除劳动关系告知书。在前期调解、仲裁未果的情况下，邹亮起诉两家公司，要求经济补偿 20 万余元、未休年休假工资 4 万余元、扣发工资 2 万余元、工伤保险待遇 6 万余元及解除劳动关系。

“本案也是区职工服务中心建成后，首起法院到此开庭的案件。”该区总工会相关负责人介绍，此前，区劳动人事争议仲裁院也到此举办了首场“巡回仲裁·以案释法”活动，并公开审理了一起因工伤引发的经济补偿、工伤保险待遇争议案。

该区人民法院、区劳动人事争议仲裁院在该职工服务中心公开审理的两起劳动争议案是巴南区总工会深入推进劳动争议多元化解机制建设的缩影。

该负责人表示，2023 年以来，区总工会充分发挥工会劳动争议纠纷人民调解委员会的作用，联合区人力社保局、区司法局、区法院、区检察院共同做好劳动争议化解工作，建立“工会+司法+人社+法院+检察院”五方群众性劳动争议化解工作联动机制，并在区职工服务中心设立调解室、巡回仲裁庭、巡回法庭，打造“一站式”劳动争议调处平台，合力形成调、裁、诉有机衔接，截至目前，已成功调解劳动纠纷35件。

“下一步，区总工会将进一步创新举措，进基层、到园区、入企业开展调解和普法宣传，通过以案释法、以案说法、以案普法，提高企业和广大职工知法、守法、用法、懂法意识，实现‘化解一案、规范一企、宣传一处、教育一片’，力争做到纠纷在诉前解决、矛盾在源头化解，深入推进劳动争议诉源治理，积极推动全区群众性劳动争议化解工作。”该负责人说。（黄仕强）

案例2

快递员与物流公司构成劳动关系吗？

案情

某物流公司原系某快递站点的承包方。2020年7月，杨某到该物流公司做快递员。双方未签订书面劳动合同，口头约定杨某所在区域的快递业务均由其承包，物流公司按每件0.9元向其支付派件费；杨某收的件可自行向客户收取快递费，扣除成本后的差额属于其利润。杨某自行安排派送件，物流公司对其不进行用工管理，双方每月进行费用结算。

2021年2月至3月，杨某未正常上班，自称已请假，但物流公司表示杨某是自行离开。2021年4月，某快递公司（物流公司的原发包方）收回上述快递站点进行直营。杨某与快递公司直接签订劳动合同并正式入职。随后，杨某以其在物流公司承包期间双方存在劳动关系，系物流公司违法解除劳动关系为由，申请劳动仲裁，要求物流公司支付违法解除劳动关系的赔偿金、未签订劳动合同的双倍工资差额等费用。劳动仲裁委以双方不存在劳动关系为由，驳回仲裁请求。杨某不服，诉至法院。

判决

深圳市龙岗区人民法院一审认为，本案中，杨某与某物流公司作为适格的劳动法律关系主体，双方并未就工资标准、工作时间等进行约定。杨某每天自主安排收派件时间，在工作时间安排上有很强的自主性。在劳动报酬上，双方亦没有关于基本工资等事项的约定，杨某有权决定收件价格并可从中收取差价。可见，杨某在其人身安排及经济上均有很强的自主性，与物流公司之间并未形成具有从属性的固定劳动管理关系。据此，一审判决驳回杨某的全部诉讼请求。二审法院维持原判。

案例 3

劳动者严重违反规章制度，用人单位有权解除劳动合同

——某物流公司与王某劳动合同纠纷案

基本案情

2018 年 4 月 26 日，王某入职某物流公司，从事驾驶员岗位工作。因王某在驾驶危化品车辆运油过程中吸烟，托运方对某物流公司罚款 5000 元。2022 年 4 月 9 日，某物流公司向王某发出《关于辞退王某同志的通知》，载明因王某严重违反公司制度，经公司职工代表大会通过，决定辞退王某。由此，王某诉请确认某物流公司违法解除劳动合同，并支付赔偿金。

裁判结果

人民法院经审理认为，《劳动合同法》第 39 条第 2 项规定，劳动者严重违反用人单位的规章制度的，用人单位可以解除劳动合同。某物流公司提交《关于规章制度生效的会议纪要》等文件，表明相关规章制度已经过职工代表大会讨论通过，并对员工进行了培训，《规章制度汇编》中的“驾驶员岗位职责十不准”对车内吸烟明令禁止。王某驾驶危化品车辆时吸烟，其行为对某物流公司的经营发展及社会公众的人身财产安全均具有重大隐患，王某的行为严重违反公司规章制度，物流公司依据规章制度解除与王某的劳动合同，属于依法行使企业用工自主权。王某以物流公司违法解除劳动合同为由主张赔偿金没有法律依据，人民法院不予支持。

典型意义

劳动者有自觉遵守用人单位规章制度的法定义务，劳动者严重违反用人单位规章制度的，用人单位可以解除劳动合同。在界定劳动者“严重”违反规章制度的标准时，可以从以下几方面进行考量。第一，劳动者行为

已经危及企业生产经营秩序或造成重大损失及影响，以至于双方劳动合同的目的已经无法实现。第二，劳动者与企业之间的信赖基础彻底丧失且无法修复，客观上不可能再维系原劳动关系。第三，综合用人单位性质、劳动者职责等因素，基于劳动者违反规则的性质、违约行为频率及纠正效果，劳资双方已经不再具有人合性。此外，在判断劳动者是否严重违反规章制度方面，人民法院不能完全受限于规章制度规定的范围，一方面，对于劳动者违反基本劳动纪律，依据一般社会观念难以期待用人单位予以容忍的，不能仅因规章制度缺乏明确规定，而否定用人单位解聘的权利。另一方面，规章制度中对于“严重”违反的情形仅作宽泛规定的，宜采取严格审查的司法态度，以缓和规章制度对于劳资双方权利规制的失衡。

第三章

劳动争议的产生和预防

深入分析劳动争议产生的原因，做好劳动争议预防工作，把劳动关系矛盾消灭在萌芽状态，有效防止或减少劳动争议的发生，对于构建和谐劳动关系有着重要意义。

第一节 当前我国劳动争议的主要特点和表现形式

一、当前我国劳动争议的主要特点

1. 劳动争议案件总量较高。随着劳动关系市场化、多样化、复杂化和双方当事人的法律意识逐步提高，劳动争议处理机制和网络不断健全，劳动争议日益显性化，使近几年来我国劳动争议数量上升。

2. 非公有制用人单位劳动争议数量占绝大多数。主要是私营企业、外商投资企业、民办非企业单位、个体经济组织侵害劳动者合法权益引发的劳资纠纷逐步增多。

3. 集体劳动争议上升幅度较大。近几年，集体劳动争议呈现突发性强、人数多、处理难度大的特点。

4. 类型变化多。除了一些传统的劳动争议案件之外，如追索劳动报酬、社会保险、解除或终止劳动合同、女职工特殊劳动保护、休息休假等劳动争议案件，还出现了新型劳动争议案件，如服务期、保守用人单位商业秘密、新就业形态劳动者权益保护、“隐性加班”、居家办公等有关劳动争议。

5. 案件内容日趋复杂，处理难度加大。在各级劳动争议仲裁委员会处理的案件中，以调解方式结案的比例在下降，以裁决方式结案的比例在上升。同时，当事人不服仲裁处理结果起诉到人民法院的案件也在持续增加。

6. 劳动争议主体向多样化发展。劳动者的构成发生明显变化，涉及劳务派遣工、灵活就业人员、新就业形态劳动者的劳动争议案件有所增加。

7. 劳动争议处理执行难。劳动争议案件申请人一方多为劳动者，劳动争议影响到其基本生活，而用人单位或无力履行相应义务，或在出现纠纷后有意抽逃资金、躲避债务，难以执行。

二、当前我国劳动争议的主要表现形式

1. 因用人单位拖欠、克扣、截留劳动者工资，压低计件工资引发劳动争议。个别用人单位未依法按月以货币的形式发放劳动者的劳动报酬；个别用人单位生产经营不景气，亏损严重，长期拖欠职工工资；个别用人单位随意克扣劳动者工资；个别用人单位以产品或者其他物品代替工资；个别用人单位在最低工资标准以下支付工资；等等。

2. 因履行劳动合同而引发的劳动争议。用人单位与劳动者在履行劳动合同中，个别用人单位订立劳动合同后不履行，随意变更或者解除劳动合同；个别用人单位解除或终止劳动者劳动合同不依法支付经济补偿金；也有个别劳动者擅自“跳槽”而且不支付违约金，等等。

3. 因工伤事故或职业病的医疗、理赔而发生的劳动争议案件也是目前劳动争议的焦点之一。个别企业违反安全生产法和职业病防治法等法律法规，重生产、轻安全，重经济效益、忽视劳动保护，劳动条件恶劣，缺乏必要劳动保护设施，直接导致了职工工伤事故和职业病大量发生。死者亲属或伤者、患者为工伤保险待遇及补偿问题与用人单位发生争议。

4. 企业超时加班加点，不按规定发放加班工资。在企业特别是劳动密集型企业，职工超时加班加点现象较为普遍。个别企业没有按《劳动法》规定的标准支付加班工资。有的企业加班事先没有征求工会和劳动者的意见，带有强制性要求，如劳动者不愿意加班就随意罚款、扣发工资和奖金，有的甚至按旷工处理，导致矛盾激化。在数字化时代，“隐性加班”问题引发的劳动争议也日益增多。

5. 企业不按规定缴纳社会保险费。目前有一部分企业不按规定为职工办理社会保险，少报、瞒报、漏报或逃避缴纳社会保险费的法定义务。有的企业从劳动者工资中扣取本应由企业承担的社会保险费。有的企业以高薪或者商业保险取代社会保险。还有部分企业则是经营困难的局面长期没有改观，无力为劳动者缴纳社会保险费。

6. 新就业形态劳动者法定权益难落实。随着互联网平台经济的快速发展，劳动者法律风险意识在不断增强，新就业形态劳动争议案件数量也在逐年增长，主要争议集中在劳动关系确认方面以及享受工伤保险或商业保险待遇等方面。

第二节　劳动争议的预防

一、劳动争议预防概述

劳动争议预防，指劳动关系主体及与劳动关系有关的其他各个方面，对劳动关系当事人之间可能会产生的劳动争议采取必要的预防措施，预防劳动争议的发生，做到“防患于未然”。具体来讲，就是指用人单位和劳动者、工会组织、劳动保障行政部门、劳动争议调解组织、劳动争议仲裁委员会、人民法院，以及其他有关行政部门和社会组织，通过采取有效措施，使劳动争议由事后的处理变为事前的积极预防，把劳动争议消灭在萌芽状态或萌发之前，从而防止和减少劳动争议的发生，消除劳动关系矛盾，构建和谐稳定的劳动关系，为改革与经济社会高质量发展创造良好的社会经济环境。

做好劳动争议预防工作，防止或减少劳动争议的发生，有利于减少或消除劳动关系双方之间的矛盾、隔阂，增进双方之间的信任和理解，加强双方之间的团结；有利于维护劳动关系双方的合法权益，实现各自的利益目标，降低效益损失；有利于调动劳动关系双方的积极性，保障用人单位正常的生产工作秩序，提高劳动生产率和经济效益；有利于减轻当事人特别是劳动者的负担，使其避免官司之累，减轻其经济和精神负担，把更多精力投入到生产工作中去，还可以降低劳动争议处理的社会成本，推动社会进步；有利于提高用人单位人力资源管理水平，建立和谐稳定的劳动关系，促进社会主义和谐社会建设。《中共中央 国务院关于构建和谐劳动关系的意见》明确提出，有效预防和化解劳动关系矛盾，建立规范有序、公正合理、互利共赢、和谐稳定的劳动关系。

二、劳动争议的预防措施

针对劳动争议发生的原因，根据社会主义市场经济条件下劳动关系的现状，做好劳动争议预防工作，应采取的措施主要包括以下几方面。

（一）完善劳动法治

良法是善治之前提和基础。劳动争议预防以法律、法规为依据，加强劳动法治建设，完善劳动立法，是开展劳动争议预防的前提。为了适应社会主义市场经济条件下协调劳动关系的需要，应当根据劳动关系的变化，从我国的国情出发，借鉴国外劳动立法经验，进一步完善劳动法、劳动合同法、劳动争议调解仲裁法、社会保险法、职业病防治法等法律的配套法规、规章和政策，加快完善基本劳动标准、集体协商和集体合同、企业工资、工时、职业培训、劳动保障监察、企业民主管理、协调劳动关系三方机制等方面的制度，逐步健全劳动保障法律法规体系，为调整劳动关系提供充分的法律依据，把劳动关系的建立、运行、终结、监督、调处的全过程纳入法治化轨道。

（二）加强劳动法治的宣传教育

广泛、深入开展劳动法律知识的普及、宣传教育，培养人们的劳动法律意识，增强劳动法治观念，提高依法办事的自觉性，是预防劳动争议的基本条件。通过各种形式和途径，如电影、电视、广播、报刊、网络、讲座、报告、知识竞赛等媒体和形式，向用人单位和广大劳动者以及全社会大力宣传和普及劳动法律知识，使全体经营管理人员和所有劳动者增强劳动法治观念和劳动法律意识，做到人人知法、懂法、守法，了解掌握自己的劳动权利与义务，划清合法与违法的界限，用法治思维和方式解决问题。用人单位要学会依法规范自己的用工行为，劳动者学会依法规范自己的劳动行为，双方都要正确行使自己的权利，严格履行自己的义务，从而避免劳动争议的发生。

（三）大力推行集体合同制度

集体合同，是工会代表职工与用人单位依法就劳动报酬、工作时间、休息休假、劳动安全卫生、职业技能培训、保险福利等事项，通过平等协商订立的书面协议。集体合同是一项重要的劳动法律制度，是市场经济条件下调整劳动关系的重要机制，是科学地协调企业与职工之间利益关系的法律制度。《劳动合同法》第 51 条第 1 款规定，企业职工一方与用人单位通过平等协商，可以就劳动报酬、工作时间、休息休假、劳动安全卫生、保险福利等事项订立集体合同。

实行集体合同制度，在劳动关系的调整上可以在国家劳动法律法规的调整与劳动合同的调整中间增加集体合同的调整这一层次，实现对劳动关系的多方位、多层次调整。集体合同对劳动关系的调整，同一般的劳动法律法规相比对不同企业劳动关系的针对性更强，同时也有利于消除或弥补劳动合同存在的某些随意性，给企业劳动关系的调整提供一种新机制，使职工的合法权益得到保障，劳动条件和生活福利得到改善，可以避免或者减少劳动争议的发生，从而使企业劳动关系更和谐、更稳定、更巩固，更有利于促进企业发展。

（四）建立平等协商制度

平等协商制度，指用人单位工会或职工代表与用人单位行政或雇主，为确定劳动条件和标准及与劳动关系相关的问题，依据法律、法规规定而进行定期或不定期沟通、商谈的一种制度。平等协商不仅是签订集体合同的法定程序，同时也是协调劳动关系的有效机制，是避免劳动争议的基础性建设工作。工会应当与用人单位依法建立平等协商制度。通过平等协商制度，工会与用人单位可以就工资分配制度、工资分配形式、工资收入水平、工资支付办法、最低工资标准、特殊情况下的工资、工资保障机制、工作时间、休息休假、劳动安全卫生、劳动合同管理、职业培训、补充保险、生活福利，以及劳动关系中的其他问题随时进行协商，双方达成共识，使矛盾和问题及时得到解决，有效预防劳动争议的发生。

（五）强化劳动合同管理

劳动合同是劳动者与用人单位确立劳动关系、明确双方权利和义务的协议。劳动合同是建立劳动关系的基本形式，是劳动者实现劳动权的重要保障，是促进劳动力资源合理配置的重要手段。劳动合同管理是指根据国家法律、法规和政策的要求，运用组织、指挥、协调、实施职能对合同的订立、履行、变更和解除、终止等全过程的行为所进行的一系列管理工作的总称。劳动合同管理是人力资源管理中重要的一个环节。加强劳动合同管理，提高劳动合同的履约率，对于调动劳动关系双方的积极性，避免或者减少劳动争议的发生，维护和谐的劳动关系，促进用人单位高质量发展具有十分重要的意义。

订立劳动合同，应当遵循合法、公平、平等、自愿、协商一致、诚实信用的原则。依法订立的劳动合同具有约束力，用人单位与劳动者应当履行劳动合同约定的义务。

要认真贯彻落实好劳动合同法等法律法规，加强对用人单位实行劳动合同制度的监督、指导和服务，在用工季节性强、职工流动性大的行业推广简易劳动合同示范文本，依法规范劳动合同订立、履行、变更、解除、终止等行为，切实提高劳动合同签订率和履行质量。

强化劳动合同管理。首先，应当提高劳动合同的签订率，消除有劳动、没合同的现象。其次，要完善劳动合同的内容，使劳动合同的内容合法、具体、有效。第三，要规范签订劳动合同的程序，使劳动合同建立在协商一致的基础上，防止“霸王”合同的出现。最后，要提高劳动合同的履约率，加强有关劳动合同法律、法规、知识的宣传教育，增强劳动关系双方的劳动合同意识，自觉履行劳动合同，这是防止劳动争议发生的基本条件。

（六）依法建立和完善劳动规章制度

用人单位的劳动规章制度是用人单位制定的组织劳动过程和进行劳动

管理的规则和制度的总和。用人单位的劳动规章本身不是法律，但却对用人单位和劳动者产生约束力。劳动规章制度的主要内容包括：劳动合同管理、工资管理、社会保险福利待遇、工时休假、考勤考核、职业培训、职工奖惩、安全生产，以及其他劳动管理的规定。用人单位制定劳动规章制度，要严格执行国家法律、法规的规定，保障劳动者享有劳动权利、履行劳动义务。《劳动合同法》规定："用人单位在制定、修改或者决定有关劳动报酬、工作时间、休息休假、劳动安全卫生、保险福利、职工培训、劳动纪律以及劳动定额管理等直接涉及劳动者切身利益的规章制度或者重大事项时，应当经职工代表大会或者全体职工讨论，提出方案和意见，与工会或者职工代表平等协商确定。"只有依法建立健全劳动规章制度，实现劳动管理制度化、规范化，才能有效预防劳动争议的发生。

（七）加大对劳动法律、法规执行情况的监督检查力度

"有法必依、执法必严"是劳动法治建设的中心环节。如果没有强有力的劳动法律、法规监督检查，违反劳动法律、法规的行为得不到纠正，就会影响劳动法律的权威和效果，也就会损害劳动者的合法权益，影响劳动关系的和谐稳定，引发劳动争议。因此，要防止劳动争议发生，必须加大对劳动法律、法规执行情况的监督检查力度。要健全劳动保障监察制度，全面推进劳动保障监察网格化、网络化管理，实现监察执法向主动预防和统筹城乡转变。创新监察执法方式，规范执法行为，进一步畅通举报投诉渠道，扩大日常巡视检查和书面审查覆盖范围，强化对突出问题的专项整治。建立健全违法行为预警防控机制，完善多部门综合治理和监察执法与刑事司法联动机制，加大对非法用工尤其是大案要案的查处力度，严厉打击使用童工、强迫劳动、拒不支付劳动报酬等违法犯罪行为。加强劳动保障诚信评价制度建设，建立健全企业诚信档案。

（八）健全协调劳动关系三方机制

协调劳动关系三方机制指政府（通常以劳动部门为代表）与雇主和工人就制定和实施经济和社会政策而进行的一切交流和活动。也就是说，政

府、雇主组织和工会通过一定的组织机构和运作机制共同处理所涉及的劳动关系问题，如劳动立法、经济和社会政策制定、就业和劳动条件、工资水平、劳动标准、职业培训、社会保障、职业安全和卫生、劳动争议处理以及产业行为的规范等。劳动关系三方协商机制是市场经济国家长期以来处理劳动关系的基本格局和制度，是国际上解决劳动关系问题的一种行之有效的形式。《中共中央　国务院关于构建和谐劳动关系的意见》提出，完善协调劳动关系三方机制组织体系，建立健全由人力资源社会保障部门会同工会和企业联合会、工商业联合会等企业代表组织组成的三方机制，根据实际需要推动工业园区、乡镇（街道）和产业系统建立三方机制。加强和创新三方机制组织建设，建立健全协调劳动关系三方委员会，由同级政府领导担任委员会主任。完善三方机制职能，健全工作制度，充分发挥政府、工会和企业代表组织共同研究解决有关劳动关系重大问题的重要作用。

（九）加强对职工的教育引导

在广大职工中加强思想政治教育，引导职工树立正确的世界观、人生观、价值观，追求高尚的职业理想，培养良好的职业道德，增强对企业的责任感、认同感和归属感，爱岗敬业、遵守纪律、诚实守信，自觉履行劳动义务。加强有关法律法规政策宣传工作，在努力解决职工切身利益问题的同时，引导职工正确对待社会利益关系调整，合理确定提高工资收入等诉求预期，以理性合法形式表达利益诉求、解决利益矛盾、维护自身权益。

（十）加强对职工的人文关怀

培育富有特色的企业精神和健康向上的企业文化，为职工构建共同的精神家园。注重职工的精神需求和心理健康，及时了解掌握职工思想动态，有针对性地做好职工思想引导和心理疏导工作，建立心理危机干预预警机制。加强企业文体娱乐设施建设，积极组织职工开展喜闻乐见、丰富多彩的文化体育活动，丰富职工文化生活，增强企业吸引力、凝聚力。拓宽职工的发展渠道，拓展职业发展空间。

（十一）教育引导企业经营者积极履行社会责任

加强广大企业经营者的思想政治教育，引导其践行社会主义核心价值观，牢固树立爱国、敬业、诚信、守法、奉献精神，切实承担报效国家、服务社会、造福职工的社会责任。教育引导企业经营者自觉关心爱护职工，努力改善职工的工作、学习和生活条件，帮助他们排忧解难，加大对困难职工的帮扶力度。建立符合我国国情的企业社会责任标准体系和评价体系，营造鼓励企业履行社会责任的环境。加强对企业经营者尤其是中小企业经营管理人员的劳动保障法律法规教育培训，提高他们的依法用工意识，引导他们自觉保障职工的合法权益。

（十二）建立劳动法律咨询服务机构

劳动法律咨询服务机构，是随着劳动法治建设的不断加强而发展起来的。劳动法律咨询服务机构为劳动者和用人单位提供劳动法律、法规咨询服务，提出解决问题的建议，使劳动者和用人单位了解掌握劳动法律、法规的基本精神和内容，有针对性地用以解决现实中遇到的疑难问题。通过咨询服务，不仅能起到宣传劳动法律、法规的作用，而且能有效预防劳动争议的发生。

（十三）强化劳动人事争议预防指导

充分发挥用人单位基层党组织在劳动关系治理、协商调解工作中的重要作用，以党建引领劳动关系和谐发展。完善民主管理制度，保障劳动者对用人单位重大决策和重大事项的知情权、参与权、表达权、监督权。推行典型案例发布、工会劳动法律监督提示函和意见书、调解建议书、仲裁建议书、司法建议书、信用承诺书等制度，引导用人单位依法合规用工、劳动者依法理性表达诉求。发挥中小企业服务机构作用，通过培训、咨询等服务，推动中小企业完善劳动管理制度、加强劳动人事争议预防，具备相应资质的服务机构可开展劳动关系事务托管服务。把用人单位建立劳动人事争议调解组织、开展协商调解工作情况作为和谐劳动关系创建等评选表彰示范创建的重要考核因素。发挥律师、法律顾问职能作用，推进依法治企，强化劳动用工领域合规管理，预防劳动人事争议发生。

（十四）健全劳动人事争议风险监测预警机制

建立健全劳动人事争议风险监测机制，通过税费缴纳、社保欠费、案件受理、投诉举报、信访处理、社会舆情等反映劳动关系运行的重要指标变化情况，准确研判劳动人事争议态势。完善重大劳动人事争议风险预警机制，聚焦重要时间节点，突出农民工和劳务派遣、新就业形态劳动者等重点群体，围绕确认劳动关系、追索劳动报酬、工作时间、解除和终止劳动合同等主要劳动人事争议类型，强化监测预警，建立风险台账，制定应对预案。

（十五）加强劳动人事争议隐患排查化解工作

建立重点区域、重点行业、重点企业联系点制度，以工业园区和互联网、建筑施工、劳动密集型加工制造行业以及受客观经济情况发生重大变化、突发事件等影响导致生产经营困难的企业为重点，全面开展排查，及时发现苗头性、倾向性问题，妥善化解因欠薪、不规范用工等引发的风险隐患。加强劳动人事争议隐患协同治理，完善调解仲裁机构与劳动关系、劳动保障监察机构以及工会劳动法律监督组织信息共享、协调联动，共同加强劳动用工指导，履行好“抓前端、治未病”的预防功能。

第三节　工会劳动争议预防工作

预防劳动争议是工会维护职工合法权益的基本要求之一，也是工会构建和谐劳动关系的重要任务。工会预防劳动争议的主要措施包括以下几点。

一、促进劳动法律体系不断完善

工会要加强源头参与，促进科学立法。要加强与立法机关的沟通协调，组织和代表职工参与立法，促进涉及职工权益和工会活动的各项立法更加科学、更加民主。要通过立法建议、立法机关和社会公众沟通等机制，重点推动收入分配、集体协商、民主管理、职业培训、社会保障等方面法律法规的制定，促进我国劳动法律体系不断完善，为协调劳动关系、维护劳动者权益提供完善的法律保障。工会代表广大职工在参与有关劳动法律法规和政策的研究制定过程中，要深入调查研究，了解职工的意见和建议，切实反映职工的愿望与呼声，使制定出台的有关法律法规和政策真正体现职工的利益和意志。

二、做好劳动法治宣传教育工作

劳动法治宣传教育是工会法治建设的重要内容，也是工会预防劳动争议发生的基本途径。工会要紧紧抓住构建和发展和谐劳动关系这一主线，大力开展丰富多彩的劳动法治宣传教育活动，充分发挥工会的组织优势、阵地优势，通过各种手段和形式，广泛宣传劳动法、工会法、劳动合同法、社会保险法、劳动争议调解仲裁法等劳动法律法规，不断增强企业经营管理人员和职工群众的劳动法律观念和法律意识，使企业经营管理人员和职工群众成为社会主义劳动法治的忠实崇尚者、自觉遵守者、坚定捍卫者，使尊法、信法、守法、用法、护法成为劳动关系双方的共同追求。要推动企业经营者积极践行社会责任，依法经营、依法管理、依法用工；要教育引导职工依法行使劳动权利，严格履行劳动义务，通过合理合法的途径和形式维护自身合法权益。

三、工会帮助和指导职工与用人单位签订劳动合同

依法建立健全劳动合同制度，对于保障职工和用人单位的合法权益，

预防和妥善处理劳动争议，建立和谐稳定劳动关系有着非常重要的作用。帮助和指导职工与用人单位签订规范公正的劳动合同，是依法维护职工合法权益的前提和基础，是工会预防劳动争议发生的基本途径，也是法律赋予工会的重要职责。《工会法》规定："工会帮助、指导职工与企业、实行企业化管理的事业单位、社会组织签订劳动合同。"《劳动合同法》规定："工会应当帮助、指导劳动者与用人单位依法订立和履行劳动合同，并与用人单位建立集体协商机制，维护劳动者的合法权益。"

各级工会应充分认识帮助和指导职工签订好劳动合同的重要性和必要性，逐步推动解决目前存在的劳动合同内容不合法，签订程序不规范，权利和义务不对等，劳动合同期限短期化，劳动合同签订率、履约率低，劳动合同管理不规范，劳动监察不到位等问题，从建立劳动关系的起点上做好维护职工合法权益的工作。要通过各种媒体和宣传手段，广泛宣传国家的劳动法律法规和政策规定，引导职工积极主动地签订和履行劳动合同，提高自我维权意识；要加强对职工劳动合同知识的培训，把增强职工签订劳动合同的意识和能力作为工会帮助和指导职工签订劳动合同的着力点。通过培训使职工熟悉和掌握签订劳动合同的相关法律法规知识、签订劳动合同程序、协商要领等；要参与劳动合同文本的制定和修改，代表职工与用人单位进行协商，对劳动合同格式文本中有关试用期、劳动合同的期限和终止条件、工作时间和休息休假、劳动报酬及工资支付办法、劳动保护和劳动条件、社会保险和福利待遇、教育培训以及违约责任等内容提出明确的意见和建议；要为职工签订劳动合同提供相关法律政策咨询服务，帮助和指导职工与用人单位在平等自愿、协商一致的基础上签订劳动合同。

四、加强工会劳动法律监督

根据《劳动法》规定，我国的劳动法律监督体系由行政监督和社会监督相结合而构成。其中，工会劳动法律监督，是工会依法对劳动法律法规执行情况进行的有组织的群众监督，是我国劳动法律监督体系的重要组成部分。依法对劳动法律法规执行情况进行监督，是法律赋予工会的一项权利，也是工会应当履行的责任。为了进一步规范和加强工会劳动法律监督工作，提升工会劳动法律监督实效和水平，充分发挥工会劳动法律监督在督促用人单位规范用工、贯彻落实劳动法律法规、推动构建和谐劳动关系等方面的作用，全国总工会于 2021 年 3 月 31 日印发了《工会劳动法律监督办法》（以下简称《办法》）。《办法》明确规定，工会劳动法律监督工作应当遵循依法规范、客观公正、依靠职工、协调配合的原则。突出预防和协商的监督理念，强调工会建立隐患排查、风险研判和预警发布等制度机制，加强劳动关系矛盾预防预警、信息报送和多方沟通协商，把劳动关系矛盾风险隐患化解在基层、消除在萌芽状态。

《办法》规定，工会重点监督用人单位恶意欠薪、违法超时加班、违法裁员、未缴纳或未足额缴纳社会保险费、侮辱体罚、强迫劳动、就业歧视、使用童工、损害职工健康等问题。对发现的有关问题线索，应当调查核实，督促整改，并及时向上级工会报告；对职工申请仲裁、提起诉讼的，工会应当依法给予支持和帮助。《办法》强调，上级工会要强化对下服务、分类指导、督促检查。《办法》还总结推广近年来工会劳动法律监督实践中行之有效的劳动用工法律风险“体检”“一函两书”、劳动用工监督评估等经验做法，完善了工会劳动法律监督方式、程序及工会劳动法律监督组织、监督保障等有关规定，明确要求各级工会为劳动法律监督员履职创造必要条件，依法维护其合法权益。

各级工会应当严格按照《办法》的规定，建立健全工会劳动法律监督组织，充分发挥工会劳动法律监督组织和监督员作用，加大工会劳动法律监督力度，推动劳动就业、劳动合同、劳动报酬、劳动安全卫生、社会保险等法律法规的贯彻落实，切实把广大职工合法权益实现好、维护好、发展好。

五、大力开展工会法律援助工作

工会法律援助指各级工会及其法律援助机构依法为经济困难的职工当事人、基层工会组织及其工作人员提供无偿法律服务的制度，包括法律扶助和法律救济。工会应建立法律援助制度，为合法权益受到侵害的职工、工会工作者和工会组织提供无偿法律服务。工会法律援助是政府法律援助的必要补充，也是工会预防劳动争议发生、构建和谐劳动关系的重要形式。《工会法》第30条规定：“县级以上各级总工会依法为所属工会和职工提供法律援助等法律服务。”《工会法律援助办法》第6条规定：“县级以上地方工会和具备条件的地方产业工会设立法律援助机构，在同级工会领导下开展工作。地方工会可以与司法行政部门协作成立工会（职工）法律援助工作站，也可以与律师事务所等机构合作，签订职工法律援助服务协议。工会设立法律援助机构应当符合有关法律、法规的规定。”

工会法律援助的范围主要包括：（1）劳动争议案件；（2）因劳动权益涉及的职工人身权、民主权、财产权受到侵犯的案件；（3）工会工作者因履行职责合法权益受到侵犯的案件；（4）工会组织合法权益受到侵犯的案件；（5）工会认为需要提供法律援助的其他事项。

工会法律援助的形式主要有：（1）普及法律知识；（2）提供法律咨询；（3）代写法律文书；（4）参与协商、调解；（5）仲裁、诉讼代理；（6）其他法律援助形式。

职工在遇到法律问题时，可以选择向政府的法律援助中心申请法律援助，也可以就近向有管辖权的工会申请法律援助。各级工会组织要充分认识开展法律援助工作的重要性与紧迫性，切实加强组织领导，遵循法律援助制度的基本原则，依据《工会法》和相关法律法规的规定开展法律援助工作，不断加强制度化和规范化建设。工会法律援助要以协调劳动关系、调处劳动争议为工作重点，以合法权益受到侵犯的困难职工、工会工作者和基层工会组织为主要对象，通过法律知识宣传普及、法律咨询、代书、非诉讼调解、仲裁代理和诉讼代理等手段，提供无偿法律服务，维护其合法权益。工会开展职工法律援助工作，应当接受司法行政机关的业务指导，确保规范化运作，不断提高工作水平。

六、帮助用人单位依法建立健全劳动规章制度

用人单位的劳动规章制度是用人单位制定的组织劳动过程和进行劳动管理的规则和制度的总和，是用人单位内部的“法律”。规章制度内容广泛，包括了用人单位经营管理的各个方面。用人单位制定规章制度，要严格执行国家法律、法规的规定，保障劳动者的劳动权利，督促劳动者履行劳动义务。制定规章制度应当体现权利与义务一致、奖励与惩罚结合，不得违反法律、法规的规定。在用人单位管理过程中，通常都会存在以劳动者严重违反劳动规章制度、不胜任工作、严重失职、营私舞弊等为由与劳动者解除劳动合同。但在实务中许多用人单位存在规章制度的制定和修改因未经过民主程序、内容不合法、缺乏合理性等问题，被劳动者以“公司制定的规章制度因存在程序问题”为由发生劳动争议而提起仲裁或诉讼，最终导致用人单位败诉。所以，严把劳动规章制度制定关，帮助用人单位依法建立健全劳动规章制度，提升劳动用工管理水平，也是工会预防劳动争议发生的重要措施。

用人单位制定劳动规章制度必须经过法定的民主程序。《劳动合同法》第 4 条规定：“用人单位应当依法建立和完善劳动规章制度，保障劳动者享有劳动权利、履行劳动义务。用人单位在制定、修改或者决定有关劳动报酬、工作时间、休息休假、劳动安全卫生、保险福利、职工培训、劳动纪律以及劳动定额管理等直接涉及劳动者切身利益的规章制度或者重大事项时，应当经职工代表大会或者全体职工讨论，提出方案和意见，与工会或者职工代表平等协商确定。在规章制度和重大事项决定实施过程中，工会或者职工认为不适当的，有权向用人单位提出，通过协商予以修改完善。用人单位应当将直接涉及劳动者切身利益的规章制度和重大事项决定公示，或者告知劳动者。”《工会法》第 39 条规定：“企业、事业单位、社会组织研究经营管理和发展的重大问题应当听取工会的意见；召开会议讨论有关工资、福利、劳动安全卫生、工作时间、休息休假、女职工保护和社会保险等涉及职工切身利益的问题，必须有工会代表参加。企业、事业

单位、社会组织应当支持工会依法开展工作，工会应当支持企业、事业单位、社会组织依法行使经营管理权。”《公司法》第17条第3款规定：“公司研究决定改制、解散、申请破产以及经营方面的重大问题、制定重要的规章制度时，应当听取公司工会的意见，并通过职工代表大会或者其他形式听取职工的意见和建议。”劳动规章制度的大多数内容与职工的切身利益密切相关，让广大职工参与规章制度的制定，可以有效地杜绝用人单位独断专行，防止用人单位利用规章制度侵犯劳动者的合法权益。工会作为职工合法权益的代表者和维护者，参与用人单位规章制度的制定，是职工民主管理的重要内容，也是工会的法定职责。工会应当高度重视并积极参与用人单位劳动规章制度的制定，认真做好调查研究，充分听取并如实反映职工群众的意见和要求，确保用人单位规章制度的内容、程序合法，从源头上维护职工的合法权益。

七、做好维权服务工作

只有切实维护好职工合法权益，才能从根本上预防劳动争议的发生。做好维权服务工作，是工会预防劳动争议发生的根本要求。维护职工合法权益、竭诚服务职工群众是法律赋予工会组织的基本职责。工会要做好劳动争议预防工作，在构建和谐稳定劳动关系中发挥积极作用，就必须充分认识维权服务工作的重要性，高举维护职工合法权益的旗帜，不断完善工会维权的有效机制，切实保障职工的劳动就业权、劳动报酬权、休息休假权、劳动保护权、社会保险权等各项劳动权益，扎扎实实解决好职工群众最困难、最操心、最忧虑的实际问题，使改革发展成果更多更公平惠及职工群众；要坚持职工利益无小事的理念，顺应职工对美好生活的新期待，把工作重心放在广大职工身上，从大处着眼、小处着手，满腔热情做好服务职工工作，不断提升维权服务的质量和水平，切实提升职工群众的获得感、幸福感、安全感。要加强职工文化建设，以发展和谐劳动关系和提高职工素质为重点，着力培植和谐文化、人本文化、安全文化和关怀文化，发挥文化育人、文化励人、文化聚人、文化惠人的作用。注重人文关怀和心理疏导，培育自尊自信、理性平和、积极向上的社会心态，缓解员工心理压力，保持员工心理健康，维护职工队伍稳定。

八、依托劳动关系动态监测系统，分析研判劳动关系发展态势

工会的劳动关系发展态势监测和分析研判是预防和化解劳动关系领域风险隐患的基础性工作，是共建共治共享社会治理新格局的重要组成部分。各级工会要充分利用劳动关系发展态势监测的功能，增加企业监测点，及时掌握劳动关系的总体情况和矛盾焦点，做到劳动纠纷早预防、早发现、早处理。特别要注重欠薪风险预警机制和工资支付保障制度的建立和落实，有效防范和化解欠薪纠纷。

思考题：

1. 简述劳动争议的预防措施。
2. 工会如何做好劳动争议预防工作？
3. 工会如何帮助和指导职工与用人单位签订劳动合同？
4. 工会如何做好劳动法律监督工作？
5. 工会如何开展法律援助工作？

案例 1

上海工会积极构建全方位、广覆盖、多层次的劳动领域纠纷多元预防化解体系
“工会+”织密“防护网”　维权无须再“辗转”

2024 年 3 月 27 日　来源：《工人日报》

没有签劳动合同，主要证据又只有聊天记录，公司歇业后，遭到拖欠报酬的牛某等 14 名劳动者，在劳动仲裁时因准备不足未获支持。就在他们准备放弃时，一直为案件提供支持的上海市长宁区总工会尝试向区人民检察院申请支持起诉，很快为牛某等人找到了解决问题的强大“后援团”。通过会商同级法院，核实案件关键证据真实性并进行证据固定，牛某等人

终于通过诉讼拿到了自己的血汗钱。

“是‘工会+检察院’让我们重新看到了希望。”牛某口中让案件峰回路转的“工会+检察院”，正是2023年底，上海工会构建保护劳动者合法权益工作体系的最新成果，工会与检察院正建立起沟通联络、信息通报、线索移送、会商研判、办案协作等机制。特别是在办理涉及职工劳动权益保障公益诉讼、民事支持起诉等案件时，工会干部还可被邀请参与案件调查、听证等工作。

近年来，上海工会不断扩大职工维权的“朋友圈”，一个全方位、广覆盖、多层次的劳动领域矛盾纠纷多元预防化解体系正逐步成型，为切实维护广大职工劳动保障权益、推动构建和谐劳动关系以及促进区域经济社会高质量发展提供了坚实保障。

“工会+”让维权无须再“辗转”

不到一小时，工会、法院、劳动部门及企业负责人同时到位，这样的效率让前来投诉的沈女士有些意外。原来，沈女士和10名同事向奉贤区金汇镇总工会反映，对企业解除其劳动合同后经济补偿金及2008年之前工龄补偿等提出维权诉求。

处理过程也让她和同事感到很安心。这得益于2023年11月，奉贤区总工会联合奉贤区法院、区检察院、区人社局和区司法局建立的上海首个“保障农民工工资支付法律服务站”，做实“工会+法院+检察院+人社+司法行政+政法委”的工会“6+”联动机制。法官及时介入，劳动部门耐心调解，工会积极维权，纠纷双方最终达成调解意向。不久，11名员工收到共计44.83万元的赔偿及补偿金，沈女士和同事们激动地给工会送去了锦旗。

不只在奉贤，上海职工群众维权底气不断提升的背后，是上海工会持续为维权服务破解“难点”打通“堵点”的努力。坚持正序筑基，上海工会高站位参与涉工立法，在全国范围内率先完成地方性法规《上海市工会条例》的修改。同时，充分依托人大、政协协商民主机制和政府与工会联席会议平台，推动各类涉及广大职工切身利益的重大决策的出台和完善。

一张由“工会+”形成的联动机制“防护网”也在不断织密。在该市

332个职工法律援助或劳动争议调解工作站点，以及在7个区设立工会劳动争议巡回法庭、巡回仲裁庭或听证工作室的基础上，上海已形成“工会+人社”矛盾纠纷对表联查、“工会+仲裁院+法院”劳动争议调裁诉工作对接、“工会+民政”社会组织联系引导和“工会+检察院”职工劳动权益保障公益诉讼、民事支持起诉协同等6项“工会+”工作机制。

面对部分职工担心的维权成本问题，上海工会组建了一支超过2800人的专业法律服务队伍，常年开展“应援尽援”“零门槛”职工法律援助，年均支出专项补贴经费近2500万元。

“刚柔并济”源头监督

“公司依法与每位员工签订《劳动合同》；试用期为3~6个月，试用期内如发现不符合招工条件和试用要求，公司可以随时终止试用。”翻开嘉定工会对某生物科技公司的《劳动关系法律体检服务评估报告》，其中的劳动关系管理制度风险评估板块给企业经营者提了个醒。工会干部和律师深入企业，发现《劳动合同》《员工手册》《保密协议》等文本部分内容存在法律风险。

对于试用期的规定，评估报告建议修改为：“公司依法与每位员工签订《劳动合同》；根据劳动合同期限来确定试用期时间，试用期内如发现不符合录用要求，公司可以终止试用。”

这样的工会源头监督，在上海已十分普遍，该项目连续两年被列为市法治为民办实事项目，已为2.31万家企业提供工会法律指导服务，提出整改建议近7万条，推动超过7800家企业建立或规范职代会、集体协商制度，覆盖职工近300万人。

上海工会对处于初创期、成长期、上升期和成熟期等不同发展阶段的6类企业，以及生产经营发生困难的企业、联系引导的社会组织和其他可能存在影响劳动关系和社会面稳定因素的企业予以分类指导，通过提供“点对点”“一企一策”的法律服务方案，有效促进工会组建和职代会、集体协商制度等的规范化建设，助力企业从源头上防范法律风险，形成刚性的工会劳动法律监督与柔性的指导服务“刚柔并济”的工作格局和品牌。

既有支持企业合规发展的柔性措施，上海工会同样也有对违反劳动法律监督进行惩戒的“硬核”手段。

2019~2023年，上海工会共针对群体性劳动纠纷企业、未建会建制企业和法律援助案件中严重侵犯职工权益企业实施工会劳动法律监督近2万家，开具“一函两书”1732份。对于开具“一函两书”后限时仍未整改的，企业信息将纳入市公共信用信息服务平台负面清单。

从“只进一扇门”到让数据多跑路

过去为了维护自己的合法权益而奔波，往往不仅费时费力，还有可能耽误找新工作，即使维权成功可能也不划算，这样无形的门槛让许多劳动者无法坚持到底。如何以数字赋能，实现“工会维权服务”在线办理，让数据多跑路，职工群众少跑腿，这样的情形在上海正在变为现实。

一组数据透露出上海工会劳动纠纷化解的新趋势：在上海政务APP随申办·工会专窗上线“工会维权服务”“劳动争议调解”公共服务事项并与随申办解纷“一件事”对接后，上线仅半年，已收到线上调解申请780件，其中双方具有调解意愿的394件，最终调解成功201件。

根据最高法与全总相关要求，上海已实现工会调解组织和调解员入驻该市法院系统一站式多元解纷平台，实现线上委派、委托调解案件流转和在线司法确认。2023年，上海工会共接受法院委托委派案件近1万件。

一个功能更强的内部管理平台已见雏形。上海工会法律服务管理系统目前正在进行全面升级改造，该系统主要由上海工会预防化解群体性劳资纠纷履职平台、劳动法律监督平台和法律援助管理平台3个子系统组成，覆盖全市3级工会。通过“全覆盖、全统筹、全留痕、全监管”的业务流程重塑，实现预警预防、工会劳动法律监督和职工法律援助服务等工作的有效衔接互通和数据的自动归集管理，做到“一口申请、一口受理、一口归集、一体管理”的系统集成。

当下大火的AI也将融入工会法律服务的矩阵。上海工会目前正在开发AI法律智能应用，检索归集国家及本市法律法规规章与政策文件，开发形成和不断丰富上海工会法律智能应用数据库，为各级工会组织和广大职工

提供包括法律规定检索、劳动争议案例解析和职工维权业务问答在内的各类在线智能法律服务。(裴龙翔)

案例 2

昆明市盘龙区总工会“12351”工作法推动职工权益维护全链路闭环

2024 年 3 月 5 日 来源：中工网

云南省昆明市盘龙区总工会认真履行工会维护职工合法权益的基本职责，坚持按照“预防为主、调解优先、部门联动、多方协调”的工作思路，紧扣“健全维权工作机制，维护职工合法权益，构建和谐劳动关系”这一主线，着力打造“12351”一站式法律维权服务体系，推进职工维权工作的机制化、专业化、规范化，全面提升工会工作法治化水平。

“1”是指打造一批特色法律维权阵地。依托盘龙区职工服务中心、工会驿站、职工之家、党群服务中心等，集成法律咨询、调解、援助服务，首创配备“工会法律智能 E+”智慧维权一体机，让有需求的职工找得到、进得来、用得上。

“2”是指深入推行“两书”制度。盘龙区属 12 个街道，307 家企业建立工会劳动法律监督委员会，深入推行《工会维权意见书》及《工会维权建议书》，形成了“企业有‘违法’，工会提‘意见’，企业不整改，工会‘建议’管”的工会维权工作新局面。

“3”是指培育三个服务团队。一是法律援助律师团队。聘请专职律师免费提供法律服务。二是劳动关系调解团队。依托“区-街道-社区”工会组织，实现前端信息收集，中端协商沟通，末端主动监督、化解矛盾。三是工会服务志愿团队。依托工会服务志愿队伍持续广泛深入开展普法宣传和服务。

“5”是打造五大盘龙工会法律服务品牌。打造法律体检、法律宣传、权益维护日、爱心调解、劳动人事争议派出庭五大盘龙工会法律服务品牌，助力构建和谐劳动关系。

“1”是指建立一套维权机制。通过“工会+仲裁”源头主动调解、“工会+法院”诉前动态调解、“工会+监察”基层化解矛盾、“工会+司法”

赋能职工维权，做到矛盾纠纷早发现、早预警、早处理，实现从预防预警、联合调解、法律援助到仲裁审理的“一站式”全链条法律维权服务闭环。截至目前已发出两书44份，受理案件691件。（云南省总工会微信公众号“云岭职工”）

案例3

用人单位与劳动者签订“项目转包协议”不能排除双方之间的劳动关系

——林某与某云果公司劳动合同纠纷案

基本案情

某云果公司的经营范围为代送物品（含快递服务）等。林某于2020年9月28日入职该公司，双方未签订书面劳动合同。林某的主要工作是为该公司招聘外卖骑手，每月四天假，全勤则发工资底薪，另根据每月招聘骑手情况，按公司制度支付提成。该公司自2021年1月起为林某缴纳社会保险费。2021年1月22日，林某应要求与某企业管理有限公司签订《个人工作室注册协议》，并以个人工作室名义与该公司签订《项目转包协议》。其工作地点的门头标注为“×××乘风站”，且林某的工资系由案外人转账支付（备注为配送服务）。后因劳动报酬等争议，林某诉请确认某云果公司与其存在劳动关系并支付劳动报酬。

裁判结果

人民法院经审理认为，林某按照某云果公司要求从事有报酬的外卖骑手招聘工作，其有相对固定的工作时间、工作内容，接受公司考勤、管理，某云果公司亦为林某缴纳了社会保险费。虽然林某的工资系通过案外多家公司账户支付，且也以个体工商户的名义与某云果公司签订了《项目转包协议》，但并不影响林某在某云果公司的固有工作形式和性质，双方的用工关系自始至终具有明显的人身从属性，可以认定林某与某云果公司之间存在劳动关系。

典型意义

合作关系与劳动关系的最大区别在于合作关系的双方是平等独立的，

而劳动关系双方则存在管理与被管理的关系。实践中，很多企业通过合作方式与劳动者签订协议，以规避用工成本和风险，比如，不少骑手公司要求骑手个人注册个体工商户，将本应由用人单位承担的责任转移到劳动者个人。本案中的骑手公司则更进一步，要求负责招聘骑手的行政人员也注册个体工商户，试图混淆双方之间的法律关系。人民法院通过对劳动者与骑手公司之间的入职面试、工资发放、日常管理、社保缴纳等事实进行梳理，确认双方之间存在劳动关系。通过司法裁判，保护了外卖平台分包公司相关劳动者的合法权益，规范互联网经济中的新业态在合理合法的道路上行稳致远。

第四章
劳动争议协商

劳动争议协商是处理劳动争议的重要方式。劳动争议双方当事人通过协商解决劳动争议，是劳动争议处理的首要途径和最佳方式，通过协商可以简便、快捷地使劳动争议得到妥善解决。协商贯穿于劳动争议处理全过程。

第一节　劳动争议协商概述

一、劳动争议协商

（一）协商

协商指两个或更多的人为了解决问题，怀着诚意进行沟通，以达成某种共识的口语交际方式，即为了取得一致意见而共同商量。在生活领域，协商是处理人与人关系的润滑剂。在政治领域，协商则是一种重要的民主形式。

（二）劳动争议协商

劳动争议协商，指劳动者与用人单位为解决劳动争议，通过平等自愿、互谅互让的沟通商谈，在认定事实、明辨是非的情况下，化解矛盾达成共识的活动，是解决劳动争议的一个重要环节。双方当事人这种自主化解决劳动争议的方式，是当事人解决争议的首要途径，并贯穿于劳动争议处理全过程。

《劳动争议调解仲裁法》第 4 条规定："发生劳动争议，劳动者可以与用人单位协商，也可以请工会或者第三方共同与用人单位协商，达成和解协议。"同时，该法第 41 条还规定："当事人申请劳动争议仲裁后，可以自行和解。达成和解协议的，可以撤回仲裁申请。"《企业劳动争议协商调解规定》第 4 条第 1 款规定："企业应当建立劳资双方沟通对话机制，畅通劳动者利益诉求表达渠道。"可见，协商可以贯穿于劳动争议处理的各个环节，是一种灵活、便利地解决劳动争议的途径，是处理劳动争议的最佳方式。

（三）劳动争议协商的特点

1. 双方性。劳动争议协商是劳动争议的双方当事人自行协商解决争议，无第三者介入。调解、仲裁、诉讼都依靠第三者介入并居中发挥重要作用甚至是关键作用。在劳动争议协商中，即使劳动者请工会或者第三方共同与用人单位协商时，工会或者第三方也是站在劳动者的立场上参与协商的，代表的是劳动者的利益，其本身并不是劳动争议当事人之外的独立第三方。

2. 自愿性。劳动争议双方是基于自愿进行协商，自愿是劳动争议协商的基础和前提条件。协商的自愿性主要表现在：通过协商达到消除矛盾、解决争议是当事人双方的共同意愿和要求，是双方主动的自觉行为，不受任何第三方和外界因素的制约和干扰；经协商达成的和解协议是双方意志的体现，由当事人自觉履行。当事人不愿协商或协商不成时，一方不能强迫另一方接受其不愿接受的条件；达成和解协议后，一方不能强迫另一方履行和解协议。当事人不愿协商或协商不成时，有权自主决定申请调解或仲裁，任何组织或个人无权干涉。

3. 便捷性。劳动争议协商无法定程序，无固定模式，可以随时随地进行协商，简便、快捷、灵活，成本低廉，和解协议也易于执行。协商只要不违反法律法规强制性规定即可。

4. 协商建立在相互信任和尊重的基础上。相互信任和尊重是当事人协商的必要条件，协商能够形成的重要原因之一就在于劳动争议的双方当事人主观上均不愿意使矛盾扩大，都希望达成和解协议，使争议妥善解决，便于以后更好地合作共事。只有双方当事人在协商过程中都能坦诚相见，并做到互谅互让，才能使争议在不伤和气的气氛中合理解决，从而促进劳动关系双方关系的和谐融洽。

5. 协商不是处理劳动争议的必经程序。协商是处理劳动争议的简易程序，通过协商可以简便、快捷地使一些劳动争议得到妥善解决。我们提倡劳动关系双方当事人发生争议后，首先主动协商，但协商不是处理劳动争议的法定必经程序。当事人双方不愿意协商或者协商不成的，可以通过调解或仲裁方式解决争议。

（四）劳动争议协商的作用

1. 有利于快速解决劳动争议。劳动争议发生后，当事人可以在完全自愿的基础上，通过互谅互让，达成一个双方都自愿接受的和解协议，然后各自自觉履行协议的内容。以协商的方式处理劳动争议，有利于快速解决劳动争议，及时消除矛盾，避免矛盾进一步扩大和激化。

2. 有利于增进劳动关系双方当事人之间的团结。以协商的方式处理劳动争议，可以使双方当事人在友好的气氛中进行民主讨论、自主协商、平等交流，它不仅使争议双方了解了对方的观点和想法，而且在协商中进行沟通，增进理解，消除纠纷，不伤和气，加强双方当事人之间的团结，构建和谐稳定的劳动关系，调动劳动关系双方的积极性，提高劳动生产率和经济效益。

3. 有利于减少劳动争议处理的成本。以协商的方式处理劳动争议，通常没有第三方的参与，不需要经过中间人的调解，也不需要经过仲裁和诉讼程序，没有法定的程序和固定的模式，可以大大节省劳动争议双方的时间、财力和精力，降低劳动争议处理的成本，减少因劳动争议处理带来的损失。

4. 有利于减轻劳动争议仲裁组织和人民法院的工作压力。以协商的方式解决劳动争议，可以把大量的劳动争议解决在基层，解决在萌芽状态，从而减少劳动争议仲裁和诉讼案件，减轻劳动争议仲裁组织和人民法院的工作压力，可以使劳动争议仲裁组织和人民法院集中精力处理重大复杂的劳动争议案件。

5. 和解协议可以作为证据使用。《企业劳动争议协商调解规定》第 11 条规定，“协商达成一致，应当签订书面和解协议。和解协议对双方当事人具有约束力，当事人应当履行。经仲裁庭审查，和解协议程序和内容合法有效的，仲裁庭可以将其作为证据使用。但是，当事人为达成和解的目的作出妥协所涉及的对争议事实的认可，不得在其后的仲裁中作为对其不利的证据”。由此可见，当事人双方通过协商达成的和解协议，在劳动争议仲裁审理阶段可以作为证据使用。

二、劳动争议协商的原则

《企业劳动争议协商调解规定》第6条规定，“协商、调解劳动争议，应当根据事实和有关法律法规的规定，遵循平等、自愿、合法、公正、及时的原则”。具体来说，劳动争议协商应当遵循的原则包括以下几方面。

（一）平等原则

在平等的前提下进行协商是劳动争议协商和解的重要原则和条件。按照《劳动法》规定，用人单位和劳动者作为劳动关系的主体，其法律地位是平等的，双方应互为权利和义务。当进行劳动争议协商时，双方当事人互不从属，没有高低、主次之分，双方应以平等的地位、平等的身份、平等的态度对待对方，决不允许给对方施加压力，或以某种手段相要挟。

（二）自愿原则

自愿原则指劳动争议当事人协商，必须以双方当事人自愿为前提。主要表现在双方当事人是否愿意以协商方式解决争议，是否愿意达成和解协议并自愿履行。当事人不愿意协商的，有权申请调解、仲裁乃至诉讼。

（三）合法原则

合法原则是劳动争议处理的基本原则，也是劳动争议协商的基本原则之一。该原则指劳动争议协商的主体、协商的内容、达成的和解协议都要合法，这是劳动争议获得公正处理的保证。

（四）公正原则

公正即公平正义。公正原则是一种处理利益关系的伦理原则，也是劳动争议协商的重要原则。尽管劳动争议协商双方可以互谅互让达成和解协议，但达成的和解协议应当公正，不得显失公平。

（五）及时原则

劳动争议协商没有时效规定，但协商双方应当具有时效观念。发生劳动争议，当事人如果希望通过协商处理，应当及时开展协商，尽快达成和解协议，不能久商不决，防止矛盾激化。如果协商不成，可以及时通过调解或仲裁方式解决争议。

三、劳动争议协商的类型与形式

（一）劳动争议协商的类型

1. 个别劳动争议协商。即个别劳动者与用人单位之间发生劳动争议时通过协商解决。

2. 集体劳动争议协商。我国劳动立法规定了集体劳动争议，但并没有对集体劳动争议协商作出专门规定。集体劳动争议协商通常指发生集体劳动争议后，由职工一方推选出若干代表，代表集体劳动争议职工一方当事人与用人单位进行协商。

3. 集体合同劳动争议协商。按照我国现行法律规定，在签订集体合同过程中发生争议的，由当事人双方协商解决，协商解决不成的，由当地人民政府劳动保障部门组织有关各方协调处理；在履行集体合同过程中发生争议，当事人协商解决不成的，可以向劳动争议仲裁委员会申请仲裁；对仲裁裁决不服的，可以自收到仲裁裁决书之日起15日内向人民法院提起诉讼。上述规定表明，因集体合同签订和履行而发生的劳动争议，当事人可以协商解决。

（二）劳动争议协商的形式

《劳动争议调解仲裁法》进一步完善了协商制度，除了规定发生劳动争议双方当事人可以自行协商和解外，还规定了劳动者可以请工会或者第三方共同与用人单位进行协商，这主要是考虑到劳动者与用人单位相比，通常处于弱势地位，如果单纯由劳动者与用人单位进行协商，双方由于存在地位上的不平衡性，通常很难达成和解协议，因此该法增加了劳动者可以请工会或者第三方帮助共同与用人单位进行协商的规定，目的是通过工会和第三方的加入促成用人单位与劳动者能够坐下来协商，进而达成和解协议，这里的“第三方”可以是本单位的人员，也可以是本单位以外双方都信任的人员。所以，劳动争议协商的形式有以下三种。

1. 劳动者独自与用人单位协商。即发生劳动争议后，劳动者自己单独与用人单位进行协商。

2. 劳动者邀请工会组织共同与用人单位协商。此时，工会组织是受劳动者邀请代表、帮助劳动者与用人单位协商，其身份不是中立的。

3. 劳动者邀请工会之外的第三方共同与用人单位协商。第三方可以是律师、专家、法律援助机构等。第三方参与协商，是在利用自己的专业知识和经验帮助劳动者实现其利益，其地位也不是中立的。

第二节　劳动争议协商的实施

作为劳动争议处理的第一道防线，劳动争议协商调解可以将大量劳动争议案件解决在基层，消灭在萌芽状态。为规范企业劳动争议协商、调解行为，促进劳动关系和谐稳定，2011 年 11 月 30 日人力资源和社会保障部发布了《企业劳动争议协商调解规定》，自 2012 年 1 月 1 日起施行。该规定明确提出建立企业内部劳动关系双方沟通协商机制，并对协商的主体、方式、时限、效力等作了明确规定。

一、劳动争议协商的程序

（一）协商的提出

发生劳动争议，任何一方当事人均可以书面或口头形式向对方当事人提出协商处理请求，对方当事人可以同意协商，也可以不同意协商。

根据《企业劳动争议协商调解规定》第 10 条第 1 款规定，一方当事人提出协商要求后，另一方当事人应当积极作出口头或者书面回应。5 日内不作出回应的，视为不愿协商。

（二）协商前的准备

1. 查明争议事实

劳动争议发生后，负责协商处理的人员应当及时查明争议产生的原因、性质、各方观点、主张等，并对争议可能带来的后果作出判断。针对不同原因、不同性质的劳动争议，应采取不同的应对措施和手段。

2. 熟悉相关法律法规

劳动争议协商应当符合国家有关法律法规规定，所以，双方当事人应当学习了解国家有关法律法规，如《劳动法》《劳动合同法》《安全生产法》《职业病防治法》《社会保险法》《劳动争议调解仲裁法》等。只有掌握了有关法律法规规定，才能依法协商，才能做到有理、有据、有节，才能更好地通过协商的方式解决劳动争议。

3. 确定协商人员

在个别劳动争议协商中，劳动者一方一般为发生劳动争议的当事人本人，也可以请工会或者第三方共同与用人单位进行协商；用人单位确定协商人员通常应考虑三点要求：一是尽量与该劳动争议无利害关系；二是应具备相应的法律知识、经验；三是在用人单位和职工中有一定的威望。在集体劳动争议协商中，劳动者一方，通常选择能够代表职工利益并且具有相关法律知识、沟通应变能力较强的劳动者作为代表。在集体合同劳动争议协商中，劳动者一方一般为工会组织或者职工推举的代表，用人单位一方应为用人单位法定代表人或者其指定的人员。

4. 确定协商的目标

在对劳动争议案件有了一定了解后，准备进入协商和解过程的双方当事人应初步确立其预期或期望达成的目标。一般来说，可以将劳动争议协商和解的目标划分为三个层次：一是必须达成的目标，是在协商过程中不能放弃的目标，即进行协商和解时可以接受的底线；二是预期达成的目标，但是在迫不得已的情况下可以选择放弃的；三是期望达成的目标，在必要时可以放弃的。

（三）协商的具体实施

劳动争议协商的过程就是劳动争议双方当事人表明各自观点、交换意见以及达成共识的过程，可以看作劳动争议双方当事人参与协调劳动关系的过程。同调解、仲裁、诉讼的劳动争议处理方式相比，协商目前还没有特别严格的程序和时间的规定与要求。《企业劳动争议协商调解规定》只是对协商作了一个原则性基本规定，实际上，在实践中协商和解往往是一个反复的过程，需要多次协商才可能达成和解协议。

1. 协商的方式

《企业劳动争议协商调解规定》第 8 条规定："发生劳动争议，一方当事人可以通过与另一方当事人约见、面谈等方式协商解决。"可见，劳动争议协商的方式主要包括约见、面谈等。

2. 协商参加人

在劳动争议双方当事人中，通常情况下劳动者一方处于弱势地位。因此，《企业劳动争议协商调解规定》第 9 条规定："劳动者可以要求所在企业工会参与或者协助其与企业进行协商。工会也可以主动参与劳动争议的协商处理，维护劳动者合法权益。劳动者可以委托其他组织或者个人作为其代表进行协商。"根据该规定，在个别劳动争议协商中，劳动者可以采用以下几种方式进行协商：

（1）劳动者本人独自参加协商；

（2）劳动者可以要求所在基层工会参与或者协助其与用人单位进行协商；

（3）基层工会主动参与劳动争议协商处理；

（4）劳动者可以委托其他组织或者个人作为其代表进行协商。

3. 协商的过程

按照快速方便处理劳动争议的原则，在协商的过程中，参与协商的当事人都应当本着依法依规、实事求是、互谅互让的精神，通过摆事实、讲道理，力求通过协商达成和解协议。一般来说，在劳动争议协商时，双方当事人可以首先阐述己方的观点、要求或意见，然后提出可行的具体方案，双方本着平等合作、诚实守信的原则，将自己的理由和困难如实陈述，以求对方当事人理解和谅解，赢得对方的尊重。需要注意的是，当事人在坚持自己的立场和目标的同时，应尊重对方，倾听对方的意见，保持冷静，有理有节，学会让步，讲究协商的策略和技巧，以期达成和解协议。

（四）协商结果

一般来说，协商的结果有三种。第一种是协商失败，双方未能达成有效协议。《企业劳动争议协商调解规定》第 10 条第 2 款规定，“协商的期限由当事人书面约定，在约定的期限内没有达成一致的，视为协商不成。当事人可以书面约定延长期限”。第二种是双方达成和解协议，但和解协议未能被有效地履行。第三种是双方当事人达成和解协议，并且和解协议得到双方当事人的积极履行。

需要注意的是，协商双方当事人通过合意达成和解协议并不意味着协商获得了成功，因为只有当和解协议得到积极有效的履行后才能代表协商获得成功。具体来说，如果在协商的过程中，双方当事人发现分歧较大无法达成和解协议的，则协商结果为失败；如果已经达成了和解协议，但在规定期限内不履行的，则协商结果也为失败。这是因为双方达成的和解协议并不具有法律效力，一方不履行，另一方也不能申请强制执行和解协议的内容，所以和解协议不履行也同样意味着协商失败。

二、和解协议

（一）和解协议

劳动争议协商中签订的和解协议，指发生劳动争议的双方当事人在平等自愿、互谅互让的基础上，通过自行协商，或者请工会或第三方共同与用人单位协商为解决劳动争议而自愿达成的书面协议。和解协议是对劳动争议协商结果的确认。根据《企业劳动争议协商调解规定》，协商达成一致，应当签订书面和解协议。

（二）和解协议的效力

和解协议有效的条件主要包括：（1）行为人具有相应的民事行为能力；（2）当事人各方意思表示真实且一致；（3）协议书内容与签订程序均不违反法律、行政法规的强制性规定，不违背公序良俗。

和解协议效力指和解协议依法生效后具有的法律约束力。劳动争议协商的和解协议的效力主要表现在以下几方面。

1. 当事人应当履行

劳动争议和解协议是当事人之间自行和解的结果，是双方当事人自愿达成的，当事人应当自觉履行。《企业劳动争议协商调解规定》第 11 条第 1 款中规定："和解协议对双方当事人具有约束力，当事人应当履行。"

2. 可以作为证据使用

《企业劳动争议协商调解规定》第 11 条第 2 款规定："经仲裁庭审查，和解协议程序和内容合法有效的，仲裁庭可以将其作为证据使用。但是，当事人为达成和解的目的作出妥协所涉及的对争议事实的认可，不得在其后的仲裁中作为对其不利的证据。"

（三）和解协议的法律救济

协商是处理劳动争议灵活便捷的方式，是当事人解决劳动争议首选途径。因此，在发生劳动争议时，当事人首先应当协商，不愿协商、协商不成或者达成和解协议后不履行的，可以向调解组织申请调解，不愿调解、调解不成或者达成调解协议不履行的，可以向劳动争议仲裁委员会申请仲裁。《企业劳动争议协商调解规定》第 12 条规定："发生劳动争议，当事人不愿协商、协商不成或者达成和解协议后，一方当事人在约定的期限内不履行和解协议的，可以依法向调解委员会或者乡镇、街道劳动就业社会保障服务所（中心）等其他依法设立的调解组织申请调解，也可以依法向劳动人事争议仲裁委员会（以下简称仲裁委员会）申请仲裁。"而对于当事人达成和解协议后一方当事人不履行而向劳动争议仲裁委员会申请仲裁的，仲裁委员会首先审查和解协议是否有效，对于有效的和解协议，仲裁委员会可裁决不履行协议的一方当事人继续履行和解协议所约定的义务，或者依法承担违约责任。

三、协商与调解、仲裁和诉讼的关系

（一）协商与调解、仲裁和诉讼的联系

协商、调解、仲裁和诉讼是我国解决劳动争议的四种基本方式。在具体实践中，一个典型的劳动争议案件可能要经过多个程序：劳动争议协商程序、调解程序、仲裁程序，不服劳动争议仲裁裁决向人民法院起诉的一审程序，不服一审判决的上诉二审程序，但是，协商与调解不是必经程序。

根据《劳动争议调解仲裁法》第 5 条规定，发生劳动争议，当事人不愿协商、协商不成或者达成和解协议后不履行的，可以向调解组织申请调解；不愿调解、调解不成或者达成调解协议后不履行的，可以向劳动争议仲裁委员会申请仲裁；对仲裁裁决不服的，除本法另有规定的外，可以向人民法院提起诉讼。

（二）协商与调解的区别

协商与调解都是在劳动争议双方当事人自愿的基础上解决劳动争议的基本方式，协商、调解是具有中国特色的化解矛盾、消除纷争的非诉讼纠纷解决方式，被誉为“东方经验”。但是二者是有区别的，主要区别如下。

1. 参与的主体不同。协商是在没有第三人参与的情况下，双方当事人自行协商、互谅互让，在平等自愿的基础上达成和解协议，使劳动争议得到妥善处理；而调解是在第三者（可能是调解组织、仲裁组织或者人民法院）的主持下进行的。

2. 发生的阶段不同。协商和解可以发生在劳动争议处理的各个阶段，可以发生在协商阶段，也可以发生在调解、仲裁和诉讼阶段；可以发生在

庭审中，也可以发生在庭审外；而调解只能发生在基层调解阶段、仲裁庭作出裁决前、法院作出判决前的阶段。

3. 结案方式不同。以劳动争议仲裁为例，达成和解协议的，劳动争议双方当事人撤回仲裁申请的，劳动争议即可宣布结案；而经过调解达成调解协议后仲裁庭制作调解书的，劳动争议以调解书经双方当事人签收后发生法律效力结案。

4. 程序不同。以劳动争议仲裁为例，仲裁庭不可以主动要求当事人和解，但应当在作出裁决前先行调解。调解不成或者调解书送达前，一方当事人反悔的，仲裁庭应当及时作出裁决。

第三节　工会参与劳动争议协商

一、发挥用人单位内部劳动人事争议沟通协商机制作用，把争议化解在基层和萌芽状态

为深入贯彻党的二十大精神，落实党中央、国务院关于“防范化解重大风险”“坚持把非诉讼纠纷解决机制挺在前面”的重要决策部署，进一步强化劳动人事争议源头治理，2022 年 10 月 13 日人力资源社会保障部等 9 部门联合发布了《关于进一步加强劳动人事争议协商调解工作的意见》（以下简称《意见》）。《意见》延续了劳动人事争议办理工作“预防为主、基层为主、调解为主”的工作方针，提出了“关口前移、重心下沉”的工作思路，对于促进中国特色和谐劳动关系高质量发展具有重要意义。

加强源头治理是预防化解劳动人事争议的治本之策，也是防范化解劳动关系风险的关键所在。在争议源头治理中，用人单位内部沟通协商机制发挥着非常重要的作用。用人单位内部沟通协商机制，是指用人单位通过畅通用人单位与劳动者之间的信息共享、诉求表达、对话交流等渠道，建

立形成的促进劳动关系双方沟通协调的日常化、制度化工作机制。《意见》全面强化了以下三方面机制。

（一）指导建立内部劳动人事争议协商机制

培育用人单位和劳动者的劳动人事争议协商意识，推动用人单位以设立负责人接待日、召开劳资恳谈会、开通热线电话或者电子邮箱、设立意见箱、组建网络通信群组等方式，建立健全沟通对话机制，畅通劳动者诉求表达渠道。指导用人单位完善内部申诉、协商回应制度，优化劳动人事争议协商流程，认真研究制定解决方案，及时回应劳动者协商诉求。

（二）协助开展劳动人事争议协商

工会组织统筹劳动法律监督委员会和集体协商指导员、法律援助志愿者队伍等资源力量，推动健全劳动者申诉渠道和争议协商平台，帮助劳动者与用人单位开展劳动人事争议协商，做好咨询解答、释法说理、劝解疏导、促成和解等工作。各级地方工会可设立劳动人事争议协商室，做好劳动人事争议协商工作。企业代表组织指导企业加强协商能力建设，完善企业内部劳动争议协商程序。鼓励、支持社会力量开展劳动人事争议协商咨询、代理服务工作。

（三）强化和解协议履行和效力

劳动者与用人单位就劳动人事争议协商达成一致的，工会组织要主动引导签订和解协议，并推动和解协议履行。劳动者或者用人单位未按期履行和解协议的，工会组织要主动做好引导申请调解等工作。经劳动人事争议仲裁委员会审查，和解协议程序和内容合法有效的，可在仲裁办案中作为证据使用；但劳动者或者用人单位为达成和解目的作出的妥协认可的事实，不得在后续的仲裁、诉讼中作为对其不利的根据，但法律另有规定或者劳动者、用人单位均同意的除外。

二、工会参与劳动争议协商

2023 年 12 月 28 日，全国总工会印发了《工会参与劳动争议处理办法》，其中对工会参与劳动争议协商提出了明确要求。

（一）各级工会应当积极推进用人单位建立健全劳动关系协商调处机制，完善内部协商规则。发生劳动争议，职工可以要求用人单位工会参与或者协助其与用人单位进行协商；用人单位尚未建立工会的，职工可以请求用人单位所在地的各级地方工会参与或者协助其与用人单位进行协商，推动达成和解协议。

（二）工会在参与劳动争议协商过程中，应当依法维护职工合法权益，代表或者协助职工提出切实可行的和解方案。职工与用人单位就劳动争议协商达成一致的，工会应当主动引导签订书面和解协议并推动和解协议及时履行。

（三）劳动争议双方当事人不愿协商、协商不成或者达成和解协议后在约定的期限内不履行的，工会应当主动做好引导申请调解或仲裁等工作。

思考题：

1. 劳动争议协商有什么特点？
2. 劳动争议协商的作用是什么？
3. 劳动争议协商应当遵循哪些原则？
4. 劳动争议协商的类型与形式有哪些？
5. 简述劳动争议协商的程序。
6. 和解协议的效力如何？
7. 协商与调解有什么区别？
8. 如何发挥用人单位内部劳动人事争议沟通协商机制作用？
9. 工会如何参与劳动争议协商？

案例 1

江苏：“工会+”跑出劳动争议化解“加速度”（节选）

2023 年 10 月 19 日　来源：中工网

在江苏省南通市海门区，职工遇到“急难愁”的劳动法律问题，或者与企业发生劳资纠纷，总会第一时间想到“蔡律师·夜咖啡”。一杯暖心咖啡，知名律师团队贴心的“一对一”现场咨询服务，不知不觉中驱散了职工心头的愁云。

“蔡律师·夜咖啡”，是海门区总工会依托之琳咖啡·职工幸福驿站，重点打造的法律服务品牌，集法律咨询、法治宣传、协商调解、法律援助等于一体，在每周五晚7点至9点开办法律夜市，一年接待职工群众300余人次。

近年来，江苏省各级工会探索劳动争议多元化解新模式，综合运用法治宣传、法律监督、争议调解、法律援助、排查预警、法律体检、信访等多种手段，联合人社、司法、法院等共同发力，打好“工会+”组合拳，快速化解劳动矛盾纠纷，及时维护职工合法权益，有力促进了劳动关系和谐稳定。去年至今年7月，全省工会接待职工法律咨询8.2万多人次，为8759名职工提供法律援助，挽回经济损失超2亿元，开展法律援助志愿服务活动2253场，服务职工38万余人。

“劳动争议多元化解，典型特征就在‘多元’二字，除了化解手段多元，还有参与主体多元，主要是工会、人社、法院、司法四方主体，实践中具体到个案处置，参与化解的还涉及交通、应急、卫生、教育、企联等各职能部门，形成‘4+N’主体格局。”10月18日，省总工会经费审查委员会领导在全省工会劳动争议多元化解工作经验交流会上说，近两年多元化解逐渐脱虚向实，以前更多的是建立相关机制、个案联动，现在扬州、徐州等市县两级成立劳动争议多元化解中心，工会主导，联合人社、司法、法院等组建实体化阵地，资源更加聚合、力量更加集中、机制更加完善、联动更加顺畅。

今年5月，扬州市总工会、市人社局、市法院、市司法局联合发文成立扬州市劳动争议多元化解中心，并于7月底正式揭牌运行。中心强化了协商调解职能，将柔性非诉讼纠纷解决方式贯穿于劳动争议化解全程，有效缩短劳动者维权周期，降低维权成本。揭牌运行两个月来，中心接待职工群众来访110余人次，成功化解劳动争议31起，涉及争议金额600余万元。8月以来，扬州6个县（市、区）结合各自实际，均联合发文成立劳动争议多元化解中心，并逐步进行实体化运作。

如今，扬州已形成“一中心一站点一窗口”的劳动争议多元化解平台。“一中心”即扬州市劳动争议多元化解中心，提供法律咨询、协商调解、劳动保障监察执法、法律援助、仲裁审查等一站式劳动争议纠纷解决服务。“一站点”即在市中院设立的劳动争议多元化解对接站，负责专业指导、诉调对接、司法确认、财产保全和先予执行等工作。“一窗口”即在市总工会设立的劳动争议多元化解窗口，提供法律咨询、协商调解、法律援助等服务，引导和帮助有进一步需求的职工到中心解决纠纷。

苏州顺丰速运有限公司拥有200余个网点、13000余名员工，是当地新就业形态龙头企业。他们成立新业态劳动争议调解委员会，充分尊重每一位小哥的诉求，坚持将矛盾纠纷化解在萌芽、处置在内部，积极探索构建党委、工会、人事“三位一体+多元解纷”的矛盾纠纷化解新模式，形成企业内部预防化解劳动纠纷的强大合力。公司调委会成立以来，已成功调解复杂劳动争议200多起，口头调解简易劳动争议300多起，调解金额1700多万元。

劳动争议多元化解工作在参与社会治理、促进劳动关系和谐中发挥的作用越来越明显。徐州市云龙区劳动争议多元化解中心成立以来，办理委托案件1065件，成功调解863件，为职工争取合法利益1500余万元，接受群众咨询7500余人次，为新就业形态劳动者、农民工等提供法律援助160余人次。今年以来，常州市总工会联合市司法局、人社局、律协等对1000家企业开展劳动用工矛盾排查专项服务行动，对72家新就业形态平台或企业提供“法治体检”44次，收集化解基层工会报送劳动关系矛盾隐患线索530条。市总与法院、人社、仲裁四方联动，对金太阳至尊家电有限公司90名职工120万元欠薪事件进行法律援助，仅用10天就为一名安徽籍职工挽回工伤待遇损失8万元。

案例2

劳动者注册个体工商户与平台企业或其用工合作企业订立合作协议，能否认定为劳动关系？

基本案情

孙某于2019年6月11日进入某外卖平台配送站点工作，该站点由某物流公司承包经营。某物流公司与孙某订立了自2019年6月11日起至2021年6月10日止的书面劳动合同。从事配送工作期间，孙某按照某物流公司要求在规定时间、指定区域范围内执行某外卖平台派发的配送任务，某物流公司根据孙某出勤及订单完成情况向其按月支付劳动报酬。某物流公司于2020年8月21日与某商务信息咨询公司订立《服务协议》，约定将含孙某在内的部分配送员委托给某商务信息咨询公司管理。在某商务信息咨询公司安排下，孙某注册了名为“某配送服务部”的个体工商户，并于2020年9月6日与某物流公司订立了为期1年的《项目承包协议》，约定：某配送服务部与某物流公司建立合作关系，某配送服务部承接某外卖平台配送站点的部分配送业务，某物流公司按照配送业务完成量向某配送服务部按月结算费用。此后，孙某仍然在某外卖平台站点从事配送工作，接受某物流公司管理，管理方式未发生任何变化。2020年12月10日，某物流公司单方面终止《项目承包协议》，孙某要求某物流公司支付违法解除劳动合同赔偿金。某物流公司认为订立《项目承包协议》后，双方之间已从劳动关系变为合作关系，劳动合同自动终止，并以此为由拒绝支付违法解除劳动合同赔偿金。孙某遂向仲裁委员会申请仲裁。

申请人请求

请求确认孙某与某物流公司于2020年9月6日至2020年12月10日期间存在劳动关系，某物流公司支付违法解除劳动合同赔偿金。

处理结果

仲裁委员会裁决：孙某与某物流公司于2020年9月6日至2020年12月10日期间存在劳动关系，某物流公司向孙某支付违法解除劳动合同赔偿金。

案例分析

本案争议焦点是，在孙某以个体工商户名义订立《项目承包协议》情况下，其与某物流公司之间是否存在劳动关系？

从法律主体资格看，劳动者注册为个体工商户后，既可以作为自然人与其他用人单位建立劳动关系，也有权以个体工商户名义开展市场经营活动。在第一种情形下，劳动者与企业之间存在“管理—从属”关系，即企业对劳动者实施劳动管理，劳动者向企业提供从属性劳动，双方之间市场主体地位不平等，法律关系呈现明显的从属性；在第二种情形下，个体工商户与企业均具有平等的市场主体法律地位，个体工商户可以依照约定向企业提供服务并获取对价，但服务内容和方式、对价形式及多少等事项由双方协商确定，企业与个体工商户背后的自然人之间不具有“管理—从属”关系。

本案中，在某商务信息咨询公司安排下，孙某注册个体工商户，并以个体工商户名义与某物流公司书面约定建立合作关系，但从用工事实看，某物流公司与孙某之间完全延续了此前的劳动管理方式，孙某仍然向某物流公司提供从属性劳动，双方之间并未作为法律地位平等的市场主体开展经营活动。因此，某物流公司关于双方之间由劳动关系变为合作关系、劳动合同自动终止的主张，与事实不符，应当认定在2020年9月6日之后双方之间仍然存在劳动关系，对孙某要求某物流公司支付违法解除劳动合同赔偿金的仲裁请求，应当予以支持。

典型意义

在新就业形态下，劳动关系与合作关系之间的边界更加模糊，劳动者的劳动形式、劳动时间、工作场所、取酬方式等更加灵活多样。一些平台企业及其用工合作企业利用这一特点，一方面诱导或强迫劳动者注册成为个体工商户，并与之订立合作协议；另一方面仍对劳动者进行较强程度的劳动管理，单方确定劳动规则、报酬标准等事项，以合作之名行劳动用工之实，严重损害了劳动者劳动保障权益。对此，国务院印发的《促进个体工商户发展条例》第30条第2款规定："任何单位和个人不得诱导、强迫劳动者登记注册为个体工商户。"在仲裁和司法实践中，应当重点审查企业与劳动者之间是否存在劳动管理和从属性劳动，坚决防止"去劳动关系化"规避用工责任，充分保障劳动者各项劳动保障权益。

案例3

用人单位应当积极履行法律义务有效防止职场性骚扰

案情简介

赵某，女，于2017年4月3日入职某餐饮公司，从事炊事员工作，月工资4000元。2020年11月17日，赵某报警称，同班组同事郑某11月13日在食堂过道处触碰其胸部，且郑某此前还曾从其身后摸过其大腿。某派出所对员工郑某、寇某、后厨经理任某进行了询问。郑某否认触碰赵某大腿和胸部，称11月13日在食堂过道相遇时腿部碰到了赵某，但是碰到什么部位不清楚。寇某称11月初，郑某让其看郑某手机上的图片，结果发现是色情图片，后来听赵某说郑某触碰其胸部。任某称，11月13日听到赵某骂郑某臭流氓，就问赵某怎么回事，赵某说郑某触碰其胸部，之前还摸过她的大腿；其找郑某，郑某称只是下意识地用手挡了下，碰到赵某的胸部；郑某还对女员工说过"谁要生二胎，找他"。当日，赵某与郑某签署协议书，载明："2020年11月17日8时许，赵某报在某食堂内被猥亵。经了解，赵某称自己于11月13日在食堂内过道处与郑某存在肢体接触。现双方自愿达成协议：1. 郑某向赵某赔礼道歉，赵某不追究对方的法律责任，申请撤案。2. 双方自签字之日起，双方不得再因此事发生任何口角，冲突，甚至打架行为。"11月14日至16日期间，赵某曾以郑某存在性骚扰行为为由，要求不与郑某分在同一班组上夜班，但其换班要求连续三次遭到某餐饮公司的拒绝，赵某自报警次日起未再上班。2020年11月25日，某餐饮公司向赵某发出《责令上班通知书》，赵某仍未到岗。2020年11月27日，某餐饮公司以旷工为由与赵某解除劳动合同。赵某遂向劳动人事争议仲裁委员会（以下简称仲裁委员会）提出仲裁申请。仲裁请求要求某餐饮公司支付违法解除劳动合同赔偿金32000元。

处理结果

仲裁委员会裁决支持赵某的仲裁请求，后二审判决结果与仲裁裁决结果一致。

案例评析

本案争议的焦点在于，某餐饮公司与赵某解除劳动合同是否具有充分的事实依据。

《最高人民法院关于审理劳动争议案件适用法律问题的解释（一）》（法释〔2020〕26号）第44条规定："因用人单位作出的开除、除名、辞退、解除劳动合同、减少劳动报酬、计算劳动者工作年限等决定而发生的劳动争议，用人单位负举证责任。"本案中，虽然事发处没有视频监控，也无他人目睹赵某所述的性骚扰行为，出警记录亦对该事件未作认定，但郑某已经认可其有触碰到赵某肢体的事实，且从其他员工向警方反映的情况看，郑某存有不端行为的可能性较大。赵某基于自身安全考虑，提出不与郑某一起上夜班的要求合情合理。餐饮公司作为用人单位，本应积极预防类似事件再次发生，然而却对赵某的合理诉求不予理会，并以旷工为由与赵某解除劳动合同，显然未尽到管理者的义务，其解除行为缺乏事实依据，属于违法解除，应向赵某支付违法解除劳动合同赔偿金。《民法典》第1010条规定："违背他人意愿，以言语、文字、图像、肢体行为等方式对他人实施性骚扰的，受害人有权依法请求行为人承担民事责任。机关、企业、学校等单位应当采取合理的预防、受理投诉、调查处置等措施，防止和制止利用职权、从属关系等实施性骚扰。"《妇女权益保障法》第25条规定："用人单位应当采取下列措施预防和制止对妇女的性骚扰：（一）制定禁止性骚扰的规章制度；（二）明确负责机构或者人员；（三）开展预防和制止性骚扰的教育培训活动；（四）采取必要的安全保卫措施；（五）设置投诉电话、信箱等，畅通投诉渠道；（六）建立和完善调查处置程序，及时处置纠纷并保护当事人隐私和个人信息；（七）支持、协助受害妇女依法维权，必要时为受害妇女提供心理疏导；（八）其他合理的预防和制止性骚扰措施。”现实中，职场性骚扰通常具有不易察觉的隐蔽特征，往往会给受害者造成不同程度的心理伤害，其人格尊严、人格自由被侵犯，其身体权、健康权甚至隐私权、名誉权等均有可能受到相应损害。同时，性骚扰事件无疑会严重影响用人单位的商业信誉和企业形象。从上述法律规定看，用人单位负有防止和制止性骚扰的法定义务。一是合理预防义务。用人单位在进行合规管理制度建设时，应当通过民主程序制定和公示禁止实施性骚扰的行为规范，并规定性骚扰防治措施、申诉程序及惩戒办法等。同时，用人单位应营造风清气正的职场氛围，创造良好的工作环境，采取有效安全保卫措施，在不侵犯员工隐私权的前提下，尽可能提高工作场所的透明度，降低性骚扰事件发生概率。二是及时救济义务。用人单位一旦知悉有性骚扰事件发生，就应当积极作出反应，以适当方式处理受害人投诉，并采取有效的补救措施，运用惩戒手段终止性骚扰行为。作为受害者的劳动者应勇敢向性骚扰行为说“不”，同时注意及时合法取证，拿起法律武器坚决维护自身合法权益。

第五章

劳动争议调解（上）

劳动争议调解是调解方式在劳动争议处理过程中的具体运用，是我国处理劳动争议的基本方式。做好劳动争议调解工作，有利于把劳动争议解决在基层、解决在萌芽状态，维护劳动关系双方当事人的合法权益，促进劳动关系的和谐稳定。

第一节　劳动争议调解概述

一、调解的特征及种类

（一）调解

调解是在第三者的主持下，以国家法律、法规和政策以及社会公德为依据，在查清事实、分清是非的基础上，通过说服教育和劝导协商的方法，使纠纷在双方当事人相互谅解的基础上获得解决的一种活动。它是解决纠纷的重要手段和基本途径。我国传统文化中的“和合”理念为调解提供了坚实的文化基础，“和为贵”式的调解在我国可谓源远流长，被称为“东方一枝花”，在化解社会矛盾方面具有其他解决方式无法替代的优势。

（二）调解的特征

调解与协商、仲裁、诉讼相比较，有以下特征。

1. 调解是在第三者的主持下进行的。如果没有第三者，完全是争议双方当事人自行协商和解不能算调解。第三者可以是个人，也可以是有关组织。

2. 调解是以事实为根据，以法律为准绳，在查清事实、分清是非的基础上进行的，不是无原则的“和稀泥”。

3. 调解的方式是劝导协商，说服教育，使当事人双方在互谅互让的基础上自愿达成协议，消除纷争，而不是使用行政、司法手段强制性解决。

4. 调解是在双方当事人自愿的原则下进行的。愿不愿意调解，能不能达成协议，都应当出于双方当事人的自愿，不能强制调解。

5. 调解协议的内容不得违反法律、法规、政策和社会公德。

用调解方法解决当事人之间的争议，协调人与人之间的关系，是我国人民司法的一大创造，被外国法学家和司法工作者誉为“东方经验。”采用这种方法，可以防止矛盾激化，增进人民内部团结，促进社会和谐。

（三）调解的种类

我国的调解，有群众自发的临时性调解和法定调解。由纠纷双方当事人的亲友、邻里等进行的调解，是自发的临时性调解。法定调解，根据主持人的不同分为法院调解、行政调解和群众调解。

1. 法院调解，也叫司法调解，属于诉讼内调解，是在人民法院审判人员或审判庭主持下，双方当事人就所争议的民事权益和法律关系，在查明事实和分清是非的基础上，本着自愿、合法的原则，通过平等协商，互谅互让，达成协议，解决纠纷的活动。调解同判决一样，也是我国人民法院终结民事诉讼的一种方式。它的适用范围是民事案件、刑事自诉案件，以及起诉到法院的劳动争议案件和经济纠纷等。调解达成的协议经法院确认并送达当事人之后，便具有法律效力，当事人各方必须履行，否则，法院有权强制执行。同时，法院调解一经成立，该诉讼程序也就此终结，如果当事人认为调解协议内容不正确，不能上诉，也不得就这一纠纷重新起诉。只能按审判监督程序提出申请，要求人民法院再审。

2. 行政调解，属于诉讼外调解，是在国家行政机关主持下，当事人经过协商达成和解协议，从而结束纠纷的一种方式。目前，我国实行行政调解的范围主要有经济合同纠纷、涉外经济纠纷等。行政调解一般是在当事人提出仲裁请求，仲裁机关受理后进行的。仲裁机构对调解达成的协议，制作调解书或调解笔录，调解书一经送达当事人，即发生法律效力，当事人应当自觉履行。一方逾期不履行，另一方有权申请人民法院强制执行。如调解不成或在调解书送达以前反悔的，仲裁机关应及时裁决。

3. 群众调解，也属于诉讼外调解，是在群众调解组织主持下，通过说服教育、劝导协商，使当事人相互谅解解决争议的方法。它一般根据一方当事人的申请并征得另一方当事人同意后进行。群众调解的范围主要是一般民事纠纷、用人单位内的劳动争议等。调解达成的协议不具有法律效力，靠当事人自觉履行。如果达成协议后反悔，当事人有权向仲裁机关申请仲裁或者向人民法院提起诉讼。

二、劳动争议调解的特点和作用

（一）劳动争议调解

劳动争议调解，指在有关劳动争议调解组织的主持下，通过宣传劳动法律、法规、规章，采取说服教育的方法，使劳动争议当事人双方在分清是非和民主协商的基础上达成一致的协议，使劳动争议及时得到解决的一种活动。劳动争议调解虽然不是劳动争议处理过程中的一个必经程序，但却是我国处理劳动争议的必不可少的一项重要制度，是劳动争议处理制度中的“第一道防线”，对解决劳动争议起着重要的作用。《劳动争议调解仲裁法》规定，发生劳动争议，当事人不愿协商、协商不成或者达成和解协议后不履行的，可以向调解组织申请调解。

（二）劳动争议调解的特点

劳动争议调解是调解方式在劳动争议处理过程中的具体运用，是处理劳动争议的一种重要方式。具有与其他调解不同的特点。

1. 具有特定的调解对象。劳动争议的双方必须一方是用人单位，另一方是本单位的劳动者。

2. 具有特定的调解内容。劳动争议指劳动关系双方当事人因劳动权利和劳动义务而引起的纠纷。

3. 是由特定的争议调解组织主持调解。按照《劳动争议调解仲裁法》规定，劳动争议的调解组织包括：企业劳动争议调解委员会；依法设立的基层人民调解组织；在乡镇、街道设立的具有劳动争议调解职能的组织等。

4. 以劳动法律、法规和有关劳动政策为依据。

（三）劳动争议调解的作用

劳动争议调解是我国劳动争议处理的第一道防线和前沿阵地，做好劳动争议调解工作具有重要的作用。

1. 通过调解，依法维护劳动关系双方当事人的合法权益，调动当事人的积极性，促进经济高质量发展。劳动争议调解程序简便，便于当事人参加。劳动争议发生后，当事人提出申请，劳动争议调解组织接受申请后就可以开展调解工作。而且，劳动争议调解遵循自愿、合法、及时、公正的原则，通过调解，在明辨是非、分清责任的基础上，民主协商达成协议，易于履行，能有效地维护当事人的合法权益，调动劳动者和用人单位的积极性，从而提高劳动生产率和经济效益，促进经济高质量发展。

2. 通过调解，尽可能地把大量的劳动争议解决在基层，解决在萌芽状态，有利于促进劳动关系的和谐稳定。劳动争议是劳动关系矛盾的表现，是劳动关系不协调的反映。劳动争议如果得不到及时、妥善处理，就可能使矛盾激化，引起停工、怠工、集体上访等群体性事件的发生，影响劳动关系的稳定和社会和谐。通过劳动争议调解可以及时地化解矛盾，把大量劳动争议解决在基层，解决在萌芽状态。通过调解解决劳动争议，不但更有利于问题的解决，而且劳动关系双方不会伤和气，有利于增进双方团结，促进劳动关系和谐稳定。

3. 通过调解，尽可能地把大量的劳动争议解决在基层，可以减轻劳动争议仲裁委员会和人民法院受理劳动争议案件的工作压力，使劳动争议仲裁委员会和人民法院集中精力处理重大复杂的劳动争议案件。

4. 通过调解，解决劳动争议，开展有关劳动法律、法规的宣传教育，可以提高用人单位经营管理人员和劳动者的劳动法律意识，促进用人单位依法管理、依法用工，增强劳动者依法维护自身权益的能力。

三、劳动争议调解的原则

劳动争议调解原则指劳动争议调解组织在调解劳动争议时所应遵循的准则，是贯穿于调解过程的基本要求，它集中体现了我国劳动争议调解的本质和特点。只有掌握劳动争议调解的原则，并在调解工作的实践中正确地加以运用，才能正确有效地调解劳动争议。

按照《劳动法》《劳动争议调解仲裁法》《企业劳动争议协商调解规

定》等法律法规规定的精神，劳动争议调解的原则主要有以下几方面。

（一）合法原则

合法原则，指劳动争议调解组织在调解劳动争议时，必须遵守国家的有关法律、法规、规章和政策，并以此作为调解时的依据。合法原则的具体要求如下。

1. 主体合法，即劳动争议调解的主体资格必须合乎法律规定。按照《劳动争议调解仲裁法》的规定，我国劳动争议调解的主体是企业劳动争议调解委员会，依法设立的基层人民调解组织，在乡镇、街道设立的具有劳动争议调解职能的组织等。

2. 程序合法，指劳动争议调解的程序必须合乎法律规定，即法律法规要求的各项程序不能缺少，法律法规要求的各项程序的先后顺序不能颠倒。在调解过程中，不能有违反法律规定的行为，如不得泄露国家机密和商业秘密，不得强迫调解，不得威胁、利诱、欺骗当事人等。

3. 调解协议合法。包括调解协议内容合法，既不得有违反法律、法规，侵害他人或社会公共利益或国家利益的情形，也不得有违反国家政策、严重违背公序良俗的内容。还包括调解协议的签订及其履行都必须合法。

（二）自愿原则

自愿原则，指劳动争议调解工作必须始终尊重当事人的意愿。即劳动争议调解组织在受理争议、调解争议、达成协议、履行协议的整个过程中，必须尊重双方当事人的意愿，采用民主说服教育的方式，不得使用强迫手段。自愿是调解的前提条件。任何一方当事人，如果不愿意调解，调解就无法进行。自愿，又是调解达成的协议得以履行的重要保证，如果不是出于当事人的自愿，即使达成协议，也无法保证其得到实际履行。所以，劳动争议调解组织在调解劳动争议时，必须坚持自愿原则。自愿原则具体体现在以下几方面。

第一，接受调解是自愿的。即是否进行调解，完全要看当事人是否自愿，不能强迫。也就是说，劳动争议发生后，当事人一方可以申请调解，也可以不申请调解。如果一方当事人申请调解，调解组织应当征询另一方当事人的意见，另一方当事人如果不接受调解，调解组织不得强行调解。

第二，达成调解协议是自愿的。在劳动争议调解组织调解劳动争议的过程中，双方能否达成协议，能否接受调解组织的调解意见，是自愿的。一是不能强行调解，调解意见不能强加于人；二是不能在当事人思想不通或不完全通的情况下，勉强达成调解协议；三是更不能由劳动争议调解组织包办代替，拟定调解协议。所以，调解协议必须反映双方当事人的真实意思，在双方当事人自愿基础上达成。只要有一方当事人不接受调解意见，不愿达成调解协议，劳动争议调解组织就不得强行作出决定。

第三，履行调解协议是自愿的。经劳动争议调解组织调解达成的调解协议，没有强制执行的法律效力。协议的履行主要依靠双方当事人的诚实信用、思想觉悟以及社会舆论和道德规范的力量，来促使双方当事人自觉履行。如果当事人一方反悔，应当允许其向有管辖权的劳动争议仲裁委员会申请仲裁。对此，劳动争议调解组织不得阻挠或者干涉，不得用强制方法执行调解协议。

（三）依据事实及时调解的原则

依据事实，是劳动争议调解组织调解劳动争议必须在了解、查清事实的基础上进行，以客观事实作为调解依据。坚持以事实为依据，要求劳动争议调解人员深入调查研究，耐心听取争议双方当事人的陈述，并向其他有关人员了解情况，收集有关证据，搞清事实真相，为正确处理争议打下良好基础。在调解过程中，也应当充分保证双方当事人陈述和辩解的权利，进一步查清事实，并依据事实查清双方当事人各自的责任，而不能偏听偏信、主观臆断。

及时调解，是在法律规定的时效范围内调解完毕，不能久调不决。根据《劳动争议调解仲裁法》规定，自劳动争议调解组织收到调解申请之日起 15 日内未达成调解协议的，当事人可以依法申请仲裁。

（四）适用法律一律平等的原则

在我国，劳动关系双方当事人是平等的主体，具有平等的地位，他们的合法权益都受国家法律的保护，违反法律规定，侵犯对方合法权益的都要受到法律制裁。劳动关系双方当事人的平等地位，决定了劳动争议调解组织在调解劳动争议时，必须坚持适用法律一律平等的原则。

适用法律一律平等的原则，具体体现在以下三个方面。一是劳动争议的双方当事人请求调解的权利是平等的。无论当事人是个人还是用人单位，发生争议后都有权申请调解。劳动争议调解组织必须给双方当事人提供平等的申请调解的机会和条件，不能重视一方而忽视另一方。二是在调解的过程中，双方当事人均有辩论的权利。劳动争议调解组织必须给双方提供平等的辩论机会和条件，不能只给一方提供机会和条件，而限制或压制另一方的意见和请求；对双方当事人陈述事实、辩论事实要“一碗水端平”，不偏袒、不歧视。三是对双方当事人适用法律平等，当事人任何一方违反法律、法规，都要负法律责任。只有适用法律一律平等，才能维护双方当事人的合法权益。

坚持适用法律一律平等的原则，要求劳动争议调解组织在适用法律时要做到准确，即适用范围准确，分析定性准确，处理结论准确，事实依据与处理结论相适应。

（五）民主说服原则

劳动争议调解组织，既不是国家审判机关，也不是国家行政机关，没有司法审判权，也没有行政命令权和仲裁权。因此，劳动争议调解组织在调解劳动争议时，主要依据国家法律、法规、政策，运用民主讨论和说服教育的方法，摆事实，讲道理，做耐心细致的思想政治工作，使当事人双方加深对有关法律、法规和政策的理解，明确是非曲直，自觉开展批评与自我批评，在提高认识水平的基础上，再动员其自愿协商，达成协议，解决纠纷，任何一方都不能把自己的意志强加给对方。坚持这一原则，就要坚决反对强迫命令、简单粗暴、以势压人的做法。总之，民主说服原则既是调解劳动争议的基本方法，也是调解劳动争议必须遵守的基本原则。

（六）公正原则

劳动争议调解组织应当坚持公正原则，这是妥善处理劳动争议的基本前提和基本要求。该原则要求劳动争议调解组织在调解劳动争议时，要秉公处理，不徇私情，保证双方当事人处于平等的法律地位，具有平等的权利和义务。调解结果应当合法、合情、合理，不超越本地区和本单位的实际情况，切实可行。

（七）尊重当事人申请仲裁和诉讼权利的原则

尊重当事人申请仲裁和诉讼权利的原则，指当发生劳动争议的当事人不愿接受调解，或者调解不成时，劳动争议调解组织不得阻止当事人向劳动争议仲裁委员会申请仲裁或者向人民法院提起诉讼。

发生劳动争议后，提倡、鼓励调解解决。但调解不是必经程序，劳动争议调解组织调解达成的调解协议不具有强制力。因此，《劳动争议调解仲裁法》赋予了当事人可以直接向劳动争议仲裁委员会申请仲裁的权利、不服裁决可以向人民法院提起诉讼的权利。劳动争议调解组织不能限制或者剥夺当事人的这项权利。劳动争议调解组织调解劳动争议时要告知当事人的选择权，尊重当事人的选择。在调解时要注意时间期限的规定，以免调解不及时造成当事人超过法定的申请仲裁期限，而失去了申请仲裁以及起诉的资格。

第二节　劳动争议调解组织

一、劳动争议调解组织

《劳动争议调解仲裁法》第 10 条第 1 款规定：“发生劳动争议，当事人可以到下列调解组织申请调解：（一）企业劳动争议调解委员会；（二）依法设立的基层人民调解组织；（三）在乡镇、街道设立的具有劳动争议调解职能的组织。”这一规定，明确了我国劳动争议的调解组织。人力资源社会保障部办公厅等部门发布《关于开展基层劳动人事争议调解组织建设行动的通知》，对劳动人事争议调解组织建设进一步提出了明确要求。归纳起来，我国劳动争议调解组织主要如下。

（一）企业劳动争议调解委员会

企业劳动争议调解委员会是企业内部解决劳动争议的机构。1993 年国务院通过的《企业劳动争议处理条例》规定：“企业可以设立劳动争议调解委员会。调解委员会负责调解本企业发生的劳动争议。”1994 年颁布的《劳动法》肯定了这一制度。《劳动争议调解仲裁法》对企业劳动争议调解委员会作出了明确规定。

1. 企业劳动争议调解委员会的性质

企业劳动争议调解委员会，是在职工代表大会领导下，负责调解本企业内劳动争议，协调劳动关系的群众性组织。它具有以下几个特点。

（1）群众性。群众性是调解委员会的本质属性，具体表现在：调解委员会的组成人员是由各方面推选的代表产生的；在调解过程中始终贯彻当事人自愿的原则，争议双方当事人既可以申请调解，也可以不申请调解；采取的工作方法是民主协商、说服教育、启发引导，促使双方当事人自愿达成协议；调解达成的协议没有法律强制力，由当事人自愿履行。因此，劳动争议调解委员会从组成形式、工作方法及其工作性质来说，都具有鲜明的群众性特征。

（2）法定性。劳动争议调解委员会虽然是群众性的调解组织，但又不是一般的群众性调解组织，是由劳动法律法规明确规定的群众性调解组织。劳动争议调解委员会的设立及其组成是法定的；调解委员会的调解工作不是随随便便的、自由式的调解，不能依据个人感情和一般的民间习惯进行调解，而是以法律、法规为依据，按照法律规定的程序进行。可见，调解委员会的调解工作具有明显的法律地位，它的活动属于法律行为，受到国家法律的支持和保护，是企业内部民主法治建设的重要组成部分。

（3）专门性。劳动争议调解委员会是一个调解组织，是专门做调解工作的。它的任务是调解本企业的劳动争议。企业内发生的其他民事、经济纠纷，以及生产经营中的问题，不属于劳动争议调解委员会的调解范围。

（4）独立性。企业劳动争议调解委员会作为企业内部劳动关系的协调机构，具有相对独立的地位。主要表现在两方面。第一，机构独立设置。调解委员会因调解劳动关系双方当事人之间的劳动争议，其机构不宜与行政管理机构混合设置，也不宜与工会组织合并设置。第二，调解委员会调解劳动争议时，有相对独立开展调解工作的权力，其调解活动不受企业行政和其他任何组织与个人的干预。劳动争议仲裁委员会与企业调解委员会只存在业务指导关系，不是领导与被领导关系。调解委员会办事机构设在企业工会，工会也不能完全替代调解委员会进行法定的调解工作。

2. 企业劳动争议调解委员会的地位

企业劳动争议调解委员会在我国劳动争议处理制度和企业工作中占据重要的地位。第一，企业劳动争议调解委员会具有广泛的代表性和权威性，为职工群众所信任和拥护；调解人员对企业情况及争议事实比较了解，便于查证，处理争议及时、公正、彻底，可以将劳动争议解决在基层，防止矛盾激化。第二，企业建立劳动争议调解委员会，有利于加强企业管理，维护企业正常的生产、工作秩序。企业发生劳动争议是大量、经常的事情，往往矛盾集中在企业领导身上，研究处理需要花费很多精力，有的当事人甚至采取一些极端行为，致使一些企业领导顾虑重重，影响企业正常管理。建立劳动争议调解委员会，依靠群众的力量和舆论压力，可以使劳动争议及时得到调解，维护双方当事人的合法权益，促使企业领导依法正确行使职权，保证企业正常的生产、工作秩序。第三，劳动争议调解委员会是处理劳动争议的前沿阵地。按照人们的传统习惯和目前就业难的现状，企业内部发生的劳动争议，当事人一般都愿意并且希望能在企业内部协商得到解决，不愿和企业领导把关系搞僵，更不想去“打官司”。所以，企业劳动争议调解委员会作为处理劳动争议的“第一道防线”，在企业和整个社会生活中都具有重要的地位。

3. 企业劳动争议调解委员会的设立

按照《劳动法》规定，在用人单位内，可以设立劳动争议调解委员会。这一规定有两方面的含义，一方面明确企业可以设立劳动争议调解委员会，就其职能作用而言，企业应当设立。但是另一方面并没有规定企业必须设立劳动争议调解委员会，这是因为在市场经济条件下，根据有关法律、法规规定，企业内部机构设置由企业自主决定。另一个原因，有的企业人员很少，无条件或者无须设立劳动争议调解委员会。但是从总体上看，企业设立劳动争议调解委员会，对于协调企业内部的劳动关系，妥善处理劳动争议，化解矛盾，增进团结具有重要的作用。而且劳动争议调解委员会由兼职人员组成，并不占用企业人员编制。所以，企业一般都应当设立劳动争议调解委员会。

《企业劳动争议协商调解规定》第 13 条规定："大中型企业应当依法设立调解委员会，并配备专职或者兼职工作人员。有分公司、分店、分厂的企业，可以根据需要在分支机构设立调解委员会。总部调解委员会指导分支机构调解委员会开展劳动争议预防调解工作。调解委员会可以根据需要在车间、工段、班组设立调解小组。"根据这一规定，设有分公司、分店、分厂的企业可以根据本企业的实际情况与需要，在分支机构再设一级劳动争议调解委员会。总部的劳动争议调解委员会与分支机构的劳动争议调解委员会并不是上下级关系，而是业务指导关系，也不存在一级调解与二级调解的关系。对于劳动争议当事人而言，无须在经过分支机构调解委员会调解后，再向总部调解委员会申请调解，然后才能向仲裁委员会申请仲裁。因此，设立分公司、分店、分厂的企业，在总部和分支机构分别设立劳动争议调解委员会时，同时应当明确两级调解委员会的职责分工。按照分工的规定，当事人向总部或者分支机构的劳动争议调解委员会申请调解，调解不成的，无论是总部调解委员会进行的调解，还是分支机构调解委员会进行的调解，当事人都有权向劳动争议仲裁委员会申请仲裁，无须经过两次调解。

小微型企业可以设立调解委员会，也可以由劳动者和企业共同推举人员，开展调解工作。

4. 企业劳动争议调解委员会的组成

《劳动争议调解仲裁法》第10条第2款规定：“企业劳动争议调解委员会由职工代表和企业代表组成。职工代表由工会成员担任或者由全体职工推举产生，企业代表由企业负责人指定。企业劳动争议调解委员会主任由工会成员或者双方推举的人员担任。”根据这一规定，调解委员会的组成包括以下几方面内容。

（1）调解委员会的组成人员结构。1994年颁布的《劳动法》第80条第1款规定：“在用人单位内，可以设立劳动争议调解委员会。劳动争议调解委员会由职工代表、用人单位代表和工会代表组成。劳动争议调解委员会主任由工会代表担任。”鉴于我国企业所有制结构的调整和劳动关系的变化，《劳动争议调解仲裁法》对劳动争议调解委员会的组成进行了调整，调解委员会由三方变为两方，即由职工代表和企业代表组成。调解委员会主任由工会代表担任改为由工会成员担任或者由双方推举的人员担任。

（2）调解委员会的人数。根据《企业劳动争议协商调解规定》，调解委员会人数由双方协商确定，双方人数应当对等。

（3）调解委员会组成人员的产生。根据《劳动争议调解仲裁法》的规定，企业劳动争议调解委员会组成人员的产生必须按照有关规定进行。即职工代表由工会成员担任或者由全体职工推举产生，即企业有工会组织的，职工代表由工会成员担任，没有成立工会组织的企业，职工代表由全体职工推举产生。企业代表由企业负责人指定。

（4）劳动争议调解委员会主任的产生。企业劳动争议调解委员会设主任。根据《劳动争议调解仲裁法》规定，企业劳动争议调解委员会主任由工会成员或者双方推举的人员担任。这一规定表明劳动争议调解委员会主任产生的方式有两种：①由工会成员担任。工会成员担任职工代表的，首先应当考虑由工会成员担任调解委员会主任。②由双方推举的人员担任。

双方推举的人员可能是职工代表，也可能是企业代表。

劳动争议调解委员会主任主持劳动争议调解委员会工作，主要职责有：①对劳动争议调解委员会无法决定是否受理的调解申请，决定是否受理；②决定调解委员的回避；③及时指派调解委员调解简单的劳动争议；④主持调解委员会会议，确定调解方案；⑤召集有调解委员、劳动争议双方当事人参加的调解会议，依法主持调解。

（5）劳动争议调解委员会办事机构。《劳动争议调解仲裁法》对调解委员会办事机构的设立没有明确规定。但是，一般来说调解委员会的办事机构设在企业工会。这是因为：①工会是中国共产党领导的职工自愿结合的工人阶级群众组织，具有广泛的群众性，与劳动争议调解委员会的性质一致；②工会是职工合法权益的代表者和维护者，又是企业与职工之间沟通、联系的桥梁、纽带，具有调解劳动关系的职能，《工会法》规定："工会参加企业的劳动争议调解工作"；③工会在企业普遍建立了自己的组织，有固定的人员，有一定的场所，而且有处理劳动争议的经验，所以，工会能够承担起劳动争议调解委员会办事机构的职责；④由工会负责劳动争议调解委员会的工作，还可以避免机构重叠。

5. 企业劳动争议调解委员会的职责

根据《企业劳动争议协商调解规定》及《工会参与劳动争议处理办法》规定，调解委员会履行下列职责：

（1）宣传劳动保障法律、法规和政策；

（2）对本企业发生的劳动争议进行调解；

（3）监督和推动和解协议、调解协议的履行；

（4）聘任、解聘和管理调解员；

（5）参与协调履行劳动合同、集体合同、执行企业劳动规章制度等方面出现的问题；

（6）参与研究涉及劳动者切身利益的重大方案；

（7）协助企业建立劳动争议预防预警机制。

（8）法律、法规规定的其他事项。

根据人力资源社会保障部等九部门联合印发的《关于进一步加强劳动人事争议协商调解工作的意见》规定，人力资源社会保障部门会同司法行政、工会、企业代表组织和企事业单位、社会团体，推动用人单位加大调解组织建设力度。推动大中型企业普遍建立劳动争议调解委员会，建立健全以乡镇（街道）、工会、行业商（协）会、区域性等调解组织为支撑、调解员（信息员）为落点的小微型企业劳动争议协商调解机制。推动事业单位、社会团体加强调解组织建设，规范劳动人事管理和用工行为。

（二）依法设立的基层人民调解组织

基层人民调解组织是我国解决民间纠纷的群众性组织。人民调解，指人民调解委员会通过说服、疏导等方法，促使当事人在平等协商基础上自愿达成调解协议，解决民间纠纷的活动。人民调解是我国法治建设中一项独特的制度，是现行调解制度的一个重要组成部分。实践证明，人民调解是人民群众自我管理、自我教育的好形式，对增进人民团结，维护社会安定，减少纠纷，预防犯罪，促进社会主义和谐社会建设发挥了积极作用。为了完善人民调解制度，规范人民调解活动，及时解决民间纠纷，维护社会和谐稳定，2010 年 8 月 28 日第十一届全国人民代表大会常务委员会第十六次会议通过了《人民调解法》，自 2011 年 1 月 1 日起施行。

1. 人民调解委员会调解民间纠纷的原则

人民调解委员会是依法设立的调解民间纠纷的群众性组织。根据《人民调解法》规定，人民调解委员会调解民间纠纷，应当遵循下列原则：

（1）在当事人自愿、平等的基础上进行调解；

（2）不违背法律、法规和国家政策；

（3）尊重当事人的权利，不得因调解而阻止当事人依法通过仲裁、行政、司法等途径维护自己的权利。

人民调解委员会调解民间纠纷，不收取任何费用。

2. 人民调解委员会的设立

根据《人民调解法》规定，村民委员会、居民委员会设立人民调解委员会。企业事业单位根据需要设立人民调解委员会。人民调解委员会由委员3至9人组成，设主任1人，必要时，可以设副主任若干人。人民调解委员会应当有妇女成员，多民族居住的地区应当有人数较少民族的成员。

村民委员会、居民委员会的人民调解委员会委员由村民会议或者村民代表会议、居民会议推选产生；企业事业单位设立的人民调解委员会委员由职工大会、职工代表大会或者工会组织推选产生。人民调解委员会委员每届任期3年，可以连选连任。

3. 人民调解员

人民调解员由人民调解委员会委员和人民调解委员会聘任的人员担任。人民调解员应当由公道正派、热心人民调解工作，并具有一定文化水平、政策水平和法律知识的成年公民担任。县级人民政府司法行政部门应当定期对人民调解员进行业务培训。

4. 当事人在人民调解活动中的权利

当事人在人民调解活动中享有下列权利：

（1）选择或者接受人民调解员；

（2）接受调解、拒绝调解或者要求终止调解；

（3）要求调解公开进行或者不公开进行；

（4）自主表达意愿、自愿达成调解协议。

5. 当事人在人民调解活动中的义务

当事人在人民调解活动中履行下列义务：

（1）如实陈述纠纷事实；

（2）遵守调解现场秩序，尊重人民调解员；

（3）尊重对方当事人行使权利。

（三）乡镇（街道）调解中心

根据人力资源社会保障部办公厅等多部门联合印发的《关于开展基层劳动人事争议调解组织建设行动的通知》，人力资源社会保障部门负责牵头推进乡镇（街道）调解中心建设。乡镇（街道）调解中心主任可由乡镇

（街道）分管领导担任，调解员由乡镇（街道）劳动就业社会保障服务所（中心）工作人员和乡镇（街道）劳动关系协调员、劳动保障监察协管员、法律工作者和取得劳动人事争议调解员证的志愿者等人员担任。

乡镇（街道）劳动就业社会保障服务所（中心）因机构改革发生变化的地区，人力资源社会保障部门要加强与承接劳动人事争议协商调解工作部门的联系，推动相关部门加强工作人员配置和硬件保障，做好业务衔接、能力培训、办案指导等工作。

乡镇（街道）调解中心可通过公布电话、发放信息公示卡等方式，畅通与辖区内企业和劳动者沟通渠道，提供维权服务。还可根据劳动人事争议发生的季节性、行业性特点，有针对性地开展"农民工欠薪劳动争议专场"等以案释法活动，增强宣传效果。

（四）仲裁院调解中心

根据人力资源社会保障部办公厅等部门《关于开展基层劳动人事争议调解组织建设行动的通知》，人力资源社会保障部门负责牵头推进仲裁院调解中心建设。仲裁院调解中心负责人由仲裁院相关负责人担任，调解员由仲裁院工作人员、兼职仲裁员，工会、工商联、企联等劳动人事争议仲裁委员会组成部门派驻人员和法律援助工作人员等担任。

仲裁院调解中心要办理好仲裁院、人民法院委派委托调解的案件。协助人力资源社会保障部门，发挥专业优势，通过包片指导、组织培训等方式，做好对辖区内其他调解组织的工作指导。

根据人力资源社会保障部等九部门联合印发的《关于进一步加强劳动人事争议协商调解工作的意见》规定，推动在有条件的市、县级劳动人事争议仲裁院（以下简称仲裁院）内设劳动人事争议调解中心，通过配备工作人员或者购买服务等方式提供劳动人事争议调解服务。调解中心负责办理仲裁院、人民法院委派委托调解的案件，协助人力资源社会保障部门指导辖区内的乡镇（街道）、工会、行业商（协）会、区域性等调解组织做好工作。探索推进工会组织在劳动人事争议案件较多、劳动者诉求反映集中的仲裁院、人民法院设立工会法律服务工作站，具备条件的地方工会可安排专人入驻开展争议协商、调解和法律服务工作，建立常态化调解与仲裁、诉讼对接机制。

（五）商（协）会调解组织

根据人力资源社会保障部办公厅等部门《关于开展基层劳动人事争议调解组织建设行动的通知》，工商联组织负责推进所属商（协）会调解组织建设。商（协）会调解组织负责人由商（协）会相关负责人担任，调解员由商（协）会工作人员和聘请的法律工作者、志愿者、相关企业代表等人员担任，具有劳动关系协调师职业技能等级的人员可优先聘任。企联组织负责推进企联（企协）多元调解组织建设。

商（协）会调解组织要发挥熟悉行业特点、具备行业影响力的优势，推动会员自觉遵守劳动法律法规政策，以行业自律引导会员企业合法用工。可在会员企业间搭建交流互动平台，通过用工交流、企业文化建设经验分享等方式，促进会员企业共建劳动争议预防机制。

（六）加强调解工作规范化建设

根据人力资源社会保障部等九部门联合印发的《关于进一步加强劳动人事争议协商调解工作的意见》规定，人力资源社会保障部门会同司法行政、工会、企业代表组织等部门，落实调解组织和调解员名册制度，指导各类劳动人事争议调解组织建立健全调解受理登记、调解办理、告知引导、回访反馈、档案管理、统计报告等制度，提升调解工作规范化水平。加大督促调解协议履行力度，加强对当事人履约能力评估，达成调解协议后向当事人发放履行告知书。总结、推广调解组织在实践中形成的成熟经验和特色做法，发挥典型引领作用。

根据人力资源社会保障部等九部门联合印发的《关于进一步加强劳动人事争议协商调解工作的意见》规定，企业劳动争议调解委员会发挥熟悉内部运营规则和劳动者情况的优势，引导当事人优先通过调解方式解决劳动争议。人民调解组织发挥扎根基层、贴近群众、熟悉社情民意的优势，加大劳动人事争议调处工作力度。乡镇（街道）劳动人事争议调解组织发挥专业性优势，积极推进标准化、规范化、智能化建设，帮助辖区内用人单位做好劳动人事争议预防化解工作。行业性、区域性劳动人事争议调解组织发挥具有行业影响力、区域带动力的优势，帮助企业培养调解人员、开展调解工作。商（协）会调解组织发挥贴近企业的优势，积极化解劳动争议、协同社会治理。人力资源社会保障部门、司法行政部门、工会、企业代表组织引导和规范有意向的社会组织及律师、专家学者等社会力量，积极有序参与调解工作，进一步增加调解服务供给。

二、劳动争议调解组织的调解员

（一）劳动争议调解组织调解员

劳动争议调解组织调解员是经指定、推举或者接受聘任，在企业劳动争议调解委员会、人民调解委员会、乡镇（街道）调解组织、仲裁院调解中心、商（协）会调解组织，从事劳动争议调解工作的人员。

（二）劳动争议调解组织调解员应具备的条件

劳动争议调解工作是一项十分重要的工作，政策性、业务性很强，调解能否成功，调解员的能力、素质起很大作用。《劳动争议调解仲裁法》规定："劳动争议调解组织的调解员应当由公道正派、联系群众、热心调解工作，并具有一定法律知识、政策水平和文化水平的成年公民担任。"根据这一规定，劳动争议调解组织的调解员应当具备以下条件。

1. 为人公道正派、联系群众、热心调解工作。这样既可以得到双方当事人的信任，有利于调解成功，也可以更好发挥调解员的积极性、主动性，及时妥善解决劳动争议。

2. 具有一定的法律知识、政策水平和文化水平。这样就可以依据劳动法律、法规、规章和政策进行调解，保证调解的合法性。

根据《企业劳动争议协商调解规定》第 18 条规定，调解员应当公道正派、联系群众、热心调解工作，具有一定劳动保障法律政策知识和沟通协调能力。调解员由调解委员会聘任的本企业工作人员担任，调解委员会成员均为调解员。

（三）劳动争议调解组织调解员的更换和撤换

劳动争议调解组织调解员应当认真履行职责，保证调解的合法、公正、有效。劳动争议调解组织调解员不能履行职务时，由原指定、推举或者聘任单位重新确定。劳动争议调解组织调解员严重失职或者违法乱纪的，由原指定、推举单位或者聘任单位撤换。

此外，劳动争议调解组织应当不断完善自身的组织建设和制度建设，加强对调解员的教育培训，提高调解委员会成员的政策法律水平和业务能力，从而提高调解工作的质量和效率。

（四）调解员的聘期

调解员的聘期至少为 1 年，可以续聘。调解员不能履行调解职责时，调解委员会应当及时调整。

（五）调解员的职责

根据《企业劳动争议协商调解规定》第 17 条规定，调解员履行下列职责：

1. 关注本企业劳动关系状况，及时向调解委员会报告；
2. 接受调解委员会指派，调解劳动争议案件；
3. 监督和解协议、调解协议的履行；
4. 完成调解委员会交办的其他工作。

（六）调解员履职保障

根据《企业劳动争议协商调解规定》第 20 条规定，调解员依法履行调解职责，需要占用生产或者工作时间的，企业应当予以支持，并按照正常出勤对待。

思考题：

1. 劳动争议调解有哪些特点？
2. 劳动争议调解的作用是什么？

3. 劳动争议调解应遵循的原则是什么？

4. 我国劳动争议调解组织有哪些？

5. 如何理解企业劳动争议调解委员会的性质？

6. 企业劳动争议调解委员会如何设立？如何组成？

7. 企业劳动争议调解委员会的职责是什么？

8. 劳动争议调解组织调解员应具备的条件是什么？

9. 劳动争议调解组织调解员应履行的职责是什么？

案例 1

广西推行“法院+工会+人社+N”劳动争议多元化解机制纪实

2022 年 9 月 19 日　来源：中工网

“谢谢你们帮我们家拿回这笔钱，让我们全家的生计有了着落，烦心事得到了圆满解决！”北海市“法院+工会”船员劳动纠纷调解工作室于 8 月 17 日成功调解两起拖欠船员工资案件，为两名船员共讨回工资 5.031 万元。赖某父子追索劳动报酬的案件难题被成功化解后如是说。该案件能够快速化解，得益于“法院+工会+人社+N”的劳动争议多元化解机制。

近年来，为推动构建和谐劳动关系、平安广西建设和打造共建共治共享社会治理新格局，广西大力推行“法院+工会+人社+N”劳动争议多元化解机制，推动解决了一批职工群众最关心、最直接、最现实的利益问题，更好地维护了职工合法权益，擦亮了广西劳动者维权的新品牌。

据统计，2021 年以来，广西通过“法院+工会+人社+N”多元化解机制，先后调解劳动人事争议案件 2192 件，涉及职工 3052 人，涉案金额 7070.74 万元。

试点见成效，形成劳动争议多元化解新格局

近年来，劳动人事争议案件数量持续处于高位。为切实维护广大劳动者合法权益，促进劳资关系和谐，2019 年，全国总工会会同最高人民法院在部分先行地区进一步深化劳动争议案件委派委托调解机制建设工作，北海市成为总工会在全国 3 个“法院+工会”先行试点城市之一。

如何让更多劳动者受益，增进获得感、幸福感、安全感？自治区高级人民法院、自治区总工会积极争取党委、政府重视，将劳动争议多元化解机制建设纳入自治区党委党史学习教育“我为群众办实事”实践活动重点项目范围，以“法院+工会”为基础，联合人社等相关单位出台意见、印发通知，健全联动协调机制，汇聚依法高效化解劳动争议纠纷、大力构建和谐劳动关系的工作合力，打造共建共治共享社会治理新格局。

3 年来，自治区高级人民法院、自治区总工会认真指导北海市开展试点工作，同时还选定梧州、贺州等市作为广西先行地区，逐步向全区推广劳动争议案件委派委托调解工作。

在推行“法院+工会+人社+N”多元化解机制的过程中，试点地方既可在法院诉讼服务中心设立劳动争议调解工作室，也可在当地工会设立调解工作室，并甄选调解员定期驻点值班，开展劳动争议案件诉前、诉中和判后调解工作。试点地方工会与当地法院密切配合，在法院正式立案前受法院委托，指派劳动争议调解员先行调解，也可以在法院立案后接受委托对劳动争议案件进行调解。同时，推行劳动争议诉调对接联席会议，试点地方工会与当地法院定期召开会议，对诉调对接工作中的问题进行深入交流探讨。2019 年 12 月北海市中级人民法院和北海市总工会正式挂牌成立广西首个“法院+工会”劳动争议调解工作室，共接受调解案件 411 件，调解成功 242 件，调解成功率达到 58.88%。这套行之有效的劳动争议多元化调解工作模式迅速在各地推广。

如今，广西 14 个市已全部推行“法院+工会+人社+N”多元化解机制，各县（市、区）因地制宜建立各有特色的劳动争议诉调机制，形成了党委领导、政府主导、各部门和组织共同参与的劳动争议预防化解工作体系，形成了劳动争议多元化解新格局。

前后延伸，打造全链条劳动争议化解模式

在化解劳动争议的过程中，如何让企业和职工找到最便捷的渠道，成为广西推行“法院+工会+人社+N”劳动争议多元化解机制发展面临的挑战。

3年来，广西坚持“多元共治”理念，建立联席会议制度，健全劳动争议诉调对接沟通机制，切实把“诉”的权威性、规范性和“调”的便利性、非对抗性有机统一起来，实现前后延伸，打造全链条劳动争议化解模式。

在北海市，劳动争议纠纷化解“关口前移”，将纠纷化解在前端，特别就新冠疫情期间用工过程中可能发生的劳动争议，法院主动送法进企业，工会秉承“少跑路、时间快、不翻脸”的工作态度悉心调解，人社部门打造一站式调处服务；同时向后“延伸执行”，将纠纷化解拓展至法院执行，由调解员跟案至执行阶段，并积极参与判后答疑，利用工会柔性劝解的方式促进执行和解，营造和谐的劳动关系。

在贵港市，劳动人事争议调解中心通过优化流程，为群众提供诉前调解、仲裁审查确认、司法确认、立案、速裁、执行等阶段无缝衔接的“全链条”服务。矛盾纠纷导入调解中心后，调解中心积极引导案件诉前分流、能调尽调，使调解挺在仲裁、诉讼前，有效减少了仲裁及诉讼案件数量。

贺州市三县两区均已建立了“工会+法院+人社局+司法局”劳动人事争议多元化解中心，同时在工业园区探索建立了预防、预警、多元化解三融合的维稳工作机制，对劳动争议问题形成了闭环式处置。

……

这一系列举措，实现了劳动争议一站式接收、一揽子调处、全链条解决，成为助推多元化解劳动矛盾纠纷的强大后盾，为劳动争议的及时化解按下了“快捷键”。

线上+线下，搭建维权新平台

广西各地法院、工会、人社等单位积极推动实体化调解平台建设，加大人力物力财力投入。2022年，自治区总工会投入160万元专项资金用于场地建设、设备购买和案件补助。

在柳州市，由总工会、法院、人社部门、司法行政部门、律师协会等部门联合组建的解纷组织，高标准完成了实体化建设，达到“四有”（即有制度、有人员、有经费、有场地）的多元劳动人事争议调解委员会有

11个。

百色市探索成立了“五员四方”劳动人事争议联合调解中心（五员：工会调解员、法律工作员、人社仲裁员、劳动协调员、心理关爱员；四方：工会+法院+人社+司法），通过“五员四方”联调模式，实现了劳动争议纠纷“一站式”“多元化”调解目标。

河池市在市本级和各县（区）共建设调解中心12个，实现县（区）劳动人事争议调解中心建设全覆盖，调解中心办公地点均设在劳动人事争议仲裁院附近，既有利于开展业务对接、调裁衔接，又方便当事人办事，提高调解中心公信力，增强调解效果，让当事人少走弯路、少跑腿，减少维权负担。

与此同时，广西加强在线调解信息化平台建设，为当事人提供了电脑端、手机端线上远程视频调解方式，一体化推进劳动争议调解在线申请、远程调解、资源共享及司法确认，突破时间、空间局限，让劳动者足不出户即可解决纠纷，实现在线解纷“最多跑一次”。

聚焦重点，延伸多元化解机制内涵

经过工作试点和探索推进，当前已经进入了“重点突破、多点开花”的关键时期。

随着互联网经济迅速发展，催生“云经济”热潮，因新业态用工引发的劳动争议案件在短期内呈加速增长态势。

广西各地法院、工会、人社等部门加强联动，针对新业态劳动者数量及纠纷大幅增加的形势，不断拓展“法院+工会+人社+N”劳动争议多元化调解工作模式的内涵和外延。

南宁市创新成立广西第一家基层“法院+工会”新业态劳动者服务站，率先在广西顺丰速运有限公司成立广西第一家新业态龙头企业劳动争议调解委员会和工会律师服务点。

来宾市中级人民法院与市总工会、市人社局加强协调联动，创新打造新就业形态劳动者劳动权益保障联动调处机制，率先在全区成立“新就业形态劳动审判庭”，推行调、立、审、执“一体化”办理模式，以审判专业化、解纷一体化助推权益保障实质化。

崇左市成立新业态劳动权益保障联合服务中心，共调处新业态灵活就业人员用工纠纷16起，涉及人数19人，涉及金额20.6万元。

……

自治区总工会相关负责人表示，“法院+工会+人社+N”劳动争议多元化调解工作模式，让劳动争议化解搭上了便民直通车，大大减轻了劳动者和用人单位的诉讼之累。自治区总工会将围绕构建和谐劳动关系、维护劳动领域政治安全、建设更高水平的平安广西，发挥工会组织的优势，不断完善多元调解联动机制，更好地为广大劳动者提供贴心服务。（曾寿梅）

案例2

混同用工的关联企业应否承担用工连带责任？

基本案情

某天然气公司系某能源公司的下属子公司。2017年6月，某天然气公司投资入股某环境科技公司，占股34%。2017年7月，张某担任某天然气公司总经理助理，后委派到某环境科技公司从事行政工作，先后担任该公司董事、副总经理。张某在某环境科技公司任职期间，某天然气公司两次发出班子成员分工调整的通知，均载明：张某协助总经理工作，衔接某环境科技公司工作。张某数次以公司员工身份作为某环境科技公司及某天然气公司的委托代理人参与诉讼。2020年12月30日，某市国资委批复同意某能源公司转让某环境科技公司34%股权。2021年5月13日，股权转让完成。某环境科技公司拖欠张某2018年11月至2021年5月工资及2017年8月至2021年5月绩效工资，经某天然气公司及某能源公司多次会议研究张某工资支付事宜，均未果。张某申请仲裁，请求某天然气公司、某环境科技公司支付其2018年11月至2021年5月基本工资、2017年8月至2021年5月绩效工资。仲裁裁决：某天然气公司支付张某2018年11月至2021年5月工资、2017年8月至2019年7月的绩效工资。张某、某天然气公司均不服，诉至法院。

原告诉讼请求

张某请求：判决某环境科技公司支付其2018年11月至2021年5月基本工资、2017年8月至2021年5月绩效工资，某天然气公司对上述款项支付承担连带责任。

某天然气公司请求：判决某天然气公司无须支付张某2018年11月至2021年5月工资、2017年8月至2019年7月的绩效工资。

处理结果

一审法院判决：某环境科技公司应于判决生效之日起十日内支付张某2018年11月至2021年5月基本工资、2017年8月至2021年5月绩效工资，某天然气公司承担连带给付义务。某天然气公司不服一审判决，提起上诉。二审法院判决：驳回上诉，维持原判。

案例分析

本案争议焦点是，某天然气公司应否对张某工资承担连带给付义务。

根据公司法的规定，关联关系是指控股股东、实际控制人、董事、监事、高级管理人员与其直接或间接控制的企业之间的关系，以及可能导致公司利益转移的其他关系。本案中，某天然气公司作为某环境科技公司的控股股东，二者在2017年8月至2021年5月期间系关联企业。张某由某天然气公司委派至某环境科技公司工作，与某环境科技公司签订劳动合同，张某与某环境科技公司建立劳动关系事实清楚。张某在某环境科技公司工作期间，某天然气公司安排其协助总经理工作，参与某环境科技公司董事会及日常管理工作，说明其工作内容包括某天然气公司的工作事务。某天然气公司召开几次会议研究支付张某工资事宜，说明张某受其管理，且张某也数次以某天然气公司员工的身份代理公司诉讼案件。据此可以确认某环境科技公司与某天然气公司对张某存在混同用工的情况，在混同用工期间，如无特别约定，关联公司应承担用工连带责任。

典型意义

现实生活中，关联公司混同用工现象较为常见，甚至有的用人单位故意成立关联公司，以关联经营、混同用工行为，恶意规避、相互推诿劳动法律规定的用工主体责任，损害劳动者合法权益，引发矛盾纠纷。本案的典型意义在于，在依法认定构成关联公司混同用工的情况下，适用法人人格否认制度，明确关联公司对劳动者承担用工连带责任，保护劳动者合法权益。

第六章
劳动争议调解（下）

劳动争议调解是一项业务性、政策性、专业性较强的工作。工会开展劳动争议调解工作，工会工作者应当学习掌握劳动争议调解的程序，了解劳动争议调解协议书和调解意见书的基本知识，理解劳动争议调解的效力，明确工会参与劳动争议调解的基本要求。

第一节　劳动争议调解程序

一、劳动争议调解程序

劳动争议调解程序，指用人单位与劳动者发生劳动争议时，当事人一方或双方向法定的劳动争议调解组织申请调解，劳动争议调解组织按照劳动法律、法规进行调解活动，分清是非和责任，以劳动法律、法规和企业规章以及劳动合同为依据提出调解意见，促使当事人双方达成调解协议，并自觉履行调解协议等一系列调解活动的总和。

二、劳动争议调解程序与仲裁程序和诉讼程序的区别

（一）法律依据不同

劳动争议调解程序依据的是《劳动法》《劳动合同法》《就业促进法》《劳动争议调解仲裁法》《企业劳动争议协商调解规定》等有关法律、法规、规章中关于劳动争议调解程序的规定。劳动争议仲裁程序依据的法律、法规、规章，除了《劳动法》《劳动合同法》《就业促进法》《劳动争议调解仲裁法》等，还要依据《劳动人事争议仲裁组织规则》《劳动人事争议仲裁办案规则》等规定。劳动争议诉讼程序依据的法律法规除了《劳动法》《劳动合同法》《就业促进法》《劳动争议调解仲裁法》等，还要依照《民事诉讼法》《最高人民法院关于审理劳动争议案件适用法律问题的解释（一）》等法律、法规。

（二）申请和提起的条件不同

调解不是解决劳动争议的必经程序，而仲裁除《劳动争议调解仲裁法》另有规定的，是通过诉讼解决劳动争议的必经程序。发生劳动争议

后，当事人可以申请调解，也可以不调解而直接申请仲裁。但是，除《劳动争议调解仲裁法》另有规定的，当事人不能就劳动争议直接向人民法院提起诉讼，只有当事人双方经过劳动争议仲裁委员会的仲裁，并对仲裁裁决不服的，才能在法定期限内向人民法院提起诉讼。

（三）提起劳动争议的时效和解决劳动争议的期限不同

当事人向劳动争议调解组织申请调解的时效，《劳动争议调解仲裁法》未作明确规定。劳动争议调解组织调解解决劳动争议的期限是自收到调解申请之日起 15 日。当事人申请仲裁，应当从知道或者应当知道其权利被侵害之日起 1 年内，以书面形式向劳动争议仲裁委员会申请仲裁；仲裁庭裁决劳动争议案件，应当自劳动争议仲裁委员会受理仲裁申请之日起 45 日内结束。当事人向人民法院提起劳动争议诉讼，是自收到裁决书之日起 15 日内向人民法院提起诉讼；法院审理劳动争议案件依照审理期限的规定审结，如按一审普通程序审理期限是 6 个月，二审程序审理期限为 3 个月。

（四）制作的文书法律效力不同

由劳动争议调解组织主持达成的调解协议书，不具有法律强制力，依靠当事人双方自觉履行。劳动争议仲裁委员会的仲裁调解协议书和仲裁裁决书具有法律强制力，当事人双方必须履行生效的仲裁调解协议和仲裁裁决，一方不履行，另一方可以向人民法院申请强制执行。人民法院就劳动争议所作的一审判决送达后，当事人在法定期限内不提起上诉，即发生法律效力，否则不发生法律效力；人民法院就劳动争议制作的调解书和终审裁决送达当事人后，即发生法律效力。

三、劳动争议调解的程序

根据《劳动争议调解仲裁法》和《企业劳动争议协商调解规定》等规定，劳动争议调解组织的调解工作一般按以下程序进行。

（一）申请

申请是劳动争议当事人因自己的劳动权利受到侵犯或者发生争议，以口头或者书面方式向劳动争议调解组织提出调解请求。劳动争议调解不同于仲裁和诉讼，它建立在双方当事人自愿的基础上，自愿是调解的前提条件，而申请调解是当事人表明自己希望通过调解解决劳动争议的意思表示。因此，劳动争议发生后，当事人如果希望通过调解解决劳动争议，就应当向劳动争议调解组织提出调解申请。申请调解是劳动争议当事人的一项权利，任何人不得干涉、限制和剥夺。对劳动争议调解组织来说，只有在接到当事人的申请后，才能考虑是否受理和进行调解。

调解申请人必须与劳动争议案件有直接利害关系，即依照《劳动法》规定，必须是本人的劳动权益受到侵犯，如果不是申请人自己的合法权益受到侵犯，或发生的争议案件与自己没有关系，则不能作为申请人请求调解。

申请调解应当注意以下两点。(1) 申请调解前，首先必须弄清所发生的争议是不是劳动争议。只有是劳动争议，才能按照调解劳动争议的有关规定申请调解。(2) 申请调解必须采用正确的形式。按照《劳动争议调解仲裁法》规定："当事人申请劳动争议调解可以书面申请，也可以口头申请。"《企业劳动争议协商调解规定》第 21 条规定："发生劳动争议，当事人可以口头或者书面形式向调解委员会提出调解申请。申请内容应当包括申请人基本情况、调解请求、事实与理由。口头申请的，调解委员会应当当场记录。"据此规定可以看出，不管是口头申请还是书面申请，都必须说明三方面内容。一是要说明争议的当事人，即说明与谁发生了争议。二是要说明争议的内容是什么，在哪些权利义务上产生了分歧和纠纷。三是要说明自己的调解请求及事实依据，即希望通过调解解决哪些问题，保护哪些合法权益，有哪些理由和依据。当事人如果口头申请的，调解组织应当当场记录申请人基本情况、申请调解的争议事项、理由和时间。

（二）受理

受理指当事人提出劳动争议调解申请后，劳动争议调解组织经过初步审查，决定接受申请，予以调解。

劳动争议调解申请提出以后，是否受理是劳动争议调解工作的正式开始。因此，劳动争议调解组织接到调解申请后，应征询对方当事人的意见，对方当事人不愿调解的，应做好记录，在规定时间内以书面形式通知申请人。劳动争议调解组织应及时作出受理或不受理申请的决定，对不受理的，应向申请人说明理由。《企业劳动争议协商调解规定》第 22 条规定，“调解委员会接到调解申请后，对属于劳动争议受理范围且双方当事人同意调解的，应当在 3 个工作日内受理。对不属于劳动争议受理范围或者一方当事人不同意调解的，应当做好记录，并书面通知申请人”。

按照《劳动争议调解仲裁法》规定，发生劳动争议的劳动者一方在 10 人以上，并有共同请求的，可以推举代表参加调解活动。

受理审查的内容包括：

1. 申请调解的争议是否属于劳动争议，如果不是劳动争议，就不能按劳动争议受理；

2. 申请调解的争议事项是不是属于本劳动争议调解组织的管辖范围，如果不属于本调解组织的管辖范围，也不应受理；

3. 申请调解的争议是不是属于《劳动争议调解仲裁法》所规定的内容，如果不是，则不应受理；

4. 调解申请人是否合格，调解申请人必须与该劳动争议有直接的利害关系，即必须是因本人的劳动权益受到侵犯而与另一方当事人发生争议，否则就不具备调解申请人的资格；

5. 申请调解的劳动争议是否已经经过仲裁裁决或法院判决。对经过裁决或者法院判决的，应当告知当事人按申诉办理，劳动争议调解组织不应接受；

6. 调解申请是否指出明确的被申请人，是否有明确的调解请求、明确的事实和理由。如果上述情况不明确，应让申请人补充说明之后再决定是否受理；

7. 是否自愿调解。

根据《企业劳动争议协商调解规定》第 23 条规定，发生劳动争议，当事人没有提出调解申请，调解委员会可以在征得双方当事人同意后主动调解。

劳动争议调解组织应当在规定时间内作出受理或不受理申请的决定。对不受理的案件，应当向申请人说明理由。

（三）做好劳动争议调解前的准备工作

劳动争议调解组织决定受理当事人的申请后，在正式进行调解以前，为保证调解的顺利进行，应当做好一系列准备工作。

1. 劳动争议调解组织要对申请人的口头申请记录或调解申请书的内容进行审查，如发现内容上有欠缺，应当及时通知申请人补充有关材料和证据。

2. 劳动争议调解组织通知被申请人，写好书面答辩书提交调解组织，提供有关证据材料，做好参加调解工作的准备，如被申请人是用人单位，用人单位应当委托或指定专人参加，保证劳动争议调解组织的调解工作能够顺利进行。

3. 劳动争议调解组织应当事先告知双方当事人调解组织成员的名单，征询双方当事人是否要求哪个成员进行回避，告知双方当事人的权利和义务。

4. 劳动争议调解组织要弄清劳动争议发生的原因、发展过程、争议的焦点、申请人和被申请人的调解要求和意见，从而掌握劳动争议的基本情况，做到心中有数。

5. 劳动争议调解组织要认真查阅有关劳动法律、法规和政策，了解当事人的劳动合同，为分清双方当事人的是非和责任做好准备。

6. 劳动争议调解组织可以通过召开调解委员会会议、找双方当事人谈话、开座谈会、事前的调查等方法，学习和宣传劳动法律知识，做好双方当事人的思想工作，缓和双方的矛盾，为顺利进行调解做好准备。

7. 劳动争议调解组织要做好调查取证工作，可以分别对当事人双方进行调查、询问，对周围的群众和有关人员进行调查，向有关部门了解情况，进行现场调查和勘查，收集有关证据，做好证据材料的鉴定工作等，调查应做笔录，并由调查人和被调查人签名、盖章。

8. 对当事人提供的证据和调查得到的材料进行综合分析研究，去粗取精，去伪存真，由此及彼，由表及里，判明是非曲直，分清各自应承担的责任。

9. 召开调解委员会会议，通报调查情况，提出调解意见，确定调解方案，为正式进行调解做好准备。

（四）实施调解

实施调解是劳动争议调解中的最重要的一道程序，直接关系到劳动争议调解的成效。调解的成功与否，既取决于前期调查取证和调解准备工作做得是否充分，也取决于调解人员在实施调解过程中的主观能动作用。《劳动争议调解仲裁法》第13条规定："调解劳动争议，应当充分听取双方当事人对事实和理由的陈述，耐心疏导，帮助其达成协议。"《企业劳动争议协商调解规定》第24条规定，"调解委员会调解劳动争议一般不公开进行。但是，双方当事人要求公开调解的除外"。

1. 调解的方式和任务

劳动争议调解的方式指劳动争议调解通过何种方式进行。劳动争议调解人员应当根据劳动争议的类型和特点，采取不同的调解方式，争取较好的调解效果。《企业劳动争议协商调解规定》第25条规定："调解委员会根据案件情况指定调解员或者调解小组进行调解，在征得当事人同意后，也可以邀请有关单位和个人协助调解。调解员应当全面听取双方当事人的陈述，采取灵活多样的方式方法，开展耐心、细致的说服疏导工作，帮助当事人自愿达成调解协议。"常见的调解方式有以下几种。

（1）直接调解。对于一些事实比较清楚，案情比较简单，双方分歧不大，当事人能够心平气和地坐到一起讨论的劳动争议，调解人员可以采取面对面的调解方式，直接将双方当事人召集到一起，主持调解他们之间的争议。

（2）间接调解。对于一些双方矛盾比较大、对立情绪比较严重的劳动争议案件，可以采取"背对背"的间接调解方式。调解人员分别做当事人的工作，从中沟通双方的思想，或者借助当事人的亲属、朋友等，共同做好当事人的思想工作，从而化解矛盾，解决纠纷。

（3）会议调解。对于一些案情复杂、涉及面广、影响范围大的劳动争议，或者集体劳动争议，可以通过正式的调解会议进行调解。调解会议由劳动争议调解组织负责人主持召开，由争议双方当事人参加调解会议，有关单位和个人也可以参加调解会议协助调解。

2. 调解会议的基本程序

调解会议是调解劳动争议的常用方式，其基本程序如下。

（1）劳动争议调解组织负责人宣布调解会议开始，宣布调解会议的纪律，告知双方当事人遵守调解纪律的重要性；宣布申请人请求调解的争议事项，宣布劳动争议调解组织的组成人员。询问当事人是否要求劳动争议调解组织的调解员回避。告知双方当事人在调解中的权利和义务。

（2）申请人陈述申请事项和理由及调解的请求，被申请人进行答辩。在这一阶段，劳动争议调解组织应注意根据当事人的不同情况，引导和启发当事人把劳动争议的事实陈述清楚，找出双方的争议焦点。劳动争议调解员要充分听取双方当事人对事实和理由的陈述，不能偏听偏信。

（3）主持人向双方当事人宣讲有关法律、法规和政策，出示有关证据，说明劳动争议调解组织对劳动争议的调查结果。在这一阶段，调解员应结合劳动争议的焦点和事实，对当事人进行法治教育和政策教育，协调劳动关系，使当事人了解有关法律、法规和政策的规定，明白哪些是法律保护的，哪些是法律禁止的，哪些是合法的，哪些是违法的，从而让双方当事人知道自己在劳动争议中应当承担的责任。

（4）提出调解建议，征求双方当事人的意见。劳动争议调解组织在查明事实、分清是非的基础上，依照有关法律、法规和企业规章，依据当事人双方签订的劳动合同，公正地提出调解建议，供双方当事人在协商时参考。

（5）当事人协商。在参考劳动争议调解组织的调解建议的基础上，双方当事人进行充分协商。当事人协商的过程就是解决劳动争议的过程，当事人双方利益不同，认识水平有差异，在协商过程中有可能出现曲折和反复。这就要求调解员在这一阶段深入细致地做好双方当事人的思想工作，耐心疏导，对有理或态度端正的当事人应当给予表扬和鼓励，对无理或态度不端正的当事人应当及时地提出批评和纠正，促使双方当事人达成调解协议。

在调解过程中，劳动争议调解组织应注意贯彻自愿原则，不应将劳动争议调解组织的意见强加于人。对不愿调解或调解不成的，要及时终止调解，防止久调不决。

（6）双方当事人接受劳动争议调解组织的调解建议，可在建议的基础上达成调解协议。在劳动争议调解组织的主持下，双方当事人应当互谅互让、充分协商，在劳动争议调解组织提出的调解建议的基础上最终达成调解协议。调解协议的内容必须符合法律、法规的规定，是当事人自愿达成的，这样才能保证当事人自觉履行。

（7）制作调解协议书，作为履行的根据。劳动争议调解组织要认真审查调解协议的内容，凡符合法律、法规规定的，应予批准，并制作调解协议书，结束调解程序。如果协议内容不符合法律、法规规定，应告知当事人重新协商，从而形成符合法律、法规规定的协议。

（五）调解终结

劳动争议调解组织调解劳动争议，应当自当事人申请调解之日起 15 日内结束。到期未结束的，视为调解不成。具体的终结情况有以下几种。

1. 当事人自行和解。根据规定，当事人可以自行和解，即在劳动争议调解的过程中，当事人双方可以自行协商解决劳动争议。当事人和解达成协议的，劳动争议的调解即行终结。

2. 申请调解的当事人撤回调解申请。当事人因自觉理由不足，或觉得自己的要求依法不可能被支持；对方不可能接受；产生争议的原因已消除等，根据自愿调解的原则，当事人可以撤回自己的调解申请，劳动争议调解组织应当准许，并终结调解。

3. 在调解过程中，当事人拒绝调解的。在调解过程中，当事人有权拒绝调解，这时，劳动争议调解组织应当尊重当事人的权利，终止调解。

4. 劳动争议双方当事人达成调解协议而终止调解。《劳动争议调解仲裁法》第 14 条第 1 款规定，“经调解达成协议的，应当制作调解协议书”。这意味着调解终结。《企业劳动争议协商调解规定》第 26 条规定，“经调解达成调解协议的，由调解委员会制作调解协议书。调解协议书应当写明双方当事人基本情况、调解请求事项、调解的结果和协议履行期限、履行方式等。调解协议书由双方当事人签名或者盖章，经调解员签名并加盖调解委员会印章后生效。调解协议书一式三份，双方当事人和调解委员会各执一份”。

5. 因达不成调解协议而终结调解。当法定的调解期限到达后，无论是否达成调解协议，调解工作终结。调解不成的，应当记录，并在调解意见书上说明情况。调解意见书由劳动争议调解组织负责人签名盖章，并加盖调解组织的印章，1 式 3 份，由劳动争议双方当事人、调解委员会各执 1 份。

第二节　劳动争议调解协议书和调解意见书

一、劳动争议调解协议书

（一）劳动争议调解协议书

劳动争议调解协议书，指劳动争议调解组织对双方当事人经调解达成的协议内容加以确认和记载的法律文书。《劳动争议调解仲裁法》第 14 条第 1 款、第 2 款规定：“经调解达成协议的，应当制作调解协议书。调解协议书由双方当事人签名或者盖章，经调解员签名并加盖调解组织印章后生效，对双方当事人具有约束力，当事人应当履行。”

调解协议书按制作机构不同可以分为劳动争议调解组织制定的调解协

议书和仲裁委员会制定的调解协议书。这两者在法律效力上是不同的。按照《劳动法》规定："劳动争议经调解达成协议的，当事人应当履行。"但劳动争议调解组织制定的调解协议书不具有法律上的强制力，一方不执行时，另一方不得请求强制执行。而劳动争议仲裁委员会制定的调解协议书具有法律效力，一方不执行，另一方可以申请人民法院强制执行。

（二）制作调解协议书的意义

1. 制作调解协议书是劳动争议调解组织结束调解的一种主要方式，表明劳动争议经过调解，已在双方当事人自愿的基础上得到解决。

2. 调解协议书能使双方当事人对达成的调解协议加以履行时有所依照和约束。

3. 调解协议书将协议内容加以固定和保存，可以作为以后继续处理该纠纷（如仲裁或诉讼）时的参考，也可以作为劳动者依法向人民法院申请支付令的依据。

4. 调解协议书还能作为研究分析劳动争议发生和处理情况的参考依据。

（三）调解协议书的格式

调解协议书一般包括以下三个部分。

1. 首部

这部分包括调解协议书的名称、编号、当事人基本情况和案由。名称应写全称，如"×××劳动争议调解委员会劳动争议调解协议书"。编号应写清年度和"×调字第×号"。当事人包括申请人和被申请人，应分别写出他们的姓名、性别、年龄、工龄、民族、籍贯、职业、住址以及所在分厂、车间、班组等基本情况。案由写明劳动争议内容的名称，如劳动合同争议案、工资争议案、社会保险争议案、劳动保护争议案等。

2. 主部

它是调解协议书的主体。主要包括以下几方面。

（1）双方争议的事实。首先要点明双方当事人的法律关系，然后说明劳动争议的起因和主要经过，扼要写出双方或各方的行为、意思、要求。再着重指出争议的焦点。

（2）对双方争议的评议。在查明事实的基础上，根据有关法律、法规和政策，对违反法律、政策的一方应指明其行为的非法性和所应负的责任。

（3）调解结论。这是在劳动争议调解机构主持下，双方当事人根据事实和法律，对争议的解决办法所取得的一致意见。对协议内容要逐项写出，每项都要具体、确切、可靠，以利于各方执行。

3. 尾部

包括署名和时间。调解协议书应由当事人签字，调解委员会成员签名，并加盖公章。时间是指制成调解协议书的年、月、日。

调解委员会制作的调解协议书一般 1 式 3 份，即双方当事人各 1 份，劳动争议调解组织 1 份。

二、劳动争议调解意见书

（一）劳动争议调解意见书

劳动争议调解意见书指劳动争议调解组织在经过调解工作后，争议双方没有达成一致意见时，由劳动争议调解组织制作的、表明劳动争议调解组织对该项争议案件的意见、看法的文书。该文书的出现是在劳动争议调解组织的调解行为之后，如果争议双方调解不成，应由调解组织制作笔录，同时制发调解意见书。劳动争议调解组织调解劳动争议，应当自当事人申请调解之日起 15 日内结束，到期未结束，视为调解不成，即制作调解意见书。

（二）劳动争议调解意见书的制作

调解意见书中应当写明当事人的姓名（用人单位与法定代表人）、职务、争议事项，同时在文书中写明“经本会主持调解，双方未能达成协议”的字样。

调解意见书中应当详尽写明本调解组织对本案的看法和具体意见、主张，同时提出解决本案的一些合理化建议，目的是使本案能够早日结束争端，以利于双方的生产和生活。

调解意见书应当由劳动争议调解组织负责人签名盖章，同时加盖调解组织印章。该调解意见书 1 式 3 份，争议双方当事人、调解组织各执 1 份。

第三节　劳动争议调解的效力

劳动争议调解的效力，指在劳动争议调解组织的调解下，双方当事人达成的调解协议是否具有法律效力，即能否依法强制执行。《劳动争议调解仲裁法》第 14 条第 2 款规定：“调解协议书由双方当事人签名或者盖章，经调解员签名并加盖调解组织印章后生效，对双方当事人具有约束力，当事人应当履行。”第 16 条规定：“因支付拖欠劳动报酬、工伤医疗费、经济补偿或者赔偿金事项达成调解协议，用人单位在协议约定期限内不履行的，劳动者可以持调解协议书依法向人民法院申请支付令。人民法院应当依法发出支付令。”《劳动人事争议仲裁办案规则》第 74 条第 1 款规定：“经调解组织调解达成调解协议的，双方当事人可以自调解协议生效之日起十五日内，共同向有管辖权的仲裁委员会提出仲裁审查申请。”《企业劳动争议协商调解规定》第 28 条规定：“双方当事人未按前条规定提出仲裁审查申请，一方当事人在约定的期限内不履行调解协议的，另一方当事人可以依法申请仲裁。仲裁委员会受理仲裁申请后，应当对调解协议进行审查，调解协议合法有效且不损害公共利益或者第三人合法利益的，在没有新证据出现的情况下，仲裁委员会可以依据调解协议作出仲裁裁决。”由此可以看出，在劳动争议调解组织调解下当事人双方达成的调解协议，具有以下三方面效力。

一、当事人应当自觉履行

调解协议是双方当事人自愿协商的结果，是双方当事人共同意思表示的法律行为，对双方当事人具有约束力，当事人不得擅自变更或解除，应当按照诚实信用原则，自觉地、主动地遵守执行。

二、不具有强制执行的法律效力

由于自愿是调解的原则，所以，无论是调解协议内容的确定还是调解协议的履行，都必须出于当事人的主观意愿，任何组织和个人不得加以强迫或制约。因此，调解协议达成后，虽对双方当事人有一定的约束力，当事人应当自觉履行。但如果当事人不愿履行调解协议，另一方当事人和劳动争议调解组织既不能强迫执行，也不得请求人民法院强制执行。为保护其合法权益，促使纠纷尽快得到解决，按照《劳动争议调解仲裁法》规定："达成调解协议后，一方当事人在协议约定期限内不履行调解协议的，另一方当事人可以依法申请仲裁。"

三、特定的调解协议可作为劳动者依法申请支付令的依据

为了充分发挥劳动争议调解的作用，尽量把劳动争议解决在基层，更好维护劳动者合法权益，最大限度地减少社会成本，《劳动争议调解仲裁法》第16条规定，"因支付拖欠劳动报酬、工伤医疗费、经济补偿或者赔偿金事项达成调解协议，用人单位在协议约定期限内不履行的，劳动者可以持调解协议书依法向人民法院申请支付令。人民法院应当依法发出支付令"。申请支付令，不必经过法院的审理程序，具有快速便捷的特点，是劳动者向人民法院申请追回工资报酬等经济待遇的一条快捷途径。

（一）支付令

支付令指人民法院根据债权人的申请，督促债务人履行债务的程序，是《民事诉讼法》规定的一种法律制度。支付令不同于诉讼程序，是一种

非讼程序，其设立目的是快速、及时、方便、有效地处理一些单一的、简单的债权债务关系；一方面减轻了人民法院负担，另一方面又方便了当事人行使自己的权利。

在处理劳动争议中引入支付令制度，一是为了尽快解决劳动争议，保护劳动者合法权益。二是为了解决调解协议的效力问题，强化调解的作用。

（二）适用支付令的范围

劳动争议的事项很多，但是，按照《劳动争议调解仲裁法》的规定，只有因支付拖欠劳动报酬、工伤医疗费、经济补偿或者赔偿金事项达成调解协议，用人单位在协议约定期限内不履行的，劳动者可持调解协议书依法向人民法院申请支付令。这是因为劳动报酬、工伤医疗费、经济补偿或赔偿金事项关系劳动者基本生活，需要尽快解决；而且这些都是金钱给付事项，人民法院也可以强制执行。

（三）申请支付令的程序

根据《民事诉讼法》规定，申请支付令的程序主要如下。

1. 向有管辖权的人民法院提交申请书。申请书应当写明请求给付的事项、数额和所根据的事实、证据。由于劳动者申请支付令的前提是达成了调解协议，因此，劳动者只需提供调解协议书即可。

2. 受理。劳动者提出申请后，人民法院应当在 5 日内通知劳动者是否受理。

3. 审查和决定。人民法院经过审查确认支付令申请合法，应当在受理之日起 15 日内向该用人单位发出支付令；如果支付令申请不合法的，就裁定予以驳回。

4. 清偿或者提出书面异议。用人单位应当自收到支付令之日起 15 日内清偿债务，或者向人民法院提出书面异议。用人单位超过法定期限提出的异议无效。

5. 申请执行。对发生法律效力的支付令与人民法院的判决、裁定具有同等的强制力。用人单位如在法定期限内对支付令不提出异议，或提出异议不能成立，而用人单位又不实际履行支付令所确定的义务，劳动者可以向人民法院申请强制执行。劳动者向人民法院申请强制执行支付令的期限为6个月。

（四）转化为仲裁调解书

1. 仲裁审查申请的提出

根据《劳动人事争议仲裁办案规则》规定，经调解组织调解达成调解协议的，双方当事人可以自调解协议生效之日起15日内，共同向有管辖权的仲裁委员会提出仲裁审查申请。当事人申请审查调解协议，应当向仲裁委员会提交仲裁审查申请书、调解协议和身份证明、资格证明以及其他与调解协议相关的证明材料，并提供双方当事人的送达地址、电话号码等联系方式。

2. 仲裁审查申请的受理

仲裁委员会收到当事人仲裁审查申请，应当及时决定是否受理。决定受理的，应当出具受理通知书。有下列情形之一的，仲裁委员会不予受理：

（1）不属于仲裁委员会受理争议范围的；

（2）不属于本仲裁委员会管辖的；

（3）超出规定的仲裁审查申请期间的；

（4）确认劳动关系的；

（5）调解协议已经人民法院司法确认的。

3. 仲裁审查的时限

仲裁委员会审查调解协议，应当自受理仲裁审查申请之日起5日内结束。因特殊情况需要延期的，经仲裁委员会主任或者其委托的仲裁院负责人批准，可以延长5日。

调解书送达前，一方或者双方当事人撤回仲裁审查申请的，仲裁委员会应当准许。

4. 制作调解书

仲裁委员会受理仲裁审查申请后，应当指定仲裁员对调解协议进行审查。

仲裁委员会经审查认为调解协议的形式和内容合法有效的，应当制作调解书。调解书的内容应当与调解协议的内容相一致。调解书经双方当事人签收后，发生法律效力。

调解协议具有下列情形之一的，仲裁委员会不予制作调解书：

（1）违反法律、行政法规强制性规定的；

（2）损害国家利益、社会公共利益或者公民、法人、其他组织合法权益的；

（3）当事人提供证据材料有弄虚作假嫌疑的；

（4）违反自愿原则的；

（5）内容不明确的；

（6）其他不能制作调解书的情形。

仲裁委员会决定不予制作调解书的，应当书面通知当事人。

5. 仲裁审查终止

当事人撤回仲裁审查申请或者仲裁委员会决定不予制作调解书的，应当终止仲裁审查。

（五）具有证据效力

双方当事人未提出仲裁审查申请，一方当事人在约定的期限内不履行调解协议的，另一方当事人可以依法申请仲裁。仲裁委员会受理仲裁申请后，应当对调解协议进行审查，调解协议合法有效且不损害公共利益或者第三人合法利益的，在没有新证据出现的情况下，仲裁委员会可以依据调解协议作出仲裁裁决。

第四节　新就业形态劳动纠纷一站式调解

新就业形态劳动者指伴随着互联网、大数据等现代信息科技的进步，依托互联网平台实现就业，其就业方式有别于传统的稳定就业和灵活就业的劳动者。与传统意义上的职工相比，新就业形态劳动者具有组织方式平台化、工作机会互联网化、工作时间碎片化、就业契约去劳动关系化及流动性强、组织程度偏低等特点。

按照用工方式不同，新就业形态劳动者一般包括以下几类：一是与平台企业或加盟、代理、外包平台业务的合作企业、劳务派遣企业建立劳动关系或形成事实劳动关系，完成平台企业、平台、平台内经营者等所赋予工作任务的劳动者；二是依托互联网平台，与平台企业不完全符合确立劳动关系情形，根据平台规则完成工作和接受劳动管理，获取劳动报酬的劳动者；三是依托平台，依法从事个体经营或个人自主利用自己的体力、专业技能等从事劳务、咨询、设计等活动，并取得劳动报酬的劳动者。

近年来，平台经济迅速发展，创造了大量就业机会，依托互联网平台就业的网约配送员、网约车驾驶员、货车司机、互联网营销师等新就业形态劳动者数量大幅增加，新就业形态的就业“蓄水池”和“稳定器”作用日益显现。但与之相对应，新就业形态劳动者维权难、多头跑和办理此类劳动纠纷调查取证难、事实认定难、法律政策不完善等问题突出。为深入贯彻落实党的二十大报告关于“完善劳动关系协商协调机制，完善劳动者权益保障制度，加强灵活就业和新就业形态劳动者权益保障”部署要求，着力维护新就业形态劳动者劳动保障权益，2024 年 1 月 19 日，人力资源社会保障部办公厅等多部门联合印发《关于加强新就业形态劳动纠纷一站式调解工作的通知》（以下简称《通知》），《通知》明确，探索构建一站式调解工作新模式，规范有序开展一站式调解工作，优化完善一站式调解流程，促进调解协议履行和调解与仲裁、诉讼衔接，创新推进线上线下融合调解，为新就业形态劳动者提供优质、低成本的多元解纷服务。

一、新就业形态劳动纠纷一站式调解工作的目标

相较传统劳动关系，新就业形态更多呈现民事权益与劳动保障权益相互混合、难以区分。一旦发生纠纷，劳动者往往难以弄清自己为哪家企业工作、应享受哪些权益保护、应到哪些机构维权。对此，我们根据“高效办成一件事”要求，坚持政策集成、协同联动的理念，整合调解优势资源，汇聚多部门力量，着力开展新就业形态劳动纠纷一站式调解工作，切实解决新就业形态劳动者投诉无门问题，既解“法结”，又解“心结”，实现案结事了。

二、探索构建一站式调解工作新模式

《通知》强调，平台经济活跃、新就业形态劳动纠纷较多地区的人力资源社会保障部门、人民法院、司法行政部门、工会、工商联、企业联合会等单位应当加强合作，充分发挥劳动争议调解、人民调解、司法调解特点优势，积极探索打造“人社牵头、部门协同、行业参与”的工作格局，构建新就业形态劳动纠纷一站式多元联合调解工作模式，在劳动人事争议仲裁院调解中心或者根据实际在相关调解组织中增加联合调解职能，有条件的可设立一站式调解中心，做好各类调解衔接联动工作，合力化解新就业形态劳动纠纷。

三、规范有序开展一站式调解工作

《通知》要求，根据《劳动争议调解仲裁法》、《民事诉讼法》及《关于维护新就业形态劳动者劳动保障权益的指导意见》（人社部发〔2021〕56号）等法律政策，受理新就业形态劳动者与平台企业和用工合作企业之间因劳动报酬、奖惩、休息、职业伤害等劳动纠纷提出的调解申请，并根

据法律法规政策规定及争议事实，遵循平等、自愿、合法、公正、及时原则，注重服务平台经济规范健康持续发展与保护劳动者合法权益并重，帮助当事人在互谅互让的基础上自愿达成调解协议，促进矛盾纠纷实质化解。

四、优化完善一站式调解流程

《通知》要求，接到现场调解申请，应当指导申请人写明基本情况、请求事项和事实理由并签字确认；接到通过网络等渠道发来的调解申请，应当及时审核申请内容、材料是否清晰完整并告知当事人。对属于受理范围且双方当事人同意调解的，应当尽快完成受理。对不属于受理范围或者一方当事人不同意调解的，应当做好记录，并口头或者书面通知申请人。调解应当自受理之日起 15 日内结束，但双方当事人同意延期的可以延长，延长期限最长不超过 15 日。发生涉及人数较多或者疑难复杂、社会影响力大的劳动纠纷，应当及时报告相关部门，安排骨干调解员迅速介入，积极开展协商调解，并配合相关职能部门和行业主管部门做好联合约谈、现场处置等工作，推动重大集体劳动纠纷稳妥化解。

五、促进调解协议履行和调解与仲裁、诉讼衔接

《通知》要求，经调解达成调解协议的，由一站式调解中心或者开展联合调解工作的调解组织制作调解协议书。建立调解协议自动履行激励机制，引导当事人自动履行调解协议。不能立即履行，依照法律规定可以申请仲裁审查或者司法确认的，引导当事人依法提出申请。对不属于联合调解受理范围、一方当事人不同意调解或者未能调解成功的新就业形态劳动纠纷，要依法引导当事人向有管辖权的仲裁机构申请仲裁或者向人民法院提起诉讼。

六、创新推进线上线下融合调解

《通知》规定，充分利用人力资源社会保障部门、人民法院、司法行

政部门、工会、工商联、企业联合会等单位在线调解平台，做好劳动纠纷“总对总”在线诉调对接，对符合在线调解条件的劳动纠纷开展全流程在线调解活动，包括提交调解申请、音视频调解、司法确认、法律咨询等，为新就业形态劳动者提供优质、低成本的多元解纷服务。

第五节　工会参与劳动争议调解

《工会法》第 29 条第 1 款规定：“工会参加企业的劳动争议调解工作。”工会参加劳动争议调解工作，有利于及时妥善处理劳动争议，有利于发挥工会在调节劳动关系中的作用，也是工会参与劳动争议处理的一项重要任务。

一、工会应当积极参与劳动争议多元化解机制建设

根据《工会参与劳动争议处理办法》规定，工会应当积极参与劳动争议多元化解机制建设，充分发挥工会在调解工作中的职能作用，推动构建党委领导、政府负责、人力资源社会保障部门牵头、工会等有关部门参与、司法保障、科技支撑的劳动争议多元化解工作格局。

二、工会应当引导和督促当事人主动、及时、充分履行调解协议

根据《工会参与劳动争议处理办法》规定，劳动争议双方当事人经调解达成调解协议的，工会应当引导和督促当事人主动、及时、充分履行调解协议。依照法律规定可以申请仲裁审查或者司法确认的，工会可以引导当事人依法提出申请。

三、推进基层劳动人事争议调解组织建设

《关于进一步加强劳动人事争议协商调解工作的意见》强调，人力资源社会保障部门会同司法行政、工会、企业代表组织和企事业单位、社会团体，推动用人单位加大调解组织建设力度。推动大中型企业普遍建立劳动争议调解委员会，建立健全以乡镇（街道）、工会、行业商（协）会、区域性等调解组织为支撑、调解员（信息员）为落点的小微型企业劳动争议协商调解机制。推动事业单位、社会团体加强调解组织建设，规范劳动人事管理和用工行为。

四、发挥工会在企业劳动争议调解委员会中的作用

（一）工会主持企业劳动争议调解委员会工作

根据《工会参与劳动争议处理办法》规定，企业劳动争议调解委员会依照有关规定由劳动者代表和企业代表组成，人数由双方协商确定，双方人数应当对等。劳动者代表由工会委员会成员担任或者由全体劳动者推举产生，企业代表由企业负责人指定。

企业劳动争议调解委员会工作主要由工会负责。企业劳动争议调解委员会主任依照有关规定由工会委员会成员或者双方推举的人员担任。企业劳动争议调解委员会的办事机构可以依照有关规定设在企业工会委员会。劳动争议调解委员会设在企业工会的办事机构，主要负责组织召开劳动争议调解委员会会议，受理劳动争议，支持劳动争议调解委员会的工作，对广大职工和企业行政宣传劳动争议调解的作用和意义，促进劳动争议调解工作的顺利进行。

劳动争议调解委员会委员因工作或者职务变动等原因需要调整时，由原推选单位在30日内依法推举或者指定人员补齐。劳动争议调解委员会委员需调整人数超过半数的，按有关规定重新组建。

（二）企业劳动争议调解委员会的职责

根据《工会参与劳动争议处理办法》规定，企业劳动争议调解委员会履行下列职责：

1. 宣传劳动保障法律、法规和政策；
2. 对本企业发生的劳动争议进行调解；
3. 监督和推动和解协议、调解协议的履行；
4. 聘任、解聘和管理调解员；
5. 参与协调履行劳动合同、集体合同、执行企业劳动规章制度等方面出现的问题；
6. 参与研究涉及劳动者切身利益的重大方案；
7. 协助企业建立劳动争议预防预警机制；
8. 法律、法规规定的其他事项。

（三）工会工作者担任劳动争议调解员的职责

根据《工会参与劳动争议处理办法》规定，工会工作者担任劳动争议调解员主要履行以下职责：

1. 关注用人单位或者行业劳动关系状况，及时向劳动争议调解委员会报告；
2. 接受劳动争议调解委员会指派，调解劳动争议案件；
3. 保障当事人实现自愿调解、申请回避和申请仲裁的权利；
4. 自调解组织收到调解申请之日起 15 日内结束调解，到期未结束的或者当事人明确表示不愿意接受调解的，视为调解不成，告知当事人可以申请仲裁；
5. 监督和解协议、调解协议的履行；
6. 及时做好调解文书及案卷的整理归档工作；
7. 完成调解委员会交办的其他工作。

五、建设市、县级工会法律服务工作站

《关于进一步加强劳动人事争议协商调解工作的意见》提出，探索推进

工会组织在劳动人事争议案件较多、劳动者诉求反映集中的仲裁院、人民法院设立工会法律服务工作站，具备条件的地方工会可安排专人入驻开展争议协商、调解和法律服务工作，建立常态化调解与仲裁、诉讼对接机制。

六、加强调解工作规范化建设

《关于进一步加强劳动人事争议协商调解工作的意见》提出，人力资源社会保障部门会同司法行政、工会、企业代表组织等部门，落实调解组织和调解员名册制度，指导各类劳动人事争议调解组织建立健全调解受理登记、调解办理、告知引导、回访反馈、档案管理、统计报告等制度，提升调解工作规范化水平。加大督促调解协议履行力度，加强对当事人履约能力评估，达成调解协议后向当事人发放履行告知书。总结、推广调解组织在实践中形成的成熟经验和特色做法，发挥典型引领作用。

思考题：

1. 如何提出劳动争议调解申请？
2. 劳动争议调解组织如何受理调解申请？
3. 劳动争议调解如何实施？
4. 劳动争议调解终结的情况有哪些？
5. 如何制作劳动争议调解协议书？
6. 简述劳动争议调解效力。
7. 如何开展新就业形态劳动纠纷一站式调解？
8. 如何发挥工会在企业劳动争议调解委员会中的作用？

案例 1

茂名信宜市总工会高效化解劳动争议

2024 年 1 月 8 日　来源：中工网

解纠纷于萌芽。近年来，广东茂名信宜市总工会、信宜市人民法院不断整合资源，建立“法院+工会”诉调对接机制，实行“法院+工会”调解模式，实现法院、工会的资源优势互补，着力构建系统、综合、协同的劳动争议解纷新局面。

截至目前，信宜市总工会与市人民法院劳动争议诉调对接工作室共调解劳动争议案件1937件，调解成功率为92.49%，为职工挽回经济损失3386万元。

多元共治　畅通诉调对接渠道

“法院+工会”劳动争议诉调对接机制启动后，相当于为工会调解“赋能”，让工会化解劳动争议更具公信力。根据实际，信宜市总工会结合“工会+仲裁”劳动争议裁调对接机制，探索创新“法院+工会+仲裁”多元解纷机制，充分发挥仲裁调解在化解劳动争议工作中的作用。

此前，刘某等人在某新业态平台公司工作，公司拖欠刘某等8人半年工资。2022年9月，刘某等8人到劳动争议诉调对接工作室求助，信宜市总工会启动“法院+工会”诉调对接机制，第一时间安排专人负责，组织当事人进行调解。调解过程中，案涉人数较多，难以达成合意。工会调解员耐心引导双方表达诉求，确认薪资金额和支付时间节点等关键问题。最终，某新业态平台公司同意于同年12月底一次性付清刘某等8人薪资共计25万元。双方签署了调解协议书，并共同向法院申请司法确认。

信宜市总工会与市人民法院联合，依托工会贴近基层劳动者擅长群众性工作的“娘家人”优势，加上法院在劳动争议案件处理的专业性、权威性资源优势，通过“法理+情理”的有机融合，能够高效、低成本化解纠纷，实现劳动争议调解工作便民化、多元化、规范化。

主动介入　建设职工维权“快车道”

信宜市总工会运用“法院+工会”诉调对接平台的调解大数据，对典型性、苗头性、普遍性劳动争议案件进行分析研判，找准切入点，结合“企业劳动关系动态监测点”数据分析，对企业重大调整过程中劳动关系变化情况进行预警，对可能引起矛盾纠纷和职工群体性事件的动向，及时与法院互通情报，实现信息共享。

韩某等58人承接了某楼盘工程项目的水电安装工程，并按照合同约定完成了该工程相关的安装任务，却被拖欠工资合计 297 万元。2023 年 1 月，在多次催讨无果后，韩某等人计划在楼盘前聚集，强制要求项目承包方支付被拖欠的工资，信宜市总工会收到预警后及时介入，指派调解员迅速与双方当事人联系，通过多次现场调解，双方产生的矛盾在诉前得到缓解，项目承包方向韩某等人作出了履约承诺。

对发生群体性劳动纠纷的企业，信宜市总工会总是第一时间赶赴现场，在劳动关系矛盾群体性事件处置机制的框架下，收集反映职工合理诉求，积极引导职工依法理性表达诉求，把劳动争议化解在萌芽状态。

源头治理　深入基层排查劳动纠纷隐患

防之于未萌，防患于未然。“法院+工会”诉调对接工作小组坚持预防与化解并重，采用讲座、座谈等方式，深入基层一线向职工宣传普及劳动关系等方面的法律知识，指导企业合法规范用工，引导职工依法理性维权。

2023 年 5 月，信宜市总工会、市人民法院走进信宜市产业转移工业园，联合开展“走基层进企业助维权”普法宣传活动。活动现场提供法律咨询服务，就企业和员工提出的劳动合同、工资发放、职工社保待遇等问题解疑释惑。工会和法院深入企业，对华田电器有限公司、高山动物药业有限公司等企业开展劳动用工“法律体检”专项活动，帮助企业建立劳动争议问题内部发现处理的规范机制，引导企业主动配合劳动纠纷调处工作，努力将劳动纠纷化解于萌芽状态。2019 年至今，工会和法院共开展“送法进企业”普法宣传活动 26 场。

案例 2

公司单方面调整薪资结构　工会调解组织如何帮助职工维权？

基本案情

2021 年 11 月，某公司采取大面积的降薪和裁员措施。在没有告知职工和没有与职工集体协商的情况下，公司单方面颁布实施降薪方案，将原劳动合同中约定的薪资结构直接拆分成两部分，即基础工资和绩效工资，实际上绩效工资基本无法发放。30 多名职工多次与公司进行沟通均无效后，向仲裁委提起了仲裁。

调解员介入后，针对此次集体案件人数较多、涉及面广、影响较大等特点，就支付方案多次与公司进行沟通、交涉，并强调部分支付方案直接侵害了劳动者的合法权益。

经过多次沟通和协调，在调解员的主持下，最终促成双方和解。

处理结果

调解员主持调解，某公司同意向 30 名职工支付 215 万元工资及补偿款。

案件点评

本案争议焦点是公司在没有告知职工、没有与职工协商的情况下，任意修改薪酬分配方案并拖欠工资，违反了《劳动合同法》等相关规定，直接侵害了劳动者的合法权益。劳动合同书签订后，用人单位和劳动者都应当依法履行，如要变更，用人单位应当依法履行相应的程序。

调解过程体现了公平、公正，保障了企业和劳动者双方的合法利益。针对双方存在较大的争议进行前期调解，努力促成双方和解，尽可能将矛盾化解在开庭前，使争议在平等的基础上得到解决，在节约司法资源的同时，也促进了企业和职工关系的良性发展。

第七章

劳动争议仲裁概述

劳动争议仲裁是我国公正、公平处理劳动争议的一种基本形式，在劳动争议处理工作中具有重要作用。工会参与劳动争议仲裁，应当学习掌握有关劳动争议仲裁的知识与规定。

第一节 劳动争议仲裁理论与一般规定

劳动争议仲裁作为处理劳动争议的基本法律制度，在市场经济国家已经普遍建立。我国也将劳动争议仲裁作为处理劳动争议的主要手段和基本途径，从立法上作出了明确规定，在协调劳动关系的实践中发挥着非常重要的作用。

一、仲裁

（一）仲裁

仲裁也叫“公断”，指争议当事人双方在某一问题上争执不决，协商达不成协议时，根据事先的约定或发生争议后商定，或根据法律、法规的规定，将争议交由无利害关系的第三者或法定专门机构居中进行调解和裁判的解决纠纷的方法和活动。仲裁作为一种和平解决争议的有效方法早已被广泛地采用，已成为解决民事争议、劳动争议、经济争议和对外经济贸易争议的一种重要制度。

（二）仲裁的特征

1. 仲裁完全是第三者的行为，第三者或由双方当事人自愿选定，或由法律、法规确定，表现出自愿与强制相结合的特征。

2. 仲裁具有强制力，如果一方当事人不执行裁决，对方当事人就可以请求人民法院强制执行。

3. 仲裁主要通过审查、判断和裁决的方式解决纠纷，虽然在仲裁过程中也要进行调解并允许当事人和解，但更常用的是由仲裁机关作出裁决，解决纠纷。

二、仲裁的种类

（一）按仲裁的强制性与选择性划分

1. 强制性仲裁。指根据法律、法规的规定，发生争议的双方当事人必须通过仲裁的方式加以解决，只有在经过仲裁程序后，若当事人对仲裁裁决不服的，才有权提请法院审判的解决劳动争议的方式。根据《劳动争议调解仲裁法》规定，仲裁是我国处理劳动争议的必经程序，除另有规定外，只有经过仲裁后，对仲裁裁决不服的，才可以向人民法院起诉。可见，目前我国劳动争议仲裁属于强制性仲裁。

2. 选择性仲裁。指根据法律规定，发生争议的双方按照事前约定，或在争议发生后协商达成一致意见，把争议自愿交给双方确定的无利害关系的第三人或者法律指定的仲裁机构，依法进行调解、裁决。在仲裁裁决生效后，双方当事人必须执行，其选择性只表现在是否选择仲裁程序、由谁仲裁上，而不能因为是双方选择的，对裁决的执行就可以任意。

（二）按仲裁程序与法院诉讼程序关系划分

1. 单轨制仲裁。指争议的双方当事人一旦商定以仲裁的方式来解决他们之间的争议，无论双方当事人对仲裁裁决是否服从，都不得向人民法院提起诉讼，人民法院也不予受理，双方当事人必须执行仲裁裁决。若有二级仲裁机构，当事人不服仲裁裁决的，可以向上一级仲裁机构申请裁决。单轨的意思是指，对于争议的处理是仲裁还是审判，双方当事人只能选择其一，选择仲裁了就不能到法院起诉，而到法院起诉的就不能再请求仲裁。

2. 双轨制仲裁。指争议的双方当事人经协商确定或根据法律规定以仲裁方式解决争议的，在仲裁机关作出裁决而尚未发生法律效力的时候，一方或双方当事人不服的，仍然可以向人民法院起诉，请求以司法审判的方式来解决争议的方法。简单地说，就是经过仲裁程序后仍可向人民法院起诉，争议可以通过两个程序解决。

三、劳动争议仲裁

（一）劳动争议仲裁

劳动争议仲裁，指劳动争议当事人依法向法定的专门处理劳动争议的劳动争议仲裁委员会提出申请，由劳动争议仲裁委员会对双方发生的劳动争议进行处理并作出裁决的活动。劳动争议仲裁是我国处理劳动争议的一种基本形式，在劳动争议处理工作中具有重要作用。

（二）劳动争议仲裁的特征

1. 公正性。仲裁，从其本身含义来说，是由第三人居中裁判，因此，公正是仲裁的基本特征。劳动争议仲裁也体现出公正性。首先，是由与劳动争议无利害关系的第三人，即劳动争议仲裁委员会担任仲裁人；其次，为保证第三人公正处理劳动争议，《劳动争议调解仲裁法》规定劳动争议仲裁委员会由来自政府劳动行政部门、工会和企业的三方代表组成；最后，仲裁程序中的具体制度，如回避制度、合议制度以及仲裁员的聘任制度等，均体现了劳动争议仲裁具有的公正性。

2. 及时性。劳动争议与其他争议相比，与劳动者的基本生活密切相关，社会影响较大，因此，要求劳动争议处理必须及时。而劳动争议仲裁适应了及时处理劳动争议的要求。根据《劳动争议调解仲裁法》规定，仲裁庭裁决劳动争议案件，应当自劳动争议仲裁委员会受理仲裁申请之日起45日内结束。这有利于劳动争议及时快速得到处理。

3. 三方性。即劳动争议仲裁实行独特的三方原则。劳动争议仲裁实行三方原则，是由劳动关系和劳动争议主体的特征以及长期的劳工运动实践所决定的。在我国，劳动争议仲裁委员会是由政府劳动行政部门代表、同级工会代表和企业方面代表组成的。

4. 程序简便性。劳动争议仲裁的程序无论从仲裁的申请、受理，还是从审理和作出裁决来看都比较简单，而且仲裁实行一次仲裁制，当事人如不服仲裁裁决，除另有规定外，可以在法定时间内向人民法院起诉。

5. 具有法律效力。这是我国劳动争议仲裁与劳动争议调解组织调解的重要区别。无论是劳动争议仲裁调解书，还是仲裁裁决书，一旦发生法律效力，当事人必须履行。如果当事人在法定期限内不履行，另一方当事人可以向人民法院申请强制执行，保障劳动争议仲裁的严肃性和权威性。

6. 仲裁是诉讼的前置程序。我国《劳动争议调解仲裁法》第 5 条规定，发生劳动争议，当事人不愿协商、协商不成或者达成和解协议后不履行的，可以向调解组织申请调解；不愿调解、调解不成或者达成调解协议后不履行的，可以向劳动争议仲裁委员会申请仲裁；对仲裁裁决不服的，除本法另有规定的外，可以向人民法院提起诉讼。从该条规定可以看出，协商和调解是在双方当事人自愿的原则下进行的，当事人也可以直接申请仲裁。但仲裁实行的是强制仲裁的原则，是诉讼的前置程序，即不经过仲裁处理，除另有规定外，劳动争议当事人无权向人民法院提起劳动争议诉讼。

7. 劳动争议仲裁不收费

按照《劳动争议调解仲裁法》规定，劳动争议仲裁不收费。劳动争议仲裁委员会的经费由财政予以保障。这样不仅可以减轻当事人的经济负担，而且还可以间接鼓励当事人特别是劳动者积极主动维权，对违法用工的用人单位形成压力，迫使他们自觉遵守法律。

第二节　劳动争议仲裁的原则

劳动争议仲裁的原则，指贯穿于劳动争议仲裁始终，在劳动争议仲裁活动中起指导作用的基本准则，是劳动争议仲裁机关、仲裁参加人和参与人都必须遵循的基本准则。劳动争议仲裁的原则，是对劳动争议仲裁的基本要求，通过一定的规则和程序表现出来，对引导劳动争议仲裁的发展，指导劳动争议仲裁工作有着重要的意义。

一、劳动争议仲裁的基本原则

（一）先行调解原则

先行调解原则指劳动争议仲裁委员会及仲裁庭在仲裁裁决之前，应当先进行调解，而且调解是仲裁的必经程序，不经过调解就不能裁决。《劳动法》第77条第2款规定，“调解原则适用于仲裁和诉讼程序”。《劳动争议调解仲裁法》第42条第1款规定，“仲裁庭在作出裁决前，应当先行调解”。之所以规定这一原则，是因为劳动争议属于人民内部矛盾，争议双方在根本利益上是一致的，争议的产生往往是双方当事人对执行劳动法律、法规的认识、理解不一致，对争议事实存在分歧和误解等，通过宣传法治、说服教育、劝导协商，争议事项大多是可以调解的。同时，调解还具有简便、灵活、迅速的特点以及缓和矛盾、改善关系的作用。

先行调解原则并不是强行调解，而是要求仲裁前必须做调解工作，若当事人坚决拒绝调解或调解无效的，不能勉强或强迫其达成协议。调解必须在双方自愿的基础上达成协议才有效。调解必须及时进行，达不成协议的应及时裁决。

（二）在查清事实的基础上依法处理的原则

这一原则是以事实为依据、以法律为准绳的一般法律原则在劳动争议处理中的具体运用，同时也是劳动争议仲裁的基本原则。它包含两方面的内容：一是查清劳动争议的事实。这是处理劳动争议的基础，如果案件事实不清，就无法适用法律，更谈不上分清责任，正确解决争议。这就要求劳动争议仲裁机关在处理劳动争议案件时，必须对案件事实进行调查了解，掌握充分的证据，查明事实真相。二是依法处理。这里的“法”应作广义的理解，既包括劳动法律、法规、规章，也包括劳动政策、劳动合同、集体合同和企业的劳动规章制度等；既包括处理劳动争议的实体法律规范，也包括处理劳动争议的程序法律规范。只有在查清事实的基础上，正确适用法律，才能明辨是非，从而使劳动争议得到正确的处理。

（三）当事人在适用法律上一律平等的原则

这一原则是法律面前人人平等原则在劳动争议处理中的具体运用。劳动争议仲裁之所以强调这一原则，是因为劳动争议当事人之间的关系与民事纠纷当事人的关系不同，双方存在领导与被领导、管理与被管理的隶属关系，用人单位掌握对劳动者的管理权，处于强势地位；劳动者须服从用人单位的管理，处于弱势地位。但劳动关系的这种隶属关系只反映在劳动过程中，一旦发生劳动争议，进入劳动争议处理程序，双方当事人均成为平等的法律主体，处于平等的法律地位，具有平等的权利和义务。这就要求劳动争议仲裁机构在处理劳动争议时，要对双方当事人一视同仁，不得偏袒任何一方，任何一方都不得有超越法律的特权，任何一方违反法律都要承担相应的法律责任。只有适用法律一律平等，才能切实维护双方当事人的合法权益。

二、劳动争议仲裁的特有原则

（一）三方原则

劳动争议仲裁实行三方原则，已经成为国际上通行的惯例。劳动争议仲裁的三方原则，主要体现在劳动争议仲裁组织的构成中，仲裁能否公正，取决于仲裁组织的组成是否公正。在我国，劳动争议仲裁委员会是由劳动行政部门代表、同级工会代表和用人单位方面代表组成的。之所以由三方代表组成劳动争议仲裁委员会，是因为三方代表来自不同的组织，能代表不同方面的利益要求，而且各自又具有劳动关系方面的专业知识，能从不同的角度对劳动争议的处理提出意见。因此，劳动争议仲裁委员会在人员组成上保证了其具有公平性，有利于劳动争议得到公平合理解决。

（二）独立仲裁原则

独立仲裁，即劳动争议仲裁委员会处理劳动争议案件具有独立性，不受其他任何组织和个人的干涉。独立仲裁是我国劳动争议仲裁制度的根本原则。它包括以下主要内容。

1. 劳动争议仲裁权统一由劳动争议仲裁机构行使

劳动争议仲裁权是法定国家机构根据当事人的申请，并在双方当事人的参加下，依照法律的规定居中裁判劳动争议的权力，它是国家权力的一部分，具有统一性和完整性。对外，外国人和无国籍人以及外国组织在中国境内发生的劳动争议，应依法由中国劳动争议仲裁机构处理，这是国家主权在劳动争议仲裁领域的具体体现；对内，劳动争议案件的仲裁统一由劳动争议仲裁机构行使，其他机构无权行使劳动争议仲裁权。

2. 劳动争议仲裁机构行使仲裁权，不受其他任何组织和个人的干涉

劳动争议仲裁机构是独立行使仲裁权的机构，虽然按照规定，省、自治区、直辖市人民政府劳动行政部门对本行政区域内的劳动争议仲裁工作进行指导，但不能对具体劳动争议案件进行干预。而且，劳动争议仲裁相对于人民法院来说也具有独立性，劳动争议仲裁机构的仲裁行为不受人民法院制约，仲裁裁决不受法院的司法审查。为保障劳动争议仲裁的独立和公正，劳动争议仲裁同样也要排除其他机关、社会团体和个人的干涉。

（三）一次裁决原则

一次裁决原则，是指劳动争议仲裁委员会对每一起劳动争议案件实行一次裁决即行终结的法律制度。按照《劳动争议调解仲裁法》规定，除另有规定外，当事人对仲裁裁决不服的，可以自收到仲裁裁决书之日起15日内，向人民法院提起诉讼；期满不起诉的，裁决书发生法律效力。这一规定即明确了一次裁决原则。贯彻这一原则，当事人对劳动争议仲裁委员会的裁决不服的，不得再向上一级劳动争议仲裁委员会申请第二次仲裁，只能在收到仲裁裁决书之日起15日内，向有管辖权的人民法院起诉，进入司法审理程序。超过规定期限而没有起诉的，仲裁裁决书即发生法律效力。贯彻这一原则，有利于及时、迅速地解决争议事项，维护当事人的合法权益。

（四）回避原则

为保证仲裁公正进行，防止仲裁人员的主观片面性或偏袒一方，消除

当事人的疑虑，使纠纷顺利解决，维护当事人的合法权益，当发现劳动争议仲裁委员会成员或仲裁员存在法定应当回避的情形，不适宜参加该劳动争议仲裁工作的，仲裁委员会成员、仲裁员应当主动要求回避，当事人也有权申请其回避，是否回避则由仲裁委员会决定。

具体来说，凡是劳动争议当事人或当事人、代理人的近亲属的；与本案有利害关系的；与本案当事人、代理人有其他关系，可能影响公正裁决的，作为仲裁委员会成员或仲裁员应当回避。如果没有回避的，当事人有权以口头或者书面方式申请其回避。

（五）合议原则

合议原则，是我国民主集中制原则在劳动争议仲裁中的具体体现。根据《劳动争议调解仲裁法》规定，除了简单劳动争议案件可以由 1 名仲裁员独任仲裁外，劳动争议仲裁委员会裁决劳动争议案件实行仲裁庭制，仲裁庭由 3 名仲裁员组成。为了保证裁决的公正性，仲裁庭裁决劳动争议案件，实行少数服从多数的原则。一般来说，劳动争议案件经过集体研究讨论，充分发表意见，能取得一致意见。但是不可能对每一个案件都取得一致的看法，在仲裁时难免会有意见分歧，而仲裁委员会成员、仲裁庭成员均有平等的表决权。因此，仲裁委员会或仲裁庭作出仲裁决定时，必须采用少数服从多数的原则。同时，为了保护少数人的意见，应当将评议中的不同意见，如实笔录，以备查考。

（六）强制原则

强制原则在我国劳动争议仲裁制度中体现得比较明显。主要表现在：当事人申请仲裁无须双方达成一致协议，只要有一方申请，仲裁委员会即可受理；一旦经仲裁庭调解不成，仲裁庭即可行使裁决权，依法作出裁决。对发生法律效力的仲裁调解书和仲裁裁决书，人民法院可予以强制执行等。

（七）区分举证责任原则

举证责任指在争议处理中当事人提出证据的责任。区分举证责任原则，是指在劳动争议仲裁程序中，根据案件的不同性质来决定负有举证责任的一方，避免泛泛而论举证责任。民事诉讼程序中适用谁主张、谁举证的原则，行政诉讼领域中适用谁决定、谁举证的原则，因为握有证据是行为人作出主张和决定的前提条件。在劳动力市场上，用人单位和劳动者是平等的主体。但在实现劳动过程中，劳动者与用人单位之间存在行政隶属关系。因而，发生劳动争议的当事人之间，既有横向平等关系，也有纵向隶属关系。用人单位掌握和管理着劳动者的档案、工资、考勤记录、社会保险等资料，劳动者面临着举证困难的问题，如果没有强制性要求，用人单位很可能不愿意提供自己掌握的对自己不利的证据。因此，在劳动争议仲裁的举证责任上，就不能简单地确定是适用民事诉讼的举证责任还是适用行政诉讼的举证责任，而应区分不同的情况，采取不同的举证责任。《劳动争议调解仲裁法》规定："发生劳动争议，当事人对自己提出的主张，有责任提供证据。与争议事项有关的证据属于用人单位掌握管理的，用人单位应当提供；用人单位不提供的，应当承担不利后果。"

第三节　劳动争议仲裁参加人

一、劳动争议仲裁参加人

（一）劳动争议仲裁参加人

劳动争议仲裁参加人，是指为维护劳动争议当事人的合法权益而参加劳动争议仲裁活动，依法享有仲裁权利、承担仲裁义务的人或单位，包括劳动争议仲裁当事人、共同当事人、代表人、代理人、第三人等。

（二）劳动争议仲裁参加人的特征

1. 是与劳动争议案件有着直接或间接利害关系的人。

2. 在劳动争议仲裁活动中都处于当事人或者与当事人同等的地位。

3. 必须受劳动争议仲裁程序的制约。

4. 劳动争议仲裁参加人依其身份不同各自享受的权利与承担的义务也不尽相同。

二、劳动争议仲裁参与人和劳动争议仲裁参加人的区别

劳动争议仲裁参与人，指参与仲裁活动，依法享有权利，承担义务的人。劳动争议仲裁参与人有广义和狭义之分。广义的参与人，包括劳动争议仲裁参加人和证人、鉴定人、勘验人、翻译人员等；狭义的参与人，是指除劳动争议仲裁参加人以外参与仲裁活动的人，如证人、鉴定人、勘验人、翻译人员等。在劳动争议仲裁实践中，一般指狭义的参与人。

劳动争议仲裁参加人和劳动争议仲裁参与人的区别如下。

（一）参加劳动争议仲裁活动的原因和目的不同

劳动争议仲裁参加人是为了维护自己或被代理人的合法权益；劳动争议仲裁参与人是基于法律赋予的义务，为他人的权益协助劳动争议仲裁机构查明案情。

（二）在劳动争议仲裁活动中的地位和作用不同

劳动争议仲裁参加人在整个劳动争议仲裁中占有主体地位，起着主要作用，他们在劳动争议仲裁活动中的行为可以引起仲裁程序的发生、变更、消灭。劳动争议仲裁参与人只是应劳动争议仲裁机构的要求，在劳动争议仲裁程序的某些阶段或某个阶段起作用，如证人、鉴定人在调查取证阶段起着主要作用，能够使劳动争议仲裁活动正常进行。

（三）在劳动争议仲裁活动中享有的权利和承担的义务不同

劳动争议仲裁参加人享有法律、法规赋予的在劳动争议仲裁活动中的权利，如提出和坚持自己的主张、申请回避、请求调解等；同时也承担一定的在劳动争议仲裁活动中的义务，如尊重对方当事人和其他仲裁参加人的权利，严格遵守仲裁纪律，如实陈述、提供证据，履行发生法律效力的

仲裁文书，等等。劳动争议仲裁参与人则没有这些权利和义务。

（四）与劳动争议案件仲裁结果的关系不同

劳动争议仲裁参加人与仲裁结果有着直接或间接的利害关系，作为劳动争议仲裁参加人中的申请人、被申请人、共同当事人、代表人和仲裁中的第三人，直接享有仲裁裁决的实体劳动权利，承担仲裁裁决的义务。作为劳动争议仲裁代理人，则与仲裁结果存在间接的利害关系。而劳动争议仲裁参与人则和仲裁结果没有利害关系，也不受劳动争议仲裁结果的约束。

三、劳动争议仲裁当事人

（一）劳动争议仲裁当事人

劳动争议仲裁当事人，指因劳动权利义务发生争议，以自己的名义向劳动争议仲裁机构申请或应诉，参加仲裁活动，并受劳动争议仲裁机构裁决约束的利害关系人。《劳动争议调解仲裁法》规定："发生劳动争议的劳动者和用人单位为劳动争议仲裁案件的双方当事人。"

劳动争议仲裁当事人有申请人和被申请人之分。申请人是以自己的名义，为保护自己的合法权益，向劳动争议仲裁机构提出申请，引起仲裁程序发生的人。被申请人是被提起仲裁程序，经劳动争议仲裁机构通知其应诉的人。

劳动争议仲裁当事人有以下几个特征。

1. 劳动争议仲裁当事人是特定的，一方是用人单位，另一方是该单位的职工。用人单位当事人既可以是法人，也可以是其他组织。用人单位与其他单位合并的，合并前发生的劳动争议，由合并后的单位为当事人；用人单位分立为若干单位的，其分立前发生的劳动争议，由分立后的实际用人单位为当事人；用人单位分立为若干单位后，对承受劳动权利义务的单位不明确的，分立后的单位均为当事人。作为另一方当事人的职工，既包括正式工，也包括临时工；既包括城市职工，也包括农民工；既包括工人，也包括企业中的管理人员、专业技术人员，还包括与我国用人单位建立劳动关系的外籍员工。

2. 当事人必须是以自己的名义参加仲裁活动。以自己的名义参加仲裁，是当事人最重要的特征之一。申请人以自己的名义提起仲裁，被申请人和第三人分别以自己的名义参加仲裁。以自己的名义就是按照自己的意愿，为维护自己的利益参加仲裁。凡不是以自己的名义，而是以他人的名义参加仲裁活动的，都不是劳动争议仲裁当事人。如果当事人是企业或其他用人单位，则不可能直接参加仲裁活动。

3. 当事人必须是为了保护自己的合法权益而参加劳动争议仲裁活动。当事人与被仲裁的劳动争议事项有着直接的利害关系。与被仲裁事项没有直接利害关系的人，如法定代表人、委托代理人等不能称为仲裁当事人。

4. 当事人参加了劳动争议仲裁活动就必须受仲裁程序和裁决的约束。凡劳动争议仲裁委员会作出的裁决，或当事人自愿达成的调解协议，经过一定法律程序后，就直接对双方当事人发生法律效力。虽以自己的名义参加劳动争议仲裁，但不受劳动争议仲裁委员会的裁决直接约束的人，如代理人、证人、鉴定人，不是劳动争议仲裁的当事人。

（二）劳动争议仲裁当事人的权利和义务

劳动争议仲裁当事人的权利和义务，是公民基本权利义务的宪法原则在劳动争议仲裁活动中的具体体现。劳动争议仲裁当事人通过行使劳动争议仲裁法律、法规赋予的权利，使自己的实体权利得以维护；通过履行劳动争议仲裁法律、法规规定的义务，维护劳动争议仲裁活动的秩序，保证劳动争议仲裁活动的顺利进行。当事人的仲裁权利和义务是相互依存和统一不可分割的。当事人在劳动争议仲裁程序的各个阶段，都应当依法行使自己的权利和严格履行自己的义务。

当事人在劳动争议仲裁过程中的权利主要有以下几方面：

1. 申请、答辩权，申请人依照法律规定有权就发生的劳动争议向仲裁委员会申请仲裁，也有权变更或撤销仲裁请求，被申请人有权答辩、承认申请、反驳申请和提起反诉；

2. 当事人有委托代理人参加仲裁活动的权利；

3. 当事人有申请仲裁员、仲裁工作人员回避的权利；

4. 当事人有陈述自己意见，进行辩论的权利；

5. 当事人有自行和解和申请用调解方式结案的权利；有拒绝调解的权利；

6. 当事人有接受或拒绝在仲裁委员会主持下与对方当事人达成协议的权利；

7. 当事人有提供证据、证人的权利，有请求传唤证人、请求鉴定和勘验的权利；

8. 当事人有使用本民族语言、文字进行仲裁活动的权利；

9. 当事人不服仲裁决定的，在收到仲裁决定书之日起 15 日内，有向人民法院提起诉讼的权利；

10. 当事人对已发生法律效力的调解书或裁决书有申请人民法院强制执行的权利；

11. 当事人若因不可抗力或其他正当理由耽误了期限的，有请求延期开庭的权利。

根据权利义务统一的原则，在劳动争议仲裁过程中，当事人应当履行下列义务：

1. 当事人应当正确行使自己的权利，要严格依法办事，不得滥用权力；

2. 当事人应当尊重对方当事人行使其权利；

3. 当事人应当遵守仲裁纪律和仲裁程序，服从仲裁庭指挥，维护仲裁庭秩序；

4. 当事人应当如实陈述事实，提供证据，不得歪曲事实真相，不得伪造证据；

5. 当事人应当按时到庭参加仲裁活动；

6. 当事人应当自觉履行已生效的调解书、裁决书所规定的义务。

用人单位和劳动者都可以作为申请人和被申请人，申请人和被申请人在劳动争议仲裁中的权利和义务基本相同，所不同的是用人单位履行举证义务时，如果与争议事项有关的证据属于用人单位掌握管理的，用人单位应当提供，否则，应当承担不利的后果。

四、共同当事人

（一）共同当事人

共同当事人指在劳动争议仲裁活动中，无论是申请人还是被申请人，人数在两人以上，具有共同的争议标的，向同一个劳动争议仲裁机构申诉，并由劳动争议仲裁机构处理的当事人。两人以上的申请人为共同申请人，两人以上的被申请人为共同被申请人。

在劳动争议仲裁活动中，规定共同当事人的意义在于：能够简化仲裁程序，节省时间和费用，避免劳动争议仲裁机构在同一问题上作出不尽一致的裁决，有助于劳动争议仲裁工作准确、及时、公正地处理，维护当事人的合法权益。

共同当事人有以下特征。

1. 争议的标的必须是共同的。劳动争议的标的指劳动权利和义务共同指向的对象，它可以是一定的财物，如劳动报酬方面的争议是货币；也可以是一定的行为，如关于变更、解除、终止劳动合同的争议往往是指行为。共同当事人的争议标的必须是同一的。

2. 共同当事人必须是在两人以上。从劳动争议的客观特征来看，除有特别规定外，共同当事人一般存在于职工一方。

3. 共同当事人必须在同一个单位和同一个劳动争议仲裁机构管辖范围之内。如果不在同一个单位，就没有共同的申诉对象，就构不成共同当事人的条件。如果职工虽同属于一个单位，但工资关系有的在本地区，有的在外地，不是由同一个劳动争议仲裁机构管辖的，也不能成为共同当事人。

《劳动争议调解仲裁法》规定："劳务派遣单位或者用工单位与劳动者

发生劳动争议的，劳务派遣单位和用工单位为共同当事人。”劳务派遣指劳务派遣单位与劳动者签订劳动合同，与用工单位签订劳务派遣协议，将劳动者派遣到用工单位从事约定劳动的一种用工形式。根据《劳动合同法》规定，劳务派遣单位是本法所称用人单位。用人单位指与劳动者建立劳动关系的企业、个体经济组织、民办非企业单位等组织。劳务派遣单位应当履行用人单位对劳动者的义务。用工单位指接受以劳务派遣形式用工的单位。劳务派遣单位违反法律规定，给被派遣劳动者造成损害的，劳务派遣单位与用工单位承担连带责任。为了防止劳动争议发生后，劳务派遣单位与用工单位相互推诿，不及时处理与劳动者的争议，损害劳动者的权益，所以，《劳动争议调解仲裁法》明确规定，劳务派遣单位或者用工单位与劳动者发生劳动争议的，劳务派遣单位和用工单位为共同当事人。

《劳动人事争议仲裁办案规则》规定，发生争议的用人单位未办理营业执照、被吊销营业执照、营业执照到期继续经营、被责令关闭、被撤销以及用人单位解散、歇业，不能承担相关责任的，应当将用人单位和其出资人、开办单位或者主管部门作为共同当事人。劳动者与个人承包经营者发生争议，依法向仲裁委员会申请仲裁的，应当将发包的组织和个人承包经营者作为共同当事人。

（二）共同当事人的种类

共同当事人可以分为必要共同当事人和普通共同当事人。

1. 必要共同当事人。当事人为两人以上，其劳动争议的标的是相同的，并向同一个劳动争议仲裁机构提出申请，劳动争议仲裁机构认为必须合并处理的，称为必要共同当事人。必要共同当事人有两个要件，一是争议标的的同一性。表明他们之间存在劳动权利或义务上共同的利害关系，因而他们的仲裁活动是不能分割的一个整体。二是当事人申请的统一性。他们必须是统一申请于有管辖权的劳动争议仲裁委员会。无论是一方的还是双方的共同当事人，都应以自己的名义进行仲裁活动，以便劳动争议仲裁机构合并处理。

《劳动争议调解仲裁法》第 7 条规定：“发生劳动争议的劳动者一方在

十人以上，并有共同请求的，可以推举代表参加调解、仲裁或者诉讼活动。”这是必要共同当事人的一种。因为这种集体劳动争议当事人的权利义务是共同的，申请仲裁时，劳动争议仲裁机构应将其视为一个整体，不仅可以而且必须合并处理，以保护处于相同情况下的一大批人的共同利益。但是集体劳动争议的共同当事人不能每个人都参加仲裁活动，而应推举代表参加。

2. 普通共同当事人。当事人为两人以上，其劳动争议标的是同一种类，劳动争议仲裁机构可以合并处理但不一定合并裁决的，称为普通共同当事人。

普通共同当事人对劳动争议标的没有共同的权利和义务，没有共同的利害关系，这种劳动争议案件既可以合并由劳动争议仲裁机构处理，也可以分别处理。也就是说，普通共同当事人争议的标的是可分的，是否合并处理，应由劳动争议仲裁机构根据需要作出决定。而劳动争议仲裁机构认为需要合并处理的，即使让职工当事人作为共同当事人参加仲裁活动后，也要分别作出确认各自劳动权利义务的仲裁裁决。此类劳动争议仲裁活动中，共同当事人之间不构成内部法律关系，他们各自对自己的行为负责，其行为无论是否经过其他共同当事人承认，对其他共同当事人均不发生效力。

五、劳动争议仲裁第三人

（一）劳动争议仲裁第三人

劳动争议仲裁第三人，指对劳动争议仲裁当事人所争议的标的主张独立的请求权，或者虽然不主张独立的请求权，但是案件的处理结果与他有着法律上的利害关系，因而参加到已经开始的仲裁活动中，以维护自己合法权益的人。《劳动争议调解仲裁法》第 23 条规定：“与劳动争议案件的处理结果有利害关系的第三人，可以申请参加仲裁活动或者由劳动争议仲裁委员会通知其参加仲裁活动。”

第三人的特征如下：

1. 参加劳动争议仲裁活动的时间，必须是在他人之间的仲裁活动已经开始，而劳动争议仲裁庭尚未作出裁决之前；

2. 参加劳动争议仲裁活动的依据，必须是本案的处理结果与其有着法律上的利害关系，这种利害关系是指实体权利义务上的关系；

3. 参加劳动争议仲裁活动的目的，必须是维护自己合法的劳动权益，并且是以自己的名义参加劳动争议仲裁活动的。

必须同时具备上述三个特征，才有资格作为劳动争议仲裁活动的第三人。

（二）第三人的种类

根据第三人参加仲裁的依据、目的和方式不同，第三人可分为以下两种。

1. 有独立请求权的第三人。就是对当事人之间所争议的标的，以独立实体权利人的资格，主张全部或部分独立请求权，并以原当事人作为共同被申请人，向劳动争议仲裁委员会提起一个新的申请，因而参加到他人已经开始的仲裁活动中来并成为当事人的人。他在仲裁活动中享有申请人的权利和承担申请人的义务。

2. 无独立请求权的第三人。指对当事人之间所争议的标的，虽然没有独立请求权，但案件的处理结果，可能同他有着法律上的利害关系，他为了维护自己的合法权益，而参加到原当事人一方进行仲裁活动。如果他支持的当事人胜诉，他将免受某种损失；如果他支持的当事人败诉，他将会遭受某种损失。

无独立请求权的第三人，可以主动向劳动争议仲裁委员会提出申请，也可以由当事人一方请求并经仲裁委员会同意，或者由仲裁委员会通知他参加仲裁活动。

（三）第三人在仲裁活动中的权利和义务

第三人在参加劳动争议仲裁活动中享有下列权利。

1. 有权了解原申请人和被申请人申请和答辩的事实和理由，并向劳动争议仲裁庭递交陈述意见书，陈述自己对该争议的意见。

2. 有权参加劳动争议仲裁审理活动。开始审理时，劳动争议仲裁庭应当通知其出庭，在庭审中第三人有权陈述意见、提供证据、进行申辩。

3. 有权就劳动争议仲裁庭仲裁裁决中确定其承担的义务提出起诉。

第三人参加劳动争议仲裁活动应当履行遵守仲裁纪律、如实陈述事实、提供证据、不得歪曲事实真相、不得伪造证据、按时到庭参加仲裁活动、执行已经生效的仲裁调解书及仲裁裁决书的义务。

六、代表人

劳动争议仲裁中的代表人指具有共同或同种类法律利益且人数众多的当事人，为了便于共同仲裁，而推举出代表其参加劳动争议仲裁活动的人。劳动者一方当事人在10人以上并有共同理由的，应当推举代表参加仲裁活动，代表人数由仲裁委员会确定。

仲裁代表人制度有利于争议双方的快速有效沟通，增强当事人双方的互信，保证用人单位生产工作秩序在争议期间的正常维持与运行，有效促进劳动争议及时、妥善解决。推举的代表人须是劳动争议当事人中的一员；推举的代表人应具有一定的参与仲裁能力，能始终站在维护全体当事人合法权益的立场，正确履行代表义务。

七、代理人

（一）代理人

代理是代理人在代理权的范围内，以被代理人的名义独立与第三人实施的法律行为，由此产生的法律后果直接或间接归属于被代理人的法律制度。《民法典》规定，民事主体可以通过代理人实施民事法律行为。代理人在代理权限内，以被代理人名义实施的民事法律行为，对被代理人发生效力。代理包括委托代理和法定代理。委托代理人按照被代理人的委托行使代理权。法定代理人依照法律的规定行使代理权。

劳动争议仲裁代理是一项维护劳动争议当事人（被代理人）合法权益，保证劳动争议仲裁活动顺利进行的劳动争议仲裁法律制度，在劳动争议仲裁活动中具有重要意义。

在劳动争议仲裁活动中，依照法律规定或受当事人委托或由劳动争议仲裁委员会指定代理劳动争议当事人一方，以被代理人的名义，在法律规定或被代理的当事人授权的范围内参加仲裁活动的行为，称为劳动争议仲裁代理。在代理关系中，代替他人参加劳动争议仲裁活动的人称为代理人；需要别人代其参加劳动争议仲裁活动的人，称为被代理人。

（二）代理人的种类

按照代理权的取得和《劳动争议调解仲裁法》规定，劳动争议仲裁代理人主要有委托代理人、法定代理人和指定代理人三种。

1. 委托代理人。指受劳动争议仲裁当事人或法定代表人的委托，根据一定的代理权限为维护被代理人的合法权益以被代理人名义代为参加劳动争议仲裁活动的人，《劳动争议调解仲裁法》规定："当事人可以委托代理人参加仲裁活动。委托他人参加仲裁活动，应当向劳动争议仲裁委员会提交有委托人签名或者盖章的委托书，委托书应当载明委托事项和权限。"

（1）委托代理人的范围。根据《民事诉讼法》和有关法律规定，律师、当事人的近亲属、有关的社会团体或者所在单位推荐的人、经仲裁机构许可的其他公民，都可以被委托为仲裁代理人。

（2）委托代理权的成立。根据《劳动争议调解仲裁法》规定："委托他人参加仲裁活动，应当向劳动争议仲裁委员会提交有委托人签名或者盖章的委托书，委托书应当载明委托事项和权限。"当事人及其法定代理人要委托他人代为参加仲裁活动的，首先要与被委托人签订委托合同。在委托合同的基础上产生授权委托书。委托书需以书面形式提交仲裁机构。委托书要证明被委托人的基本自然状况、委托的事项和授权的范围等。如果要代理人代为承认、放弃或者变更请求，进行和解，提起反诉或者到法院起诉，还必须有被代理人的特别授权。经劳动争议仲裁委员会审查同意后，委托代理才成立。

(3) 委托代理权的变更或解除。委托代理权的变更或解除，主要是指在委托代理成立后，当事人给予代理人的权限扩大或缩小，或者解除委托代理权。另外，也可由代理人要求变更或解除代理权。代理人的权限如果变更或者解除，当事人应当书面告知仲裁委员会并由仲裁委员会通知对方当事人。

2. 法定代理人。法定代理指依照法律规定而直接发生的代理。法定代理人是根据法律规定而行使代理权的人。《劳动争议调解仲裁法》规定："丧失或者部分丧失民事行为能力的劳动者，由其法定代理人代为参加仲裁活动。"

法定代理权是基于法律确定的监护权而产生的代理权。只有对丧失或者部分丧失民事行为能力的劳动者有监护权的人，才能在发生劳动争议仲裁时成为丧失或者部分丧失民事行为能力的劳动者的法定代理人。如无思维或语言行为能力职工当事人的配偶、父母或者成年子女等。劳动争议案件中的劳动者应当是成年人和部分年满16岁的未成年人，根据我国法律关于民事行为能力的规定，一般不需要由法定代理人代理劳动者参加劳动争议案件仲裁。但是，实践中存在劳动者遭受伤害致其精神失常而成为精神病人、身体高度残疾而成为植物人甚至死亡的情形，这种情形下劳动者不能以完全民事行为能力人的身份参与劳动争议案件仲裁活动，需要由他人代为参与劳动争议案件的仲裁，以维护自身的合法权益。所以，《劳动争议调解仲裁法》规定，丧失或者部分丧失民事行为能力的劳动者，由其法定代理人代为参加仲裁活动。根据《民法典》规定，无民事行为能力人、限制民事行为能力人的监护人是其法定代理人。对于监护人的确定，根据《民法典》规定，劳动者是无民事行为能力或者限制民事行为能力的成年人的，由下列有监护能力的人按顺序担任监护人：(1) 配偶；(2) 父母、子女；(3) 其他近亲属；(4) 其他愿意担任监护人的个人或者组织，但是须经被监护人住所地的居民委员会、村民委员会或者民政部门同意。无法定代理人的，由劳动争议仲裁委员会为其指定代理人。劳动者死亡的，由其近亲属或者代理人参加仲裁活动。

法定代理人主要特征如下。

（1）法定代理人不是基于被代理人的意思，也不是基于法定代理人的意思，而是基于法律的规定。因而，一方面是不经当事人的意思表示法定代理人就有权进行代理，法定代理人参加劳动争议仲裁不需要办理委托代理书，只要证明自己的身份与被代理人具有监护关系，其代理权便成立；另一方面是不以法定代理人的意思表示为转移，必须为丧失或者部分丧失民事行为能力的当事人代为参加劳动争议仲裁活动。法定代理人在两人以上并互相推诿代理责任的，劳动争议仲裁机构可以指定其中 1 人代为进行仲裁活动。

（2）法定代理人在劳动争议仲裁活动中处于被代理的当事人同一法律地位，具有全权代理的资格。劳动争议仲裁法律、法规赋予当事人的仲裁权利和义务均由法定代理人享有和承担。法律上认为法定代理人的意思表示就是当事人的意思表示，法定代理人参加劳动争议仲裁活动的行为，对被代理人直接发生法律效力，产生法律后果。

（3）法定代理人不享有或承担任何实体劳动权利或义务，当事人才是劳动争议仲裁机构裁定的实体劳动权利或义务的享有者或承担者。在劳动争议仲裁活动中，法定代理人如果突然丧失代理能力或死亡，虽然可能引起劳动争议仲裁活动的中止，但并不产生劳动争议仲裁活动的终止或终结。

3. 指定代理人。在特殊情况下，无仲裁行为能力的劳动争议当事人参加仲裁活动，由于没有法定代理人，或者法定代理人不能行使代理权或相互推诿时，经当事人申请或劳动争议仲裁委员会依照职权，为其指定代理人。这种代理在法律上称为必要的代理。被指定代理参加劳动争议仲裁活动的人，为指定代理人。《劳动争议调解仲裁法》第 25 条规定：“丧失或者部分丧失民事行为能力的劳动者，由其法定代理人代为参加仲裁活动；无法定代理人的，由劳动争议仲裁委员会为其指定代理人。劳动者死亡的，由其近亲属或者代理人参加仲裁活动。”

无劳动争议仲裁行为能力的人发生劳动争议，如果本人需要申请仲裁，因无法定代理人，不能申请，可能超过申请仲裁的时效；在劳动争议仲裁活动中法定代理人如果丧失了代理能力，因等待其法定代理人能行使代理权后再进行劳动争议仲裁，势必拖延仲裁的时间。因此，为了保护当事人的合法权益及出于仲裁活动的需要，《劳动争议调解仲裁法》规定了仲裁委员会可以为当事人指定代理人的制度。

指定代理人有以下特征。

（1）指定代理人是基于劳动争议仲裁委员会的选任，而不是基于当事人的意思表示。劳动争议仲裁委员会指定谁担任这种代理人，不需要经被代理人同意，由劳动争议仲裁委员会自行选任后通知被代理人即可。

（2）指定代理人在劳动争议仲裁活动中，行使当事人的权利，承担当事人的义务，代理当事人的一切行为。因为指定代理人是劳动争议仲裁委员会依法指定的仲裁中的代理人，而不是当事人委托的代理人，因此，与法定代理人具有相同的地位。但指定代理人不能代理当事人处分实体权利和仲裁活动中的一些权利。如不能放弃或变更仲裁请求，不能承认仲裁请求，不能和对方当事人和解结案。

（3）指定代理人随着特殊情况的消除而脱离劳动争议仲裁活动。指定代理人是在特殊情况下选任的，如果情况有变化，这种代理人即可脱离劳动争议仲裁活动。如法定代理人或本人为完成仲裁中的行为，设立指定代理的原因消除时，这种代理就无必要，指定代理权也归于消灭。

此外，需要注意的是，死亡职工的指定代理人必须是该职工的利益关系人，他不仅具有指定代理人的一般特征，还具有当事人的某些特征，这是劳动争议仲裁指定代理人的一种特殊情况。所以，《劳动争议调解仲裁法》规定，劳动者死亡的，由其近亲属或者代理人参加仲裁活动。

第四节 劳动争议仲裁管辖

一、劳动争议仲裁管辖概述

（一）劳动争议仲裁管辖

劳动争议仲裁管辖，指确定各个劳动争议仲裁委员会审理劳动争议案件的分工和权限，明确当事人应当到哪一个劳动争议仲裁委员会申请劳动争议仲裁，由哪一个劳动争议仲裁委员会受理的法律制度。它要解决的是劳动争议仲裁委员会受案范围内的劳动争议案件应具体由哪一个劳动争议仲裁委员会来受理的问题。

（二）划分劳动争议仲裁管辖的原则

根据我国的实践经验，从现行劳动争议仲裁立法的基点出发，在划分劳动争议仲裁的管辖时，应遵循以下原则。

1. 要有利于劳动争议当事人申请权和应诉权的顺利行使。保护劳动争议当事人申请仲裁的权利，是我国劳动争议仲裁制度的特点之一，也是我国劳动争议仲裁委员会的基本任务和重要职责之一。当事人的合法权益是否得到保护，其前提条件是看当事人的申请权是否得到保证。而当事人的申请权的行使，又与劳动争议仲裁管辖的科学划分有着密切的联系。如果管辖不明确，一是可能出现当事人不知向哪个仲裁委员会申请，造成当事人告状无门；二是两个仲裁委员会互相推诿或争相受理劳动争议案件，就会出现当事人四处奔波或不知所措的现象。因此，划分劳动争议仲裁管辖，首先要考虑方便当事人申请，以保证劳动争议当事人向劳动争议仲裁委员会的申请仲裁和应诉权的顺利实现，减少当事人的维权成本为原则。

2. 要有利于劳动争议仲裁委员会行使管辖权和仲裁权。劳动争议仲裁委员会处理劳动争议的仲裁权，是国家法律赋予劳动争议仲裁委员会的权力。而劳动争议仲裁委员会行使仲裁权是通过对具体的劳动争议案件的裁决得以实现的。劳动争议仲裁委员会要实现劳动争议仲裁的权力，首先必须取得对该劳动争议案件的管辖权。可见，正确地划分劳动争议仲裁的管辖，关系到劳动争议仲裁委员会合法地、顺利地执行自己的职能，行使自己的权力。因此，应当根据各地劳动争议的实际情况及劳动争议仲裁委员会的总体布局合理地确定各个劳动争议仲裁委员会的管辖范围，为劳动争议仲裁委员会办理案件提供便利。

3. 要有利于提高办案质量。劳动争议仲裁委员会在进行劳动争议仲裁工作中，只有保证办案的质量，才能切实维护劳动争议当事人的合法权益，而合理地确定劳动争议仲裁管辖，对于提高办案质量有着重要的意义。

4. 要注意劳动争议仲裁委员会仲裁任务负担的均衡性。要根据各地劳动争议仲裁任务的多少，确立仲裁管辖的范围，以免出现有的仲裁委员会任务不足，有的仲裁委员会却负担过重，造成案件的积压，这样将会严重影响劳动争议案件的处理。所以，在划分劳动争议仲裁管辖权的时候，还应充分考虑到劳动争议仲裁委员会之间承担任务的均衡性，保证劳动争议仲裁工作的完成。

二、地域管辖

地域管辖，也叫地区管辖，指按照空间范围确定的劳动争议仲裁委员会受理劳动争议案件的分工。地域管辖分为以下几种。

（一）一般地域管辖

一般地域管辖，也叫普通管辖，它是以劳动争议发生地来确定劳动争议仲裁委员会对劳动争议案件的管辖。《劳动争议调解仲裁法》第 21 条第 1 款规定，“劳动争议仲裁委员会负责管辖本区域内发生的劳动争议”。目的是为双方当事人到仲裁委员会申请仲裁和应诉提供便利条件。按照《劳动争议调解仲裁法》规定，劳动争议仲裁委员会按照统筹规划、合理布局和适应实际需要的原则设立。省、自治区人民政府可以决定在市、县设立；直辖市人民政府可以决定在区、县设立。直辖市、设区的市也可以设立一个或者若干个劳动争议仲裁委员会。劳动争议仲裁委员会不按行政区划层层设立。从劳动争议仲裁委员会的设立可以看出，劳动争议仲裁委员会的管辖区域与各级行政区划不完全一致，这就要求省、自治区、直辖市人民政府在依法设立劳动争议仲裁委员会时，必须同时划定该劳动争议仲裁委员会的管辖区域。

如何确定一个劳动争议是否发生在本劳动争议仲裁委员会管辖区域范围内？按照《劳动争议调解仲裁法》第 21 条第 2 款规定，劳动争议由劳动合同履行地或者用人单位所在地的劳动争议仲裁委员会管辖。这就是说，只要发生劳动争议的当事人一方的用人单位所在地或者发生劳动争议的当事人之间的劳动合同履行地是在一个劳动争议仲裁委员会的管辖范围内，则该劳动争议仲裁委员会为有管辖权的劳动争议仲裁委员会。发生劳动争议的当事人必须到有管辖权的劳动争议仲裁委员会申请仲裁。

根据《劳动人事争议仲裁办案规则》规定，劳动合同履行地为劳动者实际工作场所地，用人单位所在地为用人单位注册、登记地或者主要办事机构所在地。用人单位未经注册、登记的，其出资人、开办单位或者主管部门所在地为用人单位所在地。实践中，大多数情况下，劳动合同的履行地即为用人单位所在地，二者是重合的。由劳动合同履行地或者用人单位所在地的劳动争议仲裁委员会管辖，既方便当事人参加仲裁活动，又方便劳动争议仲裁委员会对仲裁案件的审理活动，且一旦仲裁裁决发生法律效力，当事人向人民法院申请强制执行时，还便于人民法院进行执行。

（二）特殊地域管辖

特殊地域管辖，是一般地域管辖的对称，指依照当事人之间的某一个特殊的连结点确定的管辖。在某些特殊情况下，如果仍沿用一般地域管辖原则来确定管辖权，则不利于当事人申请、应诉和仲裁委员会行使仲裁权，因此，有必要在某些特殊情况下，对管辖作出一些不同于一般地域管辖的特别规定，这就产生了特殊地域管辖的问题。

《劳动争议调解仲裁法》第21条第2款中规定：“双方当事人分别向劳动合同履行地和用人单位所在地的劳动争议仲裁委员会申请仲裁的，由劳动合同履行地的劳动争议仲裁委员会管辖。”这主要是为了解决当事人就劳动争议仲裁委员会的管辖权发生争议时，如何确定劳动争议仲裁管辖的问题。实践当中，许多用人单位注册地与劳动合同履行地相距甚远，特别是一些集团公司在分公司、子公司工作的劳动者，如果安排在用人单位注册地进行仲裁将极大地增加劳动者的成本（路费、餐饮费、住宿费等），《劳动争议调解仲裁法》的规定确立了劳动合同履行地优先的管辖原则，有利于劳动争申请仲裁，劳动者可以就地维护自身权益。

按照《劳动人事争议仲裁办案规则》规定，劳动者有多个劳动合同履行地的，由最先受理的仲裁委员会管辖。劳动合同履行地不明确的，由用人单位所在地的仲裁委员会管辖。案件受理后，劳动合同履行地或者用人单位所在地发生变化的，不改变争议仲裁的管辖。

三、移送管辖

移送管辖是指没有管辖权的劳动争议仲裁委员会接受申请人的申请后，发现受理的劳动争议案件不属于本仲裁委员会管辖时，主动移送给有管辖权的劳动争议仲裁委员会处理的制度。《劳动人事争议仲裁办案规则》第9条规定，“仲裁委员会发现已受理案件不属于其管辖范围的，应当移送至有管辖权的仲裁委员会，并书面通知当事人。对上述移送案件，受移送的仲裁委员会应当依法受理。受移送的仲裁委员会认为移送的案件按照规定不属于其管辖，或者仲裁委员会之间因管辖争议协商不成的，应当报请共同的上一级仲裁委员会主管部门指定管辖”。移送管辖必须符合三个条件：一是仲裁委员会已经受理该案件，如未受理的，则应当作出管辖说明；二是移送的仲裁委员会经审查确定本仲裁委员会对该案件无管辖权；三是受移送的仲裁委员会依法对该案件具有管辖权。需要强调的是，移送管辖必须严格办理移送手续并及时进行，受移送的劳动争议仲裁委员会不应拒绝接受移送的案件，也不能将其退回原移送劳动争议仲裁委员会，如果受移送的仲裁委员会认为移送的案件按照规定不属于其管辖，应当报请共同的上一级仲裁委员会主管部门指定管辖，待管辖权确定后，再由具有管辖权的仲裁委员会受理。

四、指定管辖

指定管辖即共同的上一级仲裁委员会主管部门将有管辖权争议的案件指定给某个仲裁委员会管辖。指定管辖一般有以下两种情况：一是受移送的仲裁委员会认为移送的案件不属于其管辖；二是仲裁委员会之间因管辖争议协商不成。仲裁委员会之间因管辖权发生争议时，应当由争议双方或者几方协商解决，确实协商解决不了的，不能搁置不理或者抢先受理，而是应当报请共同的上一级仲裁委员会主管部门决定管辖权的归属。

五、管辖异议

（一）管辖异议的提出

劳动者和用人单位均可以提出管辖异议。根据《劳动人事争议仲裁办案规则》规定，当事人提出管辖异议的，应当在答辩期满前书面提出。提出管辖异议应当采用书面形式，而不能口头申请。如果当事人未按期依法提出管辖异议，即逾期提出时，不影响仲裁程序的进行及其合法性。

（二）审查管辖异议

1. 审查期限

针对管辖异议，仲裁委员会应当立即进行审查，及时作出决定。由于管辖异议的复杂程度并不相同，《劳动人事争议仲裁办案规则》没有明确规定管辖异议的审查期限，但管辖异议审查期限计入争议仲裁期间。

2. 处理方式

一般来讲，管辖异议审查期间不得进行案件审理。

管辖异议成立的，将案件移送至有管辖权的仲裁委员会并且书面通知当事人到有管辖权的仲裁委员会参加仲裁活动。

管辖异议不成立的，仲裁委员会应当以决定书的形式驳回，仲裁程序继续进行。

第五节　工会参加劳动争议仲裁

劳动争议仲裁是我国劳动争议处理的必经程序。相应的工会参加劳动争议仲裁是工会参与劳动争议处理的重要体现，是工会参与协调劳动关系的重要任务，也是法律赋予工会的重要职责。

一、工会依法参加劳动争议仲裁组织

《工会法》第 29 条第 2 款规定，“地方劳动争议仲裁组织应当有同级工会代表参加”。《工会参与劳动争议处理办法》第 18 条规定，“工会依照劳动争议调解仲裁法规定参加同级劳动人事争议仲裁委员会，履行有关职责”。根据规定，劳动争议仲裁委员会由人力资源社会保障行政部门代表、同级工会代表、用人单位方面的代表组成。工会参加到劳动争议仲裁组织是劳动争议处理三方原则的体现，是工会参与劳动争议处理的组织保障。工会应高度重视参与劳动争议仲裁工作，选派工作责任心强、法律素质高的工会干部担任仲裁委员会成员或仲裁员，并应当积极支持和协助他们工作，充分发挥工会工作者在劳动争议仲裁中的作用。

二、工会工作者作为劳动争议仲裁组织组成人员应当依法履行职责

根据《工会参与劳动争议处理办法》第 19 条规定，工会工作者作为

劳动人事争议仲裁委员会组成人员，依法履行下列职责：

（一）参与处理所辖范围内的劳动争议案件；

（二）参加仲裁委员会会议，遇特殊情况不能到会的，应出具委托书，委托本组织其他人员出席会议；

（三）参与研究处理有重大影响和仲裁庭提交的重大疑难案件；

（四）参与对办案程序违法违规、工作人员违法违纪等问题线索的核查处理；

（五）对受理的集体劳动争议及本地区有影响的个人劳动争议案件，及时向本级及上级工会书面报告。

三、工会工作者可以应聘担任兼职仲裁员，行使仲裁权

《劳动争议调解仲裁法》《劳动人事争议仲裁组织规则》均规定仲裁委员会可以聘任工会工作者作为兼职仲裁员。《工会参与劳动争议处理办法》第 20 条规定，“工会工作者符合法律规定的仲裁员条件，由劳动人事争议仲裁委员会聘为兼职仲裁员的，依法履行仲裁员职责。工会兼职仲裁员所在单位对其参加劳动争议仲裁活动应当给予支持”。

四、劳动者申请仲裁的，工会应当给予支持和帮助

《工会法》第 22 条第 3 款规定，“职工认为用人单位侵犯其劳动权益而申请劳动争议仲裁或者向人民法院提起诉讼的，工会应当给予支持和帮助”。工会具体的支持、帮助方式包括：提供法律咨询；代写仲裁申请书；接受委托代理其参加仲裁活动等。

思考题：

1. 仲裁的种类有哪些？
2. 什么是劳动争议仲裁？劳动争议仲裁有哪些特征？
3. 简述劳动争议仲裁的原则。

4. 劳动争议仲裁当事人有哪些特征？

5. 劳动争议仲裁当事人的权利和义务有哪些？

6. 简述劳动争议仲裁共同当事人。

7. 劳动争议仲裁第三人分哪几种？

8. 劳动争议仲裁第三人有哪些权利和义务？

9. 劳动争议仲裁代理人分哪几种？

10. 划分劳动争议仲裁管辖的原则是什么？

11. 简述劳动争议仲裁地域管辖。

12. 工会如何参加劳动争议仲裁？

案例 1

上海推进源头预防、流程提效、末端帮扶全流程服务 高效精准化解纠纷　构建和谐劳动关系

2024 年 2 月 6 日　来源：人民日报

2023 年，上海市人社部门受理处置的劳动争议调解仲裁案件 20.7 万件，结案率达 93%，调解率达 73% 以上。如何预防群体性劳动关系矛盾？矛盾发生后如何快速化解？如何帮助劳动者寻找就业出路？

前不久，上海市闵行区七宝镇居民赵×如愿入职新单位。此前，赵×被一家百货公司违约辞退，在社区劳动关系协调员的帮助下，他成功维权，并在 3 个月后通过社区的牵线找到了安保公司押运员的工作。“我有营运车辆驾照，七宝镇社区事务受理服务中心在再就业登记时记录了这项劳动技能，所以推荐给我的工作比较合适。”赵×说。

从失业维权到就业帮扶，近年来，上海持续推进建立劳动关系矛盾预警机制、劳动解纷“一件事”改革、解纷就业联动衔接等改革举措，推进源头预防、流程提效、末端帮扶等全流程服务。

提前介入智慧预警，注重源头排查化解

在闵行区“劳动关系智慧预警管理平台”电子屏上，全区的劳动纠纷案件概况一览无余——全区用工 5 人以上的 10463 家企业全部纳入实时监

管；当前处于预警状态的211件案件按照拖欠工资、单位关闭、劳动力减员、单位搬迁等预警类型分门别类，并以红、橙、黄、蓝4个颜色标识出案件的风险级别，显示处置进度。

“预警平台收集案件信息后，会自动研判分出风险等级，并按风险等级派单给相关部门，工作人员第一时间赶到现场处置。”闵行区人社局党组书记、局长介绍，预警平台通过公开平台等多个信源收集司法处置、行政处罚、信用安全、经营异常、企业舆情等风险信息，对劳动关系矛盾风险进行评级预警。

在劳动关系矛盾事件萌发之初，人社部门能否提早介入，从源头上避免事态扩大？2019年，闵行区人社局开发了数字化预警平台。智能化预警机制不仅带来了劳动纠纷突发事件处置的及时高效，更让劳动纠纷数量大幅减少，2023年，闵行区人社部门接处的劳动纠纷突发事件仅10起。

预警平台也减轻了街镇和企业的压力。

2023年5月，位于闵行区浦江镇的上海××电子电器有限公司将工厂整体迁至江苏南通。

早在2023年2月，浦江镇劳动关系调解员徐×就摸排了解到500多名员工中有100多人因各种原因不愿离开上海，其中30多人对补偿方案有异议。他一边将情况上报“预警平台”，一边与有异议的员工接触调解。而后，闵行区人社局、工会、企业联合会等三方进行多轮协商，拿出了公司和绝大部分员工认可的补偿方案。

“没有区人社局和浦江镇细致的前期准备，我们不可能顺利完成这项工作。”××电子公司人事专员裴××说。

目前，上海市人社局已建立起覆盖市、区、街镇三级的劳动纠纷预警机制。

“一口受理”一站办结，解纷通道提质增效

50岁的叶×没想到自己一趟窗口都没跑，3天就完成了维权。

2023年5月，他原本要和工作了3年的酒店续签合同，可等来的却是一纸辞退告知。多次沟通无果后，叶×登录上海“一网通办”移动客户端

“随申办”，在“劳动解纷一件事”办事板块，按照系统指引录入基本信息、填写案情诉求、上传劳动合同，几分钟就提交了维权申请。

申请提交的第二天，叶×就接到浦东新区人社部门的电话问询。在查实酒店违约信息后，浦东新区人社部门帮助叶×拿到了补偿金。

叶×感受到的维权便利是浦东新区近些年改革的结果。2018年，浦东新区率先实行劳动争议综合受理改革，并自2020年起率先推进“劳动解纷一件事”改革，实现基层调解、劳动监察、劳动仲裁“一口受理、线上受理、智能受理”。

浦东新区人社局劳动关系处处长介绍：“我们对浦东新区近3年6万多条劳动监察、劳动仲裁维权的数据进行分析，梳理、总结新区劳动关系矛盾常见的21类事由、73项请求及所对应的300余项表单要素、500余条法律依据、100余个计算公式，建立劳动维权知识库，构建劳动维权智能辅助系统。”

劳动者仅需录入基本信息、选择案情诉求，即可由系统智能生成维权请求，并进行受理。浦东新区的劳动维权申请时间与办理时间大幅缩短；基层平均调解成功周期从15日缩短为5日至7日，调解受理数同比上升41.69%，调解成功数同比上升40.81%。

在浦东新区的张江镇，除了“一口受理”，还有独具特色的“劳动争议调解室”“劳动争议仲裁院张江仲裁庭”“浦东新区法院张江巡回法庭”三合一模式。

张江镇社区事务受理服务中心主任说，张江镇率先探索的“三合一”改革，“写入”了浦东新区人大立法。2023年5月，浦东新区正式实施基层调解、劳动仲裁、起诉立案、诉讼裁判、强制执行一站式全流程闭环的劳动人事争议解决机制。

“提前介入处置在前端化解了矛盾，进入法院诉讼环节的案件自然就减少了，既缩短了案件流程、提高了处置效率，也缓解了法院的办案压力。”浦东新区劳动人事争议仲裁院院长说。

2023年，上海市人社部门受理处置的劳动争议调解仲裁案件20.7万件，结案率93%，调解率达73%以上。据统计，上海市涉劳动纠纷类案件，进入法律诉讼环节的案件数量占案件总数的比例少于10%。

解纷就业无缝衔接，精准帮扶保障民生

“多亏了街道牵线帮忙找工作。”49岁的浦东新区居民陈××，失业后很快收到了浦东新区洋泾街道社区事务受理服务中心推荐的工作岗位，顺利入职一家宾馆。

原来，浦东新区人社局专门成立的就业援助工作小组，为像陈××一样的失业人员建立了再就业跟踪机制，将劳动关系矛盾化解与精准就业服务有机衔接。

上海市人社局针对劳动关系领域的矛盾纠纷，积极构建劳动解纷和就业帮扶相结合的闭环工作模式。上海市人社局副局长说，劳动解纷的目标是促进和谐的劳动关系。调处劳动纠纷要有标本兼治的系统思维，不能只追求“案结事了”，更要追求“人和”。解决好劳动者的就业出路，就能够有效避免和化解矛盾纠纷。

前不久，浦东一家企业关停，浦东新区人社局就业援助工作小组第一时间介入牵线搭桥，最终1689名员工实现了再就业。闵行区将“劳动关系智慧预警管理平台”与“易就业”平台的数据对接，人社部门在处置企业“关停并转迁”以及裁员等情况时，直接向涉事职工提供就业援助服务，实现“劳动关系矛盾处置+就业岗位推送”无缝衔接。

2023年，上海市人社部门为劳动者推荐工作岗位32.3万人次，实现再就业16.05万人次。(黄晓慧)

案例2

劳动者学历造假被解除劳动合同不享有赔偿金

基本案情

2016年5月李某入职某公司，2021年9月被任命为物业经理。后公司在学信网上无法认证李某入职时提供的大专毕业证书，便通过邮件询问该大专院校，学校回复未查询到李某毕业信息。2021年11月，公司以李某学历造假为由，通知其解除劳动合同。李某申请仲裁，要求裁决公司支付违法解除劳动合同赔偿金。

裁决结果

仲裁委员会经审理认为，李某入职时提供的大专毕业证书无法在学信网和学校得到认证，故认定李某存在学历造假行为。公司在李某提供虚假学历情况下，违背真实意思与其订立劳动合同，根据《劳动合同法》第 26 条第 1 款规定，该劳动合同无效，公司据此解除劳动关系并无不当，无须支付赔偿金。

案例评析

人力资源社会保障部、最高人民法院《关于劳动人事争议仲裁与诉讼衔接有关问题的意见（一）》第 19 条规定："用人单位因劳动者违反诚信原则，提供虚假学历证书、个人履历等与订立劳动合同直接相关的基本情况构成欺诈解除劳动合同，劳动者主张解除劳动合同经济补偿或者赔偿金的，劳动人事争议仲裁委员会、人民法院不予支持。"本案引导用人单位、劳动者在订立劳动合同时，应当遵循诚实信用原则，杜绝弄虚作假，共同构建相互信任、和谐有序的职场环境。

案例 3

如何认定网络主播与文化传播公司之间是否存在劳动关系

基本案情

毛某于 2022 年 3 月通过某招聘网站看到某文化传播公司发布的招聘才艺主播信息显示：无责保底工资 5000 元、六小时半天班、提成 40%、年薪 20 万~50 万元等。后毛某与该公司工作人员联系，咨询其主播职位待遇信息，该公司工作人员对薪资部分答复为"无责底薪 5000 元和 40% 的提成"，直播时间答复为"每天播够六个小时、三个班次"。2022 年 3 月 24 日，某文化传播公司开始对毛某进行培训。2022 年 3 月 28 日，毛某用其之前注册的主播 ID 加入该公司直播公会并签订网络协议。其中，《主播入会须知》显示："开播时长（小时）≥160，公会提供 5000 元/月保底。如你达到开播要求，且在平台当月可提现的直播收入不足保底金额，公会需额外支付相应差额以确保你享有保底收入；如未达到要求或可提现收入超过保底，公会无须额外支付。”之后毛某正式开播。2022 年 4 月 4 日，因毛某播出收益效果不好，某文化传播公司要求毛某离职，毛某退出公司直播公会。毛某直播期间获得收益 137.26 元，某文化传播公司未向毛某支付报酬。2022 年 5 月 6 日，毛某以公司违法解除劳动关系为由要求某文化传播公司向其支付经济赔偿金及 2022 年 3 月 24 日至 2022 年 4 月 4 日期间的工资，某文化传播公司以双方之间不存在劳动关系为由拒绝支付。毛某遂向劳动人事争议仲裁委员会申请仲裁。申请人请求：请求确认某文化传播公司与毛某之间存在事实劳动关系，并支付 2022 年 3 月 24 日至 2022 年 4 月 4 日的工资 2000 元、违法解除劳动关系经济赔偿金 4000 元。

裁判结果

劳动人事争议仲裁委员会裁决：驳回毛某的仲裁请求。

案例分析

本案争议焦点是，毛某是否与某文化传播公司存在劳动关系。第一，2022 年 3 月 24 日，毛某到某文化传播公司后，某文化传播公司开始对毛某进行培训；2022 年 3 月 28 日，毛某用其之前注册的主播 ID 加入某文化传播公司直播公会并签订网络协议后正式开播。某文化传播公司没有与毛某签订劳动合同的意思表示。第二，双方虽约定“无责底薪 5000 元”，但实为某文化传播公司在毛某满足开播要求后，向其支付的保底酬金，不属于工资范畴。某文化传播公司提供的《主播入会须知》显示，毛某的报酬收入是从网络直播赚取的费用中按照双方约定的比例进行收益分成，且某文化传播公司也要从毛某直播赚取的收入中提取一定比例的分成，双方这种收益分配方式，不符合劳动关系特征。第三，从工作内容上看，毛某从事的网络直播，系毛某通过自己注册的账号在第三方直播平台上进行直播。第四，毛某所称的管理，系基于毛某与其所注册网络平台的要求而衍生的对毛某直播活动作出的管理规定，不应视为某文化传播公司与毛某双方之间具有人身隶属关系的规章制度。因此，对毛某提出的确认劳动关系等仲裁请求，劳动人事争议仲裁委员会不予支持。

典型意义

近年来，随着网络平台经济的迅速发展，网络主播成为新型职业，网络主播经纪公司也应运而生，既丰富了人民群众的精神文化生活，也为经济增长提供了新动力。不同于传统的劳动关系，网络主播新型用工关系在形式上更加灵活。个别传媒公司、“经纪人”以“高底薪”“高保底”“无责任”等条件来吸引新人主播，主播们真正签约之后往往发现事情并非如其所愿。在保护合法劳动权益的同时，也需依法规范用工单位的用工行为，以促进网络直播行业在法治的轨道上长远健康发展。对于网络主播等新型用工关系的认定，在从传统的人格从属性、经济从属性、组织从属性方面进行判断的同时，也应当结合网络用工特点，综合考虑双方当事人是否达成合意、用工单位对主播的管理方式、主播在直播过程中的自主程度及其薪资来源等多种要素，综合分析判断网络主播与用工单位之间的法律关系性质。

案例 4

田某某与某物业公司带薪年休假工资报酬争议案

裁决要旨

年休假天数根据职工累计工作时间确定，应将其在同一或不同用人单位的工作时间，包括视同工作时间累计计算。职工休病假时间未达到不享受当年带薪年休假相应情形的，用人单位应依法安排带薪年休假。用人单位未举示证据证明已安排劳动者带薪年休假或已支付未休年休假工资报酬的，应承担相应不利后果。

基本案情

田某某于 1980 年 2 月经原某农业局招聘为蚕桑员，工作至 2001 年 2 月被清退。2015 年 9 月 25 日，田某某与綦江区某物业公司建立劳动关系。2018 年 10 月 27 日，田某某因交通事故受伤后休病假 3 个月零 7 天。2019 年 8 月 31 日，田某某与该物业公司解除劳动关系。田某某于 2020 年 8 月 25 日申请劳动仲裁，主张带薪年休假工资报酬。该物业公司辩称，田某某之前的工作经历与物业公司无关，不应作为累计工作时间计算，2018 年 10 月发生交通事故，田某某承担主要责任，医疗期间休假 3 个月零 7 天，应抵扣年休假。

仲裁裁决

根据《企业职工带薪年休假实施办法》第 4 条规定，年休假天数根据职工累计工作时间确定。职工在同一或者不同用人单位工作期间，以及依照法律、行政法规或者国务院规定视同工作期间，应当记为累计工作时间。田某某 1980 年 2 月至 2001 年 2 月的工作期间应计入关于带薪年休假的累计工作年限。田某某于 2015 年 9 月 25 日与该物业公司建立劳动关系，职工连续工作满 12 个月以上的，享受带薪年休假。根据《职工带薪年休假条例》第 3 条第 1 款、第 4 条第 5 项，田某某累计工作满 20 年以上，年休假 15 天，其 2018 年请病假不足 4 个月，不属于不享受当年带薪年休假的相应情形，仍应享受带薪年休假 15 天。某物业公司未举证证明其已依法安排申请人休带薪年休假或已支付未休年休假工资报酬。综上，仲裁委裁决该物业公司承担相应的带薪年休假工资报酬支付责任。

第八章

劳动争议仲裁组织

劳动争议仲裁组织，是国家法律授权专门处理劳动争议的机构，是劳动争议仲裁的主体。没有劳动争议仲裁组织，劳动争议仲裁就无法进行。劳动争议仲裁组织包括劳动争议仲裁委员会及其办事机构和仲裁庭。

第一节　劳动争议仲裁委员会

一、劳动争议仲裁委员会的性质

劳动争议仲裁委员会是国家授权，依法独立处理劳动争议案件的专门机构，也是劳动争议仲裁组织的核心。劳动争议仲裁委员会的设立、组成、职责等是由法律、法规明确规定的。《劳动人事争议仲裁组织规则》第2条规定，“劳动人事争议仲裁委员会由人民政府依法设立，专门处理争议案件”。第3条规定，“人力资源社会保障行政部门负责指导本行政区域的争议调解仲裁工作，组织协调处理跨地区、有影响的重大争议，负责仲裁员的管理、培训等工作”。

二、劳动争议仲裁委员会的设立

《劳动争议调解仲裁法》第17条规定：“劳动争议仲裁委员会按照统筹规划、合理布局和适应实际需要的原则设立。省、自治区人民政府可以决定在市、县设立；直辖市人民政府可以决定在区、县设立。直辖市、设区的市也可以设立一个或者若干个劳动争议仲裁委员会。劳动争议仲裁委员会不按行政区划层层设立。”《劳动人事争议仲裁组织规则》第4条规定，“仲裁委员会按照统筹规划、合理布局和适应实际需要的原则设立，由省、自治区、直辖市人民政府依法决定”。上述规定主要包括以下两层意思。

（一）劳动争议仲裁委员会设立的原则

劳动争议仲裁委员会应当按照统筹规划、合理布局和适应实际需要的原则设立，不按行政区划层层设立。即劳动争议仲裁委员会的设立应当根据本地劳动争议处理工作的实际需要，统筹规划劳动争议仲裁委员会的数目，进行合理布局，不按行政区划层层设立。劳动争议仲裁委员会的设立应本着精简、高效的原则，要有利于充分发挥劳动争议仲裁委员会的功能，有利于方便劳动者参加仲裁，有利于及时妥善处理劳动争议。

过去，我国劳动争议仲裁委员会是按照行政区划层层设立的，所有的县、市、市辖区都设立了劳动争议仲裁委员会，而且所有的省、自治区、直辖市也都设立了劳动争议仲裁委员会，层次过多，数量庞大，影响劳动争议仲裁委员会功能的发挥。现在，劳动争议仲裁委员会不按行政区划层层设立，这是考虑到，发生劳动争议的案件一般都在基层，一个仲裁委员会管辖的区域范围越小，越方便当事人参加仲裁活动。另外，劳动争议仲裁实行一裁制，如果当事人不服仲裁裁决，可以向人民法院提起诉讼。

（二）劳动争议仲裁委员会如何设立

劳动争议仲裁委员会的设立由省、自治区、直辖市人民政府依法决定。具体可分三方面来说。

1. 省、自治区人民政府可以决定在市、县设立。即省、自治区人民政府可以依据《劳动争议调解仲裁法》规定，决定在本行政区域内的各市、县设立劳动争议仲裁委员会。这里的“市”包括设区的市和不设区的市。根据设立劳动争议仲裁委员会的原则，省级政府决定在市设立了劳动争议仲裁委员会后，就可以考虑不必在每个县都设立。而且，按照《劳动争议调解仲裁法》规定，设区的市可以不分别在每个市辖区和县都设立，而是在整个市的范围内设立一个或者若干个劳动争议仲裁委员会。

2. 直辖市人民政府可以决定在区、县设立。即北京、上海、天津和重庆4个直辖市的人民政府，可以决定在其所辖的区和县分别设立劳动争议仲裁委员会，也可以不分别在每个区和县设立，而是在整个市的范围内设立一个劳动争议仲裁委员会，或者将全市划分为若干个辖区，分别设立若干个劳动争议仲裁委员会。

3. 省级人民政府可以决定在各个县、市、市辖区和不设区的市平铺设立劳动争议仲裁委员会，也可以决定设区的市设立一个劳动争议仲裁委员会，或者不按市辖区、县设立若干个劳动争议仲裁委员会。劳动争议仲裁委员会不按行政区划层层设立。不同层级的仲裁委员会独立办案，互不隶属。

三、劳动争议仲裁委员会的组成

劳动争议仲裁委员会的组成指依照法律法规规定成立的劳动争议仲裁委员会的人员构成。仲裁委员会的组成关系到仲裁委员会的性质、仲裁的工作方式、仲裁裁决的效力，关系到仲裁裁决是否公正、合理、合法，是否具有权威性。

（一）仲裁委员会组成人员

《劳动争议调解仲裁法》规定："劳动争议仲裁委员会由劳动行政部门代表、工会代表和企业方面代表组成。劳动争议仲裁委员会组成人员应当是单数。"从这一规定可以看出，劳动争议仲裁委员会由三方代表组成，体现了劳动关系三方原则，保证了劳动争议仲裁的公正性。三方代表具有不同的身份，不仅具有各自的劳动专门知识，而且代表不同方面的利益和要求，可以从不同的角度反映各方面的意见，有助于仲裁委员会在广泛听取意见、全面了解情况的基础上作出正确裁决，有利于全面、正确和公正地解决劳动争议，促进劳动关系的和谐稳定。

劳动和社会保障部门与人事部门合并后，组建了人力资源和社会保障部门。为了便于工作，将劳动争议仲裁委员会与人事争议仲裁委员会合并成立劳动人事争议仲裁委员会。《劳动人事争议仲裁组织规则》第5条规定，"仲裁委员会由干部主管部门代表、人力资源社会保障等相关行政部门代表、军队文职人员工作管理部门代表、工会代表和用人单位方面代表等组成。仲裁委员会组成人员应当是单数"。根据这一规定，仲裁委员会组成人员主要来源于以下部门：干部主管部门代表，主要是指党委组织部门代表；人力资源社会保障等相关行政部门代表，主要包括人力资源社会保障、科教文卫等相关部门代表；军队文职人员工作管理部门代表，主要是指本辖区团级以上单位的政治机关代表；工会代表，作为劳动者方面的代表；用人单位方面代表，主要包括工商联、企业联合会等企业组织的代表。这一规定充分体现了仲裁委员会组成人员的三方性、广泛性，确保居中裁决和仲裁公正，有利于对仲裁活动进行全面监督。该条对各方代表的人数、比例未作限制性规定，仅规定仲裁委员会组成人员应当是单数，这是因为，劳动争议仲裁委员会三方代表在仲裁过程中享有同等的发言权、决定权，不能由哪一方或者哪一个人单独作出决定，而必须经三方共同讨论、协商，方可作出仲裁的有关决定。集体决定有可能出现意见不一致的情况，为了作出最终的决定，应当实行少数服从多数的原则。而只有仲裁委员会组成人员是单数，才可能实施少数服从多数的原则。各地可根据这一原则，结合实际情况确定仲裁委员会组成人员。

（二）仲裁委员会组成人员身份及主任的确定

《劳动人事争议仲裁组织规则》第 6 条规定，“仲裁委员会设主任一名，副主任和委员若干名。仲裁委员会主任由政府负责人或者人力资源社会保障行政部门主要负责人担任”。可见，仲裁委员会组成人员的身份职责，包含主任、副主任和委员。设主任 1 名，主持仲裁委员会的全面工作，对仲裁委员会的工作负有责任。副主任协助主任开展工作。委员由来自各方面的代表担任，在仲裁委员会履行职责过程中，有权按照少数服从多数的原则参与仲裁委员会重大事项的决定，发表意见。对副主任、委员的职数，《劳动人事争议仲裁组织规则》未进行限制，均规定为若干名，由各仲裁委员会自行决定。

仲裁委员会主任应由以下人员之一担任：一是政府负责人，一般是分管人力资源社会保障工作的政府负责人，如副省长、副市长、副县（区）长。由政府负责人担任仲裁委员会主任，对于发挥仲裁委员会主任的作用、协调各方资源、推动调解仲裁事业的发展具有积极的意义。二是人力资源和社会保障行政部门主要负责人。

根据《劳动争议调解仲裁法》《劳动人事争议仲裁组织规则》《劳动人事争议仲裁办案规则》规定，归纳起来，仲裁委员会主任的法定职责主要包括：

1. 签发本仲裁委员会工作规则；
2. 提议召开仲裁委员会全体会议；
3. 提议讨论重大或者疑难案件；
4. 决定仲裁员、记录人员是否回避；
5. 批准仲裁案件的中止审理；
6. 批准仲裁案件办理期限的延长；
7. 批准仲裁委员会审查调解协议期限的延长；
8. 其他依法应当履行的职责。

四、劳动争议仲裁委员会的职责

《劳动争议调解仲裁法》第 19 条第 2 款规定，“劳动争议仲裁委员会依法履行下列职责：（一）聘任、解聘专职或者兼职仲裁员；（二）受理劳动争议案件；（三）讨论重大或者疑难的劳动争议案件；（四）对仲裁活动进行监督”。《劳动人事争议仲裁组织规则》第 7 条进一步细化了仲裁委员会的职责，其明确规定：“仲裁委员会依法履行下列职责：（一）聘任、解聘专职或者兼职仲裁员；（二）受理争议案件；（三）讨论重大或者疑难的争议案件；（四）监督本仲裁委员会的仲裁活动；（五）制定本仲裁委员会的工作规则；（六）其他依法应当履行的职责。”对仲裁委员会职责的明确规定，有利于仲裁委员会依法行使职权，确保仲裁活动正常有序进行，有利于理顺仲裁委员会与指导调解仲裁工作的人力资源社会保障行政部门之间的职能关系。

（一）聘任、解聘专职或者兼职仲裁员

仲裁委员会裁决劳动争议案件实行仲裁庭制，仲裁庭由仲裁员组成，组建专兼职仲裁员队伍是仲裁委员会开展劳动争议仲裁工作的基础。根据《劳动争议调解仲裁法》规定，劳动争议仲裁委员会可以聘任符合法定条件的曾任审判员的人员、专家学者、劳动人事行政部门或者其他有关行政

部门的人员、工会工作者、律师等为兼职或者专职仲裁员。目前，仲裁员资格由省级人民政府考核认定。取得仲裁员资格的人员可以在一个劳动争议仲裁委员会担任专职或者兼职仲裁员。专职仲裁员由劳动争议仲裁委员会从人力资源社会保障部门从事劳动争议处理工作的人员中聘任，兼职仲裁员由劳动争议仲裁委员会从人力资源社会保障部门或者其他行政部门的人员、曾任审判员的人员、工会工作者、专家、学者和律师等人员中聘任。劳动争议仲裁委员会聘任的专职或者兼职仲裁员的人数，由劳动争议仲裁委员会根据实际情况确定。劳动争议仲裁委员会依法聘任仲裁员后，还应对其实施管理和监督。

（二）受理劳动争议案件

劳动争议仲裁委员会是依法对劳动争议案件进行仲裁的专门机构，劳动争议仲裁委员会的基本职责就是处理本辖区内的劳动争议案件，因此，劳动争议仲裁委员会的一个法定职责就是依法受理劳动争议案件。发生劳动人事争议，当事人应当向仲裁委员会提出仲裁申请，仲裁委员会负责对申请人的仲裁申请依法进行审查，对符合条件的决定受理，再组成仲裁庭进行处理。

（三）讨论重大或者疑难的劳动争议案件

劳动争议仲裁委员会属于一个集体领导的组织机构，在劳动争议仲裁工作中也应实行民主集中制，集中集体智慧。因此，劳动争议仲裁委员会的一项法定职责就是讨论仲裁庭提交的少数重大、疑难案件的处理问题。重大案件，指案情复杂、涉及范围广、争议标的金额较大，案发后案件处理结果的影响较大的案件。疑难案件，指案件的处理依据不明确，法律适用问题存在争议的案件。重大或者疑难案件提交劳动争议仲裁委员会讨论，有利于总结仲裁经验，解决仲裁实践中出现的问题；有利于充分发挥劳动争议仲裁委员会处理重大、疑难案件的作用，从而避免错案的发生，提高办案质量，保证仲裁的顺利开展。所以，对重大或者疑难复杂的案件，由仲裁庭提请或者仲裁委员会主任、副主任提议，仲裁委员会应当进行讨论，对讨论结果应当遵循少数服从多数的原则确定，以确保仲裁公正。但需要注意的是，劳动争议仲裁委员会不能替代仲裁庭直接作出仲裁裁决。

（四）对仲裁活动进行监督

劳动争议仲裁委员会与仲裁庭、仲裁员、办事机构存在一种授权者与执行者的委托、指导和监督关系，虽然不直接过问和领导每个具体争议案件的处理，但应对劳动争议仲裁工作实行仲裁系统内部监督。为了使仲裁委员会监督仲裁活动的职责进一步细化，《劳动人事争议仲裁组织规则》设专章进行了明确规定。

（五）制定仲裁委员会的工作规则

仲裁委员会工作规则属于仲裁委员会内部事务管理规则，可以涵盖仲裁委员会的组织机构、职责分工、工作程序、工作纪律等方面的内容。其表现形式可以是一份被称为“工作规则”的规范性文件，也可以是一系列涉及仲裁委员会工作各方面组织和程序的文件。

（六）其他依法应当履行的职责

这是仲裁委员会职责范围的兜底性规定，以确保《劳动人事争议组织规则》的适应性和稳定性。

五、劳动争议仲裁委员会会议

《劳动人事争议仲裁组织规则》第 8 条规定，“仲裁委员会应当每年至少召开两次全体会议，研究本仲裁委员会职责履行情况和重要工作事项。仲裁委员会主任或者三分之一以上的仲裁委员会组成人员提议召开仲裁委员会会议的，应当召开。仲裁委员会的决定实行少数服从多数原则”。

（一）仲裁委员会会议制度

仲裁委员会的组成决定了召开会议是其开展工作的重要方式之一。仲裁委员会会议制度包括固定例会、临时会议、专题会议、案件评议会议等多种形式。鉴于仲裁委员会的组成涉及面较广，全体会议的召开应考虑各种因素，《劳动人事争议仲裁组织规则》明确规定全体会议应当每年至少召开两次。

除固定例会外，出于特殊情况需要，仲裁委员会也应当及时召开会议，研究解决重大问题。按照《劳动人事争议仲裁组织规则》的规定，提议召开会议的前置条件是仲裁委员会主任或者1/3以上的仲裁委员会组成人员提议。这样既确保了召开会议的严肃性，也较好地体现了组织会议的灵活性。

（二）仲裁委员会的议事决定原则

仲裁委员会的议事决定实行少数服从多数原则。少数服从多数，是民主集中制的基本原则之一。少数服从多数，是遵循按照多数人意见作出决定的原则。按照这个原则来决定问题，一般来说是能够集中正确意见的。《劳动人事争议仲裁组织规则》对如何实施少数服从多数原则没有作出具体规定，一般来说，多数可以是1/2的多数，也可以是2/3的多数；在计算方法上可以是出席会议人数的多数，也可以是仲裁委员会全体组成人员的多数，可以根据仲裁委员会具体情况和拟决定的事项确定。越是重大的事项，越需要严格的多数。

六、劳动争议仲裁委员会的办事机构

《劳动争议调解仲裁法》规定，“劳动争议仲裁委员会下设办事机构，负责办理劳动争议仲裁委员会的日常工作”。《劳动人事争议仲裁组织规则》规定，“仲裁委员会下设实体化的办事机构，具体承担争议调解仲裁等日常工作。办事机构称为劳动人事争议仲裁院（以下简称仲裁院），设在人力资源社会保障行政部门。仲裁院对仲裁委员会负责并报告工作”。这些规定，明确了仲裁委员会办事机构的设置。

（一）仲裁委员会实体化的办事机构为劳动人事争议仲裁院

在实践中，全国绝大多数仲裁机构都已经将名称统一为“劳动人事争议仲裁院”。《劳动人事争议仲裁组织规则》为进一步统一各地仲裁委员会实体化办事机构的名称，将其明确规定为劳动人事争议仲裁院，规范简称为仲裁院。

仲裁院普遍建立以来，有的地方还保留了仲裁委员会办公室（以下简称仲裁办），主要负责仲裁委员会会议组织、组成部门沟通协调等事项。从立法规定来看，《劳动人事争议仲裁组织规则》并未对设立仲裁办作出禁止性规定。从现实情况来看，仲裁办的组成人员往往来自仲裁委员会组成单位中直接从事相关业务工作的人员，在讨论协调处理有关问题等方面具有情况熟悉、组织便捷、反应迅速、协调有力等优势。各地可以根据本地需要决定保留仲裁办，但应当注意明确仲裁办的主要职责任务，避免与仲裁院职能交叉重叠。

（二）劳动人事争议仲裁院的职责任务

劳动人事争议仲裁院的基本职责是具体承担争议调解仲裁等日常工作。由于全国仲裁院机构性质、机构级别还存在一定的区别，实践中仲裁院承担的职责任务也略有不同，但主要包括以下几方面：

1. 宣传贯彻劳动、人事、社会保障等法律法规政策；

2. 承担管辖范围内争议案件处理工作；

3. 负责专兼职仲裁员及办案辅助人员的聘任（聘用）、考核、解聘等管理工作；

4. 开展仲裁规范化、标准化、专业化、信息化建设相关工作；

5. 负责管理、使用仲裁委员会的有关文书、档案、印鉴等工作；

6. 负责仲裁委员会的其他日常工作以及授权或交办的工作。

（三）仲裁院设在人力资源社会保障行政部门

仲裁院设在人力资源社会保障行政部门，主要有两层含义。一是仲裁院的机构编制设在人力资源社会保障行政部门。一方面有法律依据，《劳动争议调解仲裁法》第 18 条规定，“国务院劳动行政部门依照本法有关规定制定仲裁规则。省、自治区、直辖市人民政府劳动行政部门对本行政区域的劳动争议仲裁工作进行指导”。第 19 条第 1 款规定，“劳动争议仲裁委员会由劳动行政部门代表、工会代表和企业方面代表组成。劳动争议仲裁委员会组成人员应当是单数”。根据上述规定，仲裁委员会由三方代表组成，其中人力资源社会保障行政部门负责指导仲裁工作，在争议处理工作中发挥牵头作用。仲裁院作为仲裁委员会的实体化办事机构，将其设在人力资源社会保障行政部门有据可循。另一方面，也是实践的需要，有利于劳动人事争议的处理与劳动关系、事业单位人事管理工作统筹协调，有利于人力资源社会保障行政部门加强对仲裁工作的指导，有利于解决仲裁院发展中的现实问题。二是仲裁院是设在人力资源社会保障行政部门的独立机构。作为仲裁委员会的实体机构，仲裁院的主要职责是具体承担劳动人事争议调解仲裁等日常工作。仲裁权力的行使首先要确保中立公正，机构独立是重要前提，也是重要保障。因此，仲裁院不应当承担人力资源社会保障行政部门其他行政业务职能，仲裁院工作人员在独立行使仲裁权的过程中不应当交叉行使行政权力。

（四）仲裁院对仲裁委员会负责并报告工作

仲裁院是仲裁委员会实体化的办事机构，应当对仲裁委员会负责并报告工作。“负责”，就是仲裁院要定期或不定期向仲裁委员会报告工作，接受仲裁委员会的领导、管理和监督，具体负责争议处理等日常工作，负责落实仲裁委员会决定的事项，保障仲裁委员会依法履职。

（五）仲裁委员会组成单位可以派兼职仲裁员常驻仲裁院

《劳动人事争议仲裁组织规则》第 11 条规定，“仲裁委员会组成单位可以派兼职仲裁员常驻仲裁院，参与争议调解仲裁活动”。仲裁委员会向仲裁院派驻兼职仲裁员制度是对劳动争议仲裁三方原则的进一步落实和细化，有利于整合仲裁委员会组成各方资源优势，共同公正妥善处理劳动争议。仲裁委员会组成单位向仲裁院派驻兼职仲裁员，应当符合仲裁员任职条件，并经过仲裁委员会的聘任方可办案。仲裁委员会应当对派驻的兼职仲裁员进行聘期考核和工作监督。从工资形式上看，这些常驻仲裁院的兼职仲裁员和专职仲裁员一样属于常驻性质的仲裁员，但其人事关系在原组成单位而不是仲裁院，可定期轮换。派驻的兼职仲裁员在仲裁活动中与专职仲裁员享有同等权利，履行同等义务，应当服从仲裁委员会的监督管理。

第二节　劳动争议仲裁庭

劳动争议仲裁委员会是劳动争议仲裁的专门机构，但一般来讲，对于每一个具体的劳动争议案件则实行由专人负责办理的仲裁庭制度。仲裁庭是根据不同案件有针对性地组成的，代表劳动争议仲裁委员会行使劳动争议案件处理权，因此它是一个临时性的机构，简言之，是“一案一庭、有案即有庭”。

一、劳动争议仲裁庭制度基本规定

《劳动人事争议仲裁组织规则》第 12 条规定，“仲裁委员会处理争议案件实行仲裁庭制度，实行一案一庭制。仲裁委员会可以根据案件处理实际需要设立派驻仲裁庭、巡回仲裁庭、流动仲裁庭，就近就地处理争议案件”。这是对劳动人事争议仲裁庭制度的基本规定。

（一）仲裁庭制度

《劳动争议调解仲裁法》第 31 条中规定，“劳动争议仲裁委员会裁决劳动争议案件实行仲裁庭制”。仲裁庭不是仲裁委员会的常设机构，而是针对某个具体争议案件的处理临时组建的办案组织。仲裁庭一般分为合议仲裁庭和独任仲裁庭两种类型，合议仲裁庭一般由 3 名仲裁员共同组成；独任仲裁庭即仲裁庭由 1 人组成，独任审理。根据《劳动人事争议仲裁组织规则》第 13 条规定，符合规定争议案件必须组成 3 人合议仲裁庭进行审理。

（二）一案一庭制度

一案一庭制度指仲裁委员会受理争议案件后，根据案情需要，在已聘任的仲裁员中选择人员组成仲裁庭，专门负责该争议案件的处理。通过实行一案一庭制度确保仲裁庭组成的客观公正、高效透明，更好地落实仲裁庭组成人员的工作职责，也有利于根据案件的特点安排具有特定知识背景和裁判能力的仲裁员参与仲裁，以便更加快速、公正地办理案件。处理完该案件后，仲裁庭自动解散。

（三）仲裁庭特殊类型

为满足办案需要，更好地服务争议当事人，实现争议就地就近化解，《劳动人事争议仲裁组织规则》规定了派驻仲裁庭、巡回仲裁庭、流动仲裁庭 3 种特殊的仲裁庭类型。

派驻仲裁庭是仲裁委员会的常设派出组织，其设立根据经济社会发展、区域面积、企业和劳动者数量、交通条件及案件数量等情况决定，如设在企业密集、劳动者数量较多、争议案件较为多发的乡镇（街道）、工业园区等。派驻仲裁庭的具体管理由仲裁院负责，应当具备一定的办案条件。

与派驻仲裁庭相比，巡回仲裁庭不是常设组织，它具有阶段性、临时性的特点。仲裁委员会可以结合实际设立巡回仲裁庭，并根据案件情况定期或不定期派出仲裁员到巡回仲裁庭处理有关案件。仲裁委员会可以协调巡回仲裁庭所在地方政府及有关部门、组织协助保障巡回仲裁庭的办案条件。

流动仲裁庭指仲裁委员会根据具体案件处理需要，深入当事人单位所在地或者劳动人事关系所在地的农村、社区、企业、学校等，现场开庭处理案件。实行流动仲裁庭制度，一是有助于解决部分当事人实际困难，提供更加便捷的争议处理服务；二是有利于实现案件处理与普法相结合，发挥仲裁预防功能。

二、劳动争议仲裁庭组成方式和条件

《劳动人事争议仲裁组织规则》第 13 条规定，“处理下列争议案件应当由三名仲裁员组成仲裁庭，设首席仲裁员：（一）十人以上并有共同请求的争议案件；（二）履行集体合同发生的争议案件；（三）有重大影响或者疑难复杂的争议案件；（四）仲裁委员会认为应当由三名仲裁员组庭处理的其他争议案件。简单争议案件可以由一名仲裁员独任仲裁”。这一规定明确了仲裁庭的组成方式和条件。

（一）应当由3名仲裁员组成仲裁庭审理的案件

根据《劳动争议调解仲裁法》第31条规定，仲裁庭的组成方式有两种，其中下列类型案件应当由3名仲裁员组成仲裁庭审理。

1. 10人以上并有共同请求的争议案件。10人以上并有共同请求的争议案件属于集体劳动人事争议。集体劳动人事争议因为劳动者一方人数众多，其争议处理需要进行特别的制度安排，应当由3名仲裁员组成仲裁庭审理。

2. 履行集体合同发生的争议案件。履行集体合同发生的争议案件也属于集体劳动人事争议，也应当由3名仲裁员组成仲裁庭审理。

3. 有重大影响或者疑难复杂的争议案件。有重大影响的案件一般指因案件当事人、案件事实、争议内容、适用法律政策等方面的特殊性而受到社会广泛关注，对多数人的权利和义务产生影响，或者案件裁判结果会对社会公众起到一定作用的案件。疑难案件指案件本身有较多疑点，例如较为少见的案件，在现行法律、法规中并没有相关规定，或是与现行法律有冲突，需要仲裁庭自由裁量；复杂案件指牵扯的事情多，涉及的人员也多，时间周期跨度比较长的案件。这些案件因为影响重大、疑难、复杂，在处理过程中需要更加谨慎，全面查清案情，集思广益，考虑各方利益，因此应当由3名仲裁员组成仲裁庭审理。

4. 仲裁委员会认为应当由3名仲裁员组庭处理的其他争议案件。这是兜底性规定。对于上述三种情况之外的案件，仲裁委员会根据案件实际，认为应当由3名仲裁员组庭处理的，也要由3名仲裁员组庭审理，体现了仲裁委员会调配仲裁审理资源的灵活性。

（二）首席仲裁员

首席仲裁员是指仲裁委员会从3人合议仲裁庭成员中指定的，负责组织、协调仲裁活动，并在仲裁庭不能形成多数意见时按照其意见裁决的仲裁员。首席仲裁员应当从政治素质好、专业水平高、审理经验丰富的仲裁员中选择，各地仲裁委员会可根据实际情况制定首席仲裁员资格条件或者确定标准。

（三）可以由1名仲裁员独任仲裁的简单争议案件

简单争议案件一般指事实比较清楚、案情比较简单，双方争议较小、请求金额不大，适用法律依据比较明确的案件。对于简单的劳动人事争议案件，仲裁委员会可以指定1名仲裁员独任处理。

三、劳动争议仲裁庭记录人员

《劳动人事争议仲裁组织规则》第14条规定，“记录人员负责案件庭审记录等相关工作。记录人员不得由本庭仲裁员兼任”。这是对仲裁庭记录人员的规定。

（一）记录人员的职责

记录人员是劳动人事争议仲裁工作中的事务性辅助工作人员，在仲裁员指导下开展工作。记录人员在争议案件处理中的主要职责是负责案件的庭审记录。此外，记录人员还可以承担整理、装订、归档案卷材料及仲裁庭交办的其他事务性工作。

（二）记录人员不得由本庭仲裁员兼任

案件庭审笔录等记录，应当确保仲裁活动记录的真实性、客观性、全面性。为避免当事人对记录内容的质疑，本庭仲裁员不得兼任记录人员。

四、对不符合规定仲裁庭的处理

根据《劳动争议调解仲裁法》规定，仲裁委员会对仲裁活动进行监督。仲裁庭的组成是否合法属于仲裁委员会的监督范围。《劳动人事争议仲裁组织规则》第 15 条规定，“仲裁庭组成不符合规定的，仲裁委员会应当予以撤销并重新组庭”。

仲裁庭组成不符合规定的主要情形包括：一是在处理 10 人以上并有共同请求的争议案件时没有依法由 3 名仲裁员组成仲裁庭；二是在处理因履行集体合同发生的争议案件时没有按照三方原则组成仲裁庭；三是仲裁员应当回避而没有回避的；四是仲裁庭组成人员不具备仲裁员资格的；五是其他不符合规定的仲裁庭组成情形。

仲裁庭组成不符合规定的，仲裁委员会应当立即采用决定书的形式，撤销仲裁庭并依法决定组成新的仲裁庭重新审理案件。

第三节　劳动争议仲裁员

一、劳动争议仲裁员的概念及种类

《劳动人事争议仲裁组织规则》第 18 条规定，“仲裁员是由仲裁委员会聘任、依法调解和仲裁争议案件的专业工作人员。仲裁员分为专职仲裁员和兼职仲裁员。专职仲裁员和兼职仲裁员在调解仲裁活动中享有同等权利，履行同等义务。兼职仲裁员进行仲裁活动，所在单位应当予以支持”。这一规定明确了仲裁员的概念及种类。

（一）仲裁员

仲裁员是由仲裁委员会聘任、依法调解和仲裁争议案件的专业工作人员。其专业性体现为仲裁员必须是符合法定条件、具备专业能力的人员。符合法定任职条件的人员，必须经过仲裁委员会的聘任，方可成为仲裁员，参与组成仲裁庭处理劳动争议。

（二）仲裁员的种类

仲裁员分为专职仲裁员和兼职仲裁员。专职仲裁员指仲裁委员会从符合仲裁员任职条件的人员中聘任的专门从事劳动人事争议调解仲裁工作的人员，其所在单位一般为仲裁院。专职仲裁员是我国劳动人事争议仲裁队伍的核心力量。兼职仲裁员是指经仲裁委员会聘任的非专职从事争议处理的人员。仲裁委员会组成单位长期派驻仲裁院的仲裁员，也属于兼职仲裁员的范围。

专职仲裁员和兼职仲裁员在调解仲裁活动中享有同等权利，履行同等义务。仲裁委员会要加强对专职仲裁员和兼职仲裁员的管理和服务保障，保障专职仲裁员和兼职仲裁员能够依法有效履行仲裁职责。

兼职仲裁员参加仲裁活动，属于依法履行法律赋予的职责，所在单位应当予以支持，为兼职仲裁员参加仲裁活动提供便利，尽量保障履职时间，不得因履行仲裁职责而降低其待遇、职务、级别。

二、劳动争议仲裁员的来源

根据《劳动人事争议仲裁组织规则》规定，仲裁员的来源如下。

（一）专职仲裁员的来源

仲裁委员会应当依法聘任一定数量的专职仲裁员。聘任专职仲裁员是仲裁院实体化建设的内在要求。从法律规定来看，只要符合法定的任职条件、聘前培训合格，即可被聘任为专职仲裁员。

（二）兼职仲裁员的来源

仲裁委员会可以聘任兼职仲裁员。仲裁委员会可以根据办案工作需要，依法从干部主管部门、人力资源社会保障行政部门、军队文职人员工作管理部门、工会及企业组织等相关机构的人员以及专家学者、律师中聘任兼职仲裁员。兼职仲裁员应当保持中立、公信，仲裁委员会在聘任兼职仲裁员时，应当综合考虑所在单位、专业背景、业务能力、履职条件等各种因素。

三、劳动争议仲裁员的基本条件

劳动争议仲裁工作是一项十分严肃、意义重大、业务性很强的工作，仲裁员是代表国家行使仲裁权，协调企业劳动关系，稳定社会秩序，维护劳动争议双方当事人的合法权益。因此，对从事仲裁工作的人员有较高的要求。根据《劳动争议调解仲裁法》第 20 条第 2 款规定，劳动争议仲裁员应当公道正派并符合下列条件之一。

（一）曾任审判员的。人民法院的审判员，长期接触各种权益纠纷案件，具有专业的法律知识和十分丰富的处理纠纷的经验，由其担任劳动争议仲裁员对解决劳动争议是有益的。且能够获得审判员资格的人，其法律专业素质和审理纠纷的经验已经达到较高的水平，对于其担任劳动争议仲裁员，不需要提出任职年限的要求。需要注意的是，人民法院现职审判员不能担任劳动争议仲裁员。

（二）从事法律研究、教学工作并具有中级以上职称的。这些人员长期从事法律的研究、教学工作，有较高的法律理论水平和专业知识。由他们担任劳动争议仲裁员，可以充分发挥其理论和专业优势，去解决实践中大量复杂的劳动争议所反映出来的社会问题，促进劳动争议公平合理解决。

（三）具有法律知识、从事人力资源管理或者工会等专业工作满 5 年的。这些人员长期从事劳动争议处理工作或者其相关工作，如劳动人事等人力资源管理、工会维权或者企联工作的人员，具有一定的劳动法律、劳动业务知识及分析、解决问题和独立办案的工作能力，具有丰富的处理劳动纠纷的实践经验，可以聘任为劳动争议仲裁员。

（四）律师执业满 3 年的。从事律师工作，执业满 3 年的，可以被聘任为劳动争议仲裁员。因为律师具有较为扎实的法律知识和一定的办案经验，由其担任劳动争议仲裁员，可以弥补仲裁庭其他人员法律专业知识的不足，而且其职业特点又能保证其有担任仲裁员的时间和精力，提高仲裁质量。

四、劳动争议仲裁员的权利和义务

（一）仲裁员的权利

根据《劳动人事争议仲裁组织规则》的规定，仲裁员依法享有下列权利。

1. 履行职责应当具有的职权和工作条件

仲裁员在履行职责时享有《劳动争议调解仲裁法》《劳动人事争议仲裁办案规则》《劳动人事争议仲裁组织规则》等法律和规章规定的职权，主要包括：有权对当事人提起的仲裁申请进行审查，核查是否属于劳动人事争议仲裁受理范围及是否属于本仲裁委员会管辖；有权在查明事实的基础上对双方当事人进行调解；有权参加庭审，对仲裁参与人进行询问，参与案件的调查；有权参加仲裁庭评议并充分发表意见；有权在仲裁调解书、裁决书上签名等。

仲裁委员会应当保障仲裁员履行职责应具有的工作条件，主要包括办公场所和办公办案设备等，以保证调解仲裁活动正常、有序开展。

2. 处理争议案件不受干涉

仲裁员在依法行使职权处理劳动人事争议案件时，享有不受外界干涉、不受来自法律法规之外的影响的权利。仲裁员有权拒绝任何单位、个人违反法定职责或者法定程序、有碍仲裁公正的要求。对案件处理的干扰应当坚决抵制，说明立场、讲清法纪、明确拒绝，保障仲裁的社会公信力。

3. 人身、财产安全受到保护

加强对仲裁员的履职安全保护，是维护法律权威、保障争议处理有效开展的必然要求。各地应当重视庭审秩序维护、办公办案场所安全保卫、仲裁员人身保护和各类应急处置，并建立预警、应急和联动协作机制，有效维护仲裁员的人身、财产安全。

4. 有权参加聘前培训和在职培训

各地应围绕调解仲裁工作的需要，根据仲裁员工作职责的要求，对仲裁员进行分级分类培训，特别是要区分拟聘任仲裁员的聘前培训、已聘任仲裁员的在职培训。对拟聘任仲裁员的聘前培训应当及时举办，切实保障仲裁员队伍建设的需要；对全体仲裁员应当进行更新知识、提高业务水平和工作能力的在职培训，着力提升其庭审驾驭能力、法律适用能力、裁判文书制作能力和信息化应用能力等。

5. 享有法律、法规规定的其他权利

仲裁员除享有《劳动人事争议仲裁组织规则》规定的权利以外，还享有法律规定的其他权利。例如，仲裁员为机关事业单位工作人员的，依法享有公务员、事业单位人员的权利等。

（二）仲裁员的义务

权利和义务是相互依存，密不可分的。仲裁员不仅享有法定的权利，还要履行相应的义务。根据《劳动人事争议仲裁组织规则》的规定，仲裁员应当履行以下义务。

1. 依法处理争议案件

仲裁员在处理争议案件过程中应当坚持和体现依法处理的原则，以实现程序公正和实体公正。这里的“依法”指依据《宪法》《劳动法》《劳动合同法》《安全生产法》《职业病防治法》《社会保险法》《劳动争议调解仲裁法》《女职工劳动保护特别规定》《工伤保险条例》《劳动人事争议仲裁办案规则》等实体和程序法律、法规、规章、政策。此外，用人单位依法制定的劳动规章制度，也可以作为裁判依据。

2. 维护国家利益和公共利益，保护当事人合法权益

仲裁员作为法律的执行者，必须忠诚地执行国家意志，自觉维护国家利益。同时应当维护公共利益、维护社会秩序、引导社会良性发展，以及保障社会成员能够共享公共利益。

劳动人事争议处理的基本目的是维护当事人的合法权益。从不同当事

人的角度看，劳动者的合法权益包括就业权、劳动权、休息休假权、获得劳动报酬权、劳动安全卫生保护权、社会保险权、民主管理权等。法人和其他社会组织等用人单位的合法权益，包括用工自主权、劳动管理权、规章制度制定权、集体协商权、劳动合同解除终止权、竞业限制权、损失赔偿请求权等。仲裁员有义务依法妥善处理劳动人事争议，切实保障用人单位和劳动者的合法权益，维护正常的生产工作秩序，促进劳动关系和谐稳定。

3. 严格执行廉政规定，恪守职业道德

严格遵守各项廉政规定和基本的职业道德，自觉抵制不良风气的腐蚀，是仲裁员做好争议调解仲裁工作的基本要求和基本保障。廉政规定包括《中国共产党廉洁自律准则》等廉洁自律规定。仲裁员的职业道德基本要求是：依法办案、公平公正、及时高效、精益求精、加强学习、钻研业务、忠于职守、廉洁自律。仲裁员应当严格依法依规实施调解仲裁职业行为，不断提升职业道德水平，成为社会主义道德的示范者、诚信风尚的引领者、公平正义的维护者。

4. 自觉接受监督

仲裁员应当自觉接受监督，保证调解仲裁工作的合法、公正。仲裁委员会发现仲裁员有违法违纪行为时，有权依法作出解聘等处理决定。

5. 法律、法规规定的其他义务

为了使仲裁员义务的内容更加全面完整和具体，《劳动人事争议仲裁组织规则》特别规定了仲裁员应当履行法律、法规规定的其他义务，有助于仲裁员公正、廉洁办案。

五、仲裁员和办案辅助人员的配备

（一）仲裁委员会应当从符合仲裁员条件的人员中选聘仲裁员

根据《劳动人事争议仲裁组织规则》规定，仲裁委员会聘任仲裁员时，应当从符合劳动争议调解仲裁法第 20 条规定的仲裁员条件的人员中选聘。仲裁委员会要规范仲裁员选聘的程序，统一仲裁员选聘标准，把好仲裁员的准入门槛。要从众多符合仲裁员条件的人员中选出少量法学理论功底较深、法律实践经验丰富的人员担任仲裁员，提升仲裁员的公众形象和其在群众中的威望。

（二）仲裁委员会应当合理配备专职仲裁员和办案辅助人员

仲裁委员会必须合理配备专职仲裁员和办案辅助人员，这是仲裁院实体化建设的基本要求，也是劳动人事争议处理工作正常开展的必要保障。合理配备指各级仲裁委员会配备的专职仲裁员和办案辅助人员之间数量合理，年龄结构合理，专职仲裁员和办案辅助人员的比例适当，上述人员既能满足工作需要，也能保障劳动人事争议调解仲裁人才队伍建设的可持续性。衡量专职仲裁员和办案辅助人员配备是否合理的基本标准是调解仲裁工作的实际需要。

（三）专职仲裁员数量不得少于3名，办案辅助人员不得少于1名

仲裁委员会配备专职仲裁员和办案辅助人员数额或者比例，一般按照地区经济发展状况、企业和劳动者数量、辖区面积、案件数量、仲裁服务的范围等因素综合确定。能够保证依法、高效、公正地处理争议案件，确保法定期限内依法结案，并尽可能缩短仲裁期限，完成当年度的案件结案率和调解成功率及终局裁决率等工作指标。为确保仲裁委员会能够正常组庭处理争议案件，配备专职仲裁员数量不得少于3名，办案辅助人员不得少于1名。

六、劳动争议仲裁员名册

《劳动争议调解仲裁法》第20条第1款规定："劳动争议仲裁委员会应当设仲裁员名册。"选任仲裁员是当事人的权利，一般情况下，仲裁员由当事人各自选定或者共同选定，或者各自委托或共同委托劳动争议仲裁委员会主任来指定。为了方便当事人选择仲裁员，劳动争议仲裁委员会应当将聘任的专职和兼职仲裁员制作名册。

（一）仲裁委员会应当设立并公告仲裁员名册

《劳动人事争议仲裁组织规则》第 23 条第 1 款规定，“仲裁委员会应当设仲裁员名册，并予以公告”。仲裁员名册中一般应列明仲裁员的姓名、性别、年龄、符合的任职条件、现工作单位等基本情况，可以在名册中区分专职仲裁员和兼职仲裁员，或区分从事人力资源、社会保障、人事管理、工会等不同工作专业特长制作名册。

仲裁员名册应当按照仲裁公开的原则，由仲裁委员会向社会公告。公告名册，一方面，可以增强仲裁员的使命感和责任感；另一方面，可以方便当事人或者社会公众了解仲裁员情况，增强仲裁工作的透明度，有利于对仲裁员实施监督，防止和避免仲裁不公正现象的发生。

（二）仲裁员名单备案制度

《劳动人事争议仲裁组织规则》第 23 条第 2 款规定，“省、自治区、直辖市人力资源社会保障行政部门应当将本行政区域内仲裁委员会聘任的仲裁员名单报送人力资源社会保障部备案”。根据《劳动争议调解仲裁法》第 18 条规定，省、自治区、直辖市人民政府劳动行政部门对本行政区域的劳动人事争议仲裁工作进行指导。省、自治区、直辖市人民政府劳动行政部门即人力资源社会保障部门应当及时动态掌握本行政区域内各仲裁委员会聘任仲裁员的基本情况，并将本地各仲裁委员会聘任的仲裁员名单报送人力资源社会保障部备案，提高仲裁员队伍管理的科学性。

七、劳动争议仲裁员的聘期、考核与解聘

（一）仲裁员的聘期

仲裁委员会在聘任专职或者兼职仲裁员时应当明确聘任期限，明确聘期的终止时间。根据《劳动人事争议仲裁组织规则》规定，仲裁员聘期一般为 5 年。

（二）仲裁员的考核

仲裁员考核制度作为仲裁员管理制度的重要内容，是发现、培养、合

理使用优秀仲裁人才的重要途径，有利于督促仲裁员尽职尽责履行调解仲裁职能，更好地为当事人服务。对仲裁员的考核应由仲裁委员会负责。在实践操作中，仲裁委员会对仲裁员的考核可以由仲裁委员会的办事机构——仲裁院来具体负责，可以由仲裁委员会组织的专门机构完成，但考核结果应以仲裁委员会的名义作出。考核结果作为解聘和续聘仲裁员的依据。

仲裁委员会应当制定仲裁员工作绩效考核标准，重点考核办案质量和效率、工作作风、遵纪守法情况等。考核结果分为优秀、合格、不合格。

（三）仲裁员的解聘

根据《劳动人事争议仲裁组织规则》规定，仲裁员有下列情形之一的，仲裁委员会应当予以解聘。

1. 聘期届满不再续聘的

仲裁员聘期一般为 5 年。期满后，仲裁委员会结合仲裁员的办案质量和效率、工作作风、遵纪守法等考核情况、调解仲裁工作需要，有权决定续聘，或不再续聘并予以解聘。因期满解聘的，仲裁委员会应当在仲裁员聘期届满前及时研究，解聘决定应当在期满之前作出。

2. 在聘期内因工作岗位变动或者其他原因不再履行仲裁员职责的

仲裁员在聘期内不再履行仲裁员职责的情况主要包括：

（1）因工作岗位变动，无法继续履行仲裁员职责的；

（2）因身体原因不能再履行仲裁员职责的；

（3）主动提出不再履行仲裁员职责的；

（4）其他不能履行仲裁员职责的情形。

有上述情形之一的，仲裁委员会应当及时作出解聘决定。

3. 年度考核不合格的

年度考核为不合格等次的仲裁员不符合所在仲裁委员会关于仲裁员的基本要求，不适合继续从事仲裁员工作，因此，仲裁委员会应当予以解聘。对因年度考核不合格解聘的，仲裁委员会应当在考核决定生效后及时作出。

4. 因违纪、违法犯罪不能继续履行仲裁员职责的

仲裁员如果因违纪、违法犯罪行为导致无法履行仲裁员职责的，应对其予以解聘。违纪和违法犯罪行为是前提条件，不能继续履行仲裁员职责是后果限定。

5. 其他应当解聘的情形

其他应当解聘的情形主要如下：（1）仲裁员不再具备《劳动争议调解仲裁法》第 20 条规定的任职条件；（2）仲裁员在聘期内，存在严重违反职业道德的行为，对待当事人态度恶劣等造成严重不良影响，或者存在多次违反仲裁员义务、屡教不改等行为的。

仲裁委员会解聘仲裁员应当作出书面决定并送达仲裁员，仲裁委员会解聘决定未作出前，仲裁员不得停止履行职责，仲裁委员会也不得限制仲裁员行使权利。决定作出后，仲裁员不得再以仲裁员的身份从事仲裁活动。仲裁员收到解聘决定后，应当办理工作及相关证件、徽章等移交。

八、劳动争议仲裁监督

仲裁监督，指相关监督主体对仲裁组织及其实施的仲裁活动以及仲裁的结果进行的监督。为了加强劳动人事争议仲裁监督，《劳动争议调解仲裁法》《劳动人事争议仲裁组织规则》对劳动人事争议仲裁监督作了明确规定。

（一）仲裁委员会内部监督制度的建立

《劳动人事争议仲裁组织规则》第 32 条规定，“仲裁委员会应当建立仲裁监督制度，对申请受理、办案程序、处理结果、仲裁工作人员行为等进行监督”。这一规定，明确了劳动人事争议仲裁监督的责任主体和范围。

1. 仲裁监督的责任主体

《劳动争议调解仲裁法》第 19 条第 2 款第 4 项规定仲裁委员会“对仲裁活动进行监督”，赋予了仲裁委员会对仲裁活动的监督权。《劳动人事争

议仲裁组织规则》进一步明确了仲裁监督的制度制定主体和实施主体均为仲裁委员会，而非人力资源和社会保障行政部门。

2. 仲裁监督的范围

仲裁监督涵盖了案件处理的程序与实体，并包括了对仲裁工作人员行为的监督。

（1）申请受理。对申请受理环节的监督主要包括：是否一次性告知当事人申请材料补正事宜；在接件时是否认真初审申请人递交的材料及主体身份信息的真实性；接受当事人申请立案材料后，是否依法登记、签收，给予回执；对当事人的仲裁申请，是否依法按照管辖及受理条件等进行释明或者答复；是否按规定通知当事人开庭时间，送达仲裁文书；接待当事人是否符合仲裁员行为规范的要求等。

（2）办案程序。对办案程序的监督主要包括：是否按规定组成仲裁庭；应当组成合议庭的是否按规定组成；仲裁庭组成人员是否按规定接受了回避审查，履行了回避义务；是否当庭告知当事人权利义务，依法释明风险；是否在开庭中对证据进行了充分质证；裁决前是否依法进行了调解等方面。

（3）处理结果。争议案件的仲裁处理结果，通常指仲裁委员会的结论性、终结性文书上承载的各项具体内容，表现形式通常为仲裁委员会制发的裁决书、调解书、决定书等。对处理结果的监督主要包括：处理结果依据的事实认定是否确凿清楚；适用法律法规依据是否准确；仲裁请求事项是否逐一得到回应；自由裁量权的行使是否正确；是否依法向当事人告知其起诉权等。对案件处理结果实施监督的方式，可以由仲裁委员会撤销原存在问题的处理结果，重新制作仲裁文书，或者重新组庭审理。

（4）仲裁员工作人员行为。对仲裁工作人员行为的监督主要是是否存在《劳动人事争议仲裁组织规则》第 33 条列举的禁止性行为，此外还包括从事仲裁活动时是否按规定着装，庭审用语是否规范，是否有对当事人态度粗暴现象以及其他可能损害仲裁活动或者违反相关规定的行为。

（二）仲裁员在仲裁活动中的禁止性行为

仲裁员在仲裁活动中依法行使受理、调查、调解、裁决等权力，直接关系当事人相关实体权利和程序权利的实现，其行为应当受到严格的约束和规范。对仲裁员的禁止性行为进行明确，能够更好地保障仲裁员依法依规行使权力。《劳动人事争议仲裁组织规则》第 33 条规定了仲裁员在仲裁活动中的禁止性行为，仲裁员违反禁止性行为的，应当追究责任。

仲裁员在仲裁活动中的禁止性行为如下。

1. 徇私枉法，偏袒一方当事人。指仲裁员出于不当目的或者私利私情，不平等对待当事人，故意违反程序、违背事实和法律规定、社会常理，或者滥用仲裁自由裁量权作出枉法裁决，侵害另一方当事人的合法权益。

2. 滥用职权，侵犯当事人合法权益。指仲裁员违法行使仲裁权力，侵犯当事人合法权益的行为。滥用职权主观上表现为故意，客观上已经或者必然侵犯当事人的合法权益。

3. 利用职权为自己或者他人谋取私利。指仲裁员利用本人职权或者地位形成的便利条件，为自己或者他人谋取不正当利益的行为。其行为特点表现为：利用了仲裁员在仲裁活动中职权的便利。其行为结果表现为：不合法为自己或他人谋取了利益，以权谋私、假公济私。

4. 隐瞒证据或者伪造证据。指仲裁员在仲裁活动中对依法获取的各种有关案件处理的证据进行隐瞒或者自己伪造证据的行为。证据是认定案件事实的依据，仲裁员在仲裁活动中隐瞒证据或者伪造证据，将直接导致案件事实认定错误，直接影响案件的处理结果，破坏仲裁公正。

5. 私自会见当事人及其代理人，接受当事人及其代理人的请客送礼。指非因工作原因，仲裁员擅自会见案件当事人及其代理人，或者接受当事人及其代理人的请客送礼的行为。需要注意的是，仲裁活动中仲裁办案人员以“背对背”方式对当事人分别进行调解的行为，不属于私自会见当事人及其代理人的禁止性行为。

6. 故意拖延办案、玩忽职守。指仲裁员在案件处理过程中违反仲裁制度要求，故意拖延办案时限，或者严重不负责任，不依法履行职责或不认真履行职责的行为。

7. 泄露案件涉及的国家秘密、商业秘密和个人隐私或者擅自透露案件处理情况。国家秘密，指关系国家的安全和利益，依照法定程序确定，在一定时间内只限一定范围的人员知悉的事项。《保守国家秘密法》规定，国家秘密主要包括：国家事务重大决策中的秘密事项；国防建设和武装力量活动中的秘密事项；外交和外事活动中的秘密事项以及对外承担保密义务的秘密事项；国民经济和社会发展中的秘密事项；科学技术中的秘密事项；维护国家安全活动和追查刑事犯罪中的秘密事项；其他经国家保密行政管理部门确定应当保守的国家秘密事项。另外，政党的秘密事项符合国家秘密性质的，也属于国家秘密。商业秘密，指不为公众所知悉，能为权利人带来经济利益，具有实用性并经权利人采取保密措施的技术信息和经营信息，具体包括：设计、程序、产品配方、制作工艺、制作方法、管理方式、客户名单、货源情报、产销策略、招投标中的标的及标书内容信息等。劳动人事争议案件中涉及的权利人往往是案件的当事人或者第三人。劳动人事争议案件处理中，可能涉及用人单位商业秘密的包括各种规章制度，利益分配制度、企业的客户名单、招投标信息、技术工艺等。个人秘密，指个人不愿意为他人知晓和干预的私人生活，包括私人生活不受他人非法干扰，私人信息不受他人非法收集、公开等。当事人个人隐私的内容被不应当知道的公众知悉，不仅会给当事人的个人社会评价造成损害，也可能给他以后的生活、工作带来麻烦，影响其正常的生活与工作。案件处理情况，包括仲裁庭在处理争议案件过程中的调查取证情况、合议情况、调解方案等。需要注意的是，在案件调解过程中，仲裁员结合案情进行的必要分析以及向当事人做出的必要的法律释明，不属于擅自透露案件处理情况。

8. 在受聘期间担任所在仲裁委员会受理案件的代理人。仲裁员担任争议案件代理人，这里的代理人既包括法定代理人，也包括委托代理人。仲裁员的中立性是居中作出裁决的基础。仲裁员担任所在仲裁委员会受理案件的代理人，明显违反回避原则，难以保证案件得到公正处理。

9. 其他违法违纪的行为。这是兜底性表述，涵盖了其他相关规定涉及的违法违纪行为。

（三）仲裁员违反禁止性规定的法律责任和后果

《劳动人事争议仲裁组织规则》第 34 条规定："仲裁员有本规则第三十三条规定情形的，仲裁委员会视情节轻重，给予批评教育、解聘等处理；被解聘的，五年内不得再次被聘为仲裁员。仲裁员所在单位根据国家有关规定对其给予处分；构成犯罪的，依法追究刑事责任。"这一规定，明确了仲裁员违反禁止性规定需要承担的法律责任和后果，还明确了责任追究主体之间的权限。

1. 仲裁委员会的处理权限和种类

仲裁委员会不具有人事管理权，也不具有纪律处分、行政处分的处理权。所以，仲裁委员会对仲裁员违反禁止性规定的处理方式是视情节轻重，给予批评教育、解聘等处理。

2. 仲裁员禁止再聘制度

仲裁员因违法违纪被解聘的，从解聘之日起，5 年内不得被全国任一家仲裁委员会聘任为仲裁员。

3. 仲裁员所在单位的处理权限和处分种类

仲裁委员会发现专职仲裁员、兼职仲裁员违法违纪行为后，应当将有关情况及时通报专职仲裁员、兼职仲裁员所在单位。其所在单位应当按照干部人事管理权限，依据国家有关规定给予处分。这里的处分包括党纪处分、行政处分。党纪处分的种类包括：警告、严重警告、撤销党内职务、留党察看、开除党籍。公务员行政处分的种类包括：警告、记过、记大过、降级、撤职、开除。事业单位人员处分的种类为：警告、记过、降低岗位等级或者撤职、开除。

需要注意的是，仲裁委员会对仲裁员的处理，不能影响仲裁员所在单位对其作出的处分。

4. 仲裁员的刑事责任

《劳动争议调解仲裁法》第34条规定，仲裁员有本法第33条第4项规定情形（即私自会见当事人、代理人，或者接受当事人、代理人的请客送礼的），或者索贿受贿、徇私舞弊、枉法裁决行为的，应当承担法律责任。这里的法律责任包括刑事责任。依据《刑法》有关规定，仲裁员可能涉嫌构成的罪名包括枉法裁决罪、滥用职权罪、受贿罪、伪造证据罪、玩忽职守罪、泄露国家秘密罪、侵犯商业秘密罪、侵犯公民个人信息罪等。

思考题：

1. 劳动争议仲裁委员会设立的原则是什么？
2. 劳动争议仲裁委员会如何设立？
3. 劳动争议仲裁委员会如何组成？
4. 劳动争议仲裁委员会的职责是什么？
5. 劳动争议仲裁委员会会议制度有什么规定？
6. 简述劳动争议仲裁委员会办事机构。
7. 劳动争议仲裁庭的组成和条件是什么？
8. 劳动争议仲裁员的来源和条件是什么？
9. 劳动争议仲裁员的权利和义务有哪些？
10. 劳动争议仲裁员的聘期、考核与解聘是如何规定的？
11. 劳动争议仲裁员在仲裁活动中的禁止性行为有哪些？
12. 劳动争议仲裁员违反禁止性规定的法律责任和后果是什么？

案例1

事业单位与受聘人员遵循公平、合理的原则，在聘用合同中约定的违约金条款，具有法律效力

——徐某与某人民医院人事争议案

基本案情

徐某（乙方）与某人民医院（甲方）在2019年签订聘用合同书，约

定：甲方聘用乙方从事社区卫生服务中心专业技术工作，合同期限为5年，合同期未满离院乙方需向甲方交纳违约金，其数额不少于半年工资总额……2021年1月29日，徐某向某人民医院提出辞职申请，辞职原因为个人原因。2021年2月18日，徐某、某人民医院签订协议书一份，约定：一、乙方因个人原因提出辞职申请，违反合同约定，造成甲方中断履行合同，乙方自愿向甲方交纳违约金10144元，在本协议签订之后5日内，乙方将违约金交给甲方；二、乙方将违约金交给甲方后，双方关于劳动关系方面的权利与义务全部终结，今后不存在任何纠纷。同日，徐某向某人民医院支付了违约金10144元。后双方因违约金问题产生争议，徐某诉请某人民医院返还其离职时交纳的违约金。

裁判结果

人民法院经审理认为，《劳动合同法》第96条规定，事业单位与实行聘用制的工作人员订立、履行、变更、解除或者终止劳动合同，法律、行政法规或者国务院另有规定的，依照其规定；未作规定的，依照本法有关规定执行。《山东省事业单位实行人员聘用制度暂行办法》第15条规定，双方当事人应当按照有关规定，遵循公平、合理的原则，在聘用合同中约定违约金的数额，违反聘用合同应按合同约定支付违约金。本案中，徐某在聘用合同未到期、不符合解除合同的条件下，因个人原因单方面要求解除合同，根据聘用合同书约定，徐某应向某人民医院支付违约金。基于此，人民法院对于徐某请求某人民医院返还违约金的请求不予支持。

典型意义

聘用合同是事业单位与受聘人员按照国家的有关法律、政策，在平等自愿、协商一致的基础上，就履行有关工作职责的权利义务所签订的协议。事业单位与受聘人员订立聘用合同时，可以遵循公平、合理的原则约定违反聘用合同的责任及违约金。在聘用合同未到期、不符合解除合同的条件下，受聘人员因个人原因单方面要求解除合同，应依据聘用合同约定的违约金条款支付违约金。

案例 2

如何认定外卖骑手与外卖平台之间是否存在劳动关系

基本案情

某网络科技公司代理某外卖平台在某区域的业务，于 2022 年 9 月招聘张某为外卖骑手从事配送工作。某网络科技公司与张某签订了一份《劳务协议》，为张某购买了商业意外保险，并对张某进行接单管理、定量考核、出勤管理及优劣奖惩。张某的报酬由某网络科技公司核算后提交至某外卖平台，由平台发放。2023 年 1 月 6 日，张某配送时被一小型普通客车撞伤。后张某为主张其工伤保险权益，向劳动人事争议仲裁委员会提出确认劳动关系的仲裁申请。申请人请求：请求确认张某与某网络科技公司之间存在劳动关系。

处理结果

劳动人事争议仲裁委员会裁决：张某与某网络科技公司之间存在劳动关系。

案例分析

本案争议焦点是，张某与某网络科技公司是否符合确立劳动关系的情形。《关于维护新就业形态劳动者劳动保障权益的指导意见》（人社部发〔2021〕56 号）第 18 条规定，“根据用工事实认定企业和劳动者的关系”。本案中，张某的工作地点虽然不固定，但其跑单范围是在某网络科技公司的业务范围内，属于某网络科技公司的主营业务，张某的工资虽然未通过某网络科技公司的账户发放，但张某的工资构成、具体数额均是由某网络科技公司按制定的标准进行核算，应视为某网络科技公司对张某的工资具有决定权，张某对某网络科技公司存在经济上的依附性。某网络科技公司对张某行使工作定量、出勤考核、优劣奖惩等管理权，该情形与劳务关系的双方主体平等的特征明显不符，反而与劳动关系中管理与被管理的特征相符合，即张某与某网络科技公司存在人身依附性。结合张某由某网络科技公司招聘入职的既定事实，依据《关于确立劳动关系有关事项的通知》

（劳社部发〔2005〕12号）第1条规定，双方主体适格，张某受某网络科技公司的管理，从事某网络科技公司安排的有报酬的劳动，张某提供的劳动是某网络科技公司的业务组成部分，故劳动人事争议仲裁委员会认为张某自2022年9月入职起，与某网络科技公司之间存在事实劳动关系。

典型意义

现实中涉及新就业形态劳动者的劳动保障权益纠纷处理面临诸多的困难和阻力，从案例中可以看出，主要存在以下几个方面的问题。一是区别于传统的用工形式，新就业形态劳动者在人身依附特征上并不完全受实际用工企业的约束，而是上游平台企业通过网络或APP等渠道制约。劳动者的工作指令、履职过程、成果交付及对价等都需要由平台端口来确认，一旦账号受禁或停用，劳动者直接处于被动状态，举证困难。二是快递物流、送餐骑手、代驾、家政上门等不同行业都存在复杂的工资算法程序，甚至同行业的不同平台企业都自有一套算法公式，时间、态度、效率等因素都直接影响或干预到工资核算，劳动者、下游用工合作企业、调解组织方都难以掌握或全面了解平台的后台算法规则，获得基本信息难度极大。三是此类劳动关系的判断标准界限模糊，劳动者取证能力和有效收集证据的条件均偏弱，导致劳动者仲裁诉讼风险高，加之用工主体复杂，甚至可能连适格的用人单位都无法确定。实践中，有的用工主体存在诱导、强迫等方式要求劳动者注册个体工商户后在平台注册账号，或者要求劳动者签订承揽、劳务等协议，以掩盖劳动关系的实质，从而规避劳动法律法规的约束。在处理此类争议时，应本着实事求是的态度，按照《关于确立劳动关系有关事项的通知》（劳社部发〔2005〕12号）及《关于维护新就业形态劳动者劳动保障权益的指导意见》（人社部发〔2021〕56号）规定，坚持以“事实优先”原则认定劳动关系，切实维护新就业形态劳动者劳动保障权益。

案例 3

竞业限制劳动争议案

案情简介

2020 年 1 月黎某到某早教中心从事教学及相关教育软件的销售工作，双方签订了劳动合同，合同期限三年。合同约定黎某担任该早教中心的教学主管，负责教学质量监督和评估，工资 8000 元/月，年终按工作绩效考核结果发放绩效工资。同日，双方订立了《保密协议》，约定黎某在职期间应当履行对早教中心包含用户信息、教育软件产品销售渠道、知识产权等在内的商业秘密的保密义务。黎某在离职后应当履行竞业限制义务，竞业限制期限为两年，竞业限制范围为本市，竞业限制补偿金标准为 3400 元/月。若违反竞业限制义务则应承担相应违约责任。该早教中心的营业执照显示其经营范围为教育教材及软件的开发、销售；早期婴幼儿智力开发服务等。早教中心使用的幼教专业教材系其独立开发且拥有自主知识产权的产品，并在当地享有唯一销售和使用权。2023 年 1 月 30 日，黎某与早教中心劳动合同期满终止。黎某离职后，早教中心按照双方签订的《保密协议》按月向黎某支付竞业限制补偿金 3400 元/月。2023 年 3 月，早教中心发现黎某应聘至本市某少儿培训中心工作。早教中心随即申请劳动仲裁，请求依法裁决黎某支付违反竞业限制义务的违约金 135000 元，并请求裁决黎某继续履行竞业限制义务。该少儿培训中心作为本案第二被申请人参加仲裁活动，少儿培训中心的营业执照显示其经营范围为“少儿音乐培训、舞蹈培训、美术培训等”，其课程安排中不包含早教中心开发的教材课程或与之雷同的相关课程内容。

处理结果

仲裁裁决认定黎某未违反竞业限制义务，驳回早教中心关于支付竞业限制违约金的仲裁请求，并裁决双方继续履行竞业限制协议的相关内容。早教中心不服，起诉至人民法院，法院一审判决结果与仲裁裁决结果一致，双方当事人均未上诉，一审判决生效。

案件评析

根据《劳动合同法》第23条、第24条规定，对于负有保密义务的劳动者，用人单位可以与劳动者签署保密协议；也可以与劳动者约定竞业限制条款，即约定在解除或者终止劳动合同后，负有竞业限制义务的劳动者不得到与本单位生产、经营同类产品，从事同类业务的有竞争关系的用人单位工作，竞业限制的期限不得超过两年，在竞业限制期限内按月给予劳动者经济补偿。劳动者违反竞业限制约定的，应当向用人单位支付违约金，同时继续履行竞业限制义务。

本案中，早教中心以其开发的教材为其教学特色开展经营活动，该教材内容系具有商业价值和使用价值的商业秘密，且教材本身受知识产权保护。早教中心与黎某建立劳动关系后签订了书面保密协议，并约定了竞业限制条款，该协议合法有效，双方均应当全面履行各自义务，享有各自权利。早教中心称黎某离职后在某少儿培训中心工作违反了竞业限制条款，经核实，少儿培训中心与早教中心经营范围不存在相同或类似内容，相关课程及教材亦无抄袭或雷同内容。早教中心亦未能提供证据证明黎某在少儿培训中心工作时存在泄露早教中心商业秘密、知识产权之行为。早教中心仅凭“少儿培训中心”的名称及两用人单位同属一个市级行政区域即称黎某违反了竞业限制义务，缺乏事实及法律依据。故黎某与早教中心均应当继续遵守竞业限制条款，履行相关义务。

典型意义

竞业限制制度的核心意义在于在诚实信用原则的基础上，防止员工因流动而造成商业上的不正当竞争，保护劳动者就业自由和正常的市场竞争秩序。竞业限制既要考虑形式层面约束当事人的行为，又要考虑是否引发市场主体的不正当竞争。若劳动者再就业未在同行业间形成不良竞争，未对原用人单位造成商业利益上的损失或潜在风险，则不应当扩大竞业限制的适用范围，误认劳动者违反了竞业限制协议。

案例 4

工伤职工拒不接受劳动能力鉴定用人单位可解除劳动关系

基本案情

邢某于 2018 年 6 月 1 日入职某公司，并与公司签订了一年期的劳动合同。2018 年 7 月 22 日，邢某在工作期间受到事故伤害。2018 年 10 月 8 日，邢某被认定为工伤，相关部门确认邢某停工留薪期可延长至 2020 年 1 月 22 日。

停工留薪期满之后，公司向邢某出具通知要求其返岗上班，同时，向邢某出具通知要求其进行劳动能力鉴定。对此，邢某均称其腿部仍有钢板固定、尚未痊愈，曾向工伤部门咨询是否可以进行劳动能力鉴定，被告知不拆除钢板无法进行鉴定，因而均未予以配合。公司向邢某出具《劳动合同到期终止通知》，载明双方劳动合同到期，劳动关系终止。

邢某对此不服，他认为，工伤人员在劳动能力鉴定结论尚未作出前，用人单位不得与其解除或者终止劳动关系。

邢某提起劳动仲裁，要求恢复与某公司的劳动关系。

某公司认为，劳动能力鉴定委员会已经确认了邢某的停工留薪期。停工留薪期满后，邢某应及时进行劳动能力鉴定。由于劳动能力鉴定需要劳动者的配合，否则无法进行鉴定，在公司多次催促下，劳动者仍未进行鉴定。公司已经履行了告知义务，而邢某并没有履行配合义务。该公司提出，由于邢某不配合进行劳动能力鉴定，其伤残情况是否会被鉴定为有相应级别也不得而知。如果劳动能力鉴定为无级别，公司当然能够在劳动合同期满时终止劳动合同。邢某本人不配合做劳动能力鉴定，那么相应的不利推论就应当由邢某自行承担。该公司表示，根据《工伤保险条例》第 42 条第 2 项的相关规定，工伤职工拒不接受劳动能力鉴定的，停止享受工伤保险待遇。公司据此作出的解除劳动关系行为并无过错。

结果

拒不接受劳动能力鉴定，劳动合同到期用人单位可解除合同。

仲裁委认为，根据《工伤保险条例》规定，职工发生工伤，经治疗伤情相对稳定后存在残疾、影响劳动能力的，应当进行劳动能力鉴定；工伤人员拒不接受劳动能力鉴定的，停止享受工伤保险待遇。本案中，邢某于受工伤后，劳动能力鉴定委员会确认邢某停工留薪期，之后无须再延长停工留薪期，因此邢某应及时进行劳动能力鉴定。邢某称其尚未痊愈，腿部还有钢板固定，经其咨询有关部门，被告知尚不能进行劳动能力鉴定。但其提供的录音材料显示其在咨询时没有明确说明其停工留薪期已满的事实。

某公司已通过书面形式要求邢某进行劳动能力鉴定，邢某未予以配合。邢某已享受19个月的停工留薪期待遇，且无须再延长停工留薪期，故邢某主张公司不能终止劳动关系，仲裁委不予采信，其要求恢复劳动关系的请求，不予支持。

第九章
仲裁程序

劳动争议仲裁程序，指劳动争议仲裁委员会处理劳动纠纷案件的法定步骤和方式。程序公正不仅是实现实体公正、保护当事人合法权利的基础，也是保障仲裁裁决效力和仲裁公信力的前提条件。劳动争议仲裁的基本程序包括：申请、受理、仲裁开庭、仲裁裁决等。

第一节 申请和受理

一、仲裁申请

（一）仲裁申请概述

1. 仲裁申请

仲裁申请指劳动争议当事人一方依法向劳动争议仲裁委员会提出申请，要求劳动争议仲裁委员会对劳动争议进行仲裁，以维护其合法权益的行为。当事人申请仲裁是仲裁委员会处理劳动争议的先决条件，也是必经程序，如果当事人未提出仲裁申请，仲裁委员会则无权对该劳动争议进行仲裁。

2. 仲裁申请特征

第一，申请仲裁的主体必须是具有劳动关系并发生劳动争议的劳动者和用人单位；劳动者和用人单位的委托代理人经授权后可代为提出仲裁申请。第二，劳动争议双方当事人都享有仲裁申请的法定权利，并对此拥有完全的处分权利。第三，申请仲裁引起劳动争议仲裁程序的发生，其根本目的是申请人为保护自己的合法权益。第四，仲裁申请是一种法律请求，申请人提出申请必须依法进行。

3. 仲裁申请的条件

根据《劳动法》《劳动争议调解仲裁法》《劳动人事争议仲裁办案规则》等有关法律法规规定，申请人向劳动人事争议仲裁委员会申请仲裁，应当具备以下条件。

（1）申请仲裁的争议必须是劳动人事争议，即具有劳动关系的劳动者和用人单位之间因劳动权利和义务发生的争议。

（2）申请仲裁的劳动人事争议必须属于劳动人事争议仲裁委员会依法受理的范围。对于法定范围以外的劳动人事争议，申请人不能提出劳动人事争议仲裁申请。

（3）申请人必须是劳动人事争议的一方当事人。劳动人事争议当事人，就是与该劳动人事争议有劳动权利义务上的直接关系，为保护自己的合法权益并以自己的名义向劳动人事争议仲裁机构申请或应诉，参加劳动争议仲裁活动，并受劳动人事争议仲裁机构裁决约束的利害关系人。提出申请的申请人必须符合当事人的特征，只有认为自己的劳动权利受到侵犯，为保护自己的合法权益的当事人，才能向劳动人事争议仲裁委员会提出申请。

（4）申请人必须向有管辖权的劳动人事争议仲裁委员会提出仲裁申请。

（5）有明确的被申请人。即申请人在提出申请时必须明确提出谁是被申请人，如果没有明确的侵权主体，申请不能成立。

（6）仲裁申请必须在法定的申请仲裁时效内提出。

（二）申请仲裁的时效

1. 仲裁时效概述

时效，指一定的事实状态经过一定的时间导致一定法律后果的法律制度。时效制度包括实体法中的时效制度和程序法中的时效制度。劳动争议仲裁时效属于程序法中的时效制度，指劳动争议当事人向劳动争议仲裁委员会申请仲裁的有效期限。也就是说，当事人因发生争议要求保护其合法权益，必须在法定的期限内向仲裁委员会提出仲裁申请，否则法律规定在义务人提出时效抗辩权时消灭其胜诉权的一种制度。

仲裁时效具有以下四个方面的突出特征：第一，从仲裁时效的条件上看，仲裁时效是以权利人不行使请求劳动争议仲裁机构保护其权利的事实状态为前提的。第二，在仲裁时效完成后权利人所丧失的并不是向劳动争议仲裁机构申请仲裁的权利。在时效完成后，权利人仍有权向劳动争议仲裁机构申请仲裁，不过劳动争议仲裁机构不再保护其权利。第三，仲裁时效具有强制性。法律关于仲裁时效的规定，属于强制性规范，当事人不得协议排除对仲裁时效的适用，也不得协议变更仲裁时效的期间。第四，仲裁时效具有特殊性。特殊性指这里规定的仲裁时效仅适用于劳动争议仲裁案件。

对劳动争议案件规定仲裁时效，有以下几方面的意义。第一，维护劳动关系的稳定。时效制度的作用就在于使事实状态与法律状态相一致，结束当事人之间的权利义务的不稳定状态，使之在法律上重新固定下来，从而维护劳动关系的和谐稳定。第二，督促权利人及时行使权利。超过仲裁时效，权利人即丧失请求劳动争议仲裁机构保护其权利的请求权，因此仲裁时效能起到督促权利人及时行使请求权的作用。权利人及时行使权利，有利于劳动争议的尽快解决，维护劳动关系的稳定。第三，有利于正确处理劳动争议案件。仲裁时效制度督促权利人及时行使权利，从而使劳动争议仲裁机构尽快地介入劳动争议案件，这样因争议发生时间较短，易于调查取证，便于正确处理，防止因年代久远、证据不全或者难以辨认而导致错误判决。

仲裁时效分为普通仲裁时效和特殊仲裁时效。按照法律规定，普通仲裁时效期间，从知道或应当知道权利被侵害时起算；但是，从权利被侵害之日起超过20年的，则不予保护。特殊仲裁时效是指普通仲裁时效以外的特定仲裁时效。

2. 仲裁时效的期间

《劳动争议调解仲裁法》第27条第1款规定："劳动争议申请仲裁的时效期间为一年。仲裁时效期间从当事人知道或者应当知道其权利被侵害之日起计算。"这一规定，应当重点把握以下两点：第一，劳动争议仲裁时效的法定期间为1年。即劳动争议当事人，包括劳动者和用人单位，向劳动争议仲裁委员会申请仲裁的有效期限为1年。当事人应当在法定期间提出劳动争议仲裁申请。这里需要说明一点，1994年7月5日颁布、1995年1月1日起施行的《劳动法》规定，劳动争议仲裁时效为"自劳动争议发生之日起六十日内"，这是基于劳动争议案件的特殊性而作出的规定，旨在尽快解决劳动争议。但在实际执行中，由于有些劳动争议案件的情况比较复杂，劳动者难以在60日内申请仲裁，往往因为超过了仲裁时效而得不到法律保护。在立法过程中，有许多意见认为《劳动法》中规定的60日的时效期间过短，不利于劳动者合法权益的保护。因此，《劳动争议调解仲裁法》延长了申请仲裁的时效期间，将劳动争议仲裁的时效期间规定为1年。按照“新法优于旧法”的原则，自《劳动争议调解仲裁法》施行之日即2008年5月1日起，应当以《劳动争议调解仲裁法》的规定为准，即劳动争议仲裁时效期间为1年，不适用《劳动法》规定的“六十日”。第二，劳动争议仲裁时效的法定期间的起算点。根据规定，劳动争议仲裁时效期间从当事人知道或者应当知道其权利被侵害之日起计算。即从当事人知道或者应当知道其权利被侵害之日起，到下一年的同一日，为劳动争议仲裁时效1年的法定期间。“知道或者应当知道其权利被侵害之日”，就是有证据表明权利人知道自己的权利被侵害的日期，或者根据日常情况和一般规律推定权利人知道自己的权利被侵害的日期。权利人知道自己的权利遭到了侵害，这是其请求劳动争议仲裁机构保护其权利的基础。从这一时间点开始计算仲裁时效期间，符合仲裁时效是权利人请求仲裁机构保护权利的法定期间的本意。

《劳动争议调解仲裁法》第52条规定，“事业单位实行聘用制的工作人员与本单位发生劳动争议的，依照本法执行；法律、行政法规或者国务院另有规定的，依照其规定”。而根据《公务员法》第105条第1款规定，“聘任制公务员与所在机关之间因履行聘任合同发生争议的，可以自争议发生之日起六十日内申请仲裁”。所以，实施公务员法的机关与聘任制公务员之间发生的人事争议，申请仲裁时效的期间为60日。

3. 特殊仲裁时效

在实践中，由于劳动力供大于求，劳动者就业比较困难，所以一些劳动者为了保住自己的工作岗位，对在劳动关系存续期间用人单位拖欠劳动报酬一般不敢主张自己的权利。为了防止一些用人单位利用劳动争议仲裁时效只有1年的规定而逃避法律责任，恶意侵害劳动者合法权益，《劳动争议调解仲裁法》第 27 条第 4 款对劳动关系存续期间因拖欠劳动报酬发生争议如何适用劳动争议仲裁时效作了特别规定，即“劳动关系存续期间因拖欠劳动报酬发生争议的，劳动者申请仲裁不受本条第一款规定的仲裁时效期间的限制；但是，劳动关系终止的，应当自劳动关系终止之日起一年内提出”。《劳动人事争议仲裁办案规则》第 26 条第 3 款规定，“劳动人事关系存续期间因拖欠劳动报酬发生争议的，劳动者申请仲裁不受本条第一款规定的仲裁时效期间的限制；但是，劳动人事关系终止的，应当自劳动人事关系终止之日起一年内提出”。根据上述规定，劳动关系存续期间因拖欠劳动报酬发生争议的，不受劳动争议仲裁时效期间为 1 年的限制。即只要当事人之间存在劳动关系，对在劳动关系存续期间因拖欠劳动报酬发生争议的，不论经过多长时间，劳动者都可以提请劳动争议仲裁，不适用劳动争议仲裁时效制度。但应注意的是，《劳动争议调解仲裁法》还规定，劳动关系终止的，仲裁申请应当自劳动关系终止之日起 1 年内提出。也就是说，劳动关系终止时，因拖欠劳动报酬发生争议的仲裁申请恢复实行时效制度，只是时效期间从劳动关系终止之日起计算。

4. 仲裁时效中断

仲裁时效中断，指在仲裁时效进行期间，因发生法定事由致使已经经过的仲裁时效期间归于无效，待时效中断事由消除后，重新开始计算仲裁时效期间。《劳动争议调解仲裁法》第 27 条第 2 款规定：“前款规定的仲裁时效，因当事人一方向对方当事人主张权利，或者向有关部门请求权利救济，或者对方当事人同意履行义务而中断。从中断时起，仲裁时效期间重新计算。”《劳动人事争议仲裁办案规则》第 27 条规定，“在申请仲裁的时效期间内，有下列情形之一的，仲裁时效中断：（一）一方当事人通过协商、申请调解等方式向对方当事人主张权利的；（二）一方当事人通过向有关部门投诉，向仲裁委员会申请仲裁，向人民法院起诉或者申请支付令等方式请求权利救济的；（三）对方当事人同意履行义务的。从中断时起，仲裁时效期间重新计算”。

（1）仲裁时效中断的特征

仲裁时效中断有以下三个特征。

①发生时间段。时效中断发生在仲裁时效期间进行过程中，仲裁时效期间尚未开始计算或仲裁时效期间已经届满的情况下，则不存在仲裁时效中断的情况。

②中断事由法定。在仲裁时效期间进行过程中发生了一定的法定事由而导致仲裁时效期间继续计算的基础消失。

③重新计算。仲裁时效中断导致已经进行的仲裁时效期间重新计算，之前经过的时效期间被消灭。

（2）仲裁时效中断的法定事由

法定事由，指由法律明确规定的事由。根据《劳动争议调解仲裁法》和《劳动人事争议仲裁办案规则》的规定，仲裁时效中断的法定事由有以下三种情形。

①一方当事人向对方当事人主张权利，指劳动争议一方当事人向另一方当事人明确主张其权利的意思表示。主张权利意味着当事人已经在积极行使自己的权利，应当发生仲裁时效中断的法律后果。实践中，一方当事人向对方当事人主张权利的形式主要有：A. 当事人一方直接与对方当事人沟通协商，要求其履行义务；B. 当事人一方向对方当事人送交主张权利的相关文书如律师函、声明等，对方当事人签收或者有其他证据证明该文书已经到达对方当事人；C. 当事人一方通过电子邮件、传真、短信、微信等方式向对方当事人主张权利，且该送达方式能够到达或者应当到达对方当事人的；D. 通过用人单位内部劳动人事争议调解组织、乡镇街道或者行业劳动人事争议调解组织、人民调解委员会等各类调解组织申请调解；E. 对方当事人下落不明的，通过公告向对方当事人主张相关权利的；F. 其他可以将主张权利的意思表示送达或者告知对方当事人的形式。

②当事人向有关部门请求权利救济。指劳动争议当事人向国家有关机构或者部门请求保护其合法权益。当事人向有关部门请求权利救济，可以是向人民政府、人民政府的人力资源社会保障行政部门、监察部门提出控

告或申诉，也可以是向劳动争议调解组织申请调解。这些行为都属于请求权利救济的行为，表明当事人在积极行使权利，寻求法律保护。只要当事人向有关部门请求权利救济，仲裁时效即行中断。

③对方当事人同意履行义务。对方当事人同意履行义务，表明其知晓当事人权利的存在，并且在主观上承认该权利，在大多数情况下是一方当事人向对方当事人主张权利时对方当事人所作出的承诺。该承诺是当事人积极主张自己权利所产生的效果，它使得双方当事人之间的权利义务重新明确稳定下来，说明当事人未怠于行使自己的权利，故应当产生仲裁时效中断的法律后果。如劳动者向用人单位讨要被拖欠的工资，用人单位答应支付。

具备上述三种情形之一，仲裁时效中断。仲裁委员会认定时效是否中断时，应由请求确认时效中断的一方当事人提供上述三种情形之一的证据。

（3）仲裁时效中断的法律后果

发生仲裁时效中断时，已经进行的仲裁时效期间统归无效，重新开始计算时效期间。《劳动争议调解仲裁法》规定："从中断时起，仲裁时效期间重新计算。"这里的"中断时起"，应当理解为中断事由消除时起。一般来说，权利人通过仲裁时效中断法定事由的第 1 项、第 3 项的方式中断仲裁时效的，一旦权利主张到达义务人或者义务人同意履行的意思表示到达权利人，即可发生仲裁时效中断的法律效果。故在上述两项法定事由的情形下，仲裁时效从中断时起计算。在第 2 项法定事由引起仲裁时效中断的情形下，如果规定仲裁时效从提起仲裁或者诉讼、报案或者控告之日等起算，则可能导致因相关法律程序时间过长出现法律程序尚未终结而仲裁时效期间已经届满的情形，故应当从相关法律程序终结之日起重新计算仲裁时效。如上述机关决定不立案、撤销案件、不起诉的，仲裁时效期间从权利人知道或者应当知道不立案、撤销案件或者不起诉之日起重新计算。权利人向仲裁委员会或者人民法院提出仲裁申请或提起诉讼后，撤回仲裁申请或者撤诉的，仲裁时效也应当从收到仲裁委员会准许撤回仲裁申请的决定书或者人民法院准许撤诉的裁定书之日起重新计算。

5. 仲裁时效中止

仲裁时效中止，指在仲裁时效进行中的某一阶段，因发生一定的法定事由导致权利人不能行使请求权，暂时停止计算仲裁时效期间，待阻碍时效进行的法定事由或者原因消除后，继续进行仲裁时效期间计算的法律制度。仲裁时效制度的目的在于督促权利人及时行使权利，但当事人主观上没有怠于行使权利，却可能受制于客观原因而无法行使权利时，如果仲裁时效期间继续计算，会导致权利人因仲裁时效经过而利益受损，从而产生对其不公平的结果，因此有必要规定仲裁时效中止制度。《劳动争议调解仲裁法》第 27 条第 3 款规定："因不可抗力或者有其他正当理由，当事人不能在本条第一款规定的仲裁时效期间申请仲裁的，仲裁时效中止。从中止时效的原因消除之日起，仲裁时效期间继续计算。"《劳动人事争议仲裁办案规则》第 28 条规定，"因不可抗力，或者有无民事行为能力或者限制民事行为能力劳动者的法定代理人未确定等其他正当理由，当事人不能在规定的仲裁时效期间申请仲裁的，仲裁时效中止。从中止时效的原因消除之日起，仲裁时效期间继续计算"。

（1）仲裁时效中止的特征

仲裁时效中止有以下三个特征。

①时效中止发生在仲裁时效期间的进行过程中，仲裁时效尚未开始计算或者仲裁时效期间已经届满的情况下，则不存在仲裁时效期间中止的情况。

②在仲裁时效期间进行过程中发生了一定的法定事由，导致仲裁时效期间继续计算的基础消失。

③仲裁时效中止导致正在进行的仲裁时效暂停计算，而非之前经过的时效期间被消灭，待暂停计算的事由消失后，仲裁时效期间继续计算。

（2）仲裁时效中止的法定事由

导致仲裁时效中止的法定事由主要有以下三种。

①不可抗力。不可抗力指不能预见、不能避免并不能克服的客观情况，包括自然灾害，如火山爆发、地震、洪灾等。因为发生这些情形，客

观上阻碍了权利人依法正常行使权利，因而法律规定仲裁时效中止。需要注意的是，须是发生不可抗力导致当事人一方在客观上不能行使权利，才能引起仲裁时效中止。若虽然发生了不可抗力，但并未足以影响到当事人一方行使权利的，仲裁时效不中止。

②无民事行为能力或者限制民事行为能力劳动者的法定代理人未确定。因为无民事行为能力或者限制民事行为能力人不能独立实施民事法律行为，法定代理人缺位会对其行使权利造成客观障碍。为了更好地保护无民事行为能力或者限制民事行为能力人，使其不会因为法定代理人缺位而导致时效期间届满，从而导致其利益受损，所以有必要对此予以规定。

③其他导致当事人一方不能行使权利的障碍。考虑到社会生活及仲裁办案实践的多样性，法律不可能穷尽所有仲裁时效中止的事由，因此有必要赋予仲裁庭一定的自由裁量权去认定其他事由也属于仲裁时效中止的事由。如当事人突然患重病，或受到伤害无法按期申请仲裁，同时又无法或来不及请代理人的，可向劳动争议仲裁委员会说明情况，请求继续行使申请仲裁的权利。只要某一理由足以构成权利人行使请求保护权利的障碍，就构成正当理由，仲裁时效中止。

（3）仲裁时效中止的法律后果

出现仲裁时效中止情形时，仲裁时效期间中止计算，待中止情形消失后，仲裁时效期间自中止情形消失之日起继续计算。即在发生仲裁时效中止时，已经进行的仲裁时效仍然有效，而仅是将时效中止的时间不计入仲裁时效期间，也就是将时效中止前后时效进行的时间合并计算仲裁时效期间。

（4）仲裁时效中断与中止的区别

①法定事由不同：仲裁时效中断的法定事由是当事人主观意志可以决定的事实，如当事人向劳动争议调解组织申请调解、义务人同意履行义务等；仲裁时效中止的法定事由是当事人主观意志不能左右的事实，如无民事行为能力或者限制民事行为能力劳动者的法定代理人死亡或宣告死亡等。

②时效期间重新（继续）计算的时间点不同：仲裁时效中断的情形可能为某个时间点，也可能为某个时间段，如果为时间段，则应当从该时间段的终点开始重新计算仲裁时效期间；仲裁时效中止的情形只能为某个时间段，只能从该时间段的终点继续计算仲裁时效期间。

③法律后果不同：仲裁时效中断的法定事由发生前已经经过的仲裁时效期间不再计算（归零），从法定事由发生后重新开始计算仲裁时效期间；仲裁时效中止是仲裁时效期间暂停计算，待法定中止事由消除后，继续计算仲裁时效期间。

（三）仲裁申请

仲裁申请指用人单位与劳动者发生劳动争议时，依法请求劳动争议仲裁委员会来居中裁断，解决争议。发生劳动争议，当事人可以依法向劳动争议仲裁委员会申请仲裁。

1. 仲裁申请的形式

仲裁申请形式，指当事人向劳动争议仲裁委员会申请劳动争议仲裁时，以什么方式提出申请。采用合法的形式提出仲裁申请，是法律严肃性和公民依法行使权利的严肃性要求。

（1）书面申请

《劳动争议调解仲裁法》对劳动争议仲裁申请应当采用书面形式作出了明确规定。根据规定，申请人申请仲裁应当提交书面仲裁申请，并按照被申请人人数提交副本。即除非存在法律规定的可以口头形式提出申请的情形，否则提出仲裁申请一般都应当以书面形式提出。

以书面形式申请仲裁，有利于明确表达申请人的仲裁请求及其所根据的事实和理由，也便于劳动争议仲裁委员会审查，决定是否受理，以及在决定受理后，向被申请人转达申请人的仲裁请求及其依据，方便被申请人行使答辩的权利，有利于仲裁活动的进行。因此，当事人申请劳动争议仲裁应当采用书面形式，向劳动争议仲裁委员会提交仲裁申请书。

申请人提交书面仲裁申请，应当按照被申请人人数递交相应份数的仲裁申请书副本，即与仲裁申请书内容相同的文本，是相对于递交劳动争议仲裁委员会的那份仲裁申请书而言的。劳动争议仲裁委员会保留1份为正本，送达被申请人的各1份为副本。

仲裁申请书是劳动争议的一方当事人向劳动争议仲裁委员会提出要求对争议事项进行仲裁审理的书面申请，是重要的仲裁文书，在劳动争议仲裁中具有重要的作用。为了保护当事人的合法权益，保证劳动争议仲裁活动依法有序进行，《劳动争议调解仲裁法》第28条和《劳动人事争议仲裁办案规则》第29条对劳动争议仲裁申请书的内容作了明确规定。根据规定，仲裁申请书应当载明下列事项。

①当事人的基本情况。当事人是劳动者的，应当写明姓名、性别、出生日期、身份证件号码、住所、通讯地址和联系电话等；当事人是用人单位的，应当写明名称、住所、通讯地址、联系电话和法定代表人或者主要负责人的姓名、职务等。申请书应当按申请人、被申请人分别列明以上情况。申请人由法定代理人代为申请仲裁的，或者申请人委托律师或他人代为申请仲裁的，还应说明法定代理人或委托代理人的基本情况。

②仲裁请求和所根据的事实、理由。仲裁请求，指当事人在仲裁申请中提出的要求，即要求仲裁委员会裁决被申请人履行什么义务，以及通过仲裁所要达到的目的。仲裁请求，是申请书中的重要内容，它既是申请人申请仲裁必须符合的法定条件之一，也是申请书必须写明的法定事项。仲裁请求应当尽量明确、逐项列明，时间及金额应当具体明确，切忌含混不清，模棱两可。所根据的事实和理由包括：当事人之间纠纷形成的事实、双方当事人争执的焦点，请求的依据和理由及适用的法律、法规等。事实理由应当实事求是，陈述力求准确，于法有据，作出有理有据的论述。

③证据和证据来源、证人姓名和住所。在仲裁中，申请人提出的仲裁请求是否合理，所根据的事实是否存在，应当有证据加以证明，如书证、物证等。申请人在提供证据的同时，应当提供证据的来源，在申请书中应当写清楚，以便仲裁委员会核实；有证人的，应当提供证人的姓名、住所或工作单位，以便仲裁委员会核实。

除上述书写要求外，申请书落款处还应当写明申请仲裁的日期，并由申请人签名或者盖章。如果申请时已经委托他人代为仲裁的，还应当将授权委托书等材料一并提交。

（2）口头申请

申请人申请仲裁应当提交书面仲裁申请，但是根据《劳动争议调解仲裁法》规定，“书写仲裁申请确有困难的，可以口头申请，由劳动争议仲裁委员会记入笔录，并告知对方当事人”。“书写仲裁申请确有困难”，指申请人本人因文化水平低或法律知识欠缺或身体原因造成的自行书写仲裁申请确有困难的情形，在这种情况下，申请人可以口头申请仲裁。口头申请仲裁的，由仲裁委员会记入笔录，笔录应当由申请人或者其法定代理人签名、盖章或者捺印，与申请书具有同等效力。

由此可见，仲裁申请的形式，以书面申请为原则，口头申请为例外。即在通常情况下，申请人申请仲裁都应当向劳动争议仲裁委员会提交书面申请，只有在书写仲裁申请确有困难的情况下，才可以口头形式向劳动争议仲裁委员会提出仲裁申请。

2. 仲裁委员会应当当场或者在5日内一次性告知申请人需要补正的全部材料

《劳动人事争议仲裁办案规则》规定，“对于仲裁申请书不规范或者材料不齐备的，仲裁委员会应当当场或者在五日内一次性告知申请人需要补正的全部材料”。如果申请人提交的申请书书写内容不符合要求或者材料不齐全，仲裁委员会可以要求申请人及时补正申请书或者相关材料。如果在收取立案材料时即能查明需要补正申请书或者相关材料，可以当场向申请人告知。如果在收取立案材料后才发现的，则应当在5日内要求申请人予以补正。为避免给当事人造成诉累，也为了贯彻仲裁简便、高效、为民的原则，仲裁委员会在告知申请人补正申请书或者相关材料时，应当一次性告知全部需要告知的内容。

3. 仲裁委员会收取当事人提交的材料应当出具收件回执

无论是否需要补正材料，对于所收案件材料，仲裁委员会都应当向申请人出具收件回执。从各地的实践来看，收件回执的内容主要应当记载收到申请人提交的申请书、身份证件材料、授权委托书、证据材料及其份数等。

二、仲裁受理

仲裁受理指接受仲裁申请的仲裁委员会对当事人的申请进行审查，对符合法定条件和要求的申请同意立案，进行仲裁的行为。当事人向仲裁委员会提出仲裁申请后，并不意味着仲裁程序的开始，只有当事人的仲裁申请经过仲裁委员会审查，并由仲裁委员会作出立案受理的决定后，仲裁程序才能开始。因此，当事人申请仲裁的行为与仲裁委员会立案受理的行为相结合才能引起仲裁程序的发生。在这一过程中，当事人提出仲裁申请的行为是仲裁受理的前提。

（一）仲裁受理的法律后果

当事人的仲裁申请一经仲裁委员会受理，便产生以下法律后果。

（1）申请人和被申请人取得了当事人资格，各自依法享有仲裁中的权利并承担仲裁中的义务。

（2）仲裁委员会取得了对这一劳动争议案件的仲裁权，仲裁程序从此开始，仲裁委员会与当事人发生仲裁法律关系。该仲裁委员会有权利也有义务依照法律规定的仲裁规则组成仲裁庭对这一案件进行审理，并依法作出裁决。当事人不得就同一争议向人民法院提起诉讼或者向其他仲裁委员会申请仲裁。

（3）仲裁时效中断。按照规定，仲裁时效因当事人一方向对方当事人主张权利，或者向有关部门请求权利救济，或者对方当事人同意履行义务而中断。当事人申请仲裁后，仲裁时效即中断。

（二）受理条件

劳动争议仲裁委员会接到当事人的申请后，都要作出受理或者不予受理的决定。但是受理还是不予受理，应当建立在对仲裁申请认真审查的基础上。因为仲裁委员会办事机构负责劳动争议案件受理的日常工作，所以，仲裁申请的审查一般由办事机构的人员进行。经审查符合受理条件的，应当受理。

根据《劳动人事争议仲裁办案规则》第30条规定，仲裁立案受理条件如下。

1. 属于争议受案范围

依照《劳动人事争议仲裁办案规则》第2条规定，仲裁委员会受理六大类争议案件：（1）企业、个体经济组织、民办非企业单位等组织与劳动者之间，以及机关、事业单位、社会团体与其建立劳动关系的劳动者之间，因确认劳动关系，订立、履行、变更、解除和终止劳动合同，工作时间、休息休假、社会保险、福利、培训以及劳动保护，劳动报酬、工伤医疗费、经济补偿或者赔偿金等发生的争议；（2）实施公务员法的机关与聘任制公务员之间、参照公务员法管理的机关（单位）与聘任工作人员之间因履行聘任合同发生的争议；（3）事业单位与其建立人事关系的工作人员之间因终止人事关系以及履行聘用合同发生的争议；（4）社会团体与其建立人事关系的工作人员之间因终止人事关系以及履行聘用合同发生的争议；（5）军队文职人员用人单位与聘用制文职人员之间因履行聘用合同发生的争议；（6）法律、法规规定由劳动人事争议仲裁委员会（以下简称仲裁委员会）处理的其他争议。不属于上述范畴的案件则仲裁委员会无权受理。实践中，常有当事人基于其他法律关系如行政法律关系（申请工伤认定、要求社会保险经办机构支付社会保险待遇等）、普通民事关系（雇佣关系、承揽法律关系、民事承包法律关系等）向仲裁委员会提出仲裁申请，在告知当事人仲裁委员会无权受理的同时，可以向其指出相应的权利救济途径。

2. 有明确的仲裁请求和事实理由

明确的仲裁请求，指申请人必须明确其申请仲裁所要解决的具体问题，也就是向仲裁委员会提出保护自己权益的具体内容。仲裁请求一般有三种类型：一是积极的确认或者消极的确认型，如请求仲裁委员会确认劳动关系或者确认劳动合同无效或者部分无效；二是给付金钱型，请求对方当事人履行给付义务，如支付劳动报酬、经济补偿或者赔偿金等；三是履行行为型，要求对方当事人履行某种行为，如继续履行劳动合同或聘用合同、开具解除、终止劳动合同证明等。上述请求应当逐项列明，其中涉及期间、时间及金额的，应当具体明确，如申请人要求支付加班费的，应当尽量明确加班的时间段、加班类型（延时、休息日或法定节假日）及具体金额。

申请人提出仲裁请求应当根据事实和理由。申请人提供的事实主要是案件的事实经过，即案件的客观情况。有证据证明客观情况的，应当提供相应的证据，并在事实的基础上，提出申请仲裁的具体理由。

3. 申请人是与本案有直接利害关系的自然人、法人或者其他组织，有明确的被申请人

“与本案有直接利害关系”，指当事人系自己的权益受到侵害或者与对方当事人发生争议。只有为保护自己的权益而提起仲裁申请的人才是本案合格的申请人，如用人单位请求确认与本单位招用的劳动者所订立的劳动合同无效，劳动者请求用人单位支付加班费，工亡职工的近亲属请求工亡职工生前所在用人单位支付工亡待遇等。申请人提出仲裁申请，应当明确被申请人是谁，也就是需要明确申请人与谁发生了争议，或者是谁应当承担相应的法律责任。没有明确的被申请人，仲裁委员会则无从进行审理活动，也就无从立案受理。

4. 属于本仲裁委员会管辖范围

申请人提出仲裁申请，除了符合《劳动人事争议仲裁办案规则》第 2 条所规定的受案范围外，还需符合《劳动争议调解仲裁法》《劳动人事争议仲裁办案规则》关于仲裁管辖的相关规定。此外，各地依照《劳动争议调解仲裁法》等相关规定，制定了辖区内各仲裁委员会受理案件的具体管辖规定的，申请人在申请仲裁时也需要遵守。

（三）受理时限

为提高仲裁委员会办案效率，维护当事人的合法权益，仲裁委员会受理案件必须遵守法定期间。根据《劳动争议调解仲裁法》规定，劳动争议

仲裁委员会收到仲裁申请之日起5日内，认为符合受理条件的，应当受理，并通知申请人。

（四）不予受理

实践中，并非所有的争议均属于仲裁委员会的受理范围，仲裁委员会应当依照《劳动人事争议仲裁办案规则》第30条规定对当事人的仲裁申请进行审查，对符合受理条件的，应当予以受理，不得以其他借口予以拒绝；不符合受理条件的，应当分不同情形予以不同处理，有以下几种情形。

一是不属于争议受理范围、无明确的仲裁请求和事实理由、申请人与本案无直接利害关系或者无明确的被申请人的，仲裁委员会要以书面形式出具不予受理通知书。无明确仲裁请求的，可向当事人进行释明并要求补正，补正后仍不明确的，则不予受理。

二是不符合管辖规定的，仲裁委员会应当通过书面形式说明情况并告知申请人向有管辖权的仲裁委员会另行提起仲裁申请。

三是不予受理的，仲裁委员会都应当在法定的期限5日内，即收到仲裁申请之日起5日内，书面通知申请人并说明理由。

应当指出的是，仲裁委员会在对当事人的仲裁申请进行审查时，应当仅是形式上的审查，而非实质性的审查。比如，申请人提出仲裁申请要求确认与某公司存在劳动关系，这里需要审查的是“某公司”是明确存在的，而非审查“某公司”就是与申请人建立劳动关系的用人单位，不能以立案审查意见代替仲裁庭庭审，从而拒绝立案受理。

对劳动争议仲裁委员会不予受理或者逾期未作出决定的，申请人可以就该劳动争议事项向人民法院提起诉讼。

（五）撤销案件

撤销案件指仲裁委员会对已经立案的案件，因为存在法定的情形依法予以撤销，终止仲裁。《劳动人事争议仲裁办案规则》第32条规定：“仲裁委员会受理案件后，发现不应当受理的，除本规则第九条规定外，应当撤销案件，并自决定撤销案件后五日内，以决定书的形式通知当事人。”该条所规定的案件撤销制度具有仲裁特色，它建立了仲裁立案纠错机制，体现了仲裁快捷的特点。

1. 案件撤销的条件

依照《劳动人事争议仲裁办案规则》规定，仲裁委员会在受理案件后，如果发现案件存在不属于争议受案范围、无明确的仲裁请求和事实理由、申请人与本案无直接利害关系或者无明确的被申请人等情形之一的，应当作出撤销案件决定。

此外，依照《劳动人事争议仲裁办案规则》第34条规定，如果仲裁案件违反“一事不再理”的原则，仲裁委员会应当不予受理；依照《劳动人事争议仲裁办案规则》第39条规定，申请人的仲裁申请被按撤回仲裁申请处理的，申请人再次申请仲裁，如果仲裁委员会未能审查发现而对上述案件予以了立案受理，则同样应当对该案件作撤销处理。如果发现受理的案件不属于本仲裁委员会管辖的，则应当适用仲裁移送管辖的规定，向申请人作出书面说明，告知其救济途径，并将案件移送至有管辖权的仲裁委员会，而非将案件予以撤销。

2. 案件撤销的告知

对于决定撤销的案件，应当在法定的期限5日内向当事人出具撤销案件决定书，决定书中应当载明撤销案件的具体理由。

3. 案件撤销的法律效果

案件撤销后，当事人不得基于同一请求、同一被申请人再次向仲裁委员会申请仲裁，也不得以对仲裁委员会作出的撤销案件决定书不服为由向人民法院提起诉讼，但可基于同一请求及同一被申请人向人民法院提起诉讼。

需要注意的是，如果所受理案件的仲裁请求中，只有部分请求属于不予受理的事项的，则应当裁决驳回上述部分仲裁申请。

（六）申请书和答辩书的送达

申请书是申请人明确请求并说明事实理由的重要文书，答辩书是被申请人对申请书中载明的仲裁请求及所依据的事实、理由所作出的答复与反驳。两种文书的送达是仲裁委员会以中立第三方的身份与双方沟通的第一步。明确申请书和答辩书的送达期限和程序，有利于督促仲裁委员会依法履职、全面了解案情，也有利于争议焦点的确定以及双方当事人庭前的沟通对话。《劳动争议调解仲裁法》第 30 条规定，“劳动争议仲裁委员会受理仲裁申请后，应当在五日内将仲裁申请书副本送达被申请人。被申请人收到仲裁申请书副本后，应当在十日内向劳动争议仲裁委员会提交答辩书。劳动争议仲裁委员会收到答辩书后，应当在五日内将答辩书副本送达申请人。被申请人未提交答辩书的，不影响仲裁程序的进行”。《劳动人事争议仲裁办案规则》也对申请书和答辩书的送达作了明确规定。

1. 申请书副本的送达

仲裁委员会受理仲裁申请后，应当在 5 日内将仲裁申请书副本送达被申请人。向被申请人送达仲裁申请书副本的期限从受理之日的次日起计算。如果申请人是口头申请仲裁的，仲裁委员会也应当在 5 日内将口述笔录的副本送达被申请人。

向被申请人送达仲裁申请书副本，目的在于使被申请人了解申请人的仲裁请求和事实、理由，以便及时提出答辩，以维护自己的合法权益。向被申请人送达仲裁申请书副本应符合送达的有关规定。

送达，指劳动争议仲裁委员会依照法定程序和方式，将劳动争议仲裁文书送交当事人和其他仲裁参与人的行为。在理论上，人们往往把仲裁委员会负责送达事务的人称为送达人，将接受仲裁文书的人称为受送达人。送达是劳动争议仲裁委员会的一种重要的仲裁行为，其具有以下特点。第一，送达的主体只能是劳动争议仲裁委员会。当事人及其他仲裁参与人不是送达的主体。虽然当事人或其他仲裁参与人也要向劳动争议仲裁委员会提交仲裁文书或相互之间递交其他文书，但这种行为不能称为送达，因此不适用有关送达的规定。第二，送达是一种特定的劳动争议仲裁行为。劳动争议仲裁委员会在仲裁中的行为是多种多样的。但送达这种行为具有一定的特定性。第三，送达的文书是劳动争议仲裁文书。如通知书、申请书副本、答辩书副本、裁决书等。第四，送达必须依法定程序和方式进行。送达申请书副本、通知书和其他仲裁文件应当交给收件人本人；如果本人不在，可以交给他的成年家属或者由所在单位的负责人员代收。收件人本人或者代收人拒绝接收或者拒绝签名、盖章的时候，送达人可以邀请他的邻居或者其他见证人到场，说明情况，把文件留在他的住处，在送达证上记明拒绝的事由、送达的日期，由送达人签名，即认为已经送达。劳动争议仲裁委员会实施送达行为时必须依照规定办理。违法的送达不能产生相应的法律后果。

仲裁文书送达的具体方式有下列七种：(1) 直接送达；(2) 留置送达；(3) 委托送达；(4) 邮寄送达；(5) 转交送达；(6) 电子送达；(7) 公告送达。

2. 答辩书的提交

被申请人收到仲裁申请书副本后，应当在10日内向仲裁委员会提交答辩书。被申请人提出答辩书的期间自其收到仲裁申请书副本之日的次日起计算。提交答辩书是被申请人依法享有的一项法定权利，应当认真负责地行使。被申请人的答辩，不仅是行使自己的权利、维护自己的权益的重要手段，而且也有利于仲裁庭全面了解案情，掌握双方当事人争执的焦点，从而查明事实真相，分清是非责任，公正合理地作出裁决。

作为被申请人的一项法定权利，被申请人可以提交答辩书，也可以不提交答辩书。被申请人未提交答辩书的，不影响仲裁程序的进行。在实践中，被申请人不作书面答辩的现象比较普遍，而是在庭审时进行口头答辩。但被申请人的书面答辩不仅是行使自己的权利、全面表达意思的重要手段，而且也有助于仲裁庭了解案情，掌握双方当事人争议的焦点，促进庭审调查的有效开展。需注意的是，提交答辩书除须向仲裁委员会提交外，还须按照被答辩人的人数提交答辩书副本。

被申请人的答辩既可以是实体方面的内容，也可以是程序方面的内容。在程序方面主要是申请人无权申请仲裁、仲裁委员会无权管辖、超过仲裁时效、不应当受理等。在实体方面主要是要针对申请人的仲裁请求及其所依据的事实和理由进行反驳和辩解，阐明自己的主张和根据。

一份完整、规范的仲裁答辩书主要由以下几部分组成。(1) 首部。主要写明当事人的基本情况。(2) 案由。简要写明对申请人提出的何种仲裁案件进行答辩。(3) 答辩意见。该部分是对申请人的仲裁请求进行明确答复，清楚地表明自己的态度，写明自己对案件的主张和理由。(4) 反请求。若被申请人有反请求，要具体写明反请求的各项内容及其所依据的事实和理由。(5) 尾部。该部分写明致送的劳动争议仲裁委员会的全称，在右下方写明答辩人的姓名，答辩人是法人或其他组织的，要写出其全称，并另行写出法定代表人或主要负责人的姓名、职务，如委托代理人的，代理人也应签名、盖章，并注明年、月、日。

3. 答辩书副本的送达

提前将答辩书副本送达给申请人，目的在于使申请人及时了解对方的答辩内容，使双方当事人在庭审前尽量处于信息平等的地位，以便在开庭前为庭审做有针对性的、更充分的准备。

（七）撤回仲裁申请

《劳动人事争议仲裁办案规则》第 35 条规定："仲裁处理结果作出前，申请人可以自行撤回仲裁申请。申请人再次申请仲裁的，仲裁委员会应当受理。"这一规定明确了申请人可以自行撤回仲裁申请的条件以及仲裁委员会应当受理当事人的再次申请。

1. 如何理解"仲裁处理结果作出前"

仲裁处理结果主要包括调解书和裁决书。在处理结果作出前，申请人可以自行撤回仲裁申请。

仲裁庭对于是否准许撤回仲裁申请，有审查决定权。一般情况下，应当准许撤回，但如果撤回仲裁申请会损害国家利益、社会利益或其他人的合法权益，或者存在申请人恶意浪费仲裁资源等情形的，可以不准许撤回。

2. 自行撤回仲裁申请

自行撤回仲裁申请的情形包括申请人主动申请撤回（如因为申请人自

愿放弃全部仲裁请求、双方当事人自行和解、经调解组织调解达成了调解协议等）、仲裁庭介入后经调解撤回等。与《劳动人事争议仲裁办案规则》第 39 条规定的按撤回仲裁申请处理的情况不同，申请人若无正当理由拒不到庭或者未经仲裁庭同意中途退庭的，仲裁庭可以按撤回仲裁申请处理，在此情况下申请人重新申请仲裁的，仲裁委员会不予受理。

3. 再次申请仲裁

再次申请仲裁，指已撤回仲裁申请的申请人对同一被申请人就同一事实、理由提出了相同的仲裁请求。该申请人针对不同被申请人申请仲裁，或者对相同被申请人就不同的事实、理由，或者对相同被申请人就同一事实和理由提出了不同的仲裁请求的，均不构成再次申请仲裁，仲裁委员会应当将其作为一个新的仲裁申请进行审查处理。

（八）反申请

反申请指在已经开始的仲裁程序中，被申请人以原仲裁申请人为被申请人，向仲裁委员会提出的仲裁请求，是被申请人维护合法权益的重要途径。《劳动人事争议仲裁办案规则》第 36 条规定，“被申请人可以在答辩期间提出反申请，仲裁委员会应当自收到被申请人反申请之日起五日内决定是否受理并通知被申请人。决定受理的，仲裁委员会可以将反申请和申请合并处理。反申请应当另行申请仲裁的，仲裁委员会应当书面告知被申请人另行申请仲裁；反申请不属于本规则规定应当受理的，仲裁委员会应当向被申请人出具不予受理通知书。被申请人答辩期满后对申请人提出反申请的，应当另行申请仲裁”。

1. 答辩期内反申请的处理规则

（1）答辩期内提起反申请

快速、高效地处理争议案件是仲裁的重要特点之一，因此，仲裁的审理期限仅为 45 日。《劳动人事争议仲裁办案规则》第 46 条第 4 项规定了仲裁申请和反申请合并处理的，仲裁期限从受理反申请之日起重新计算。在此情形下，在庭审前尽早固定争议事项，对庭审的有效开展和争议案件的迅速解决有着重要作用。因此，被申请人如果希望其反申请能够与本申请合并审理，则其反申请应当尽早提出，即在答辩期结束之前提出。

（2）反申请的处理

针对答辩期内被申请人提出反申请的不同情况，仲裁委员会将作出不同的处理，具体如下。

①5 日内决定是否受理。被申请人在答辩期内提出反申请的，仲裁委员会应当在 5 日内决定是否受理，受理程序同本申请。

②处理结果。仲裁委员会对被申请人在答辩期内提出反申请的处理，可能出现如下四种不同的结果。

一是反申请不属于《劳动人事争议仲裁办案规则》规定应当受理的，则向被申请人出具不予受理通知书。

二是反申请属于《劳动人事争议仲裁办案规则》规定应当受理的，且反申请与本申请具有关联性，仲裁委员会决定与本申请合并审理。参照《最高人民法院关于适用〈中华人民共和国民事诉讼法〉的解释》第 233 条规定，可以合并审理的反申请可以从以下两个角度考量。A. 反申请的当事人应当限于本申请的当事人的范围。B. 反申请与本申请的仲裁请求基于相同法律关系，仲裁请求之间具有因果关系，或者反申请与本申请的仲裁请求基于相同事实的，可以合并审理，如因双方对劳动者是否旷工这一事实有争议，劳动者要求用人单位支付违法解除劳动合同的赔偿金，而用人单位要求劳动者返还旷工期间工资的争议便属于基于相同事实产生的正反申请。上述反申请与本申请具有关联性，仲裁委员会可以合并处理。

三是反申请属于《劳动人事争议仲裁办案规则》规定应当受理的，且反申请与本申请具有关联性，但仲裁委员会决定不合并审理。需要指出的是，是否合并审理可以由仲裁委员会根据案件情况自主决定。即使反申请属于《劳动人事争议仲裁办案规则》规定应当受理的，且反申请与本申请具有关联性，仲裁委员会仍可根据案件处理的需要，决定将本申请与反申请不合并审理。例如，反申请案情过于复杂等不适宜合并处理的情形。

四是反申请属于《劳动人事争议仲裁办案规则》规定应当受理的，但反申请与本申请不具有关联性，则可以书面告知被申请人另行提出仲裁申请。

2. 答辩期满后反申请的处理规则

（1）答辩期满后提出反申请

被申请人在答辩期满后提出反申请的，应当是在本申请案件审结之前提出。如果是在本申请案件审结之后提出，则无所谓反申请，仲裁委员会应当将该申请作为一个新案件处理。

（2）仲裁委员会的处理

被申请人在答辩期满后提出反申请的，仲裁委员会应当告知其另行提出仲裁申请，故不会出现与本申请合并处理的情形。

第二节　仲裁开庭

一、仲裁庭组成

劳动争议仲裁委员会受理劳动争议案件后，根据案情的不同，在已聘任的仲裁员中选择 1 名或者 3 名组成临时性的仲裁庭，对该案件进行仲裁。仲裁庭不是仲裁委员会常设机构，而是用于对具体案件进行仲裁的临时性的办案组织形式。仲裁庭在仲裁委员会领导下处理劳动争议案件，实行一案一庭制。《劳动争议调解仲裁法》第 31 条规定，“劳动争议仲裁委员会裁决劳动争议案件实行仲裁庭制。仲裁庭由三名仲裁员组成，设首席仲裁员。简单劳动争议案件可以由一名仲裁员独任仲裁”。

（一）仲裁庭的组成

为保证仲裁活动的顺利进行，仲裁决定的公正、合理，当事人的合法权益得到有效维护，法律对仲裁庭的组成作出了严格的规定。根据《劳动争议调解仲裁法》规定，仲裁庭的组织有两种形式，一种是合议庭制，另一种是独任庭制。

1. 合议庭制

合议庭指仲裁庭由 3 名仲裁员组成，且 3 名仲裁员中设 1 名首席仲裁员。合议庭制是对劳动争议案件进行仲裁时经常采用的组织形式。裁决劳动争议案件实行合议庭制，既有利于充分发挥集体智慧，对案件作出公正裁决，又有利于仲裁庭内部意见的集中与统一，及时对劳动争议案件作出裁决。同时，仲裁庭的组成人员规定为单数，是为了确保仲裁庭成员对案件的裁决有不同意见时，可根据少数服从多数的原则形成最终裁决，而不至于因仲裁庭内部意见无法统一而影响案件的及时裁决。

2. 独任庭制

合议庭制虽然有利于集思广益，但有时也可能造成仲裁资源的浪费，不利于及时解决纠纷。因此，为提高仲裁活动的效率，及时对劳动争议案件作出裁决，发挥仲裁便捷及时解决争议的优势，《劳动争议调解仲裁法》同时规定对一些简单案件也可以采用另一种组织形式，即独任庭制。独任庭制，是指由 1 名仲裁员组成仲裁庭对简单劳动争议案件进行仲裁。由劳动争议仲裁的实践可以看出，独任庭制是一种比较迅速、便捷、经济的仲裁方式，对一些简单的劳动争议案件采用独任庭制，可以更为简便易行地解决纠纷。

（二）将仲裁庭组成情况通知当事人

《劳动争议调解仲裁法》第 32 条规定，“劳动争议仲裁委员会应当在受理仲裁申请之日起五日内将仲裁庭的组成情况书面通知当事人”。仲裁庭的组成由劳动争议仲裁委员会决定。当事人对谁担任仲裁员并不知道，对仲裁员的情况也并不了解，为了便于当事人对仲裁员的监督，保证仲裁活动的公正性，在仲裁庭组成后，劳动争议仲裁委员会应当将仲裁庭组成情况及时通知双方当事人。仲裁委员会将仲裁庭的组成情况告知双方当事人，有利于双方当事人了解仲裁员的背景情况，增加当事人对仲裁庭及其裁决的认可和信任，同时也是双方当事人行使回避申请权的前提，也便于当事人对仲裁员的监督，保障双方当事人的合法权利。虽然该案件的仲裁庭组成人员已经确定，但仲裁庭只是一个对该案件进行仲裁的临时组织，所以对当事人的通知仍然是以劳动争议仲裁委员会的名义发出。

1. 书面通知

劳动争议仲裁委员会应当将仲裁庭的组成情况书面通知双方当事人。这里的“书面”通知包括以电报、电传、传真、信件或任何其他以文字表述的通知形式。以这种书面形式通知当事人，可以避免因通知方式的问题造成当事人对通知内容不清楚，或者出现通知错误的情况，影响其仲裁权利的行使。而且，在劳动争议仲裁委员会与被通知人就通知内容、时间、方式出现争议时，便于双方举证，明确责任。

2. 通知时间

仲裁委员会应当在受理仲裁申请之日起 5 日内将仲裁庭的组成情况通知当事人。为确保劳动争议在较短的时间得以解决，解决仲裁周期过长的问题，《劳动争议调解仲裁法》对整个仲裁活动的期限以及仲裁活动各阶段的期限都作出了严格的限制，明确将劳动争议仲裁委员会通知仲裁庭组成情况的期限规定为 5 日。

二、仲裁员回避制度

（一）回避制度概述

回避制度是当事人监督仲裁庭成员的重要权利，也是保障仲裁程序公正的重要措施。规定回避制度主要是为了保证仲裁活动能够客观、公正地进行，保证案件得到正确的处理。《劳动争议调解仲裁法》《劳动人事争议仲裁办案规则》等法律法规都对回避制度作出了明确的规定。

仲裁员回避指仲裁委员会在仲裁劳动争议案件时，仲裁庭成员认为自己不适宜参加本案审理的，依照法律的规定，自行申请退出仲裁，或者当事人认为由于某种原因仲裁庭成员可能存在裁决不公的情形，申请要求其退出仲裁活动。回避方式主要有两种：一是“自行回避”；二是“当事人提出回避”。“自行回避”指仲裁庭成员知道自己具有应当回避的情形，自己向劳动争议仲裁委员会提出回避的申请，即主动说明情况，提出不参加案件的审理。“当事人提出回避”指仲裁庭成员明知自己应当回避而不自行回避或者不知道、不认为自己具有应当回避的情形，因而没有自行回避的，仲裁案件的双方当事人，即劳动者和用人单位和他们的法定代理人有权向劳动争议仲裁委员会提出申请，要求他们回避。申请回避是法律赋予当事人及其法定代理人的一项基本权利，办案人员在办理案件时首先要向当事人及其法定代理人宣告这一项权利，任何人都不能剥夺当事人及其代理人申请回避的权利。

（二）应回避的情形

根据《劳动争议调解仲裁法》规定，仲裁员有下列情形之一，应当回避，当事人也有权以口头或者书面方式提出回避申请。

1. 是本案的当事人或者当事人、代理人的近亲属的。这种情形主要指仲裁员本人是本案的当事人一方或当事人一方的代理人或者是他们的近亲属。如果办案人员是本承办案件的当事人或者当事人、代理人的近亲属，就有可能偏袒他的近亲属，使案件得不到公正解决，所以这样的办案人员，不能参与办理此案，应当回避。近亲属，指与当事人、代理人血缘关系较近的亲属，是亲属关系中的一种。按照《民法典》规定，亲属包括配偶、血亲和姻亲。配偶、父母、子女、兄弟姐妹、祖父母、外祖父母、孙子女、外孙子女为近亲属。这里的“当事人”指依据《劳动争议调解仲裁法》第22条规定，“发生劳动争议的劳动者和用人单位为劳动争议仲裁案件的双方当事人。劳动派遣单位或者用工单位与劳动者发生劳动争议的，劳动派遣单位和用工单位为共同当事人”。

2. 与本案有利害关系的。与本案有利害关系是指审理本案的办案人员或者其近亲属与本案有某种利害关系，处理结果会涉及他们在法律上的利益。

3. 与本案当事人、代理人有其他关系，可能影响公正裁决的。“其他关系”主要指以下几种情况：是当事人的朋友、亲戚、同学、同事等，或者曾经与当事人有过恩怨、与当事人有借贷关系等。“可能影响公正裁决的”是“与本案当事人、代理人有其他关系”而应当回避的必要条件，即只有在可能影响公正处理案件的情况下，才适用回避。如仲裁员是当事人的朋友，则要看这种关系是否影响案件的公正审理，来决定是否回避。

4. 私自会见当事人、代理人，或者接受当事人、代理人的请客送礼的。近年来，由于受到社会不良风气的影响，一些办案人员中的少数意志薄弱者经不起考验，利用职权谋取私利的情况时有发生，其中一个比较突出的问题就是办案人员与案件当事人发生一些不正常的联系，使案件不能得到公正的处理，甚至徇私枉法，践踏法律，群众反映强烈。针对这一问题，《劳动争议调解仲裁法》规定“私自会见当事人、代理人，或者接受当事人、代理人的请客送礼的”，当事人及其代理人有权要求他们回避。也就是说案件当事人及其代理人有证据证明办理此案的人员有上述行为，就有权要求他们回避，维护自己的合法权益。

由上述四项规定可以看出，适用回避的情形虽然有很多种，但实质却是相同的，那就是使人对其裁决的公正性产生足够的怀疑。在这种情形下，为保障劳动争议仲裁的公信力，有必要规定仲裁员的回避，以避免对裁决公正性的不必要的怀疑。

（三）主动回避和申请回避

回避分为两种情况：一是主动回避。指审理案件的仲裁员或者记录人员，认为自己具有回避的法定情形之一而主动提出回避。二是申请回避。是指当事人认为审理案件的仲裁员或者记录人员有回避的法定情形之一的，用口头或者书面形式申请仲裁员或者记录人员退出该案的审理。

（四）提出回避申请

1. 提出主体。提出回避申请的主体是案件当事人，即申请人、被申请人或者第三人。

2. 提出时间。《劳动人事争议仲裁办案规则》规定，“当事人申请回避，应当在案件开庭审理前提出，并说明理由。回避事由在案件开庭审理后知晓的，也可以在庭审辩论终结前提出”。原则上应当在案件开庭审理前提出回避；只有在回避事由于案件开庭审理后才知晓的情况下，才可以在审理后庭审辩论终结前提出。庭审辩论结束后提出回避，则不影响仲裁程序的进行，即一方面不影响已作出的仲裁行为的合法性；另一方面不影响仲裁员继续从事案件办理行为。

3. 提出方式。回避申请应以口头或者书面方式提出。在提出回避申请时，应说明理由作为仲裁委员会判断回避申请是否成立的依据。

（五）回避申请决定

《劳动争议调解仲裁法》规定：“劳动争议仲裁委员会对回避申请应当及时作出决定，并以口头或者书面方式通知当事人。”关于回避申请决定包括以下三方面的内容。

1. 回避申请决定权。《劳动争议调解仲裁法》规定，劳动争议仲裁委员会对回避申请应当及时作出决定，也就是说劳动争议仲裁委员会有权对回避的申请进行审查并作出准许或不准许的决定。根据《劳动人事争议仲裁办案规则》第 12 条第 1 款规定，仲裁员、记录人员是否回避，由仲裁委员会主任或者其委托的仲裁院负责人决定。仲裁委员会主任担任案件仲裁员是否回避，由仲裁委员会决定。

2. 决定回避申请作出的时间。根据《劳动人事争议仲裁办案规则》第 11 条第 3 款规定，仲裁委员会应当在回避申请提出的 3 日内，以口头或者书面形式作出决定。以口头形式作出的，应当记入笔录。

3. 关于通知的形式。仲裁委员会以口头或者书面方式通知当事人。

在回避决定作出前，被申请回避的人员应当暂停参与该案处理，但因案件需要采取紧急措施的除外。

三、仲裁开庭的基本程序

仲裁开庭基本程序是指劳动争议仲裁委员会受理劳动争议案件以及依

法组成仲裁庭后进行仲裁活动时所必须遵守的法定步骤、方式和过程。

根据《劳动争议调解仲裁法》《劳动人事争议仲裁办案规则》的规定，劳动争议仲裁开庭的基本程序如下。

（一）开庭通知

《劳动争议调解仲裁法》第35条规定："仲裁庭应当在开庭五日前，将开庭日期、地点书面通知双方当事人。当事人有正当理由的，可以在开庭三日前请求延期开庭。是否延期，由劳动争议仲裁委员会决定。"

根据一案一庭原则组成的仲裁庭，具体承担对劳动争议案件的仲裁工作。仲裁庭成员应当认真审阅申请、答辩材料，调查、收集证据，查明争议事实。遇有需要勘验或鉴定的问题，应交由法定部门勘验或鉴定；没有法定部门的，由劳动争议仲裁委员会委托有关部门勘验或鉴定。仲裁庭成员应当根据调查的事实，拟定处理方案，并根据法律对劳动争议仲裁案件仲裁期限的规定，合理确定开庭日期。在确定开庭日期后，仲裁庭应当在开庭5日前，将开庭日期、地点书面通知双方当事人。这一方面有利于当事人调查收集有关证据、材料，为开庭辩论、质证做准备；另一方面也便于当事人合理安排个人事务，以便按时出庭，保证仲裁工作的正常进行。

在开庭通知于开庭前5日送达当事人后，当事人就应当考虑安排开庭日到庭参加仲裁活动。开庭日期一旦确定，案件双方当事人都应当尊重和维护法律的严肃性，按时到庭参加仲裁，以维护自己的权利。当然，如果有特殊情况确实不能在开庭日期到庭的，应当提前向劳动争议仲裁委员会申请延期。根据《劳动争议调解仲裁法》规定，当事人有正当理由的，可以在开庭3日前请求延期开庭。当事人请求延期开庭的，应当有正当理由。正当理由应当是妨碍当事人参加庭审的客观理由。实践中，正当理由一般是不可抗力、意外事件或者突发的特别情况等。至于延期开庭申请理由是否具有正当性，劳动争议仲裁委员会应当根据实际情况确定。申请有正当理由的，劳动争议仲裁委员会应当决定延期开庭，并及时通知双方当事人；认为延期开庭申请理由不具有正当性的，应当决定不延期。决定开庭不延期的，申请延期开庭的申请人应当如期到庭。

（二）当事人无正当理由拒不到庭或者未经仲裁庭同意中途退庭的法律后果

出庭参加仲裁开庭，既是当事人的权利，也是当事人的义务。当事人接到开庭通知后，应当根据通知的开庭日期、地点按时参加仲裁开庭审理。如果当事人无视法律尊严，无视仲裁庭纪律，开庭时无正当理由拒不到庭，或者开庭中途不辞而别，则应当承担一定的法律后果。《劳动争议调解仲裁法》第36条规定：“申请人收到书面通知，无正当理由拒不到庭或者未经仲裁庭同意中途退庭的，可以视为撤回仲裁申请。被申请人收到书面通知，无正当理由拒不到庭或者未经仲裁庭同意中途退庭的，可以缺席裁决。”《劳动人事争议仲裁办案规则》第39条规定，“申请人收到书面开庭通知，无正当理由拒不到庭或者未经仲裁庭同意中途退庭的，可以按撤回仲裁申请处理；申请人重新申请仲裁的，仲裁委员会不予受理。被申请人收到书面开庭通知，无正当理由拒不到庭或者未经仲裁庭同意中途退庭的，仲裁庭可以继续开庭审理，并缺席裁决”。这些规定，明确了当事人无故不参加仲裁活动所应承担的法律后果。这就是说，当事人无故不参加仲裁开庭审理的，应当根据其在仲裁案件中的地位，作出相应的处理。

1. 申请人无正当理由拒不到庭或者未经仲裁庭同意中途退庭

（1）可以按撤回仲裁申请处理

申请人收到书面通知，无正当理由拒不到庭或者未经仲裁庭同意中途退庭的，基于权利的可放弃性，仲裁委员会可以视为申请人以实际行动向仲裁委员会表明放弃行使仲裁权利，按撤回仲裁申请处理，从而终结对劳动争议案件的仲裁。当然，仲裁委员会也可以根据案件的具体情况，继续等待或者安排第二次开庭。

（2）重新申请仲裁不予受理

被按撤回仲裁申请处理后，申请人基于同一事实理由，以同样的仲裁请求再次向仲裁委员会申请仲裁的，仲裁委员会不予受理。这与民事诉讼中的做法存在较大差异。在民事诉讼中，对原告按撤诉处理的，其仍然可以基于同一事实理由，对同样的诉讼请求再次提起诉讼，人民法院应当予以受理。仲裁制度对此作出与民事诉讼完全不同的规定，主要是基于仲裁快捷原则的考虑，同时避免当事人滥用仲裁申请权。在此情形下，仲裁委员会应在收到仲裁申请之日起5日内向申请人出具不予受理通知书。

2. 被申请人无正当理由拒不到庭或者未经仲裁庭同意中途退庭

（1）可以缺席审理并缺席裁决

被申请人之所以参与仲裁活动，是基于申请人认为其可能侵害了自己的合法权益而提出仲裁申请，因此，被申请人若经合法通知拒绝参加仲裁活动或者未经仲裁庭同意中途退庭，势必严重影响对申请人可能被侵害权利的及时救济，故被申请人有义务到庭参加仲裁活动。被申请人在收到书面开庭通知后，无正当理由拒不到庭或者未经仲裁庭同意中途退庭的，属于怠于行使自己的权利（答辩权、举证质证权、抗辩权等），但其不能不履行自己的义务，仲裁委员会可以基于保护申请人权益的考虑，缺席审理该案件，并作出缺席裁决。缺席裁决，指只有一方当事人到庭参加仲裁审理时，仲裁庭仅就到庭一方当事人进行调查、审查、核实证据，听取意见，并对未到庭一方当事人提供的书面资料进行审查后，即作出仲裁裁决的仲裁活动。缺席裁决与当事人双方均在庭的对席裁决具有同等的法律效力。当然，仲裁委员会也可以根据案件的具体情况（如被申请人不到庭可能影响查明案件事实、申请人可能虚假仲裁等），继续等待或者安排第二次开庭。

（2）缺席审理及缺席裁决注意事项

在缺席审理中，仲裁庭的审理流程与非缺席审理的流程并无显著差异，但由于被申请人未到庭无法进行质证、辩驳及辩论，仲裁庭需特别注意审核、认定申请人所提交的证据及申请人在申请书中的陈述与当庭陈述是否相符等，防止申请人利用被申请人未出庭而虚假仲裁。此外，在裁决书中，应注明案件因被申请人无正当理由拒不到庭或者未经仲裁庭同意中途退庭而被缺席审理的情况。

3. 拒不到庭时间的认定

现行法律法规未对超过开庭时间多久应视为拒不到庭作出具体限定，而庭审当日发生特殊状况也属不可避免。基于仲裁委员会在庭审前已经书面通知当事人开庭时间以及不浪费仲裁资源的考虑，仲裁庭等待当事人开庭时间不宜过长，否则就是对另一方当事人权利的侵害。仲裁庭可以在开庭时间对未到庭的当事人进行询问，当事人应对突发状况如遭遇恶劣天气等向仲裁庭进行反馈，并由仲裁庭根据现实情况确定等待时间，并告知未到庭一方超过等待时间仍未到庭的不利后果。在规定等待时间仍未出庭的，申请人未出庭可视为自动撤回仲裁申请，被申请人未出庭的，仲裁庭可进行缺席审理。

（三）仲裁鉴定

《劳动争议调解仲裁法》第 37 条规定："仲裁庭对专门性问题认为需要鉴定的，可以交由当事人约定的鉴定机构鉴定；当事人没有约定或者无法达成约定的，由仲裁庭指定的鉴定机构鉴定。根据当事人的请求或者仲裁庭的要求，鉴定机构应当派鉴定人参加开庭。当事人经仲裁庭许可，可以向鉴定人提问。"这一规定，明确了劳动争议仲裁中的鉴定问题。

1. 鉴定的概念

鉴定，指鉴定主体根据司法机关、仲裁机关或者当事人的申请，通过对鉴定材料的观察、比较、检验、鉴别等专业性、技术性活动，对案件涉及的专门性问题进行分析、判断，作出鉴定结论的活动。实践中，劳动争议仲裁活动中经常会遇到一些专门性问题，如文书的真伪、签名的真假、物品的价值、产品的质量、伤残的等级等，这些问题劳动争议仲裁员无法运用自己的知识和经验来作出判断，必须由专业机构、专业人员运用专门知识、专业技能和职业经验进行鉴定。

2. 鉴定程序的启动

根据《劳动争议调解仲裁法》规定，仲裁庭对专门性问题认为需要鉴定的，可以交由鉴定机构鉴定。其中包括两种情况，一是当事人就有关问题向仲裁庭提出鉴定申请，仲裁庭认为需要鉴定的；二是当事人没有就有关问题提出鉴定申请，但仲裁庭认为有关问题需要鉴定的。这两种情况都可以导致鉴定程序的启动。

3. 鉴定机构的确定

按照《劳动争议调解仲裁法》规定，首先应当按照当事人的约定确定鉴定机构，这是确定鉴定机构的一般原则；当事人没有约定或者无法达成约定的，由仲裁庭指定鉴定机构。约定或指定的鉴定机构应当是依法取得相应资格的鉴定机构。

4. 鉴定人参加开庭

按照规定，当事人请求或者仲裁庭要求鉴定人参加开庭的，鉴定机构应当派负责此次鉴定的鉴定人参加开庭。当事人经仲裁庭许可，可以向鉴定人提问。鉴定人有义务回答当事人的提问。

5. 鉴定费的承担

根据《劳动人事争议仲裁办案规则》规定，当事人申请鉴定的，鉴定费由申请鉴定方先行垫付，案件处理终结后，由鉴定结果对其不利方负担。鉴定结果不明确的，由申请鉴定方负担。

（四）仲裁开庭审理程序

《劳动人事争议仲裁办案规则》第41条规定，“开庭审理前，记录人员应当查明当事人和其他仲裁参与人是否到庭，宣布仲裁庭纪律。开庭审理时，由仲裁员宣布开庭、案由和仲裁员、记录人员名单，核对当事人，告知当事人有关的权利义务，询问当事人是否提出回避申请。开庭审理中，仲裁员应当听取申请人的陈述和被申请人的答辩，主持庭审调查、质证和辩论、征询当事人最后意见，并进行调解”。这一规定，明确了仲裁开庭审理的基本程序。

1. 开庭审理前的仲裁庭活动

这一阶段的仲裁庭准备活动指狭义的“准备阶段”，即在指定的开庭时间及地点进行的仲裁庭准备活动，主要的组织者为记录人员。首先，记录人员引导各方当事人及委托代理人按指示牌就座，旁听人员进入旁听席就座；其次，记录人员核实各方当事人和其他仲裁参与人的到庭情况，宣布仲裁庭纪律；最后，报告仲裁员，仲裁庭准备工作就绪，可以开庭。

2. 开庭审理时的仲裁庭活动

开庭审理时，仲裁庭主要是处理程序性事务，其主要内容如下。

（1）宣布开庭、案由和仲裁员、记录人员名单，核实当事人及委托代理人的身份，询问双方当事人对彼此身份有无异议后，宣布当事人及委托代理人可以参加仲裁庭活动。

本环节主要通过查验身份证件及法人营业执照（登记证）等方式核实当事人的基本信息，并通过授权委托书核实委托代理人的身份及代理权限。

（2）告知双方当事人在仲裁活动中的权利和义务，主要包括：①提出、变更、增加、放弃仲裁请求，反申请以及和解的权利；②申请回避，提供证据，进行辩论，请求调解的权利；③如实陈述事实、如实提供证据的义务；④遵守仲裁庭纪律，服从仲裁庭指挥的义务。

本环节重点询问当事人是否存在申请回避的请求。当事人申请回避的，仲裁员在问明理由后宣布休庭，随即向仲裁委员会主任或者其委托的仲裁院负责人汇报，仲裁委员会主任或者其委托的仲裁院负责人作出决定不同意回避申请的，仲裁员可在口头或者书面告知当事人后宣布继续开庭，口头告知的，应记入笔录；仲裁委员会主任在或者其委托的仲裁院负责人作出决定同意回避申请的，仲裁员可在告知当事人后宣布延期开庭审理。如果当事人申请仲裁委员会主任或者其委托的仲裁院负责人（担任仲裁员时）回避的，仲裁员在问明理由后宣布休庭，并提交仲裁委员会决定，但回避决定应当自申请回避之日起 3 日内作出。

3. 开庭审理中的仲裁庭活动

这一阶段是对案件进行实质审理的关键环节，主要由仲裁员引导双方当事人进行充分陈述、抗辩，主持仲裁庭依次进行陈述调查、当事人举证、质证和双方当事人围绕争议焦点进行辩论。辩论终结时，仲裁员应当征询当事人的最后陈述意见，并询问各方当事人是否同意进行调解。这一阶段应当重点把握以下几个问题。

（1）质证

《劳动争议调解仲裁法》第38条规定，“当事人在仲裁过程中有权进行质证和辩论。质证和辩论终结时，首席仲裁员或者独任仲裁员应当征询当事人的最后意见”。这是关于劳动争议仲裁中的质证和辩论的规定。质证和辩论是当事人在程序法上的权利。在仲裁庭的主持下，通过当事人之间相互质证和辩论，有利于仲裁庭查明案件事实，有利于当事人充分发表自己的意见，维护自己的合法权益。仲裁庭应当尊重和切实保障当事人依法行使质证和辩论的权利。

当事人在仲裁过程中有权进行质证。质证是指当事人在仲裁庭的主持下，对对方当事人提供的证据的真实性、关联性和合法性进行质疑，否定其证明力的活动。证据应当在法庭上出示，由当事人质证。未经质证的证据，不能作为认定案件事实的依据。在质证过程中，当事人需要指出对方当事人提供的证据存在的问题，通过否定其真实性、关联性和合法性来否定其证明力。同时，针对对方提出的质疑，当事人需要作出回应，论证己方提供的证据的真实性、关联性和合法性。因此，质证是通过双方的互相质疑和自我辩护，审查证据的真实性、关联性和合法性，判断其证明力，去伪存真的过程。质证时，当事人应当围绕证据的真实性、关联性和合法性，针对证据证明力有无以及证明力大小，进行质疑、说明与辩驳。

质证按下列顺序进行：①申请人出示证据，被申请人、第三人与申请人进行质证；②被申请人出示证据，申请人、第三人与被申请人进行质证；③第三人出示证据，申请人、被申请人与第三人进行质证。案件有两个以上独立的请求的，当事人可以逐个出示证据进行质证。仲裁庭应当将当事人的质证情况记入笔录，并由当事人核对后签名或者盖章。

证人应当出庭作证，接受当事人的质询。证人因年迈体弱或者行动不便、特殊岗位确实无法离开、路途特别遥远交通不便、自然灾害等不可抗力或者其他特殊情况，确实不能出庭的，经仲裁庭许可，可以以出具书面证言等方式作证。出庭作证的证人应当客观陈述其亲身感知的事实。证人作证时，不得使用猜测、推断或者评论性的语言。仲裁庭应当告知证人如实作证的义务以及作伪证的法律后果。不能正确表达意志的人，不能作为证人。待证事实与其年龄、智力状况或者精神健康状况相适应的无民事行为能力人和限制民事行为能力人，可以作为证人。证人为聋哑人的，可以其他表达方式作证。仲裁员和当事人可以对证人进行询问。证人不得旁听仲裁庭审理；询问证人时，其他证人不得在场。仲裁庭认为有必要的，可以让证人进行对质。

鉴定人应当出庭接受当事人质询。鉴定人确因特殊原因无法出庭的，经仲裁庭准许，可以书面答复当事人的质询。

经仲裁庭许可，当事人可以向证人、鉴定人、勘验人发问。询问证人、鉴定人、勘验人不得使用威胁、侮辱及不适当引导证人的言语和方式。

当事人可以向仲裁庭申请由 1 名至 2 名具有专门知识的人员出庭就案件的专门性问题进行说明。仲裁员和当事人可以对出庭的具有专门知识的人员进行询问。经仲裁庭准许，可以由当事人各自申请的具有专门知识的人员就案件中的问题进行对质。具有专门知识的人员可以对鉴定人进行询问。

对书证、物证、视听资料进行质证时，当事人有权要求出示证据的原件或者原物。但有下列情况之一的除外：①出示原件或者原物确有困难并经仲裁庭准许出示复制件或者复制品的；②原件或者原物已不存在，但有证据证明复制件、复制品与原件或原物一致的。

如何采纳当事人提供的证据，是仲裁庭仲裁劳动争议案件必然会遇到的问题。《劳动争议调解仲裁法》第 39 条第 1 款规定："当事人提供的证据经查证属实的，仲裁庭应当将其作为认定事实的根据。"也就是说，对于经过质证、审查属实的当事人提供的证据，仲裁庭应当予以采纳，以此来确定案件的事实，并据此作出裁决。

（2）辩论

当事人辩论是仲裁庭审理的重要程序，仲裁庭调查、质证结束，仲裁员应当总结案件的主要争议焦点，引导双方当事人围绕争议焦点进行辩论，避免当事人进行冗长的赘述，但必须保障当事人的充分辩论权。

当事人在仲裁过程中有权进行辩论。这里的辩论指在仲裁庭的主持下，双方当事人就争议的事实认定问题和法律适用问题，各自陈述己方的主张和根据，挑战对方的主张和根据，对对方的挑战进行反驳，以维护己方的合法权益的活动。事实越辩越清，法理越辩越明。通过双方当事人的辩论，仲裁庭可以进一步查清事实，确定定案的根据，正确适用法律，最终作出公正的裁决。

辩论由双方当事人及其代理人依次进行。辩论的顺序，可参照民事诉讼的顺序。

①申请人及其代理人发言。申请人及其代理人的发言，主要是针对事实和证据、应当适用的法律，发表自己的意见。

②被申请人及其代理人答辩。被申请人及其代理人的答辩主要是针对申请人及其代理人的主张进行。内容主要是驳斥申请人及其代理人的主张，为自己的主张辩护。

③第三人及其代理人发言或者答辩。有第三人参加劳动争议仲裁的，申请人和被申请人发言、答辩完毕后，仲裁庭应当请第三人就案件事实和应当适用的法律等问题，发表意见，阐述主张。

④双方当事人及第三人互相辩论。经过上述程序后，仲裁庭应当让双方当事人及第三人就本案的问题互相发问。辩论的顺序原则上还是申请人及其代理人、被申请人及其代理人、第三人及其代理人。

第一轮辩论结束，首席仲裁员或者独任仲裁员应当询问当事人是否还有补充意见。当事人要求继续发言的，应当允许，但当事人不得重复第一轮的发言。一轮辩论结束后当事人要求继续辩论的，可以进行下一轮辩论。下一轮辩论不得重复上一轮的内容。

仲裁庭应当引导当事人围绕案件争议焦点进行辩论。必要时，仲裁庭可以限定当事人及其代理人发表意见的时间。仲裁庭应当保证双方当事人平等地进行辩论。在辩论过程中，仲裁员不得就双方争议的问题发表意见，不得与当事人辩论。当事人不得滥用辩论权利，无理狡辩，互相争吵，哄闹滋事；不得发表与争议焦点无关的意见，不得重复已经发表的意见。

一般而言，质证是事实调查阶段的重要程序，辩论是在事实调查的基础上进行的。但是在实践中，二者并无严格界限。为缩短开庭时间，避免调查阶段和辩论阶段在一些问题上的重复，对一些争议问题较多的案件，可以将调查和辩论结合进行。如果在辩论过程中，发现新的事实需要进一步调查的，可以停止辩论，恢复调查，待事实查清后再进行辩论。

（3）征询当事人的最后意见

《劳动争议调解仲裁法》第38条规定，“当事人在仲裁过程中有权进行质证和辩论。质证和辩论终结时，首席仲裁员或者独任仲裁员应当征询当事人的最后意见”。经过质证和辩论，查明或者基本查明了案件事实，当事人不再辩论、质证，或者当事人、仲裁庭认为无须再质证和辩论时，仲裁庭可以决定终结质证和辩论。质证和辩论终结时，首席仲裁员或者独任仲裁员应当按照申请人、被申请人、第三人的顺序，征询他们各自的最后意见，以充分保证当事人发表意见的权利。

（4）调解优先

争议案件应当遵循优先调解的基本原则，将调解工作贯穿于仲裁庭审理活动的始终，充分发挥调解简便、快捷、降低双方对抗性、有利于社会和谐稳定等优势。

（五）仲裁庭审笔录

1. 庭审笔录

庭审笔录，是仲裁庭记录人员制作的，如实反映仲裁庭开庭审理劳动争议案件过程中仲裁员、当事人以及其他仲裁参加人陈述意见、互相质证、进行辩论、变更请求、庭前调解等活动的书面记录。庭审笔录对于仲裁庭根据案件事实，依法仲裁劳动争议案件，维护当事人的合法权益，具有非常重要的意义。《劳动争议调解仲裁法》第40条规定，“仲裁庭应当将开庭情况记入笔录。当事人和其他仲裁参加人认为对自己陈述的记录有遗漏或者差错的，有权申请补正。如果不予补正，应当记录该申请。笔录由仲裁员、记录人员、当事人和其他仲裁参加人签名或者盖章”。《劳动人事争议仲裁办案规则》第 42 条进一步明确规定，“仲裁庭应当将开庭情况记入笔录。当事人或者其他仲裁参与人认为对自己陈述的记录有遗漏或者差错的，有权当庭申请补正。仲裁庭认为申请无理由或者无必要的，可以不予补正，但是应当记录该申请。仲裁员、记录人员、当事人和其他仲裁参与人应当在庭审笔录上签名或者盖章。当事人或者其他仲裁参与人拒绝在庭审笔录上签名或者盖章的，仲裁庭应当记明情况附卷。”

2. 仲裁庭应当将开庭情况记入笔录

庭审笔录是对全部庭审活动的客观反映，是仲裁庭裁决案件的重要依据，可以有效地固定证据，防止当事人事后对自己的言行不予承认，对当事人的言行也是一种约束。因此，庭审笔录必须全面、客观、准确、真实、清楚。记录人员必须尊重事实，如实记录，对仲裁员、当事人的言论，均应尽量记录原话，不得随意引申、发挥。庭审笔录的用语应使用规范语言，尽量不要使用方言俗语。对当事人进行人身攻击、侮辱性的词语等则不宜记录到庭审笔录中。

庭审笔录一般应当记明下列内容：案由；开庭时间、地点；仲裁员、记录人员姓名；当事人姓名、性别、年龄、民族、职业、住所、到庭情况；首席仲裁员或者独任仲裁员告知当事人的仲裁权利义务，以及是否申请仲裁员回避的情况；当事人陈述、证人作证、出示证据、宣读鉴定结论、宣读勘验笔录以及当事人互相质证的情况；当事人辩论的情况；当事人增加、变更、撤回仲裁请求的情况；先行调解的，应当记明调解的过程；当庭裁决的，应当记明裁决内容、当事人对裁决的声明；仲裁员、记录人员、当事人以及其他仲裁参加人的签名或者盖章，或者拒绝签名或者盖章的情况。

3. 庭审笔录补正

当事人以及其他仲裁参加人有权了解庭审笔录的内容。仲裁庭宣布休庭时，当事人和其他仲裁参与人可以对庭审笔录进行审阅，对其认为笔录存在陈述遗漏或者差错的，可以提出补正申请，但时限为“当庭”。当事人和其他仲裁参与人超过上述时间界限提出补正申请的，仲裁庭不再予以补正。对于当事人和其他仲裁参与人提出的补正申请，仲裁庭具有决定是否予以补正的权力，经核实，如果仲裁庭认为确有遗漏或者差错，同意补正的，由记录人员将补正的内容和补正的经过记入笔录；如果仲裁庭认为没有遗漏或者差错，不同意补正的，由记录人员将申请的内容和不同意补正的理由记入笔录。

4. 庭审笔录签名盖章

（1）签章的人员

在庭审笔录上签章的人员包括全部仲裁活动参与人，即仲裁员、记录人员、当事人和其他仲裁参与人如证人、鉴定人等。

（2）签章的方式

在庭审笔录上签章，可以是签名也可以是盖章。实践中，对仲裁员及记录人员可以是签章，而其他人员则需本人签名。需要注意的是，当事人应当在庭审笔录的每页上均签名，证人或鉴定人只需在证言部分或者接受询问部分签名，而仲裁员、记录人员只需在最后一页签名或者签章即可。

（3）拒绝签章的处理

当事人或者其他仲裁参与人拒绝在庭审笔录上签名或者盖章的，仲裁庭应当记明情况附卷。仲裁庭对该情况的附卷记录可以视为当事人已经在庭审笔录上签字，仲裁庭可以将该庭审笔录作为裁判案件的依据。

四、仲裁庭纪律

为了维护仲裁庭的庭审秩序，保障庭审程序的顺利进行，参加仲裁庭庭审的人员应当严格遵守庭审纪律。《劳动人事争议仲裁办案规则》第 43 条规定：“仲裁参与人和其他人应当遵守仲裁庭纪律，不得有下列行为：(一）未经准许进行录音、录像、摄影；（二）未经准许以移动通信等方式现场传播庭审活动；（三）其他扰乱仲裁庭秩序、妨害审理活动进行的行为。仲裁参与人或者其他人有前款规定的情形之一的，仲裁庭可以训诫、责令退出仲裁庭，也可以暂扣进行录音、录像、摄影、传播庭审活动的器材，并责令其删除有关内容。拒不删除的，可以采取必要手段强制删除，并将上述事实记入庭审笔录。”

（一）仲裁庭纪律的适用对象

按照《劳动人事争议仲裁办案规则》规定，应当遵守仲裁庭纪律的是仲裁参与人和其他人，主要是仲裁参与人，包括申请人、被申请人、第三人、委托代理人、证人、鉴定人、翻译人员等，也可以为旁听人员。

（二）仲裁参与人和其他人的禁止性行为

仲裁参与人和其他人不得有下列行为。

1. 未经准许进行录音、录像、摄影，主要包括仲裁参与人、旁听人员利用手机、相机、平板电脑、录音笔等器材对庭审活动进行声音、图像、影像记录。

2. 未经准许以移动通信等方式现场传播庭审活动，主要包括仲裁参与人、旁听人员通过发送电子邮件、微信、博客、微博客等方式传播庭审情况（经法定途径获准采访、转播或者直播庭审活动的除外）。

3. 其他扰乱仲裁庭秩序、妨害审理活动进行的行为，主要包括但不限于以下四种情形：

（1）违反仲裁庭纪律，在仲裁庭内高声喧哗、随意打断仲裁员发言；

（2）哄闹、冲击仲裁庭；

（3）侮辱、诽谤、威胁、殴打仲裁工作人员或者仲裁参与人；

（4）其他不尊重、不服从仲裁庭指示、安排，致使仲裁庭审无法正常进行的行为。

（三）对妨害仲裁庭活动的强制措施

1. 训诫。指仲裁庭对违反仲裁庭纪律的行为人，以口头方式予以严肃的批评教育，并指出其行为的违法性和危害性，令其以后不得再犯的一种强制措施。训诫适用于妨害仲裁庭秩序但情节轻微者，由仲裁庭决定并口头执行，需要将训诫的内容记入仲裁庭笔录。

2. 责令退出仲裁庭。指仲裁庭对违反仲裁庭纪律的行为人，强制其离开仲裁庭的强制措施。责令退出仲裁庭与训诫的强度不同，往往更为严厉。仲裁庭可以直接适用责令退出仲裁庭的强制措施，也可以先适用训诫，然后视行为人的表现再决定是否适用责令退出仲裁庭的强制措施，但应当将被责令退出仲裁庭者的违法事实记入庭审笔录。实践中，对当事人及其委托代理人扰乱仲裁庭秩序且不听劝阻，在不采取责令退出仲裁庭的强制措施即不足以恢复仲裁庭秩序的情况下，责令其退出仲裁庭并无不当，但并不能因此剥夺其相关的仲裁权利。

如果当事人被责令退出仲裁庭后，仍有代理人的，庭审活动应当继续进行；如果无代理人，应当休庭，可以视情况允许当事人再次参与庭审。如果代理人被责令退出仲裁庭的，当事人自行参与仲裁的，庭审应当继续进行；如果其需要另行委托代理人的，则应当休庭。

3. 其他措施

在仲裁庭采用上述强制措施时，亦可以同时暂扣行为人的录音、录像、摄影、传播庭审活动的器材，并责令其删除有关内容；行为人拒不删除的情况下，仲裁庭可以采取必要手段强制删除，并将上述事实记入仲裁庭笔录。需要注意的是，由于仲裁委员会本身不具有法律赋予的对人身实施强制措施的职权，故仲裁庭在采取必要手段强制删除时，应当注意方式方法，必要时可报请公安机关予以协助。

在仲裁庭适用训诫、责令退出仲裁庭等强制措施时，一般可以当庭处理，记入庭审笔录，不宜直接写入裁决书中；确有必要在裁决书中反映的，在记录仲裁过程的部分予以阐明。

实践中，对于违反仲裁庭纪律、不服从仲裁庭训诫等行为，情节严重已违反《治安管理处罚法》的，仲裁庭可以报请公安机关处理。

五、当事人自行和解

《劳动争议调解仲裁法》第 41 条规定："当事人申请劳动争议仲裁后，可以自行和解。达成和解协议的，可以撤回仲裁申请。" 自行和解是指在劳动争议仲裁案件中，在仲裁程序开始后，双方当事人就劳动争议的标的，通过协商自行达成和解协议，结束仲裁活动的行为。和解具有体现当事人合意、尊重当事人处分权、解决纠纷较为彻底、节约仲裁司法资源、有利于社会和谐等优点，因此在许多国家被广泛运用。

（一）劳动争议仲裁当事人享有自行和解权

在劳动争议仲裁过程中，当事人双方都可以通过协商自行达成和解。当事人通过自行和解的方式解决劳动争议，可以充分体现当事人的主体地位和处分权利；程序上简便易行，节约了双方当事人的时间和费用，也节约了社会成本；与作出仲裁裁决相比，由于和解是建立在平等自愿的基础上的，因此，这种争议的解决结果更容易为双方当事人接受，也更容易得到执行。我国历来倡导建立和谐稳定的劳动关系，劳动关系和谐稳定是用人单位和劳动者的共同心愿，是社会和谐的基础。劳动争议仲裁双方当事人通过平等协商平和地解决劳动争议，有利于减少当事人之间的心理对抗，也有利于当事人和睦相处，促进劳动关系和谐稳定。

（二）和解协议的内容必须合法

当事人自行和解是当事人自己的权利，但和解协议的内容必须符合法律、法规的规定。只有合法，和解协议才能有效。

（三）仲裁庭根据和解协议制作调解书

当事人达成和解协议后可以申请仲裁庭根据和解协议制作调解书，仲裁庭经过对和解协议依法进行审查，确认意思真实、合法有效后，可以根据和解协议制作调解书。仲裁庭对和解协议进行审查的内容应当包括：协议是否违反了法律、行政法规的强制性规定，是否侵害国家利益和社会公共利益；协议内容是否属于当事人处分权的范畴；当事人争议的法律关系是否涉及案外人的权益；协议指定转移的财产上是否存在案外人权利；协议内容是否符合善良风俗和公共道德；和解是否存在明显违反当事人真实意思的情形等。仲裁庭对和解协议审查确认后制作的调解书，应当由仲裁员签名，并加盖劳动争议仲裁委员会的印章。调解书应当写明仲裁请求和当事人协议的结果。

（四）申请仲裁的当事人可以撤回仲裁申请

劳动争议当事人自行和解后，双方签订了和解协议，申请仲裁的当事人可以向劳动争议仲裁委员会提出撤回仲裁申请。劳动争议仲裁委员会收到当事人的申请后，应当准予撤回仲裁申请，并制作仲裁决定书。

在劳动争议仲裁案件中，劳动争议仲裁机构应当鼓励和支持当事人通过自行和解的方式解决劳动争议。当事人达成的和解协议符合法律规定的，具有合同效力，劳动争议仲裁机构应当认可。当事人申请仲裁庭根据和解协议制作调解书的，仲裁庭经审查，确认和解协议合法有效的，应当根据和解协议制作调解书。仲裁庭根据和解协议制作的调解书具有强制执行力，一方当事人逾期不履行的，另一方当事人可以依照民事诉讼法的有关规定向人民法院申请执行。

六、增加或者变更仲裁请求

《劳动人事争议仲裁办案规则》第 44 条规定："申请人在举证期限届满前可以提出增加或者变更仲裁请求；仲裁庭对申请人增加或者变更的仲裁请求审查后认为应当受理的，应当通知被申请人并给予答辩期，被申请人明确表示放弃答辩期的除外。申请人在举证期限届满后提出增加或者变更仲裁请求的，应当另行申请仲裁。"该条规定了申请人如何增加或者变更仲裁请求。

（一）增加或者变更仲裁请求的主要情形

增加或者变更仲裁请求的主要情形为：第一，对仲裁请求金额的增加；第二，对仲裁请求事项的变更，如将解除劳动合同经济补偿变更为违法解除劳动合同赔偿金；第三，对仲裁请求期间的变更，如对确认劳动关系存续时间段的变更等；第四，增加新的仲裁请求等。

（二）举证期限届满前提出

申请人在举证期限届满前提出增加或者变更仲裁请求的，仲裁庭应当按照立案审查标准对其增加或者变更的仲裁请求进行审查，如果符合受理条件，则应当通知被申请人，给予其不少于10日以上的答辩期，并视情况调整开庭时间。如果被申请人明确表示放弃答辩期的，则应当按原定开庭时间继续审理。审理时，应当将增加或者变更的仲裁请求与原仲裁请求合并审理。被申请人明确表示放弃答辩期的意思表示应当记录在庭审笔录中。

（三）举证期限届满后提出

申请人在举证期限届满后提出增加或者变更仲裁请求的，则仲裁庭应当对该请求按照新案进行处理，告知申请人向仲裁委员会另行提出仲裁申请，原仲裁请求的审理应当不受影响照常进行。

七、先行调解

《劳动争议调解仲裁法》第42条规定，“仲裁庭在作出裁决前，应当先行调解。调解达成协议的，仲裁庭应当制作调解书。调解书应当写明仲裁请求和当事人协议的结果。调解书由仲裁员签名，加盖劳动争议仲裁委员会印章，送达双方当事人。调解书经双方当事人签收后，发生法律效力。调解不成或者调解书送达前，一方当事人反悔的，仲裁庭应当及时作出裁决。”这一规定明确了劳动争议仲裁的调解程序。

（一）仲裁调解概述

1. 仲裁调解

仲裁调解，指劳动争议双方当事人在仲裁庭的主持下，在查清事实、分清是非的基础上，通过自愿协商，互谅互让达成一致协议，从而解决劳动争议。调解是劳动争议仲裁的必经程序，仲裁庭在作出裁决之前，应当先行调解。

2. 劳动争议仲裁调解的原则

根据有关规定，仲裁调解必须依据下列原则进行。

（1）先行调解原则。先行调解是指仲裁庭在审理劳动争议案件时，应当首先进行调解，调解不成的，再进行仲裁裁决。确立先行调解原则，有利于劳动争议的及时解决，促进劳动关系的和谐稳定。

（2）自愿原则。调解必须建立在双方当事人自愿的基础上。双方当事人是否愿意接受调解，以及能否达成调解协议，都要根据双方当事人的自愿，任何人不得强迫。

（3）查明事实，分清责任的原则。调解不是无原则的和稀泥，而是在查明事实、分清责任的基础上进行，这是调解处理劳动争议的关键。

（4）调解协议必须合法。调解协议是在仲裁庭的主持下达成的，其行为本身是一种法律行为，达成的协议是一种法律文书，因此内容不得违反法律、法规、规章。

（二）劳动争议仲裁案件的调解程序

劳动争议仲裁案件的调解程序一般如下。

1. 确定或者建议适当的调解方式。在调解程序中，仲裁员相互之间、仲裁员与当事人之间以及当事人双方之间可以协商适当的调解方式。

2. 分清是非曲直。仲裁员应当查清案件事实，分清责任，听取当事人的陈述和申辩。

3. 提出建议方案。仲裁庭应当遵循客观、公平和公正的原则，提出解决争议的具体建议，供当事人参考或者接受。

4. 制作调解书或者恢复仲裁。调解成功、达成协议的，仲裁庭应当制作调解书。调解不成功的，仲裁庭应当及时宣布调解终结，迅速恢复仲裁程序，防止久调不决。

（三）劳动争议仲裁调解书

按照规定，调解达成协议的，仲裁庭应当制作调解书。调解书是指仲裁庭制作的记载对劳动争议当事人进行调解的过程和结果的具有约束力的法律文书。仲裁调解书应当载明仲裁请求和当事人协议的结果，由双方当事人和仲裁员签名，加盖劳动争议仲裁委员会印章。与裁决书一经作出就发生法律效力不同，调解书不是作成后马上生效，而是送达双方当事人，由双方当事人签收后才生效。

仲裁调解书的法律效力主要如下。(1) 使仲裁程序终结。调解书一经生效，仲裁程序即告结束，仲裁机构便不再对该案进行审理。这是调解书在程序上的法律后果。(2) 争议当事人的权利义务关系被确定。这是调解书在实体上的法律后果。(3) 任何机关或组织都要在重新处理该案方面受调解书的约束。

(四) 调解不成的，仲裁庭应当及时裁决

经过仲裁庭先行调解，双方当事人对劳动争议处理结果存在分歧，不能达成调解协议，或者虽已达成调解协议，但是在调解书送达之前，一方当事人反悔的，或者当事人拒绝接受仲裁调解书的，这些均属于仲裁调解不成，意味着调解程序终结。在仲裁调解不成的情况下，仲裁庭应当及时作出裁决，以裁决的方式结案。

第三节　仲裁裁决

一、仲裁期限

(一) 仲裁期限的一般规定

仲裁期限，即劳动争议仲裁委员会审结劳动争议案件的期限。对此，《劳动争议调解仲裁法》第 43 条第 1 款明确规定："仲裁庭裁决劳动争议案件，应当自劳动争议仲裁委员会受理仲裁申请之日起四十五日内结束。案情复杂需要延期的，经劳动争议仲裁委员会主任批准，可以延期并书面通知当事人，但是延长期限不得超过十五日。逾期未作出仲裁裁决的，当事人可以就该劳动争议事项向人民法院提起诉讼。"

关于劳动争议仲裁期限，《劳动争议调解仲裁法》与《劳动法》的规

定不一致。《劳动法》规定，仲裁裁决一般应在收到仲裁申请的60日内作出，而《劳动争议调解仲裁法》规定，仲裁庭裁决劳动争议案件，应当自劳动争议仲裁委员会受理仲裁申请之日起45日内结束，在劳动法规定的60日期限的基础上进一步缩短了仲裁期限。这是为了提高劳动争议仲裁委员会处理劳动争议案件的效率，缩短处理劳动争议的周期，最大限度地降低劳动者维权成本，及时有效地保护当事人的合法权益，所以，《劳动争议调解仲裁法》缩短了仲裁期限。

对于一些特殊的劳动争议案件，案情相对比较复杂，例如，工伤争议案件，在处理中需要经过劳动关系的认定，或者工伤等级鉴定等程序，需要较长的处理周期，难以在法定的45日仲裁期限内作出裁决，对此，《劳动争议调解仲裁法》特别规定："案情复杂需要延期的，经劳动争议仲裁委员会主任批准，可以延期并书面通知当事人，但是延长期限不得超过15日。"

为保证延长庭审期限的严肃性和清晰性，避免发生对程序是否违法的争议，《劳动人事争议仲裁办案规则》要求延长庭审期限应采取书面形式。实践中书面形式多表现为仲裁员应填写延期审理审批表。延期审理审批表应当载明案号、受理时间、职工姓名、用人单位名称、申请延期的理由及申请延期的期限等信息，经仲裁员签名后报请批准。在批准延期的主体方面规定了两类主体：仲裁委员会主任、经仲裁委员会主任委托的仲裁院负责人。

劳动争议仲裁期限是法定期限，劳动争议仲裁庭必须严格遵守，必须在法定期限内结案。如果仲裁庭逾期未作出仲裁裁决的，当事人可以向人民法院提起诉讼。

（二）仲裁期限的特别规定

《劳动人事争议仲裁办案规则》第46条规定了重新计算仲裁期限及不计入仲裁期限的情形，共计七种，是特殊的仲裁期限，有其特殊计算规则。

《劳动争议调解仲裁法》对仲裁期限有着严格规定。但在仲裁案件办理过程中，可能会出现一些法定情形导致仲裁庭难以在法定期限内审结案件，而这些法定情形并非仲裁庭自身工作因素所造成，而是基于当事人的原因或者其他客观原因所致，故应该自出现该法定情形时重新计算仲裁期限或者将某段期间不计入仲裁期限。

1. 重新计算仲裁期限的情形

（1）追加当事人或者第三人的情形

①追加共同申请人

在必要共同当事人的情况下，如果部分当事人没有申请仲裁，为了查明案件，彻底解决纠纷，仲裁庭可以依法追加共同申请人。此时案件的审理期限从仲裁庭决定追加共同申请人之日起重新计算。

②追加共同被申请人

为方便查明案件，快速解决相关案件，保护劳动者权益，我国劳动争议调解仲裁法律中规定了若干共同当事人的情况。这些共同当事人都是必要的共同当事人，如果申请人在申请仲裁时没有列明必要的共同被申请人，则仲裁庭有权依法追加共同被申请人。例如在涉及劳务派遣争议的案件中，如果劳动者申请仲裁时未将劳务派遣单位或者用工单位列为共同被申请人，则仲裁庭应当进行追加。

③追加第三人

依照《劳动争议调解仲裁法》相关规定，与劳动争议案件的处理结果有利害关系的第三人，可以申请参加仲裁活动或者由仲裁委员会通知其参加仲裁活动。仲裁庭根据案件情况可以依法追加第三人。

④共同当事人与第三人的异同

共同当事人指当事人一方或双方为两人以上，标的是共同的，仲裁庭必须合并审理的情况。关于标的是共同的，例如，特殊的身份关系、连带债权和连带债务、共同的侵权等都可以被认为标的是共同的。较为常见的仲裁案件共同当事人包括：劳务派遣单位或者用工单位与劳动者发生劳动争议的，劳务派遣单位和用工单位为共同当事人；用人单位招用与其他用人单位尚未解除或者终止劳动合同的劳动者，给其他用人单位造成损失的，可以将该招用劳动者的用人单位与劳动者列为共同当事人。

第三人是民事诉讼中的一项重要制度，分为有独立请求权的第三人以及无独立请求权的第三人，有独立请求权的第三人在民事诉讼中的地位相当于原告，而无独立请求权的第三人已处于辅助人的地位，权利受到很大限制。前者不会被判承担责任，但后者可能会被判承担责任。有独立请求权的第三人不存在与原告诉讼标的共同的问题，它是对诉讼标的有独立请求权的。而无独立请求权第三人对案件处理结果有法律上的利害关系。仲裁实践中应参照适用民事诉讼相关规定，因此，对于第三人的把握应当按照民事诉讼有关理论掌握。

（2）申请人补正材料的情形

申请人在提交仲裁申请的同时还应当提交下列材料：劳动者作为申请人时应当提交有效身份证明，用人单位作为申请人时应提交相应的营业执照或者法人登记证书，申请人需提交与其仲裁请求相关的证明材料，委托代理人代为申请仲裁的，需提交《授权委托书》，注明委托事项和权限，并提交委托人和受托人的关系证明和身份证明等。如果申请人提交的上述材料不齐备导致仲裁委员会无法受理的，则申请人需要补正相关材料。此时仲裁委员会收到仲裁申请的时间从申请人材料补正之日起重新计算。

（3）申请人变更、增加仲裁请求的情形

申请人提出仲裁申请后，在举证期限届满前可以提出变更、增加仲裁请求。仲裁庭经审查后认为申请人变更、增加的仲裁请求符合受理范围的，应当予以受理。此时案件的审理期限从仲裁庭受理增加、变更仲裁请求之日起重新计算。

（4）仲裁申请与反申请合并处理的情形

根据《劳动人事争议仲裁办案规则》有关规定，被申请人可以在答辩期间提出反申请，反申请请求应当是与本申请请求有关联的独立的请求，如劳动者申请仲裁要求用人单位支付解除劳动合同经济补偿金，用人单位提出反申请要求劳动者办理工作交接手续。仲裁委员会经审查后决定受理的，可以将反申请和本申请合并处理，此时案件的审理期限从仲裁委员会决定受理反申请之日起算。

(5) 案件移送管辖的情形

根据《劳动人事争议仲裁办案规则》有关规定，仲裁委员会如果发现已受理的案件不属于其管辖范围的，应当移送至有管辖权的仲裁委员会，此时案件的审理期限从受移送的仲裁委员会接受移送之日起重新计算。由共同的上一级仲裁委员会主管部门指定管辖的，案件的审理期限应当自被指定受理案件的仲裁委员会收到指定管辖决定之日起重新计算。

(6) 其他情形

法律、法规规定的其他情形属于兜底性规定，即除前述明确列举的五种情形以外，不排除在其他法律、法规中明确规定仲裁期限应当另行计算的情形。

2. 不计入仲裁期限的情形

(1) 中止审理期间

案件在审理过程中出现《劳动人事争议仲裁办案规则》中规定的中止情形的，经仲裁委员会主任或者其委托的仲裁院负责人批准，仲裁庭可以中止审理。自仲裁庭决定中止审理之日起至中止审理的情形消除之日止，期间经过的时间均不计入仲裁期限内。

(2) 公告送达期间

仲裁委员会对下落不明的当事人、用人单位备案登记地或者经营地有明显标识但无办公人员的，在采用直接送达、委托送达、邮寄送达、留置送达等方式均无法将仲裁文书送达受送达人的情形下，可以采用公告送达的方式送达仲裁文书。自仲裁委员会发出公告之日起，经过60日即视为送达。自仲裁委员会发出公告之日起至第60日公告期满期间不计入仲裁期限内。

(三) 仲裁中止

《劳动人事争议仲裁办案规则》第47条规定了案件的中止与恢复审理，明确了在仲裁程序开始后，因特殊情况出现导致仲裁程序不能或者不宜进行，需要使仲裁程序暂时停止的情形，以及案件中止审理决定作出的责任主体和应当恢复审理的情形。中止程序的设立对保障当事人合法权益、查清案件事实有着重要作用，且中止期间不计算在审理期限内。明确案件中止审理的审批人，以及应当恢复审理的情形，有利于对仲裁过程的风险把控，提升仲裁活动的效率。

1. 批准中止

（1）批准主体。当出现争议案件应当中止审理的情形时，仲裁庭应当将中止审理的事由报告仲裁委员会主任或者其委托的仲裁院负责人，经其批准后，方可中止审理。

（2）书面通知当事人。经批准后，仲裁庭应当将案件中止审理的决定以书面形式告知当事人。中止审理的决定一经作出即发生法律效力。

2. 恢复审理

（1）恢复审理的主体。恢复审理的主体应为仲裁庭，待中止审理的情形消失后，由仲裁庭根据案件的情况自主决定。

（2）恢复审理的形式。《劳动人事争议仲裁办案规则》未规定恢复审理是否要经过书面形式通知。实践中，是否需要书面通知当事人恢复审理可以由仲裁庭根据案件情况自行掌握。

3. 中止审理的情形

（1）劳动者一方当事人死亡，需要等待继承人表明是否参加仲裁的。仲裁过程中，如劳动者一方当事人死亡时，其仲裁权利能力自然终止，但其实体权利并不因此而自然灭失，可由其继承人参加仲裁活动，使得仲裁活动继续下去，而确定该继承人出现的过程会比较复杂，甚至可产生民事纠纷，故确定该继承人会需要一段比较长的时间，因此就需要案件中止审理，等待适格的继承人出现。当然，如果能及时确定继承人，则没有必要对案件中止审理。需注意的是，在确定继承人后，该继承人应当取代死亡劳动者的当事人地位来参加仲裁活动。对于是否属于适格继承人，可通过户口注销证明、户口簿、户籍证明、结婚证等进行判断，也可以通过生效的判决文书进行认定。

此外，劳动者的死亡可分为生理死亡与被宣告死亡，对于被宣告死亡的认定可参见《民法典》相关规定。

（2）劳动者一方当事人丧失民事行为能力，尚未确定法定代理人参加仲裁的。在仲裁过程中，如劳动者一方因先天疾病、意外事故等原因而导致辨识能力不足，不能正常预见自己行为法律后果的，自然不能自主行使仲裁权利，承担仲裁义务，因此就必须依法确定其监护人，由监护人作为法定代理人代为参加仲裁活动。劳动者是否属于丧失民事行为能力人，应当依照《民事诉讼法》和《民法典》有关规定进行认定。监护人的资格认定也应当依照《民法典》有关规定执行。可见，当不能直接确定法定代理人时，往往需要较长的时间通过法律程序来确定法定代理人，而在该过程中，案件应当中止审理。

（3）用人单位终止，尚未确定权利义务承继者的。用人单位的终止是指用人单位权利能力的终止。在仲裁过程中，如用人单位因合并、撤销、解散等原因而终止的，在其权利义务承受人没有确定之前，案件应当中止审理。

（4）一方当事人因不可抗拒的事由，不能参加仲裁的。不可抗拒的事由是指不能预见、不能避免并不能克服的客观情况，一般理解为地震、洪水等自然灾害，或者战争等个人无法避免的情况。当事人遭遇到上述情况时，且在较长时间内无法参加仲裁活动，仲裁庭应当中止审理。而判断是否属于不可抗拒事由，除了众所周知的事实，还可以要求当事人出示相关机构出具的证明文件或者业务文件，如保险公司的理赔材料等。

（5）案件审理需要以其他案件的审理结果为依据，且其他案件尚未审结的。当案件审理需要以其他案件处理结果为依据，而其他案件尚未审结时，则无法得到该作为本案处理依据的其他案件的结果，在这种情况下，应等待其他案件处理结束得到结果，因此应中止本案审理。此处的其他案件可以是劳动人事争议案件，例如当事人后提起的主张加班工资的案件需要等到此前提起的确认劳动关系的案件的审理结果；其他案件也可以是普通民事案件，例如用人单位处于法人分立的诉讼中，此时应等待该法人分立案件的诉讼结果；其他案件也可能是其他类型的案件。此处需要注意的是再审案件的处理，不影响原判决的执行。

（6）案件处理需要等待工伤认定、伤残等级鉴定以及其他鉴定结论的。工伤案件的审理，需要工伤认定、伤残等级鉴定等基础信息来最终确定劳动者的工伤待遇，而工伤认定、伤残等级鉴定作为一个行政认定、科学鉴定过程，往往需要一段比较长的时间，而由于上述原因仲裁庭未能在审理期限内作出裁决的，不属于逾期未作出裁决的情形，仲裁庭应当中止审理，等待相关结果的出现。

（7）其他应当中止仲裁审理的情形。随着社会活动日趋复杂，案件中止审理情形亦无法穷尽，所以《劳动人事争议仲裁办案规则》设立了一个兜底条款，即当出现使案件的审理程序不能继续进行下去的情形时，仲裁庭可作出案件中止审理的决定。

（四）超审限处理

超审限指仲裁委员会仲裁案件时超过了法律规定的仲裁期限。《劳动人事争议仲裁办案规则》第 48 条对争议案件逾期未裁决的处理作了明确规定，即“当事人因仲裁庭逾期未作出仲裁裁决而向人民法院提起诉讼并立案受理的，仲裁委员会应当决定该案件终止审理；当事人未就该争议事项向人民法院提起诉讼的，仲裁委员会应当继续处理”。这既有利于当事人的权利尽早得到实现，同时也是对仲裁委员会依法履职的监督。

1. 仲裁委员会终止审理的条件

仲裁委员会终止审理有以下两个条件。

第一，逾期未作出裁决。依照《劳动争议调解仲裁法》的规定，“审理期限”中的期限可以分为一般期限 45 日，以及因案情复杂需要延期并经仲裁委员会主任或者其委托的仲裁院负责人批准的 60 日期限。超过上述期间未能作出裁决，即为逾期未作出裁决。

实践中，应当尽量避免未能及时组庭或者开庭，或者开庭后却未能及时裁决等现象，确保不损害当事人程序性权利。

第二，当事人向人民法院提起诉讼并立案受理的。基于“仲裁前置”的制度设计，在当事人在法定期限内，无法获得仲裁委员会处理结果的情况下向人民法院起诉时，人民法院会在区分情况的前提下有选择性地受理相关劳动人事争议案件。

实践中，当事人此时需向人民法院提交的相关凭证或者证明一般包括：仲裁委员会出具的收件回执、受理通知书等。如人民法院立案受理，当事人应当及时持人民法院的立案文书告知相关仲裁委员会，根据《关于加强劳动人事争议仲裁与诉讼衔接机制建设的意见》，人民法院也应及时将该案的受理情况告知仲裁委员会，仲裁委员会应当作出案件终止审理的决定，制作相关仲裁文书并告知双方当事人。

但是，案件已经进入仲裁委员会的实体处理进程中，但因中止审理等原因而未作出裁决的，不在当事人可以直接提起诉讼的范围内。

2. 继续审理的期限

如出现仲裁庭逾期未作出仲裁裁决，而当事人未就整体或者部分争议事项向人民法院提起诉讼的情况，仲裁委员会应当继续对争议案件进行处理，且无须征得双方当事人的同意。

此外，不排除当事人起诉而人民法院未予受理的情形，在此情形下，仲裁委员会亦应当继续对争议案件进行处理。

二、先行裁决

《劳动争议调解仲裁法》第 43 条第 2 款规定：“仲裁庭裁决劳动争议案件时，其中一部分事实已经清楚，可以就该部分先行裁决。”先行裁决，指仲裁庭在裁决劳动争议案件时，对其中已经查明的一部分事实预先进行仲裁的制度。当事人向劳动争议仲裁委员会申请仲裁，可以有一个或者几个仲裁请求。在有些情况下，案件的审理已经进行了一段时间，由于种种原因的限制，仲裁庭对于劳动争议仲裁申请人各项仲裁请求相关的事实，尚难以全部查清，不能一次对所有的仲裁请求作出裁决。为了防止仲裁过分迟延，及时保障当事人的合法权益，如果对一部分请求的相关事实已经查明，而且就这部分仲裁请求又需要尽快裁决，如用人单位无故拖欠、克扣劳动者工资，致使劳动者生活无保障，或者劳动者因工负伤或者患职业病，用人单位不支付医疗费用，等等，仲裁庭可以先就这部分作出裁决，其他仲裁请求待相关事实进一步查明后，通过后续裁决解决。

先行裁决是通过行使部分裁决权作出的裁决，从性质上来说与最终裁决的效力是一样的，具有同样的法律效力。因此，仲裁庭在仲裁程序中已经作出的部分裁决即约束其在以后的裁决中不得对该已作出的裁决部分的结果进行变更。先行裁决是在仲裁权行使过程中先行作出的，因此，在对争议事项作最后裁决时，也不得对在部分裁决中的事项再进行裁决。另外，先行裁决与最后裁决的内容不能相互矛盾，而应保持一致。

根据《劳动人事争议仲裁办案规则》规定，当事人对先行裁决不服的，则仍可以按《劳动争议调解仲裁法》所规定的救济途径寻求救济。

三、先予执行

《劳动争议调解仲裁法》第 44 条规定："仲裁庭对追索劳动报酬、工伤医疗费、经济补偿或者赔偿金的案件，根据当事人的申请，可以裁决先予执行，移送人民法院执行。仲裁庭裁决先予执行的，应当符合下列条件：（一）当事人之间权利义务关系明确；（二）不先予执行将严重影响申请人的生活。劳动者申请先予执行的，可以不提供担保。"这是关于先予执行的规定。先予执行，指劳动争议仲裁庭在仲裁过程中，根据当事人的申请裁定一方当事人预先给付另一方当事人一定数额的金钱或其他财物，移交人民法院执行的一种特殊仲裁的法律制度。先予执行是为了满足申请人生产或者生活的迫切需要。

（一）先予执行的适用范围

先予执行作为一项法律制度，有其特定的适用范围。根据《劳动争议调解仲裁法》的规定，劳动争议仲裁庭对下列案件，根据当事人的申请可以裁定先予执行。

1. 追索劳动报酬的案件。劳动报酬，是劳动者应得的劳动收入，是劳动者主要或者唯一的生活来源，它直接关系到劳动者及其家庭的基本生活，故可先予执行。

2. 追索工伤医疗费案件。工伤医疗费是指职工因工负伤治疗，急需住院费、手术费、药费及其他医疗费。这些费用如等到仲裁裁决生效再给付，就会贻误治疗时机。所以《劳动争议调解仲裁法》规定追索医疗费可以先予执行。

3. 追索经济补偿或者赔偿金的案件。经济补偿指在法定条件下用人单位应当按照法定的项目和标准，向劳动者（或者亲属）一次性支付的金钱给付。赔偿金是指劳动关系的一方当事人违反劳动法规或者劳动合同，给对方当事人造成损害，而向对方当事人给予一定的金钱给付，以赔偿对方当事人因其违法或者违约行为而遭受的损失。

（二）先予执行的条件

先予执行是一项特殊的法律制度，只有在符合法定条件下才能适用。根据《劳动争议调解仲裁法》规定，劳动争议仲裁委员会裁定先予执行的，应当符合下列条件。

1. 当事人之间权利义务关系明确。指案件的事实十分清楚，当事人之间的是非责任是显而易见的。未裁决前凭基本的社会经验就可以判断申请人是享有权利的一方，被申请人是应履行义务的一方，而且原、被告之间不存在对等给付问题。

2. 不先予执行将严重影响申请人的生活。即申请人无生活来源，依靠被申请人履行义务而维持正常生活，如不裁定先予执行可能给申请人的生活带来严重困难，甚至可能因生活无着落而发生意外的。

3. 先予执行必须要有当事人的申请，当事人没有申请的，劳动争议仲裁庭不能主动裁定先予执行。

以上条件，必须同时具备，劳动争议仲裁庭才能裁定先予执行。

（三）先予执行的申请和担保

先予执行，必须由当事人向劳动争议仲裁庭提出书面申请。申请书应写明申请先予执行的理由和根据，并提供对方当事人有先予执行履行能力的情况。劳动争议仲裁庭根据当事人的申请裁定先予执行，可以责令申请人提供担保。提供担保的目的，在于保护被申请人的合法权益，避免因申请错误而使被申请人遭受不应有的损失。是否提供担保，由劳动争议仲裁庭视案件的具体情况而定。但是，按照《劳动争议调解仲裁法》明确规定，劳动者申请先予执行的，可以不提供担保。这是在民事诉讼法规定的基础上，根据劳动关系的特殊情形，作出的进一步规定。劳动者是劳动关系中的弱者，之所以要申请仲裁或者提起诉讼，也往往是迫于无奈。一般情况下，劳动者在申请仲裁时，劳动报酬、医疗费、经济补偿或赔偿金等已经有一段时间没有拿到了，生活已经发生了困难，在这种时候，如果还让劳动者提供担保，劳动者是难以提供的；如果因为劳动者不能提供担保，而取消了劳动者申请先予执行的权利，会让已经生活困难的劳动者雪上加霜。因而，规定劳动者申请先予执行可以不提供担保，是符合我国劳动关系的实际情况的，也将是缓和劳动关系矛盾的一种有效方式。

（四）裁执衔接

根据《关于加强劳动人事争议仲裁与诉讼衔接机制建设的意见》，仲裁庭作出先予执行裁决后，应向有执行权的人民法院移送先予执行裁决书、裁决书的送达回证或其他送达证明材料。“有执行权的法院”应根据《民事诉讼法》以及其他执行的法律来判断，一般是指被执行人住所地或者财产所在地的基层人民法院。

四、仲裁裁决

裁决，指仲裁庭依据案件事实和有关法律规定，对当事人申请仲裁有关实体权利的请求事项，作出的确认当事人之间权利义务关系的有法律约束力的书面结论性判定。双方当事人经调解达不成协议，调解书送达前当事人反悔，或者当事人拒绝接受调解书，均为调解不成，应及时裁决。

（一）仲裁裁决的决定

《劳动争议调解仲裁法》第 45 条规定：“裁决应当按照多数仲裁员的

意见作出，少数仲裁员的不同意见应当记入笔录。仲裁庭不能形成多数意见时，裁决应当按照首席仲裁员的意见作出。”根据这一规定，当仲裁员在仲裁劳动争议案件出现分歧时，应当按照以下方式进行裁决。

1. 裁决应当按照多数仲裁员的意见作出，少数仲裁员的不同意见应当记入笔录。以多数仲裁员的意见作出裁决是一种较普遍的方式。仲裁庭由3名仲裁员组成，设1名首席仲裁员、2名仲裁员。仲裁庭按照少数服从多数的原则作出裁决决定，也就是说3名仲裁员中至少有2名仲裁员表示赞成，裁决才可以作出。对于少数仲裁员的不同意见，仲裁庭必须详细、如实地记录仲裁员的否决意见，并说明不同意见的理由。

2. 按首席仲裁员的意见作出。在仲裁实践中，3名仲裁员各执己见的情况屡有发生，因此，当仲裁庭不能以多数通过裁决决定时，裁决应当按照首席仲裁员的意见作出。

（二）仲裁裁决书

仲裁庭经过开庭审理、讨论和表决，对案件当事人的权利和义务作出结论性判断后，要将裁决结果以书面形式进行陈述即制作裁决书。《劳动争议调解仲裁法》第46条规定：“裁决书应当载明仲裁请求、争议事实、裁决理由、裁决结果和裁决日期。裁决书由仲裁员签名，加盖劳动争议仲裁委员会印章。对裁决持不同意见的仲裁员，可以签名，也可以不签名。”《劳动人事争议仲裁办案规则》在《劳动争议调解仲裁法》规定的载明事项的基础上又增加了“当事人的权利”。

除文书名称及案件编号外，按照写作顺序，裁决书可以分为以下三大部分。

1. 首部

此部分包括当事人基本信息、案由、仲裁庭组成、开庭情况概述等；其主要功能是说明参与案件审理人员基本情况。

当事人基本信息：当事人是自然人的，基本信息应当包括姓名、性别、出生年月日、身份证号码及住址。当事人是法人或者其他组织的，基本信息应当包括名称、住所地（经营地）、法定代表人（主要负责人、经营者）姓名及职务。当事人有委托代理人代理参加仲裁活动的，应当写明委托代理人姓名、性别、出生年月日、职业、住址、代理权限等信息，如果是律师出庭代理的，则只需写明律师姓名、所在律师事务所、代理权限即可。

案由：根据仲裁请求确定。

仲裁庭组成情况：此部分应当写明案件是由 1 名仲裁员独任仲裁或者是 3 名仲裁员组庭审理，写明仲裁员姓名，并写明由谁担任首席仲裁员。

开庭情况概述：此部分应当列明参与庭审的人员姓名及案件已经审理终结，对于缺席审理案件，还应当写明于何时通过何种方式向未出庭当事人送达了开庭通知。

2. 主体

此部分包括仲裁请求、答辩情况、争议事实、裁决理由、裁决结果、当事人权利，其主要功能是展示案件争议焦点和双方举证质证情况，查明并根据举证责任分配原则认定案件事实，正确适用法律法规政策判定当事人权利义务，并告知当事人后续法律权利。

仲裁请求：这部分是申请人向仲裁委员会提出的要求被申请人确认、履行的事项，被申请人答辩、仲裁庭审及裁决书写作均围绕其展开。裁决书中的“某某某申请称”部分不仅应当写明请求事项，而且应当写明申请人提出请求所依据的事实理由。当事人对仲裁请求进行增加、变更或者撤销的情况，应当在写明原始请求内容后，写明请求变化情况。

被申请人答辩情况：此部分应当写明答辩形式（口头还是书面）；不仅应当写明被申请人对申请人各项请求是否认可，还应当写明不认可的理由。大部分缺席审理案件中，被申请人既未到庭参加案件审理，也未提交书面答辩意见；但在少部分缺席审理案件中，被申请人可能在庭前已经提交了书面答辩意见，此时应当将该意见写入裁决书。

争议事实：体现在裁决书“经查”部分，包括当事人无争议事实、当事人围绕争议焦点提出的主张内容及举证质证情况。此部分结尾处应当列明获知前述案件事实的各种途径，包括当事人陈述、庭审笔录、各方当事人提交及仲裁委员会调查取得的证据等。

裁决理由：体现在裁决书“本委认为”部分，包括仲裁庭作出裁决的事实依据和法律政策依据。事实依据是指根据举证责任对争议焦点涉及的事实进行认定，对各方当事人的主张予以采信和不予采信的理由进行说明。法律政策依据则应当列明法律法规政策文件名称、具体应用的条款项内容。将事实依据与法律政策依据相结合，明确对申请人各项仲裁请求是否支持以及支持金额。

裁决结果：这部分是对仲裁请求支持或者驳回情况的最终陈述，包括列明法律依据、写明已支持请求项目、数额及履行时间，写明对未支持请求予以驳回。裁决结果应当包含对所有请求事项的处理，不能遗漏。

当事人权利：这部分是告知当事人如对裁决不服可以享有的后续法律权利（起诉、申请撤销或者申请强制执行）及权利行使时限，并说明如果当事人未行使相应权利的法律后果。

3. 尾部

此部分包括仲裁员姓名、书记员姓名、裁决日期等。对于裁决书上的签名是打印还是手写，从各地实践来看并不一致。鉴于《劳动争议调解仲裁法》和《劳动人事争议仲裁办案规则》已明确规定裁决书需由仲裁员签名，各地应按照此规定执行。

（三）仲裁裁决书补正

裁决书是明确各方当事人权利义务的法律文书，准确无误应当是其基本要求。但在实践中，裁决书也可能因为某些原因而存在一些问题，因此需要加以补正。《劳动人事争议仲裁办案规则》第54条规定，“对裁决书中的文字、计算错误或者仲裁庭已经裁决但在裁决书中遗漏的事项，仲裁庭应当及时制作决定书予以补正并送达当事人”。

1. 补正的适用范围

补正适用的范围包括三类：文字错误、计算错误、仲裁庭已经裁决但在裁决书中遗漏的事项。除此三类之外，裁决书存在的其他问题不能适用补正。

2. 补正的方式

依照该条规定，补正不能以口头形式作出，应当以决定书形式作出。用于裁决书补正的决定书中，应当写明案件编号（应与裁决书案号一致），应当指出错误或者漏项具体内容及其在裁决书中所在位置，应当写明补正内容，应当加盖仲裁委员会印章。该决定书实际上没有独立存在的意义，应当与已作出的裁决书为一整体，经决定书补正的内容以决定书记载为准。

3. 补正的时间要求

《劳动人事争议仲裁办案规则》没有明确规定可以进行补正的期限，而是规定应当及时补正。在仲裁实践中，补正程序的启动方式通常有三种：一是当事人发现需补正情形，向仲裁委员会提出补正申请；二是仲裁委员会发现需补正情形，主动进行补正；三是人民法院发现需要补正的。无论是哪种情形，一旦发现有需要补正之处，均应当第一时间进行核实，如果属实必须迅速处理。

4. 补正的送达

补正的送达实际上就是决定书的送达。在实践中可能会出现仅一方当事人提出补正申请的情况，仲裁委员会若查实确需补正，则应当制作决定书并向各方当事人均进行送达。

5. 补正决定书的效力

补正决定书不影响原裁决的效力，一般自送达之日起生效。

五、终局裁决

为防止一些用人单位恶意诉讼以拖延时间、加大劳动者维权成本，《劳动争议调解仲裁法》在仲裁环节规定部分案件实行有条件的“终局裁决”。《劳动争议调解仲裁法》第47条规定：“下列劳动争议，除本法另有规定的外，仲裁裁决为终局裁决，裁决书自作出之日起发生法律效力：

(一) 追索劳动报酬、工伤医疗费、经济补偿或者赔偿金，不超过当地月最低工资标准十二个月金额的争议；(二) 因执行国家的劳动标准在工作时间、休息休假、社会保险等方面发生的争议。”

(一) 终局裁决

终局裁决指劳动者与用人单位之间的劳动争议经仲裁庭裁决后即行终结，非法定原因外，裁决书自作出之日起发生法律效力。在劳动人事争议仲裁制度中，设立终局裁决制度的目的，是让更多涉及劳动者基本权益的简单、小额争议案件以及涉及劳动标准的争议案件终结在仲裁阶段，既减少当事人讼累，又节约司法资源，体现仲裁制度优势。

(二) 适用终局裁决的案件

根据《劳动争议调解仲裁法》规定，适用终局裁决的劳动争议仲裁案件有以下两类。

1. 法定小额案件

法定指只有法律规定的争议事项才能适用终局裁决，而不是所有争议事项；小额指对适用终局裁决的裁决金额进行了限制，不得超过一定标准。上述两者必须同时满足，缺一不可。

法定事项包括以下几方面。(1) 追索劳动报酬的争议。劳动报酬包括：计时工资；计件工资；奖金；津贴和补贴；延长工作时间的工资报酬；特殊情况下支付的工资。(2) 追索工伤医疗费的争议。工伤医疗费主要包括：挂号费、检查费、治疗费、化验费、手术费、住院费、药费、与工伤职业病治疗有关的费用等。(3) 追索经济补偿的争议。经济补偿主要包括：竞业限制期限内给予的经济补偿；解除或者终止劳动合同的经济补偿；其他经济补偿。(4) 追索赔偿金的争议。赔偿金主要包括：未签订书面劳动合同的第 2 倍工资；违法约定试用期的赔偿金；违法解除或者终止劳动合同的赔偿金；其他赔偿金。

裁决金额小额，指属于终局裁决的争议，单项争议裁决金额不超过当地月最低工资标准 12 个月金额，超过该金额不能适用终局裁决。关于裁决金额限制，需要注意以下几个方面。一是根据裁决的金额确定，而不是根据申请人请求的金额。二是应单项计算，而不是将申请人请求事项中符合终局裁决的争议事项合并计算。该单项计算是指基于同一请求权的请求事项，而不是仅仅依据申请人所填写的请求。在裁决时，要按照上文所述的各分项来分列裁决结果。三是最低工资标准是指作出裁决时的最低工资标准，当地是指作出裁决的仲裁委员会所在地。四是包含最低工资标准 12 个月金额本数，即裁决金额小于或者等于最低工资标准 12 个月金额时，应当终局裁决。

2. 执行劳动标准争议

国家劳动标准，在理论上也被称为劳动基准，是国家规定的劳动者和用人单位在确定劳动条件时应当遵守的底线，主要涉及工时、最低工资、休息休假等方面，有时社会保险也被涵盖在内。这些事项由于已有国家明确规定，而且是保护劳动者的底线，一方面判断比较容易，另一方面需要快速裁决保护劳动者权益，因此现行法将涉及上述标准的工作时间、休息休假和社会保险事项纳入终局裁决的案件范畴。根据现行法，执行国家劳动标准的争议主要涉及以下三方面争议。

一是工作时间争议，指因执行国家工时标准在标准工时制、不定时工作制和综合计算工时工作制以及非全日制用工工时制等工作时间确定方面发生的争议。

二是休息休假争议，指因执行国家的劳动标准在工作间隙休息、日休息、公休日休息、节日休息，以及病假、产假、哺乳假、计划生育假、带薪年休假、探亲假、婚丧假及实行综合计算工时工作制的集中休息时间等休息休假方面发生的争议。

三是社会保险争议，指因执行国家的劳动标准在基本养老保险、基本医疗保险、工伤保险（工伤医疗费以外的工伤保险待遇）、失业保险和生育保险等社会保险方面发生的争议。

需注意的是，因执行国家的劳动标准在工作时间、休息休假、社会保险等方面发生的争议仅包括执行标准的争议，而不包括因违反标准而发生的补偿、赔偿等争议。如因违反工时、休假和社会保险规定而引发加班费、经济补偿或者赔偿金等争议，应当按照法定小额争议的标准确定是否适用终局裁决。

（三）终局裁决的法律效力

按照《劳动争议调解仲裁法》规定，终局裁决的仲裁案件，裁决书自作出之日起发生法律效力。裁决书发生法律效力后，当事人应当依照规定的期限履行。

（四）劳动者对终局裁决不服的救济途径

为了确保终局裁决案件劳动者的合法权益，《劳动争议调解仲裁法》第48条规定了对终局裁决案件劳动者一方当事人的司法救济途径，即“劳动者对本法第四十七条规定的仲裁裁决不服的，可以自收到仲裁裁决书之日起十五日内向人民法院提起诉讼”。对这一规定，应当理解把握以下几点。

1. 提起诉讼的当事人只能是劳动者，用人单位不能直接提起诉讼。

2.《劳动争议调解仲裁法》对劳动者提起诉讼没有法定条件的限制，只规定了劳动者对本法第47条规定的仲裁裁决不服的，就可以提起诉讼。劳动者对诉与不诉有选择权。劳动者认为仲裁裁决对自己有利，可以选择仲裁生效；劳动者认为仲裁裁决对自己不利，就可以向人民法院提起诉讼。

3. 劳动者提起诉讼的期间是自收到仲裁裁决书之日起15日内。

4. 劳动者期满不起诉的，视为放弃诉权，裁决书即对劳动者发生法律效力。

（五）用人单位对终局裁决不服的救济途径

终局裁决发生法律效力后，用人单位不得就同一争议事项再向劳动争议仲裁委员会申请仲裁或者向人民法院起诉。为了保护用人单位的救济权利，《劳动争议调解仲裁法》第49条规定：“用人单位有证据证明本法第四十七条规定的仲裁裁决有下列情形之一，可以自收到仲裁裁决书之日起三十日内向劳动争议仲裁委员会所在地的中级人民法院申请撤销裁决：（一）适用法律、法规确有错误的；（二）劳动争议仲裁委员会无管辖权的；（三）违反法定程序的；（四）裁决所根据的证据是伪造的；（五）对方当事人隐瞒了足以影响公正裁决的证据的；（六）仲裁员在仲裁该案时有索贿受贿、徇私舞弊、枉法裁决行为的。人民法院经组成合议庭审查核实裁决有前款规定情形之一的，应当裁定撤销。仲裁裁决被人民法院裁定撤销的，当事人可以自收到裁定书之日起十五日内就该劳动争议事项向人民法院提起诉讼。”这一规定，明确了对用人单位的司法救济途径。

1. 申请撤销裁决

申请撤销裁决，指当劳动争议仲裁裁决存在法定情形时，由当事人申请并经人民法院审查核实后，裁定撤销仲裁裁决。

申请撤销裁决有以下特点。

一是撤销裁决的申请人是用人单位。劳动者的救济途径与用人单位不同，劳动者获得救济的途径是向人民法院提起诉讼，而非申请撤销裁决；反之，用人单位只能申请撤销裁决，而不能直接提起诉讼。

二是申请撤销的是已经生效的裁决。根据《劳动争议调解仲裁法》第47条规定，除本法另有规定的外，仲裁裁决为终局裁决，裁决书自作出之日起发生法律效力。

三是申请撤销裁决，不影响用人单位对仲裁裁决的履行。人民法院作出撤销裁定之前，仲裁裁决仍然有效。

2. 申请撤销裁决的条件

申请撤销裁决的条件包括以下几方面。一是必须有证据证明终局裁决有法定应予撤销情形之一的。二是应当在法定期间内提出申请。即自收到裁决书之日起30日内。三是应当向有管辖权的人民法院提出申请。即向劳动争议仲裁委员会所在地的中级人民法院申请撤销裁决。

3. 申请撤销仲裁裁决的情形

根据《劳动争议调解仲裁法》规定，申请撤销仲裁裁决的情形主要如下。

一是适用法律法规确有错误的。主要包括：适用法律、行政法规、地方性法规错误的；适用已失效或尚未生效的法律、法规的；援引法条错误的；违反法律关于溯及力规定的。

二是劳动争议仲裁委员会无管辖权的。《劳动争议调解仲裁法》第21条规定，劳动争议仲裁委员会负责管辖本区域内发生的劳动争议。劳动争议由劳动合同履行地或者用人单位所在地的劳动争议仲裁委员会管辖。双方当事人分别向劳动合同履行地和用人单位所在地的劳动争议仲裁委员会申请仲裁的，由劳动合同履行地的劳动争议仲裁委员会管辖。

三是违反法定程序的。主要包括：仲裁组织的组成不合法的；违反了有关回避规定的；违反了有关期间规定的；审理程序违法等。

四是裁决所根据的证据是伪造的。伪造证据，指制造虚假的证据，对证据内容进行篡改，使其与真实不符。如制造虚假的书证、物证、鉴定结论等。

五是对方当事人隐瞒了足以影响公正裁决的证据的。足以影响公正裁决的证据包括证明案件基本事实的证据、证明主体之间权利义务关系的证据等。

六是仲裁员在仲裁该案时有索贿受贿、徇私舞弊、枉法裁决行为的。索贿是受贿人以公开或暗示的方法，主动向行贿人索取贿赂，有的甚至是公然以要挟的方式，迫使当事人行贿；受贿是指仲裁员利用职务上的便利，收受他人财物并为他人谋取利益的行为。徇私舞弊是指仲裁员利用职务上的便利，为他人谋取利益；枉法裁决是指依法承担仲裁职责的人员，在仲裁活动中故意违背事实和法律作枉法裁决。

4. 法院对撤销仲裁裁决申请的处理和法律后果

人民法院经组成合议庭审查核实，终局裁决《劳动争议调解仲裁法》第49条第1款规定情形之一的，应当裁定撤销。

仲裁裁决被人民法院裁定撤销的，当事人可以自收到裁定书之日起15日内就该劳动争议事项向人民法院提起诉讼。这里应当注意以下几点。第一，当事人既包括用人单位，也包括劳动者。第二，仲裁裁决被人民法院裁定撤销的，仲裁裁决自始无效，当事人可以就同一劳动争议事项向法院起诉。

六、不服仲裁裁决的起诉和生效调解书、裁决书的履行

（一）当事人可以对终局裁决以外的其他劳动争议仲裁案件提起诉讼

《劳动争议调解仲裁法》第50条规定："当事人对本法第四十七条规定以外的其他劳动争议案件的仲裁裁决不服的，可以自收到仲裁裁决书之日起十五日内向人民法院提起诉讼；期满不起诉的，裁决书发生法律效力。"这就是说，当事人对劳动争议仲裁委员会作出的终局裁决以外的其他仲裁裁决不服的，可以提起劳动争议诉讼，要求人民法院按照司法程序处理劳动争议，保护其合法权益。劳动争议诉讼是劳动争议处理的一个重要环节，也是当事人最终的司法救济渠道。

1. 终局裁决以外的其他劳动争议

终局裁决以外的其他劳动争议，指在《劳动争议调解仲裁法》规定的适用该法的劳动争议范围内，除了追索劳动报酬、工伤医疗费、经济补偿或者赔偿金，不超过当地月最低工资标准12个月金额的争议和因执行国家的劳动标准在工作时间、休息休假、社会保险等方面发生的争议以外的其他劳动争议。

2. 当事人对终局裁决以外劳动争议仲裁裁决不服的可以起诉

按照《劳动争议调解仲裁法》规定，当事人对仲裁裁决不服的，可以自收到裁决书之日起15日内向人民法院提起诉讼。人民法院审理劳动争议案件适用民事诉讼程序，采取两审终审制。

3. 终局裁决以外的其他劳动争议仲裁裁决的效力

终局裁决以外的其他劳动争议的仲裁裁决作出后，并不立即发生法律效力。如果当事人没有在法定期限内向人民法院提起诉讼，法定期限届满时，裁决书发生法律效力。

（二）发生法律效力的仲裁调解书、裁决书的履行

当事人有履行发生法律效力的调解书、裁决书的义务。《劳动争议调解仲裁法》第51条规定，“当事人对发生法律效力的调解书、裁决书，应当依照规定的期限履行。一方当事人逾期不履行的，另一方当事人可以依照民事诉讼法的有关规定向人民法院申请执行。受理申请的人民法院应当依法执行”。

1. 对发生法律效力的调解书、裁决书的履行

按照规定，仲裁庭在作出裁决之前，应当先行调解。调解书由仲裁员签名、加盖仲裁委员会印章，送达双方当事人。调解书经双方当事人签收后，发生法律效力。实行终局裁决的劳动争议仲裁案件，裁决书自作出之日起发生法律效力；当事人对终局裁决以外的其他劳动争议案件仲裁裁决不服的，可以自收到仲裁裁决书之日起15日内向人民法院提起诉讼；期满不起诉的，裁决书发生法律效力。发生法律效力的调解书、裁决书，当事人应当履行。

2. 向人民法院申请强制执行

一方当事人逾期不履行的，另一方当事人可以依照《民事诉讼法》有关规定向人民法院申请执行。受理申请的人民法院应当依法执行。

根据《民事诉讼法》有关规定，申请执行应当具备以下条件。

（1）申请执行的仲裁调解书、裁决书已经生效。未生效的法律文书不能作为执行依据。

（2）申请执行人是生效法律文书确定的权利人。即申请执行人必须适格。

（3）申请执行人必须在法定期限内提出申请。超过法定期限，便丧失申请人民法院强制执行的权利。《民事诉讼法》规定，申请执行的期间为2年。申请执行时效的中止、中断，适用法律有关诉讼时效中止、中断的规定。

（4）申请执行的仲裁调解书、裁决书有给付内容，且执行标的和被执

行人明确。

（5）义务人在生效法律文书确定的期限内未履行义务。

（6）属于受申请执行的人民法院管辖。根据《民事诉讼法》规定，人民法院执行的调解书、裁决书，由被执行人住所地或者被执行的财产所在地人民法院执行。

被申请人提出证据证明仲裁裁决有下列情形之一的，经人民法院组成合议庭审查核实，裁定不予执行：

（1）裁决的事项不属于仲裁的范围或者仲裁机构无权仲裁的；

（2）仲裁庭的组成或者仲裁的程序违反法律规定的程序的；

（3）认定事实的主要证据不足的；

（4）适用法律确有错误的；

（5）仲裁员在仲裁该案件时有贪污受贿、徇私舞弊、枉法裁决行为的。人民法院认定执行该裁决违背社会公共利益的，裁定不予执行。

当事人、利害关系人认为执行行为违反法律规定的，可以向负责执行的人民法院提出书面异议。当事人、利害关系人提出书面异议的，人民法院应当自收到书面异议之日起 15 日内审查，理由成立的，裁定撤销或者改正；理由不成立的，裁定驳回。当事人、利害关系人对裁定不服的，可以自裁定送达之日起 10 日内向上一级法院申请复议。

人民法院自收到申请执行书之日起超过 6 个月未执行的，申请执行人可以向上一级人民法院申请执行。上一级人民法院经审查，可以责令原法院在一定期限内执行，也可以决定由本院执行或者责令其他法院执行。

思考题：

1. 申请劳动争议仲裁的条件是什么？
2. 申请劳动争议仲裁的时效是如何规定的？
3. 如何理解劳动争议仲裁时效中断？
4. 如何理解劳动争议仲裁时效中止？
5. 申请劳动争议仲裁的形式是什么？

6. 劳动争议仲裁受理的法律后果是什么?

7. 劳动争议仲裁受理的条件是什么?

8. 申请书和答辩书的送达有什么规定?

9. 劳动争议仲裁申请人可以撤回仲裁申请吗?

10. 劳动争议被申请人可以提出反申请吗?

11. 劳动争议仲裁庭如何组成?

12. 简述仲裁员回避制度。

13. 当事人无正当理由拒不到庭或未经仲裁庭同意中途退庭的法律后果是什么?

14. 简述仲裁庭审理程序。

15. 申请劳动争议仲裁后，当事人可以自行和解吗?

16. 仲裁庭在作出裁决前是否应当先行调解?

17. 劳动争议仲裁调解书的法律效力如何?

18. 劳动争议仲裁期限是如何规定的?

19. 如何理解先行裁决?

20. 如何理解先予执行?

21. 简述劳动争议仲裁裁决。

22. 简述劳动争议终局裁决。

23. 发生法律效力的仲裁调解书、裁决书如何履行?

案例 1

宁夏强化劳动人事争议仲裁维护劳动者权益

2024 年 1 月 10 日　来源：宁夏日报客户端

“你们的仲裁公正无私，谢谢你们!”近日，劳动者袁先生写信向自治区劳动人事争议仲裁院表示感谢，并送上一面感谢锦旗。这是该院 2023 年以来收到的第 11 面锦旗和第 2 封感谢信。一面面锦旗和一封封感谢信背后，是仲裁员和劳动者的双向奔赴的温暖。

近年来，随着法治观念逐步增强，群众依法维权意识不断提升，劳动争议诉求日益多元化，争议案件数量逐年上升。自治区劳动人事争议仲裁院以制度创新提升仲裁效能，全力构建“大调解”格局，与劳动监察、工会、企业内部调解组织等建立联调快调机制，推出“案前调解”创新制度，实现全流程“四步联调”工作机制常态化运行，2023年处理各类集体争议400余件，调解结案474件，其中案前调解158件，年度调解成功率70%。制度化施行“繁简分流、开庭快审、简案速裁”三项改革制度，稳步试行“要素式”办案改革，实现大部分简易案件30日内办结，全年办结案件1200余件。

自治区劳动人事争议仲裁院以模式创新构建智慧仲裁，组织构建集网上申请仲裁、线上开庭、电子送达等全流程“互联网+调解仲裁”网上仲裁平台，先后通过电话调解、日常聊天工具网上开庭、购买第三方云上庭审服务等开展不见面办案、网上开庭，连续多年结案率超过90%。全面落实一次受理、一次告知、一次办结，特殊群体两个“绿色通道”，三个“特色仲裁庭”，四步联调快调机制等多项便民为民服务，实现了依法、快捷、高效为民服务。2023年以来，组织网上开庭超过300场（次），开展“流动仲裁庭”“云仲裁庭”“临时仲裁庭”380余场（次），切实维护了劳动者合法权益。

为从源头预防推进依法治理，自治区劳动人事争议仲裁院持续加大相关法律法规宣传，先后在各类媒体、公众号等刊发“以案说法”10次，选派资深仲裁员下沉重点企业、工会组织、仲裁机构等普法宣讲12场（次），受众超过5000人；到宁东地区、苏银产业园等地相关企业开展调研送法上门3次，引导企业规范用工、劳动者依法维权。同时，加强对工程建设、能源化工等重点行业领域用工风险预警监测、报送预警信息。

“2023年，自治区本级共处理劳动人事争议1257件，为劳动者追回各类权益3000余万元，结案率超过93%。”自治区劳动人事争议仲裁院相关负责人说。（马照刚）

案例 2

劳动者拒绝违法超时加班安排，用人单位能否解除劳动合同

基本案情

张某于2020年6月入职某快递公司，双方订立的劳动合同约定试用期为3个月，试用期月工资为8000元，工作时间执行某快递公司规章制度相关规定。某快递公司规章制度规定，工作时间为早9时至晚9时，每周工作6天。2个月后，张某以工作时间严重超过法律规定上限为由拒绝超时加班安排，某快递公司即以张某在试用期间被证明不符合录用条件为由与其解除劳动合同。张某向劳动人事争议仲裁委员会（以下简称仲裁委员会）申请仲裁。

申请人请求

请求裁决某快递公司支付违法解除劳动合同赔偿金8000元。

处理结果

仲裁委员会裁决某快递公司支付张某违法解除劳动合同赔偿金8000元（裁决为终局裁决）。仲裁委员会将案件情况通报劳动保障监察机构，劳动保障监察机构对某快递公司规章制度违反法律、法规规定的情形责令其改正，给予警告。

案例分析

本案的争议焦点是张某拒绝违法超时加班安排，某快递公司能否与其解除劳动合同。

《劳动法》第41条规定："用人单位由于生产经营需要，经与工会和劳动者协商后可以延长工作时间，一般每日不得超过一小时；因特殊原因需要延长工作时间的，在保障劳动者身体健康的条件下延长工作时间每日不得超过三小时，但是每月不得超过三十六小时。"第43条规定："用人单位不得违反本法规定延长劳动者的工作时间。"《劳动合同法》第26条第1款规定："下列劳动合同无效或者部分无效：……（三）违反法律、行政法规强制性规定的。"为确保劳动者休息权的实现，我国法律对延长

工作时间的上限予以明确规定。用人单位制定违反法律规定的加班制度，在劳动合同中与劳动者约定违反法律规定的加班条款，均应认定为无效。

本案中，某快递公司规章制度中“工作时间为早9时至晚9时，每周工作6天”的内容，严重违反法律关于延长工作时间上限的规定，应认定为无效。张某拒绝违法超时加班安排，系维护自己合法权益，不能据此认定其在试用期间被证明不符合录用条件。故仲裁委员会依法裁决某快递公司支付张某违法解除劳动合同赔偿金。

典型意义

《劳动法》第4条规定：“用人单位应当依法建立和完善规章制度，保障劳动者享有劳动权利和履行劳动义务。”法律在支持用人单位依法行使管理职权的同时，也明确其必须履行保障劳动者权利的义务。用人单位的规章制度以及相应工作安排必须符合法律、行政法规的规定，否则既要承担违法后果，也不利于构建和谐稳定的劳动关系、促进自身健康发展。

案例3

因报销费用“过多”被开除？员工：我不服！
我垫的钱，为啥还嫌多？仲裁这样判——

案情回顾

2017年1月5日，马某经面试合格后正式进入大强公司工作，担任司机，双方签订劳动合同。2017年1月起，马某负责驾驶牌照为沪GA××××的车辆。

2017年1月至12月、2018年1月至12月，马某驾驶的沪GA××××车辆分别发生维修费用27781.35元、19832.08元。

大强公司按年对马某的工作进行考核，马某的岗位目标包括“及时准确完成出车任务”“安全驾驶，确保行车安全”“注意车辆维护保养，降低维修成本”三项，所占考核比重分别为60%、20%、20%。2018年度，马某三项岗位目标的单项得分分别为80分、90分、80分，合计的最终考评分数为82分。

2019 年 1 月 18 日，大强公司向马某发出解除劳动合同通知书，内称："经公司调查发现，你在公司工作期间，存在严重违纪行为，违背应遵守的职业道德和工作职责，致使公司支出大量车辆保全修理费用，给公司的利益造成了较大损失，公司决定依法解除与你的劳动关系。"马某对此不服，遂提起仲裁申请，要求大强公司支付违法解除劳动合同的赔偿金。

仲裁过程

马某认为，本人在职期间切实履行岗位职责，不存在任何严重失职或营私舞弊的行为，称他每次对沪 GA×××× 车进行维修保养前，均需由指定修理商先行报价，经大强公司行政部负责人审核签字确认后，他方能将车送修。

2017 年至 2018 年期间，该车的维修保养费用呈递减趋势，大强公司所述的严重失职事实根本不存在，本人亦未给公司造成任何损失。

大强公司认为，马某驾驶该车期间，向大强公司报销的维修保养支出大大高于正常水平。马某作为一名具有十多年驾龄的驾驶员，应对车辆维修保养项目的必要性、合理性和保养周期有清楚、专业的认识，且其持有的该车保养手册亦对必要的车辆保养项目进行了详细说明。然而，马某明知沪 GA×××× 车维修费用明显过高，却故意或放任其长期、大量超标支出，其行为显然已构成严重失职和营私舞弊。

裁决结果

仲裁庭经审理后认为，大强公司认定马某存在营私舞弊，给大强公司造成重大损害的严重违纪行为，缺乏事实与法律依据，故裁决大强公司应支付马某违法解除劳动合同的赔偿金。

为啥这样判？

马某虽为驾龄 10 余年的司机，理应具有一定的车辆维护及维修经验，但该种经验仍无法与专业维修保养人员相比。本案中，大强公司指定维修车辆的 4S 店负有对车辆进行检查以确定保养维修项目的责任，而且维修结算清单只能显示维修或保养的项目，却不能反映进行维修或保养的具体原因，故尚难确认马某存在损害公司利益的过度维修和保养行为。

从大强公司车辆的维修保养审批流程看，沪 GA×××× 车辆的所有保养维修费用均已事先经过大强公司行政部门的多层审批，且已全额支付给指定的4S店，并无充分证据证明马某从上述维修保养过程中获得了非法利益。此外，既有证据亦难认定马某存在营私舞弊，给大强公司造成重大损害的严重违纪行为，故大强公司构成违法解除劳动合同。

法官、律师有话说

劳动者在全面履行劳动合同时，除了要遵守劳动合同约定的条款以及企业各项规章制度外，还应做到诚实守信、勤勉工作、遵守职业道德等，虚假报销行为有悖于诚实信用原则和对用人单位的忠诚义务。

虚假报销行为具有较强的隐蔽性，企业不易发现且取证比较困难，事先制定合理的报销审批流程，且在审批时尽到注意义务，才能有效维护企业的合法权益。

第十章

简易处理、集体劳动人事争议处理与调解程序

简易处理、集体劳动人事争议处理、调解程序是新修订的《劳动人事争议仲裁办案规则》新增加的内容。这些规定有利于简单劳动争议案件和集体劳动人事争议的处理，有利于更好地发挥仲裁调解作用，进一步提升劳动争议仲裁效能。

第一节　简易处理

劳动人事争议案件中，简单争议案件的数量比较多。对此类案件适用简易处理，既可以发挥仲裁制度灵活、快捷的优势，又可以节约仲裁资源。《劳动人事争议仲裁办案规则》第56条规定："争议案件符合下列情形之一的，可以简易处理：（一）事实清楚、权利义务关系明确、争议不大的；（二）标的额不超过本省、自治区、直辖市上年度职工年平均工资的；（三）双方当事人同意简易处理的。仲裁委员会决定简易处理的，可以指定一名仲裁员独任仲裁，并应当告知当事人。"这一规定明确了简易处理的适用范围及仲裁庭的组成，明确了可简易处理的案件类型；同时还明确争议案件简易处理的决定主体、仲裁庭组成、告知义务等内容。

一、适用范围

根据《劳动人事争议仲裁办案规则》规定，适用简易处理的劳动争议案件包括以下几方面。

（一）事实清楚、权利义务明确、争议不大的案件

事实清楚，指当事人对争议的事实陈述基本一致，并能提供可靠的证据，且对证据的异议不大，无须仲裁委员会调查收集证据即可判明事实，分清是非。

权利义务关系明确，指对权利和义务的主体、权利和义务的内容等，根据已有事实和现行法规能够比较明确地确定。

争议不大主要指当事人对案件的是非、责任及仲裁标的争执无原则分歧。

需要注意的是，上述三个条件是并列关系，必须是同时满足才可简易

处理。因此，对于一些尽管当事人争议不大，但是案件事实不清或者权利和义务不明确的案件，也不应简易处理，这对于实践中避免当事人虚假仲裁十分重要。

（二）标的额不超过本省、自治区、直辖市上年度职工年平均工资的争议案件

这主要适用于以金钱给付为仲裁标的的案件。“上年度”指的是仲裁委员会受理仲裁申请之日的最近年度。因此，如当地尚未公布上年度职工年平均工资的，则指的是已公布的最近年度的职工年平均工资数额。“标的额”指的是各项仲裁请求标的额之和不超过本省、自治区、直辖市上年度职工年平均工资，而不能分项计算。

（三）双方当事人同意适用简易处理的争议案件

这在一定程度上也是当事人处分自己仲裁权利的体现。尊重当事人程序选择权，使仲裁的程序在具有公平性的同时更具效率性。需要注意的是，以书面提出为原则，也可口头提出。

二、简易处理的决定及仲裁庭组成

（一）仲裁委员会对是否简易处理有决定权

当事人书面提出的，仲裁委员会应当在收到申请后，在审查立案材料的同时审查简易处理申请。

当事人口头提出的，仲裁委员会可以当场询问对方当事人意见，并将其意见记入笔录，由双方当事人签名或者捺印确认。

仲裁委员会审查当事人的仲裁申请后也可主动建议使用简易处理。

是否简易处理的最终决定权在仲裁委员会。仲裁委员会作出决定后，应当把审理形式、仲裁庭组庭情况通知当事人。对于符合上述适用范围的案件，仲裁委员会有权作出不简易处理的决定。

（二）仲裁庭的组成

简易处理时，仲裁庭一般由 1 名仲裁员独任组成，也可由 3 名仲裁员

组成。需要注意的是，3 名仲裁员组成的仲裁庭为合议庭，但适用的具体案件处理规则仍是简易处理。

三、不适用简易处理的情形

根据《劳动人事争议仲裁办案规则》，符合以下四类情形之一的仲裁案件，不能简易处理；已经简易处理的，在发现情形后应当转为一般程序处理。

（一）涉及国家利益、社会公共利益的

国家利益指满足或能够满足国家以生存发展为基础的各方面需要并且对国家在整体上具有好处的事物；社会公共利益指特定范围内的广大公民都能享受的利益。实践中，一些劳动者和虚假用工的用人单位以确认劳动关系之名，骗取社会保险待遇、金融部门的征信记录，最终损害了社会公共利益。在处理案件时，仲裁委员会除了考虑当事人利益外还应当考量案件是否涉及国家利益、社会公共利益。涉及国家利益、社会公共利益的争议案件不适宜简易处理。

（二）有重大社会影响的

有重大社会影响的案件一般指因案件当事人、案件事实、争议内容、适用法律政策等方面的特殊性而受到社会广泛关注、对多数人的权利和义务产生影响，或者案件裁判结果会对社会公众起到一定指引作用的案件。上述案件，因为具有重大社会影响，在处理过程中需要更加谨慎，全面查清案情，集思广益，考虑各方利益，因此不应采用简易处理方式。在现实中，出现企业经营者逃匿、下落不明或者整体经济运营不佳，停产、倒闭而引发的劳动争议案件，仲裁委员会应采用一般程序审理，必要时还需要提供程序指引和基本法律政策咨询，同时要与当地法律援助机构紧密联系，引导劳动者寻求法律援助。

（三）被申请人下落不明的

法律意义上的下落不明一般指当事人离开住所地没有音讯无法联系的

状态。在下落不明的情况下，无法通知当事人参加仲裁，当事人也无法参加仲裁，案件将会缺席审理。在缺席审理过程中，无法听取被申请人的意见，被申请人也不会举证质证，案件审理存在偏听偏信的风险，因此不应简易处理。

（四）仲裁委员会认为不宜简易处理的

为防止法律列举不够周全，更好适应实践需求，在上述明确列举的不应简易处理的案件外，通过兜底条款赋予仲裁委员会自由裁量权，由仲裁委员会根据具体案情判断是否适宜简易处理。如果仲裁委员会认为不宜简易处理的，仲裁委员会有权决定不得简易处理，但应向当事人说明情况并做好政策解释工作，争取当事人的理解和支持。

四、简易处理的特点

根据《劳动人事争议仲裁办案规则》规定，简易处理主要有以下特点。

（一）答辩期缩短或取消

《劳动人事争议仲裁办案规则》第58条规定，“简易处理的案件，经与被申请人协商同意，仲裁庭可以缩短或者取消答辩期”。这一规定明确了简易处理的案件答辩期缩短或取消及前提条件。

简易处理的案件，经被申请人同意，仲裁庭可以缩短答辩期限或者取消答辩期；但未经被申请人同意，仲裁庭不得自行决定缩短或取消答辩期。在答辩期缩短与取消的情况下，当事人提出管辖权异议、反申请的期间以及举证期限都有可能相应缩短或者取消。仲裁庭可以在当事人双方均表示不需要举证期限、答辩期的情况下，立即开庭审理或者指定开庭日期。

（二）简便送达

简易处理的文书送达分为两种，即裁判文书的送达和非裁判文书的送达。对于裁判文书（调解书和裁决书），禁止采取简便方式送达；对于非裁判的仲裁文书可以采取简便送达方式。

1. 简便送达方式

简便送达的引入更多是现代信息和通信技术发展的结果，不能因此削减当事人程序权利。

（1）适用的前提

简便方式送达的前提是案件适用简易处理。仲裁委员会决定采取简易处理方式后，无须当事人同意，即可适用简便送达方式。

（2）简便送达方式

简便送达可以采取电话、短信、传真、电子邮件等方式。为保障有效送达、有据可查，仲裁庭在采取上述方式送达时应注意如下事项。

①采取电话送达的，仲裁庭可电话告知除裁决书、决定书、调解书外的仲裁文书内容，记录拨打、接听电话号码、通话时间、文书内容，通话过程应当录音以存卷备查。

②采取短信送达、微信送达的，仲裁庭需记录收发手机号码、发送时间、文书名称，并将发送、回复内容拍照存卷。

③采取传真送达的，仲裁庭需记录传真收发电话号码、发送时间、文书名称，并打印传真发送确认单存卷。

④采取电子邮件送达的，仲裁庭需记录电子邮件收发邮箱号码、发送时间、文书名称，并打印电子邮件发送成功网页存卷。

⑤采取网上服务平台送达的，可以建立专门的电子送达平台，或者以有关部门的网上服务平台为依托进行电子送达，也可以与大型门户网站、通信运营商合作，通过专门的电子邮箱、特定通信号码、微信公众号等方式进行送达。

⑥有条件的地区，可以通过当地的电信、网络部门，设立专属短信、微信通知业务，以达到更高效的电子送达方式。

采取上述数据电文形态送达时，送达日期为到达受送达人特定系统的日期，即仲裁庭对应系统显示发送成功的日期，但受送达人证明到达其特定系统的日期与仲裁庭对应系统显示发送成功的日期不一致的，以受送达人证明到达其特定系统的日期为准。

2. 简便方式送达开庭通知的特殊要求

出庭参加仲裁是当事人最基本的仲裁权利，应得到最大保障。无论是缺席审理还是按照撤回仲裁申请处理，都是在确保有效送达的前提下，才可以采取的仲裁措施。虽然采取数据电文等简便方式送达具有简便高效的优势，但是技术要求较高，送达不到的可能性较大。

因此，此种情况下送达不到导致当事人无法参加仲裁活动的风险不应当由当事人承担责任。因此，《劳动人事争议仲裁办案规则》明确要求以简便方式送达开庭通知的，未经当事人确认或者没有其他证据证明当事人已经收到的，仲裁庭不得适用缺席裁决或者视为撤回仲裁申请处理。

（三）仲裁庭可以简化程序性事项

《劳动人事争议仲裁办案规则》第 60 条规定："简易处理的案件，仲裁庭可以根据案件情况确定举证期限、开庭日期、审理程序、文书制作等事项，但应当保障当事人陈述意见的权利。"据此，在保障当事人权利的前提下，仲裁庭对程序性事项有适当简化的权力。可简化的程序性事项主要包括举证期限、开庭日期、审理程序、文书制作等方面。

1. 举证期限

《劳动争议调解仲裁法》并没有规定举证期限规则，《劳动人事争议仲裁办案规则》第 15 条确立了举证期限制度。该条根据简易处理的需要赋予仲裁庭根据案件具体情况确定举证期限的权力。

2. 开庭日期

《劳动争议调解仲裁法》规定仲裁委员会应当在开庭前 5 日将开庭日期通知当事人。争议简易处理的，仲裁庭可以根据案件具体情况确定开庭日期，仍应当遵守提前 5 日通知的规定。需要注意的是，简易处理的案件在受理后应当尽快排期，以实现方便快捷高效的设立初衷。

3. 审理程序

在审理程序方面，仲裁庭也可以根据案件具体情况，采用更加简便快捷的审理程序。例如，开庭方式更为灵活，在适当时可以采取视听传输技术开庭；开庭审理过程可以不受庭审顺序限制，不严格区分仲裁庭调查和仲裁庭辩论。

实践中要注意审理程序的简化不得违反《劳动争议调解仲裁法》。例如，《劳动争议调解仲裁法》规定“质证和辩论终结时，首席仲裁员或者独任仲裁员应当征询当事人的最后意见”“仲裁庭在作出裁决前，应当先行调解”。仲裁庭不得随意简化上述程序。

4. 文书制作

（1）裁决书的简化

裁决书可以简化，例如主要记载当事人信息、仲裁请求以及裁决主文。在如下情况下，甚至可以对事实认定和裁决理由进行必要简化。

①一方当事人明确同意对方当事人主张的，可无须举证、质证，在裁决书中列明即可；

②一方当事人在仲裁过程中明确表示承认对方全部仲裁请求或者部分仲裁请求的；

③涉及个人隐私或者商业秘密的案件，当事人一方要求简化裁决书中的相关内容，仲裁庭认为理由正当的；

④当事人对部分内容达成和解协议撤回部分仲裁请求的。

（2）调解书的简化

简易处理争议案件的调解书无需记载当事人的主张和仲裁庭查明的事实，可以仅记载当事人信息、仲裁请求以及调解协议内容。

五、简易处理转为一般程序

《劳动人事争议仲裁办案规则》第 61 条规定，“仲裁庭在审理过程中，发现案件不宜简易处理的，应当在仲裁期限届满前决定转为按照一般程序处理，并告知当事人。案件转为按照一般程序处理的，仲裁期限自仲裁委员会受理仲裁申请之日起计算，双方当事人已经确认的事实，可以不再进行举证、质证”。这是关于简易处理向一般程序转换的规定。

（一）从简易处理转为一般程序处理

1. 转化程序的决定机关

《劳动人事争议仲裁办案规则》对案件处理由简易处理转化为一般程序处理的前提条件并未作出明确规定，只要仲裁庭认为案件不宜简易处理的即可转化。

应当注意，是否适用简易处理由仲裁委员会决定，简易处理向一般程序转化由仲裁庭决定。一般认为，按照简易处理可能影响当事人权利，事属重大，而从简易处理转为一般程序则不存在这个问题，因此前者需要仲裁委员会决定，后者则由仲裁庭决定。

2. 不宜简易处理的情形

“案件不宜简易处理”的具体事由应由仲裁庭根据案件的具体情况进行判断。如果庭审过程中发生了特定事由，导致案件情况不再符合《劳动人事争议仲裁办案规则》第 56 条规定的前提条件，或者案件出现了《劳动人事争议仲裁办案规则》第 57 条规定的禁止事由，则应当认为案件已不宜简易处理。

另外，在实践中，一般认为出现如下情况时则案件将不宜简易处理：一是当事人变更仲裁请求，导致案件性质发生改变，不适合简易处理的；二是当事人或者仲裁庭认为需要追加当事人的；三是被申请人提出反申请的；四是案件需要委托相关机构进行鉴定、勘验、评估的；五是当事人向仲裁庭申请调查取证的；六是符合《劳动人事争议仲裁办案规则》规定的中止情形的。

3. 简易处理转化为一般程序的期限以及告知义务

转换程序仅为单向，即只能由简易处理转为一般程序，而不得将已按一般程序审理的争议案件在开庭后转为简易处理审理。

仲裁庭发现需要转为一般程序审理的，应当在审理期限届满之前作出决定。简易处理案件转为一般程序审理的，应当告知当事人程序转换的决定以及理由，告知可以通过书面方式也可以通过口头方式。

（二）由简易处理转化为一般程序的转化后果

从简易处理转化为一般程序案件并非重新开始审理，只是下一步的审理需要按照一般程序进行，因此需要遵守如下规则。

一是转为一般程序后，如果需要 1 名仲裁员独任审理转为由 3 名仲裁员组成合议庭审理的，需将仲裁庭组成人员及相关事项书面通知当事人。

二是案件转为一般程序审理的，审理期限自仲裁委员会受理之日起计算。

三是对转换为一般程序之前当事人已经确认的事实，可以不再进行举证、质证。

第二节　集体劳动人事争议处理

集体劳动人事争议是指用人单位与 10 名以上劳动者发生的争议，且劳动者有共同请求的。如果劳动者想要申请劳动争议仲裁的，可以推举 3 名至 5 名代表参加仲裁活动。

一、集体劳动人事争议案件界定及处理规则

（一）集体劳动人事争议的范围

《劳动人事争议仲裁办案规则》明确了集体劳动人事争议主要包括两类案件。

1. 劳动者一方在 10 人以上并有共同请求的劳动人事争议案件

基于共同理由、劳动者一方当事人在 10 人以上的劳动人事争议为集体劳动人事争议。《劳动争议调解仲裁法》第 7 条规定，“发生劳动争议的劳动者一方在十人以上，并有共同请求的，可以推举代表参加调解、仲裁或者诉讼活动”。

2. 因履行集体合同发生的劳动人事争议案件

(1) 集体合同

集体合同，也叫集体协议，指用人单位与本单位职工根据法律、法规、规章的规定，就劳动报酬、工作时间、休息休假、劳动安全卫生、保险福利等事项，通过平等协商签订的书面协议。集体合同是市场经济条件下调整劳动关系的重要机制，是工会从整体上维护职工合法权益的有效手段。《劳动法》第33条第1款规定，“企业职工一方与企业可以就劳动报酬、工作时间、休息休假、劳动安全卫生、保险福利等事项，签订集体合同。集体合同草案应当提交职工代表大会或者全体职工讨论通过”。《劳动合同法》第51条规定，“企业职工一方与用人单位通过平等协商，可以就劳动报酬、工作时间、休息休假、劳动安全卫生、保险福利等事项订立集体合同。集体合同草案应当提交职工代表大会或者全体职工讨论通过。集体合同由工会代表企业职工一方与用人单位订立；尚未建立工会的用人单位，由上级工会指导劳动者推举的代表与用人单位订立”。

(2) 集体合同的内容

集体合同的内容，指在集体合同中需要明确规定的双方当事人的权利义务条款及必须明确的其他问题。根据《集体合同规定》，集体合同在劳动条件和劳动标准方面的内容主要包括：①劳动报酬；②工作时间；③休息休假；④劳动安全与卫生；⑤补充保险和福利；⑥女职工和未成年工特殊保护；⑦职业技能培训；⑧劳动合同管理；⑨奖惩；⑩裁员。集体协商双方可以就以上多项或某项内容进行协商，签订集体合同或专项集体合同。

(3) 集体合同的履行

集体合同的履行，指集体合同的履行主体根据合同的约定，在适当的地点和时间内，以适当的方法，全面完成各自承担的义务，从而使合同约定的权利义务得到全部实现的整个行为过程。集体合同的履行是集体合同制度实现的基本形式。集体合同一旦生效，就具有法律效力，合同双方必须遵守执行。执行集体合同，不仅指签订集体合同的双方代表，而且要确保其组织的成员从上到下都切实履行集体合同。

集体合同的履行分为三种情况：①如果当事人双方都完成了集体合同的全部义务，称集体合同全部履行；②如果只完成了集体合同规定的部分义务，称集体合同部分履行；③如果全部没有完成义务，称集体合同未履行。另外，如果一方当事人完成了规定的义务，另一方当事人没有完成或者只是部分完成规定的义务，称集体合同单方面未履行，或者单方面部分履行。

履行集体合同的原则是：①实际履行，即当事人要按照合同的约定完成义务，不能用完成另外的义务代替约定的义务；②全面履行，即当事人应按照集体合同规定的时间、地点、履行方式等要求，全面完成义务；③协作履行，即当事人之间平等合作，相互支持，以完成集体合同规定的义务。

（4）因履行集体合同发生争议的处理

因履行集体合同发生争议，指集体合同双方当事人因已生效的集体合同的履行、变更、解除、终止事项发生的争议。《劳动法》规定："因履行集体合同发生争议，当事人协商解决不成的，可以向劳动争议仲裁委员会申请仲裁；对仲裁裁决不服的，可以自收到仲裁裁决书之日起十五日内向人民法院提起诉讼。"由此可见，因履行集体合同发生争议的处理方式如下。①协商。即工会与用人单位就因履行集体合同发生的争议进行共同协商，寻找解决纠纷的具体办法，以增进理解，加强团结。②仲裁。仲裁是劳动争议仲裁委员会根据有关法律规定或当事人之间的协议，以第三者的身份，对争议事项在事实上作出判断，在权利义务上作出裁决。因履行集体合同发生的争议，经协商解决不成的，当事人可以依法申请仲裁。③诉讼。诉讼是指劳动争议当事人不服劳动争议仲裁委员会的裁决，在法定期限内，依法向人民法院起诉，人民法院按照法律规定的程序进行审理和判决的活动。对仲裁裁决不服的，当事人可以依法提起诉讼。

（二）集体劳动人事争议的适用

集体劳动人事争议因为劳动者一方人数众多或者因集体合同本身的特

殊性，其争议处理需要进行特别制度安排。但需要明确，集体劳动人事争议的有关规定与《劳动人事争议仲裁办案规则》的其他规定的关系是特殊规定和一般规定的关系，因此有特殊规定的，优先适用特殊规定；没有规定的，要适用《劳动人事争议仲裁办案规则》的其他规定。

（三）集体劳动人事争议可以简易处理

集体劳动人事争议是按人员数量或争议发生原因进行的分类；简易处理则是繁简分流处理方式，是建立在案件本身的争议大小、标的大小或者当事人是否同意的基础上进行的分类。集体劳动人事争议与简易处理二者并不排斥。

一般情况下，集体劳动人事争议也应当追求快速解决，防止矛盾积压，适用快速解决争议的简易处理也具有程序正当性基础。集体劳动人事争议处理和简易处理在《劳动人事争议仲裁办案规则》中都属于特别规定。为了协调二者的关系，《劳动人事争议仲裁办案规则》明确规定符合简易处理条件的集体劳动人事争议案件，也可以适用简易处理规定。

二、集体劳动人事争议应推选代表参加仲裁活动

《劳动人事争议仲裁办案规则》第63条规定，“发生劳动者一方在十人以上并有共同请求的争议的，劳动者可以推举三至五名代表参加仲裁活动。代表人参加仲裁的行为对其所代表的当事人发生效力，但代表人变更、放弃仲裁请求或者承认对方当事人的仲裁请求，进行和解，必须经被代表的当事人同意。因履行集体合同发生的劳动争议，经协商解决不成的，工会可以依法申请仲裁；尚未建立工会的，由上级工会指导劳动者推举产生的代表依法申请仲裁”。这一规定明确了两类集体劳动人事争议如何推选代表参加仲裁活动。

（一）10人以上集体劳动人事争议的仲裁代表人

《劳动争议调解仲裁法》第7条规定“发生劳动争议的劳动者一方在十人以上，并有共同请求的，可以推举代表参加调解、仲裁或者诉讼活

动”，确立了我国代表人仲裁制度，但该法未对代表人的数量、权限等作出具体规定，在实践中代表人仲裁制度落实困难。《劳动人事争议仲裁办案规则》进一步完善了代表人仲裁的规则，并提高了其可操作性。

1. 仲裁代表人的推举条件

（1）劳动者一方当事人在10人以上；

（2）劳动者当事人的申请请求具有同一性，即具有相同类型的申请请求，且基于同一事实或者法律原因；

（3）当事人申请的同一性，属于同一仲裁委员会管辖且仲裁委员会认为可以合并审理的；

（4）仲裁代表人应当从劳动者当事人中推选，且人数为3名至5名。

应当注意，劳动者可以推举也可以不推举代表人。既可以部分当事人推举代表人，也可以全部当事人推举代表人；无法推举代表人的，劳动者可以自己参加仲裁活动。

2. 仲裁代表人行为的效力

仲裁代表人的推举应当经被代表的劳动者当事人同意，仲裁代表人进行的仲裁活动，对其所代表的劳动者当事人发生效力。

代表人变更、增加、放弃仲裁请求或者承认对方当事人的仲裁请求，进行和解的，须征得被代表的共同当事人承认，其效力及于所代表的当事人。

（二）履行集体合同争议案件的代表人

工会作为劳动者权益代表，作为与用人单位签订集体合同的法律主体，可以依法要求用人单位承担责任。工会在履行集体合同的劳动人事争议处理中有两种身份：一是工会作为当事人，代表全体职工，因履行集体合同发生争议，经协商解决不成的，工会可以依法申请仲裁；二是用人单位尚未建立工会的，上级工会指导劳动者推举代表依法申请仲裁。

履行集体合同争议案件中，协商解决为必经环节。工会在处理集体合同争议时应遵循以下程序：一是劳动者、工会和用人单位协商解决，即协商解决是处理履行集体合同争议的必用方式和必经程序；二是协商解决不成的，工会可以代表全体劳动者，就履行集体合同的争议申请仲裁。

三、集体劳动人事争议的受理

《劳动人事争议仲裁办案规则》第64条规定，“仲裁委员会应当自收到当事人集体劳动人事争议仲裁申请之日起五日内作出受理或者不予受理的决定。决定受理的，应当自受理之日起五日内将仲裁庭组成人员、答辩期限、举证期限、开庭日期和地点等事项一次性通知当事人”。这是关于集体劳动人事争议受理期限和一次性通知的规定。

（一）受理期限

《劳动人事争议仲裁办案规则》明确规定受理期限为5日，该日期从仲裁委员会收到当事人集体劳动人事争议仲裁申请之日起算。即使是集体劳动人事争议，仲裁委员会也必须在5日内完成立案程序，不得因涉案人数多、案情复杂而延长立案审查期限。

（二）一次性通知

1. 一次性通知的内容

对申请人、被申请人，通知的内容有所不同。对申请人，要求仲裁委员会在送达受理通知书时，将仲裁庭组成人员、举证期限、开庭日期和地点等事项一并通知。对被申请人，要求仲裁委员会在送达仲裁申请副本时，将仲裁庭组成人员、答辩期限、举证期限、开庭日期和地点等事项一并通知。

2. 一次性通知的作用

《劳动争议调解仲裁法》第35条规定，“仲裁庭应当在开庭五日前，将开庭日期、地点书面通知双方当事人”。《劳动人事争议仲裁办案规则》第38条规定，“仲裁委员会在开庭五日前，将开庭日期、地点书面通知当事人”。为防止集体劳动人事争议当事人因排期周期长而丧失耐心、出现过激行为，《劳动人事争议仲裁办案规则》第64条在前述规定的基础上明确给予了集体劳动人事争议“快审”的“优先权”，即对仲裁委员会立案后仲裁庭开庭日期和地点的确定时间进行了缩短，要求仲裁委员会应当在立案后5日内即应将开庭时间、地点确定下来。

3. 一次性通知的形式

一般采用书面形式。仲裁庭应该遵守《劳动争议调解仲裁法》和《劳动人事争议仲裁办案规则》关于仲裁庭组成情况、开庭日期地点需要书面通知当事人的规定。仲裁实践中，仲裁委员会也可以采用归纳“当事人须知”的方式，以补充一次性通知内容。“当事人须知”可以涵盖仲裁庭纪律、当事人权利义务、证据提交规则、当庭陈述举证质证辩论原则、调解规则、仲裁处理期限等。

四、集体劳动人事争议仲裁庭的组成

《劳动人事争议仲裁办案规则》第65条规定，“仲裁委员会处理集体劳动人事争议案件，应当由三名仲裁员组成仲裁庭，设首席仲裁员。仲裁委员会处理因履行集体合同发生的劳动争议，应当按照三方原则组成仲裁庭处理”。这一规定明确了集体劳动人事争议仲裁庭的组庭原则。

（一）处理集体劳动人事争议案件的组庭

集体劳动人事争议案件应由3名仲裁员组成仲裁庭审理，这是由集体劳动人事争议案件性质所决定的。

应当注意：不论采取一般程序还是简易处理，这两种情况必须由3名仲裁员组庭。同时与之对应的《劳动人事争议仲裁组织规则》第13条规定也有关于两类情况的必须由3名仲裁员组庭的要求，即10人以上并有共同请求的争议案件、履行集体合同发生的争议案件应当由3名仲裁员组成仲裁庭。

（二）三方组庭成员的构成

三方组庭是对履行集体合同的劳动争议案件的进一步要求。审理履行集体合同争议，应当由3名分别代表三方的仲裁员组庭。三方组庭在根本上是劳动关系协调的三方原则体现。由三方组成仲裁庭可以为履行集体合同争议的处理提供不同的理解问题的视角；提供具有不同工作背景的知识；一定程度上也为不同群体的利益平衡找到了通道。

我国劳动关系中的三方是指由代表政府的人力资源社会保障部门、代表职工的工会组织和代表企业的企业代表组织。三方组庭应当注意以下三点。

1. 政府代表一方应从政府人力资源社会保障部门中产生，职工代表应当从各级工会组织中产生，企业代表一方应当从企业联合会、工商业联合会等组织中产生。

2. 因履行集体合同发生的劳动争议，按三方原则组成的仲裁庭，其成员也必须已具有仲裁员条件，并被仲裁委员会聘任为仲裁员。

3. 三方组成的仲裁庭成员在仲裁庭审中具有同等的权利义务。

五、集体劳动人事争议协商或调解

集体劳动人事争议案件必须先行协商或调解。《劳动人事争议仲裁办案规则》对集体劳动人事争议的协商或调解作出了明确规定。

（一）开庭前应引导协商或调解

1. 引导协商调解

引导协商调解是集体劳动人事争议案件开庭前的必经环节。仲裁庭应当充分发挥引导功能，促成当事人庭前自行协商或者先行调解。但仲裁庭不能强制要求。自行协商或者先行调解能否进行仍然基于当事人自愿。

2. 促成协商调解成功

自行协商的主体是集体劳动人事争议当事人，二者地位平等；在自行协商过程中，仲裁庭不是裁判者，是发挥双方主动性、积极自我协商、达成和解的引导人。

在调解时，调解要在仲裁庭主持下进行，通过宣传教育、劝说疏导，通过给予当事人法律法规的建议、形势的分析等建设性意见等方式促成调解成功。

3. 社会第三方参与集体劳动人事争议调解

调解主体及参与者：调解主体仍是仲裁庭，第三方是接受仲裁庭邀请参加协助调解的参与者。第三方参与调解并非强制性的行为，可参与也可不参与，不改变《劳动人事争议仲裁组织规则》中规定的仲裁委员会处理争议案件实行的仲裁庭制度。

社会第三方范围：主要包括法律工作者、律师、专家学者，其中法律工作者和专家学者涵盖了从事法律工作以及理论研究、实务工作的人。律师则指的是取得律师执业资格的人。除了法律列举的上述人员外，其他的一些能够利用专业知识、社会影响、社会声望等促进集体劳动人事争议解决的人，例如人大代表、政协委员等都可以受邀参与调解。

（二）及时裁决，避免久调不决

1. 调解成功后的处理

经过协商达成调解协议的，当事人可以撤回仲裁申请或者由仲裁委员会出具调解书。

2. 及时裁决

在协商或者调解不成时，仲裁庭应当严格执行审理时限规定，及时进入仲裁程序，尽快进行裁决。

特别是下列三种情况下，应当及时裁决：一是当事人一方或者双方经引导，坚持不愿协商或者调解的；二是协商或者调解未能达成协议的；三是调解书送达前一方反悔的。

六、集体劳动人事争议仲裁场所

《劳动人事争议仲裁办案规则》第 67 条规定：“仲裁庭开庭场所可以设在发生争议的用人单位或者其他便于及时处理争议的地点。”

集体劳动人事争议案件涉及面广、具有突发性和破坏性，对劳动关系稳定冲击较大，应及时采取紧急处理措施。

为确保在第一时间第一现场处置好关系劳动者切身利益的问题，及时化解矛盾，避免因处理不当引发重大社会问题，集体劳动人事争议仲裁场所较一般案件在仲裁场所的选择上更为灵活机动。

仲裁庭开庭可以设在发生争议的用人单位；也可以设在其他便于及时处理争议的地点，如劳动合同履行地、产业园区、工会的办公场所等。

第三节　调解程序

在劳动人事争议处理中，调解是一种高效、便捷的纠纷解决方式，不仅处理成本低、速度快，还可以最大限度地降低争议双方的对抗性，有利于执行，具有案结事了人和的优势。劳动人事争议调解包括调解组织调解、仲裁调解和诉讼调解。调解组织调解是由法定调解组织依法主持进行，以当事人自愿为前提的。仲裁调解是由仲裁委员会对已经受理的争议案件进行调解。诉讼调解是在人民法院审判组织的主持下，当事人双方就争议的事实和法律问题，平等协商，自愿达成调解协议，以解决民事纠纷的活动。为了进一步发挥调解在处理争议中的独特优势，《劳动人事争议仲裁办案规则》对仲裁调解作了专章规定。

一、仲裁调解

仲裁调解指在仲裁庭主持下，仲裁当事人在自愿协商、互谅互让基础上达成协议，从而解决纠纷的一种制度。《劳动争议调解仲裁法》第 42 条第 1 款规定，“仲裁庭在作出裁决前，应当先行调解”。《劳动人事争议仲裁办案规则》第 68 条规定，“仲裁委员会处理争议案件，应当坚持调解优先，引导当事人通过协商、调解方式解决争议，给予必要的法律释明以及风险提示”。该条规定了在处理争议案件过程中，仲裁委员会应尽的职责：一是坚持调解优先原则，将调解工作贯穿于案件处理的全过程；二是引导当事人通过协商、调解方式解决争议；三是给予必要的法律释明和风险提示，从而有利于当事人自愿、理性地处分自身权利，并尽可能将争议以协商、调解方式解决，避免矛盾激化。

（一）调解优先原则的适用

调解优先原则适用于仲裁委员会处理争议案件的全过程。受理案件之前，可以通过调解建议书等形式引导劳动者到调解组织进行调解；受理案件之后开庭之前，可以庭前调解；开庭之后要进行当庭调解；闭庭后裁决之前，可以庭后调解。

（二）引导当事人通过协商、调解方式解决争议

1. 引导的方式

仲裁委员会可以口头或者书面形式主动引导当事人通过协商、调解方式解决争议。实践中，有不少仲裁委员会在工作场所通过宣传“以和为贵”等价值观念、布置温馨的调解室等方式，促使当事人在冲突过程中缓和情绪，选择通过协商、调解的方式解决争议。

2. 协商解决争议

协商解决争议指发生争议后，一方当事人可以通过与另一方当事人约见、面谈等方式协商解决。劳动者可以要求所在用人单位工会参与或者协助其与用人单位进行协商，也可以委托其他组织或者个人作为其代表进行协商。在进入仲裁程序前后，仲裁委员会也应当鼓励引导当事人通过自主协商的方式解决争议。如果当事人不愿意协商或者协商不能解决争议的，仲裁庭应当及时介入调解或者进行审理和裁决。

3. 调解解决争议

调解解决争议指发生争议的双方当事人在第三方的主持下解决争议。仲裁委员会受理案件前可以引导当事人到专门的劳动人事争议调解组织进行调解，也可以在受理案件后在案件处理过程中引导当事人通过调解方式结案。仲裁委员会开展调解工作的具体方式包括发出仲裁建议书、委托调解、仲裁庭调解、邀请调解、调解协议仲裁审查等。

（三）给予法律释明以及风险提示

1. 法律释明

根据规定，法律释明以及风险提示应当坚持必要性原则。必要的法律释明一般限定于解释调解和仲裁活动的程序、法律法规和相关政策的规定。

2. 风险提示

风险提示可以风险提示书的形式告知当事人，一般限定于调解仲裁过程和结果中可能存在的风险，以及当事人拒不接受仲裁委员会的释明和引导可能产生的后果。

常见的风险提示主要包括以下内容。

（1）仲裁申请不符合条件。仲裁申请不符合法律规定条件的，仲裁委员会不予受理；即使受理，也会在发现不应当受理后撤销案件；仲裁申请不符合管辖规定的，案件将会被移送至有管辖权的仲裁委员会处理。

（2）仲裁请求不适当。申请人提出的仲裁请求应当明确、具体、完整；否则仲裁委员会可能不予受理，或者不予支持。

（3）逾期改变仲裁请求。当事人增加、变更仲裁请求或者提出反申请，超过仲裁委员会指定期限的，仲裁委员会不予受理，当事人需要另行申请仲裁。

（4）超过仲裁时效。申请人申请仲裁的时效期间为 1 年，申请人向仲裁委员会提起仲裁申请后，被申请人提出申请人提起仲裁申请已超过仲裁时效的，如果申请人没有对未超过仲裁时效的事实提供证据证明，其仲裁请求不会得到仲裁委员会的支持。

（5）授权不明。当事人委托代理人代为承认、放弃、变更仲裁请求，进行和解，提起反申请等事项的，应当在授权委托书中特别注明。没有在授权委托书中明确、具体记明特别授权事项的，或者只是“全权代理”的，委托代理人就上述特别授权事项发表的意见不具有法律效力。

（6）不提供或者不充分提供证据。除法律、法规等规定不需要提供证据证明外，当事人提出仲裁请求或者反驳对方的仲裁请求，应当提供证据证明。不能提供相应的证据或者提供的证据无法证明有关事实的，可能面临不利的后果。当事人应当提供证据原件或者原物，特殊情况下也可以提供经仲裁委员会核对无异的复制件或者复制品。提供的证据不符合上述条件的，可能影响证据的证明力，或者不被采纳。

（7）超过举证期限提供证据。当事人应当在举证期限或者仲裁委员会指定的期限内提交证据，超过上述期限提交的，仲裁委员会可以不予采纳该证据。

（8）证人不出庭作证。除法律、法规等规定的证人确有困难不能出庭的特殊情况外，当事人提供证人证言的，证人应当出庭作证并接受质询。如果证人不出庭作证，可能影响该证人证言的证据效力，或者不被采纳。

（9）不按时出庭或者中途退出仲裁庭。申请人一方收到书面开庭通知，无正当理由拒不到庭或者未经仲裁庭同意中途退庭的，仲裁委员会可以按撤回仲裁申请处理；被申请人一方无正当理由拒不到庭，或者未经仲裁庭同意中途退庭的，仲裁委员会可以继续开庭审理，并缺席裁决。

（10）不遵守仲裁庭纪律。当事人有《劳动人事争议仲裁办案规则》第 43 条规定的不遵守仲裁庭纪律的情形的，可能会被训诫、责令退出仲裁庭。

（11）不准确提供送达地址。当事人提供的己方送达地址不准确，或者送达地址变更未及时告知仲裁委员会，致使仲裁委员会无法送达，造成仲裁文书被退回的，应承担相应后果。

二、调解建议书

调解建议书指发生劳动人事争议，当事人未经调解直接申请仲裁的，仲裁委员会向当事人发出建议的文书，征求当事人是否调解，如果调解，积极引导当事人到有关调解组织进行调解的一种文书。《劳动人事争议仲裁办案规则》第 69 条规定，“对未经调解、当事人直接申请仲裁的争议，仲裁委员会可以向当事人发出调解建议书，引导其到调解组织进行调解。

当事人同意先行调解的，应当暂缓受理；当事人不同意先行调解的，应当依法受理”。

（一）调解建议书的提出

1. 发出的对象和时间

发生劳动人事争议，双方当事人之间往往产生了一定的对立情绪，一般很少共同向调解组织申请调解；有些当事人也不清楚所在地是否设有调解组织以及调解组织的地址和联系方式等。因此，对未经调解组织调解，当事人直接申请仲裁的争议，仲裁委员会在受理之前，可以向当事人发出调解建议书，引导、帮助当事人通过调解组织调解化解争议。

2. 由仲裁委员会决定是否发出

发出调解建议书属于仲裁委员会的职权，其行使无需征求双方当事人的意见。但是调解建议书对双方均没有约束力，其功能是为当事人解决争议指引其他路径和方法。

3. 调解组织

《劳动争议调解仲裁法》中规定的调解组织有三类：一是企业劳动争议调解委员会；二是依法设立的基层人民调解组织；三是在乡镇、街道设立的具有劳动争议调解职能的组织。随着改革进程的推进和新兴调解组织的发展，实践中的调解组织越来越多元化。从目前来看，只要是依法设立的具有劳动争议调解职能的组织，仲裁委员会均可以根据就近、方便当事人、有利于案件调解的原则选择调解组织，引导当事人前去调解。用人单位内部、所在地区和行业均设立了调解组织的，当事人也可以自行选择向其中任一组织或者多家组织先后提出调解。

4. 调解建议书的内容

调解建议书一般应当列明以下内容：通过调解方式解决争议的优势；发出调解建议书所依据的法律、法规；建议当事人前往的调解组织名称、地址、联系方式；明确调解不成的，可以向仲裁委员会申请仲裁。

（二）调解建议书提出后的进一步处理

1. 当事人同意先行调解的处理

当事人以口头、书面形式表示同意先行调解的，仲裁委员会应当暂缓受理。当事人已经向仲裁委员会提交书面申请材料和相关证据材料的，可以自行选择将材料交由仲裁委员会保管或者先行取回；交由仲裁委员会保管的，仲裁委员会应当出具收件回执。当事人先行调解的期限不计入仲裁委员会决定是否受理仲裁申请的期限。当事人因先行调解失败而再次向仲裁委员会提起仲裁申请或者要求恢复受理程序的，仲裁委员会收到仲裁申请的时间从再次收到书面申请材料之日或者当事人要求恢复受理程序之日起重新计算。

2. 当事人不同意先行调解的处理

一方或者双方当事人不同意先行调解的，仲裁委员会应当依法受理。

三、委托调解

委托调解指在争议处理的特定阶段，仲裁庭委托第三方对争议进行调解，而调解结果的作出归于仲裁庭的一种调解方式。《劳动人事争议仲裁办案规则》第 70 条规定，“开庭之前，经双方当事人同意，仲裁庭可以委托调解组织或者其他具有调解能力的组织、个人进行调解。自当事人同意之日起十日内未达成调解协议的，应当开庭审理”。

（一）委托调解的适用

1. 适用时间和条件

（1）适用时间

与调解建议书发出的时间是在受理之前相区别，委托调解的适用时间是在受理之后、开庭之前。在这一阶段，一方面，仲裁庭对案件基本情况有了初步了解，能够对案件是否适合调解作出判断；另一方面，当事人在接到另一方提交的答辩书和证据之后，或者在仲裁庭的法律释明以及风险提示之下，可能对案件的预期产生了新的认识，能够更加理性选择是否接受调解。

（2）适用条件

在征得双方当事人同意的情况下，仲裁庭可以实行委托调解；仅一方同意的，不可以实行。需要注意的是，即使在受理前已经接受过先行调解，如果双方当事人同意，仍可以再次启动委托调解程序。

2. 接受委托的组织和个人

与调解建议书制度不同，接受委托调解工作的对象除了依法成立的调解组织，还包括其他组织和具有调解能力的个人。这是因为，委托调解其实是其他组织或者个人在受委托的前提下行使仲裁庭的调解权力，其调解的正当性基础是仲裁委员会的法定职责及其授权；而调解建议书制度中，调解组织是调解主体，其调解的正当性基础在于自身是依法成立的调解组织。在实践中，仲裁庭可以根据案件的具体情况选择委托调解的对象。

3. 委托调解的方式

为方便受委托的组织、个人开展调解工作，实行委托调解，仲裁委员会一般需要发出委托调解函。受委托的组织、个人可以前来仲裁委员会主持调解；仲裁委员会也可以指引当事人前往受委托的组织、个人处接受调解；有的地区还建设了网上调解平台，双方当事人可以在平台上通过视频、语音等方式接受调解。

4. 委托调解函的内容

委托调解函一般应当列明以下内容：双方当事人的基本情况和案由；委托调解的期限；出具委托调解函的仲裁委员会名称、地址、联系方式。仲裁委员会在出具委托调解函的同时，应当一并移送案卷材料，并在委托调解函中列明所移送的材料名称和份数。

（二）委托调解与仲裁庭审的衔接

1. 委托调解的期限

《劳动人事争议仲裁办案规则》给予委托调解的期限为10日，从当事人同意之日起计算。双方当事人同意时间不一致的，以后同意的时间为准。这样规定，一是为了避免案件超过 45 日或者 60 日的审理期限；二是与答辩期和举证期限相对应，一般来说，答辩期加上举证期限共为 10 日左右，在这一段期间内委托调解，并不会耽误案件审理的进程；三是长时间的调解不成，有可能会加剧双方当事人之间的对抗情绪；四是仲裁庭在开庭审理之后，仍然可以对案件进行调解。

需要注意的是，委托调解的期限应当计入审理期限，不能作为中止审理的情形。

2. 委托调解后的处理

委托调解过程中，双方达成调解协议且内容合法有效的，仲裁委出具调解书。如果对部分内容存在违反法律法规等问题的，仲裁委可以协调变更调解协议内容，并根据变更后的调解协议出具调解书。委托调解后未能在 10 日内达成内容合法有效的调解协议的，则委托调解程序终止，仲裁委员会应当开庭审理。

四、仲裁庭调解和邀请调解

在仲裁庭审理争议案件过程中作出裁决之前，应当进行调解。同时在必要的时候可以邀请与当事人有特定关系或者与争议案件有一定联系的单位、组织或者个人协助调解。《劳动人事争议仲裁办案规则》第 71 条规定，“仲裁庭审理争议案件时，应当进行调解。必要时可以邀请有关单位、组织或者个人参与调解”。

（一）仲裁庭调解的适用

仲裁庭在审理案件的过程中，应当在事实基本清楚的基础上，依据相关法律法规政策，对案件进行调解。双方当事人同意的，仲裁庭可以进行多轮调解。仲裁庭不能因为调解组织调解、庭前调解或者委托调解失败，而不再调解。仲裁庭进行调解，可以采取电话、短信、邮件等简便方式与当事人进行沟通，或者通知当事人到庭参与调解活动。

（二）邀请调解的适用

1. 邀请发出的时间

在案件审理的全过程，仲裁庭都可以邀请有关单位、组织或者个人参与调解。

2. 邀请发出的条件

是否邀请有关单位、组织或者个人参与调解，应当根据案件调解的需要来判断。此外，自愿原则是调解的首要原则，尽管此处未明确规定，但邀请调解原则上也应以双方当事人同意为前提。有的争议案件涉及当事人的隐私或者商业秘密，当事人不愿意让第三方知晓，或者当事人希望通过调解的方式解决纠纷，但不愿意他人，包括单位同事或者亲朋好友知晓纠纷内情。如果不征得当事人同意而邀请他人参与调解，有可能使双方当事人产生对立情绪，反而不利于争议的顺利解决。

3. 邀请发出的方式

邀请调解可以口头形式发出；为方便受邀请的单位、组织、个人参与调解，也可以书面形式发出，列明简要案情、争议焦点及发出邀请的仲裁委员会名称、地址、联系方式等。

4. 受邀对象

有关单位、组织和个人一般与案件有一定联系或者为特定领域内的权威机构或专家。他们参与调解工作，对当事人进行解释、说服、疏导，有利于促使双方当事人达成和解或者调解协议。由于有关单位、组织和个人只是配合仲裁庭进行调解，因此其并不需要具备调解组织、调解员资格。

（三）邀请调解与调解建议书、委托调解的区别

1. 发生时间不同

邀请调解可以发生在仲裁庭审理案件的全过程；调解建议书发出的时间是在仲裁委员会受理案件以前；委托调解的时间是在案件受理之后、开庭之前。

2. 主体不同

邀请调解和委托调解是仲裁调解的形式，调解的主体是仲裁庭；而调解建议书制度中的调解是调解组织调解，主体是调解组织。

3. 是否计入审理期限不同

邀请调解和委托调解的期限计入审理期限，且不属于中止审理的情形；调解建议书制度中的调解因发生于受理之前，还未启动仲裁程序，其期限不能计入审理期限。

4. 效力不同

邀请调解和委托调解达成协议的，由仲裁庭制作调解书，经双方当事人签收后发生法律效力，有履行义务的一方当事人不履行或者未完全履行的，另一方可以直接申请人民法院强制执行。调解建议书发出后经调解组织调解达成协议的，调解协议书对双方具有约束力，应当自觉履行。但要赋予其强制执行力，需要经过仲裁审查，再由仲裁委员会制作调解书，经双方当事人签收后发生法律效力。

五、制作调解书

《劳动人事争议仲裁办案规则》第 72 条规定，“仲裁调解达成协议的，仲裁庭应当制作调解书。调解书应当写明仲裁请求和当事人协议的结果。调解书由仲裁员签名，加盖仲裁委员会印章，送达双方当事人。调解书经双方当事人签收后，发生法律效力。调解不成或者调解书送达前，一方当事人反悔的，仲裁庭应当及时作出裁决”。该条对仲裁调解的不同结果规定了不同的处理方式，即达成调解协议的，制作调解书；调解不成或者调解书送达前，一方当事人反悔的，及时作出裁决。同时对调解书的制作、内容、送达与效力作出了规定。

（一）调解书的制作

1. 调解书制作的前提

调解书是仲裁庭依据双方当事人达成的协议制作的仲裁文书。需注意的是，在仲裁庭制作调解书之前，必须明确该调解协议是当事人基于自愿和真实意思达成的合意，不存在欺诈、胁迫或者乘人之危的情形，且不能违反法律、法规的强制性规定。

此外，有一些当事人达成调解协议后不愿意由仲裁庭制作调解书，而希望通过申请人撤回申请的方式结案。对此，应当本着自愿原则准许申请人撤回仲裁申请。

2. 调解书的内容

调解书中应当写明当事人基本情况、仲裁请求、当事人协商达成一致的事项等。调解书的内容相比裁决书应精简一些，一般不阐述案件事实和说理。结合仲裁实践，调解书一般应当包括以下几部分。

(1) 首部。调解书的首部，主要写明仲裁委员会的名称、调解书的标题、案件的编号、当事人及其代理人的基本情况和案由。

(2) 正文。正文是调解书的核心部分，应当列明当事人的全部仲裁请求和双方当事人在自愿、合法的前提下达成的协议内容。

(3) 尾部。调解书的尾部应当由仲裁员签名，加盖仲裁委员会印章，并写明制作时间。

(二) 调解书的送达

调解书是当事人自愿协商后制作的法律文书，以自愿为基础，如果当事人拒绝签收调解书，表明不愿意接受调解，参照民事诉讼法的相关规定，调解书不能适用留置送达、张贴送达、公告送达等送达方式。当事人因故不能签收的，可以由其指定的代收人签收。

(三) 调解书的生效

1. 调解书的效力

生效的调解书具有以下效力。

(1) 确定当事人之间法律关系的效力。调解书生效后，表明双方当事人对曾经发生争议的劳动人事关系事项已经取得共识并得到确认，具有履行义务的一方当事人应当在期限内履行义务。

（2）结束仲裁或者诉讼的效力。调解书生效后，当事人之间的劳动人事争议在法律上已最终解决，当事人不得以同一事实和理由向仲裁委员会再次提起仲裁申请或者向人民法院起诉。

（3）强制执行的效力。有履行义务的当事人拒不履行，另一方当事人有权依据调解书向人民法院申请强制执行。

2. 调解书的生效时间

调解书制作完成后，必须经双方当事人签收后，才具有法律效力。调解书不能当庭送达双方当事人的，应当以后收到调解书的当事人签收的日期为调解书生效日期。即一方当事人签收，另一方没有签收，调解书还未发生法律效力。

（四）一方当事人反悔时的处理

双方当事人坚持不愿意接受调解，或者经过调解无法达成调解协议的，仲裁庭应当在法定期限内及时作出裁决。当事人在签收之前，有权就达成的调解协议反悔，如果一方当事人反悔的，仲裁庭也应当及时作出裁决。调解书签收后当事人反悔的，不影响调解书的效力。

六、先行出具调解书

《劳动人事争议仲裁办案规则》第 73 条规定，“当事人就部分仲裁请求达成调解协议的，仲裁庭可以就该部分先行出具调解书”。这是针对在仲裁庭审理案件过程中，双方当事人就部分仲裁请求达成调解协议的情形所作的规定，有利于当事人就部分请求先行结案，及时维护当事人的合法权益；同时仲裁庭可以节约时间和精力，重点审理双方对仲裁请求中有争议的部分。

（一）先行出具调解书的情形

在仲裁实践中，争议案件往往涉及多项仲裁请求，有些请求之间具有相对独立性。而双方当事人可能就部分请求达成调解协议，但仍然对其他请求存在争议。因此，可以就双方当事人能够达成一致的部分仲裁请求先予调解结案。如在涉及困难群体的劳动人事争议案件中，就工资等方面仲裁请求先行出具调解书，可以避免因审理期限过长而影响当事人的基本生活。

但是，并不是所有的案件只要双方当事人就部分请求达成调解协议的，都必须就该部分先行出具调解书，仲裁庭可以视案件具体情况决定。在实践中，重点应当考虑对当事人生活有重大影响的、可能因中止审理或者疑难复杂等原因造成审理期限较长的案件。

（二）先行出具调解书的效力

仲裁庭仅就部分请求先行出具的调解书，该调解书经双方当事人签收后，应当仅就所处理事项发生法律效力；其他事项仍然需要进行裁决处理或者经进一步调解结案。

需要注意的是，已经调解的事项、调解过程中当事人的让步和妥协不能作为其他未决请求的裁决依据。

七、调解协议的仲裁审查

（一）仲裁审查申请

《劳动人事争议仲裁办案规则》第 74 条对提出仲裁审查申请的前提、主体、期限，负责审查的仲裁委员会以及申请审查调解协议应当提交的材料作出了明确规定，有利于当事人及时行使确认调解协议的权利，也方便仲裁委员会在实践中规范操作和统一执行。

1. 申请仲裁审查的调解协议的范围

能够申请仲裁审查的调解协议首先必须是依法设立的调解组织主持下达成的调解协议；其次应当是形式要件符合法律规定的调解协议，即由双方当事人签名或者盖章，经调解员签名并加盖调解组织印章的调解协议。

2. 须双方当事人共同提出申请

共同提出申请并不意味着需要同时申请，只要双方都在期限内提出了申请，即可以视为共同提出申请。一方当事人提出申请，另一方表示同意的，视为共同提出申请。

3. 申请仲裁审查的期限

按照规定提出仲裁审查申请必须自调解协议生效之日起15日内。之所以明确期限，一是为督促当事人及时确认调解协议、固定权利义务；二是参考了民事诉讼中，人民法院受理申请司法确认调解协议的期限为自调解协议生效之日起30日的规定。

4. 有管辖权的仲裁委员会

仲裁委员会是否有管辖权，根据《劳动争议调解仲裁法》第21条和《劳动人事争议仲裁办案规则》第8条的管辖规则加以确定。

5. 应当提交的材料

申请审查调解协议，应当向仲裁委员会提交仲裁审查申请书；委托他人代为申请的，应当提交委托人签名或者盖章的授权委托书。为审查调解协议的真实性与合法性，需提交调解协议书和身份证明、资格证明以及其他与调解协议相关的证明材料；为方便联系双方当事人，还应当提供双方当事人的送达地址、电话号码等联系方式。

当事人未提交上述材料或者材料不齐备的，仲裁委员会应当要求当事人限期补正；拒不补正的，仲裁委员会应当出具不予受理通知书。

（二）仲裁审查受理

《劳动人事争议仲裁办案规则》第75条对仲裁委员会收到当事人仲裁审查申请后的受理作出了明确规定。

1. 受理程序

（1）及时决定是否受理

关于收到仲裁审查申请后，作出是否受理的决定期限，各地仲裁实践中做法不一。具体个案的复杂程度，各个仲裁委员会的情况也不一致，因此，《劳动人事争议仲裁办案规则》没有对决定是否受理的期限作出明确规定，用了“及时”一词进行原则性的规定，各地可以根据本地情况予以规定。

为方便当事人迅速解决争议，双方当事人同时到仲裁委员会提出仲裁审查确认申请的，仲裁委员会可以当即受理；双方当事人先后提交申请的，应当以后提起的申请人提交书面申请的日期为收到申请的日期，并尽快决定是否受理。

（2）出具是否受理通知书

仲裁委员会决定受理的，应当出具受理通知书；不予受理的，应当出具不予受理通知书，并说明理由。

需要注意的是，上述不予受理通知书是针对调解协议仲裁审查申请作出的，而不是针对仲裁申请。当事人仍然可以基于同一事实、理由依法申请仲裁。

2. 受理的情形

符合《劳动人事争议仲裁办案规则》第 74 条第 2 款规定的材料要求，又不属于《劳动人事争议仲裁办案规则》第 75 条所列不予受理情形的仲裁审查申请，仲裁委员会应当受理。

3. 不予受理的情形

根据规定，有下列情形之一的，仲裁委员会不予受理。

（1）不属于仲裁委员会受理争议范围

《劳动人事争议仲裁办案规则》第 2 条明确了仲裁委员会受理争议范围，不在该范围内的争议内容达成的调解协议，不能提出仲裁审查申请。

调解协议中有部分内容不属于仲裁委员会受理争议范围的，应当向当事人释明。当事人书面放弃该部分内容的，可以就其余部分调解协议的内容制作调解书；当事人不愿意放弃的，仲裁委员会不予受理。

（2）不属于本仲裁委员会管辖

收到仲裁审查申请的仲裁委员会，不属于对此有管辖权的仲裁委员会的，对申请不能受理，可以告知双方当事人向有管辖权的仲裁委员会提出仲裁审查申请。

（3）超出规定的仲裁审查申请期间

为督促双方当事人尽快确认调解协议的效力，调解协议生效后超过 15

日的，仲裁委员会将不予受理仲裁审查申请。双方当事人可以自行履行调解协议；一方不履行的，可以向有管辖权的仲裁委员会申请仲裁。

（4）确认劳动关系

劳动关系是否存在是客观事实，并且涉及双方当事人诸多权利义务，不宜通过仲裁审查的方式将双方当事人对此的妥协赋予法律效力。

（5）调解协议已经法院司法确认

根据相关法律法规，调解协议的效力确认有两种途径，一是经仲裁委员会审查出具调解书；二是通过人民法院司法确认。对于人民法院已确认法律效力的调解协议，仲裁委员会不宜也没有必要再受理仲裁审查申请。

仲裁委员会在受理申请时，应当注意询问双方当事人是否已经人民法院司法确认，以免人民法院和仲裁委员会就同一份调解协议先后作出确认。

（三）审查期限和撤回申请

《劳动人事争议仲裁办案规则》第76条规定，“仲裁委员会审查调解协议，应当自受理仲裁审查申请之日起五日内结束。因特殊情况需要延期的，经仲裁委员会主任或者其委托的仲裁院负责人批准，可以延长五日。调解书送达前，一方或者双方当事人撤回仲裁审查申请的，仲裁委员会应当准许”。这一规定明确了仲裁委员会审查调解协议的期限，以及延长审查期限的程序及前提，避免因审查时间过长而造成以调解方式快速解决争议的优势被弱化；并规定准许当事人撤回仲裁审查申请，体现了调解自愿原则。

1. 审查期限

根据规定仲裁审查确认应当在5日内结束，确保处理程序的快捷。对因案件疑难复杂等原因造成5日内不能审查结束的，在特殊情况下可以延长5日，但为避免仲裁员随意延长期限，按照规定需要延期的应当经仲裁委员会主任或者其委托的仲裁院负责人批准。

2. 准许撤回仲裁审查申请

提出仲裁审查申请需要双方当事人共同申请，调解协议也需要双方达成合意，为贯彻调解自愿的原则，应当充分保障当事人的意思自治，在调解书送达前，一方或者双方当事人撤回申请的，仲裁委员会应当准许。

当事人撤回仲裁审查申请的，应当终止仲裁审查。

（四）受理仲裁审查申请后的处理方式

《劳动人事争议仲裁办案规则》第77条规定，“仲裁委员会受理仲裁审查申请后，应当指定仲裁员对调解协议进行审查。仲裁委员会经审查认为调解协议的形式和内容合法有效的，应当制作调解书。调解书的内容应当与调解协议的内容相一致。调解书经双方当事人签收后，发生法律效力”。这一规定明确了仲裁委员会在受理仲裁审查申请后的处理方式。

1. 审查调解协议

（1）人员组成

仲裁委员会受理仲裁审查申请后，应当指定仲裁员对调解协议进行审查，但是对于指定的仲裁员数量并没有具体规定。实践中，对于事实清楚、权利义务关系明确、标的额较小或者仲裁委员会认为较为简单的其他争议，可以指定1名仲裁员进行审查；对于事实不清、标的额较大、一方当事人在10人以上的集体劳动人事争议或者仲裁委员会认为较为复杂、疑难的其他争议，也可以指定3名仲裁员进行审查。

（2）审查方式

仲裁审查只需确认调解协议的效力，并不实质审理当事人之间的权利义务争议，因此在程序设计上应当凸显出简约、高效的特征。审查的方式分为书面审查和当面审查，仲裁员可以视争议的具体情况自行选择。对于较为简单的争议，可以结合当事人提交的证据进行书面审查；对于较为复杂、疑难的争议，可以参考人民法院的做法，通知双方当事人共同到场对相关情况进行核实，必要时也可以向处理该争议的调解组织核实有关情况。

（3）审查范围

仲裁员应当对调解协议的形式和内容是否合法有效进行审查。调解协议的形式是否合法有效，主要考虑以下情形：①双方当事人的身份信息是否明确；②调解协议书是否经调解组织盖章及双方当事人签字确认；③协议结果是否明确。

调解协议的内容是否合法有效，主要考虑以下情形：①通过调解方式解决纠纷是否当事人自愿；②调解协议的内容是否违反法律、行政法规强制性规定；③达成的调解协议是否属于当事人自愿，是否有重大误解或者显失公平等情形。

2. 制作调解书

（1）调解书与调解协议内容相一致

仲裁审查确认只是对原调解协议内容的确认，而不是重新安排当事人之间的权利和义务，因此，仲裁委员会制作的调解书应当与调解协议的内容相一致。调解协议中部分内容违反法律、行政法规强制性规定的，应当向当事人释明。当事人书面放弃该部分内容的，仲裁委员会可以就其余部分调解协议制作调解书；当事人不愿意放弃的，不予制作调解书。

（2）调解书的法律效力

仲裁调解书自双方当事人签收后发生法律效力，一方当事人拒绝履行或者未全部履行调解书所约定的义务，对方当事人可以向人民法院申请强制执行。

（五）不予制作调解书

《劳动人事争议仲裁办案规则》第78条对不予制作调解书作出了明确规定。

1. 不予制作调解书的具体情形

根据《劳动人事争议仲裁办案规则》第78条规定，调解协议具有下列情形之一的，仲裁委员会不予制作调解书。

（1）违反法律、行政法规强制性规定的

调解合法性原则中的合法性指协议内容不得与法律、行政法规的强制性规定相冲突。当事人可以在不违反强制性规定的前提下行使处分权，达成双方所能接受的调解协议。“强制性规定”是指必须按照法律、行政法规作为或者不作为的规定，前者表现为义务性的规定，后者表现为禁止性的规定。

（2）损害国家利益、社会公共利益或者公民、法人、其他组织合法权益的

公民、法人、其他组织合法权益指特定的某一类群体或者某一个人、组织的合法的政治、经济、生活等权益。当事人达成的调解协议，不能以损害国家利益、社会公共利益或者公民、法人、其他组织合法权益为代价。

（3）当事人提供证据材料有弄虚作假嫌疑的

这是关于调解证据材料瑕疵的规定。调解解决案件也应当在事实基本清楚的基础上进行，如果证据存在瑕疵，则作为调解基础的事实认定将会存在问题，进而导致调解协议本身缺乏合法性。需要注意的是，只要证据存在弄虚作假的嫌疑就应当不予制作调解书，而不是必须查实证据存在弄虚作假。

（4）违反自愿原则的

自愿原则包括两个方面：一是调解工作必须在双方当事人自愿的基础上进行；二是调解达成的协议必须双方自愿，即双方都自愿接受协议的内容，不能用强制、欺骗的方法要求当事人接受调解协议的内容。

（5）内容不明确的

调解协议的内容不明确，主要包括两个方面：一是履行权利义务的主体不明确，二是应当履行的权利义务不明确，导致该协议不具备可以执行的条件。

（6）其他不能制作调解书的情形

这一项是兜底规定，视具体情况而定。如审查当事人是否有相应的民事行为能力或者是否有合法代理人；调解组织、调解员与案件是否有利害关系或者有其他严重违反职业道德准则的行为；调解协议是否存在欺诈、胁迫、重大误解、乘人之危、显失公平情形等。

2. 书面通知当事人

不予制作调解书的通知应当以决定书的形式作出。鉴于仲裁审查的期限最长为10日，仲裁委员会作出不予制作调解书的决定的，应当在受理仲裁审查申请10日内制作决定书，及时送达当事人。

思考题：

1. 哪些劳动争议案件适用简易处理？
2. 简易处理有哪些特点？
3. 简易处理可以转为一般程序吗？
4. 集体劳动人事争议如何推选代表参加仲裁活动？
5. 集体劳动人事争议仲裁受理的规定是什么？
6. 集体劳动人事争议仲裁庭如何组成？
7. 如何引导当事人通过协商、调解方式解决争议？
8. 劳动争议仲裁委员会如何向当事人发出调解建议书？
9. 简述劳动争议仲裁委托调解。
10. 仲裁庭如何制作调解书？
11. 仲裁庭可以先行出具调解书吗？
12. 劳动争议调解组织如何提出调解协议仲裁审查申请？
13. 劳动争议仲裁委员会对调解协议仲裁审查如何受理？如何审查？

案例1

处理加班费争议，如何分配举证责任

基本案情

林某于2020年1月入职某教育咨询公司，月工资为6000元。2020年7月，林某因个人原因提出解除劳动合同，并向劳动人事争议仲裁委员会（以下简称仲裁委员会）申请仲裁。林某主张其工作期间每周工作6天，并提交了某打卡APP打卡记录（显示林某及某教育咨询公司均实名认证，林某每周一至周六打卡；每天打卡两次，第一次打卡时间为早9时左右，

第二次打卡时间为下午6时左右；打卡地点均为某教育咨询公司所在位置，存在个别日期未打卡情形）、工资支付记录打印件（显示曾因事假扣发工资，扣发日期及天数与打卡记录一致，未显示加班费支付情况）。某教育咨询公司不认可上述证据的真实性，主张林某每周工作5天，但未提交考勤记录、工资支付记录。

申请人请求

请求裁决某教育咨询公司支付加班费10000元。

处理结果

仲裁委员会裁决某教育咨询公司支付林某加班费10000元（裁决为终局裁决）。

案例分析

本案的争议焦点是如何分配林某与某教育咨询公司的举证责任。

《劳动争议调解仲裁法》第6条规定："发生劳动争议，当事人对自己提出的主张，有责任提供证据。与争议事项有关的证据属于用人单位掌握管理的，用人单位应当提供；用人单位不提供的，应当承担不利后果。"《最高人民法院关于审理劳动争议案件适用法律问题的解释（一）》（法释〔2020〕26号）第42条规定："劳动者主张加班费的，应当就加班事实的存在承担举证责任。但劳动者有证据证明用人单位掌握加班事实存在的证据，用人单位不提供的，由用人单位承担不利后果。"从上述条款可知，主张加班费的劳动者有责任按照"谁主张，谁举证"的原则，就加班事实的存在提供证据，或者就相关证据属于用人单位掌握管理提供证据。用人单位应当提供而不提供有关证据的，可以推定劳动者加班事实存在。

本案中，虽然林某提交的工资支付记录为打印件，但与实名认证的APP打卡记录互相印证，能够证明某教育咨询公司掌握加班事实存在的证据。某教育咨询公司虽然不认可上述证据的真实性，但未提交反证或者作出合理解释，应承担不利后果。故仲裁委员会依法裁决某教育咨询公司支付林某加班费。

典型意义

我国劳动法律将保护劳动者的合法权益作为立法宗旨之一，在实体和程序方面都作出了相应规定。在加班费争议处理中，要充分考虑劳动者举证能力不足的实际情况，根据“谁主张，谁举证”原则、证明妨碍规则，结合具体案情合理分配用人单位与劳动者的举证责任。

案例 2

用人单位不得借调岗之名变相逼迫员工离职

用人单位虽与劳动者在劳动合同中对调岗事宜作出概括性约定，但该约定并未赋予用人单位单方调岗权利。用人单位在调整员工岗位时，应兼顾自身经营需要和劳动者权益保障。调岗应具备正当性和必要性，且不得超出合理限度。

基本案情

程某于2020年6月入职某电源公司从事驾驶员工作。双方签订的劳动合同约定，根据电源公司工作需要，程某同意从事管理类+生产类+辅助生产类工作；在合同有效期内，有下列条件之一的，程某同意电源公司调整其工作岗位且同时相应调整薪酬待遇：A. 电源公司根据生产经营管理需要；B. 根据程某的工作表现和绩效考核结果；C. 程某因医疗期、产期导致岗位被其他员工取代的；D. 其他原因确实需要调整程某工作岗位的。

电源公司向程某发送《员工岗位调整入职通知单》，将程某调整至品管科工作，要求程某于2021年9月25日前（含当日）到该岗位报到。程某按时到公司，但未到品管科报到。两天后，电源公司经工会同意后向程某发送《解除劳动合同通知书》，以程某违反劳动合同及公司规定为由，决定解除与程某的劳动合同。程某申请仲裁，请求裁决电源公司支付赔偿金2.52万元。仲裁委审理终结后，电源公司诉至法院。法院认为，双方签订的劳动合同虽约定电源公司可根据经营需要对程某进行调岗，但这并不当然等同于电源公司有任意调整程某工作岗位和薪资标准的权利。电源公司在未与程某就调岗原因、调岗具体内容、薪资待遇、工作环境变化等内容进行沟通、协商的情况下，仅以程某未按照《员工岗位调整入职通知单》的要求到岗，就认定其严重违反劳动合同和公司规章制度，依据不足，其解除劳动合同违法。

以案说法

企业用工自主权是企业自主经营权的一部分，是企业在瞬息万变的市场经济中合理配置人力资源、提高企业竞争力的重要举措。近年来，受疫情等不可控因素影响，企业经营出现困难，为降低解约成本，部分企业以经营需要或劳动合同约定为由，在未与员工进行任何磋商的情况下进行调岗，改变员工原工作环境、增加工作内容、降低薪资待遇等。待员工提出异议后，又以其严重违反公司规章制度或劳动合同约定为由，单方提出解除劳动合同，从而达到豁免支付经济补偿金之目的。本案主要涉及在劳动合同对调岗有概括性约定的情形下，用人单位是否有权单方调整员工岗位。现行劳动法规对企业可以依法单独进行人事调动的规定，仅限于不能胜任工作、患病等员工自身消极因素；而对劳动合同就岗位调整约定不明或作出概括性授权的情况下，用人单位是否有权单方决定调岗，并未予以明确。

法院认为，在劳动合同中对调岗有概括性授权的情况下，用人单位在行使调岗权时仍应受到限制，对员工岗位进行调整应遵守诚实信用原则，从正当性、合理性和必要性角度进行综合考量。本案中，电源公司在原岗位并未实际取消，程某也不存在患病或工作能力不足导致履职不能的情形，仅以合同有关于调岗的概括约定就调整程某的工作岗位，缺乏正当基础。对比调岗前后的工作变化，程某的工作内容从驾驶员变为产品检测员、工作地点由市内转为市外、工作时间由白班变为白夜班轮换、薪资待遇由固定薪酬变为按劳计酬，电源公司的调岗明显超出合理限度。且产品检验关乎产品质量，属企业核心岗位，与程某此前从事的后勤保障岗位相去甚远，电源公司的调岗也并非基于经营需要，无现实必要性。故在劳动合同仅就调岗有概括性授权的情况下，根据诚信履约原则，电源公司应就调岗后的工作内容和待遇变化与程某进行详细磋商，否则其公司无权单方决定调岗。法院最终认定电源公司的行为实系借调岗之名，掩盖变相辞退员工之实，该行为应作否定性评价，电源公司单方解除劳动合同违法。法院最终判令电源公司向程某支付经济赔偿金。

本案也提醒用人单位，企业可以根据经营需要对员工调岗，但该权利不得被滥用。在调岗时应秉持诚信履约精神与劳动者进行磋商，并告知工会，征询工会意见。岗位调整应兼顾企业经营需要和劳动者权益保障。调岗应具有合法正当基础和必要性，且不得超出合理限度。

案例 3

未签劳动合同用人单位需担责

3 年前，朱某入职北京市朝阳区某化妆品公司时，公司向她提供了劳动合同文本，但她认为该合同缺乏必备条款且太过简陋，要求修订补充相应条款后再签。此后，公司未再提供新的劳动合同文本，也未再找她签订劳动合同。

在索要欠薪、加班费的同时，她要求公司向她支付未签订书面劳动合同期间的二倍工资，近日法院终审判决了该案。

案情

2020 年 12 月，朱某入职该公司。入职时，公司曾经提出与她签订劳动合同。因该合同文本缺乏社保缴纳、绩效工资如何计发等必备条款，她以该劳动合同太过简陋为由，要求公司补充、修改相应条款后再行签订。此后，公司未再与她谈过签订劳动合同这件事，亦未提供经修正的劳动合同文本。

2021 年 5 月，公司人事经理高某用电子信函向朱某发送不予转正通知。同年 6 月，公司人事通知朱某办理离职手续。

朱某认为，公司应向其支付在职期间未签订书面劳动合同的二倍工资差额，并向劳动争议仲裁机构申请了仲裁。

经审理，仲裁裁决公司支付朱某 2021 年 3 月 1 日至 4 月 30 日工资差额 6759.68 元、解除劳动合同经济补偿金 8000 元、驳回其他仲裁请求。

朱某不认可仲裁裁决结果，提起诉讼。

庭审过程

庭审中，公司称，曾通知朱某签订劳动合同，但朱某以各种原因推托，拒绝签订劳动合同，故无需支付二倍工资。因朱某提交的证据不足以证明仲裁庭审笔录记录的内容与实际事实不符，一审法院判决公司应支付朱某相应期间工资差额7939.28元、休息日加班费1471.26元。

朱某提起上诉。

二审法院认为，用人单位对未签订书面劳动合同承担相应惩戒责任，公司未与朱某签订书面劳动合同，亦未自用工之日起一个月内书面通知朱某终止劳动关系，该公司应依法向朱某支付二倍工资差额。

审判结果

二审法院判决公司应向朱某支付在职期间未签订劳动合同二倍工资差额4.8万元，并维持原审其他判决。

以案说法

按照《劳动合同法》第10条第1款、第2款及第82条第1款规定，自用工之日起超过一个月未订立书面劳动合同的不利后果由用人单位负担，且现行法律对于上述支付二倍工资的责任未明确规定豁免情形，故原则上用人单位应对未订立书面劳动合同承担无过错责任。

再者，《劳动合同法实施条例》第5条规定，自用工之日起一个月内，经用人单位书面通知后，劳动者不与用人单位订立书面劳动合同的，用人单位应当书面通知劳动者终止劳动关系，无需向劳动者支付经济补偿，但是应当依法向劳动者支付其实际工作时间的劳动报酬。该规定赋予了用人单位合法、无责终止劳动关系的权利，能够有效避免劳动者无正当理由拒不签订劳动合同的行为对用人单位合法权益的侵害。

此外，劳动合同内容应当如实体现双方的合意，且应当符合法律、法规的规定，任何一方不得利用订立书面劳动合同损害另一方的合法权益，否则对方有权拒绝签订该劳动合同，并有权与对方就合同条款的确定进一步进行磋商。

案例 4

规章制度内容明显不合理，用人单位据此解除劳动关系属违法解除

基本案情

李某于2021年3月11日入职某公司，从事操作工工作。某公司向其告知公司奖罚条例规定，员工之间借款超过5000元（含）未向管理部报备者给予开除处分，严重者交法办。后公司发现李某借款给同事10000元，且双方均未向公司管理部报备，遂于2022年7月27日与李某解除劳动关系。李某申请仲裁，要求公司支付违法解除劳动合同赔偿金。

裁决结果

仲裁委员会经审理认为，公司奖罚条例规定所涉内容属于员工之间的个人行为，不属于劳动组织与管理的范畴，用人单位无权作出强制规定，公司以此作为解除李某劳动关系的依据，明显超出了规章制度规范劳动关系、调整劳动权利义务的范围，属于违法解除，故仲裁委员会对李某的仲裁请求予以支持。

案例评析

用人单位规章制度是在本企业内部实施的，关于组织劳动过程和进行劳动管理的制度，属于用人单位行使用工自主权的范畴。用人单位以劳动者严重违反单位规章制度为由解除劳动合同，劳动者提起相关诉讼的，应当依法审查该规章制度的合法性、合理性。如用人单位规章制度明显超越合理权限对劳动者设定义务，并据此解除劳动合同的，属于违法解除并应当向劳动者支付赔偿金。本案有利于引导用人单位合理行使用工自主权，妥善保护劳动者合法权益。

第十一章
劳动争议诉讼

劳动争议双方当事人不服劳动争议仲裁机构的处理，可以在法定期限内向人民法院提起诉讼。劳动争议诉讼，是劳动争议处理程序中的最后一个程序，也是对劳动争议案件的最终处理。人民法院审理劳动争议案件适用《民事诉讼法》所规定的诉讼程序。

第一节 劳动争议诉讼概述

一、劳动争议诉讼

劳动争议诉讼指劳动争议当事人不服劳动争议仲裁委员会的裁决处理，在法定期限内，就争议事项依法向人民法院起诉，人民法院依据相关法律法规对争议进行审理和判决的司法解决方式。包括劳动争议案件的起诉、受理、调查取证、审判和执行等一系列诉讼程序。

劳动争议诉讼是人民法院通过司法程序解决劳动争议的手段，其作用是确保当事人获得司法救济、保障当事人的权利，以及对争议仲裁裁决进行一定的监督和审查，确保裁决书、调解书的执行。我国《劳动争议调解仲裁法》第 5 条规定："发生劳动争议，当事人不愿协商、协商不成或者达成和解协议后不履行的，可以向调解组织申请调解；不愿调解、调解不成或者达成调解协议后不履行的，可以向劳动争议仲裁委员会申请仲裁；对仲裁裁决不服的，除本法另有规定的外，可以向人民法院提起诉讼。"第 29 条规定："对劳动争议仲裁委员会不予受理或者逾期未作出决定的，申请人可以就该劳动争议事项向人民法院提起诉讼。"第 50 条规定："当事人对本法第四十七条规定以外的其他劳动争议案件的仲裁裁决不服的，可以自收到仲裁裁决书之日起十五日内向人民法院提起诉讼；期满不起诉的，裁决书发生法律效力。"《劳动争议调解仲裁法》没有对人民法院审理劳动争议案件的程序进行具体规定。按照现行的体制，人民法院对劳动争议案件的受理、审判和执行都是按照《民事诉讼法》的规定执行。

二、劳动争议诉讼的受案范围

进入劳动争议诉讼程序的案件，除了满足法律规定的劳动争议范围条件外，还需满足“仲裁前置”这一程序条件。因此《最高人民法院关于审理劳动争议案件适用法律问题的解释（一）》详细规定了人民法院受理劳动争议案件的范围。

（一）应当受理的范围

《最高人民法院关于审理劳动争议案件适用法律问题的解释（一）》第1条规定，劳动者与用人单位之间发生的下列纠纷，属于劳动争议，当事人不服劳动争议仲裁机构作出的裁决，依法提起诉讼的，人民法院应予受理：

1. 劳动者与用人单位在履行劳动合同过程中发生的纠纷；

2. 劳动者与用人单位之间没有订立书面劳动合同，但已形成劳动关系后发生的纠纷；

3. 劳动者与用人单位因劳动关系是否已经解除或者终止，以及应否支付解除或者终止劳动关系经济补偿金发生的纠纷；

4. 劳动者与用人单位解除或者终止劳动关系后，请求用人单位返还其收取的劳动合同定金、保证金、抵押金、抵押物发生的纠纷，或者办理劳动者的人事档案、社会保险关系等移转手续发生的纠纷；

5. 劳动者以用人单位未为其办理社会保险手续，且社会保险经办机构不能补办导致其无法享受社会保险待遇为由，要求用人单位赔偿损失发生的纠纷；

6. 劳动者退休后，与尚未参加社会保险统筹的原用人单位因追索养老金、医疗费、工伤保险待遇和其他社会保险待遇而发生的纠纷；

7. 劳动者因为工伤、职业病，请求用人单位依法给予工伤保险待遇发生的纠纷；

8. 劳动者依据劳动合同法第85条规定，要求用人单位支付加付赔偿金发生的纠纷；

9. 因企业自主进行改制发生的纠纷。

（二）不予受理的范围

《最高人民法院关于审理劳动争议案件适用法律问题的解释（一）》

第 2 条规定，下列纠纷不属于劳动争议：

1. 劳动者请求社会保险经办机构发放社会保险金的纠纷；

2. 劳动者与用人单位因住房制度改革产生的公有住房转让纠纷；

3. 劳动者对劳动能力鉴定委员会的伤残等级鉴定结论或者对职业病诊断鉴定委员会的职业病诊断鉴定结论的异议纠纷；

4. 家庭或者个人与家政服务人员之间的纠纷；

5. 个体工匠与帮工、学徒之间的纠纷；

6. 农村承包经营户与受雇人之间的纠纷。

三、法院受理劳动争议案件的条件

（一）起诉人必须是劳动争议当事人

劳动争议诉讼当事人，简单来说就是劳动争议的当事人即用人单位和劳动者，不服仲裁裁决的劳动者和用人单位只能以仲裁阶段的对方当事人为被告向法院起诉，而不能以仲裁机构为被告人。劳动争议仲裁机构也不得作为仲裁程序中的第三人。

（二）必须已经经过仲裁程序

我国现行的“一裁两审”机制将仲裁前置，即经过仲裁审理的劳动人事争议案件，当事人不服裁决，才能向法院起诉，法院依法受理后，才真正进入诉讼程序。

仲裁程序与诉讼程序具有同等重要的作用，仲裁与诉讼两者协同联动运行才能构成高质量、高效率的劳动争议纠纷处理机制。

（三）必须在法律规定的时限内

劳动争议当事人对仲裁裁决不服的，有权在收到仲裁裁决书之日起 15 日内向法院起诉，超过这个时限的，裁决书即发生法律效力，当事人无权再向人民法院起诉。

（四）起诉必须向有管辖权的法院提出

劳动争议诉讼管辖指法院受理第一审劳动争议案件的分工和权限。

最高人民法院规定的我国现行劳动争议诉讼的管辖原则是：在级别管辖上，均由基层人民法院管辖；在地域管辖上，由用人单位所在地或者劳动合同履行地人民法院管辖，劳动合同履行地不明确的，由用人单位所在地人民法院管辖。

四、劳动争议诉讼与民事诉讼的区别

劳动争议诉讼与民事诉讼在涉诉案件的性质及内容、诉讼当事人、提起诉讼的前提条件、举证责任等方面存在区别。主要如下。

（一）涉诉案件的性质及内容不同

劳动争议诉讼涉及的是劳动争议，是在形成劳动关系的主体之间发生的，以劳动权利义务为内容的法律争议；民事诉讼涉及的是民事纠纷，是在平等民事主体之间发生的，以民事权利义务为内容的法律争议。

（二）诉讼当事人不同

在劳动争议诉讼中，一方通常是用人单位（法人或非法人组织），另一方是劳动者（自然人），双方存在管理和被管理的隶属关系，双方的地位在某些方面并不完全平等；民事诉讼的当事人双方是完全平等的民事主体，可以是自然人、法人或其他非法人组织。

（三）提起诉讼的前提条件不同

劳动争议诉讼有一个重要的前提，即必须先经过劳动争议仲裁，仲裁不服方可向人民法院提起诉讼，未经仲裁机构的仲裁不能进入诉讼程序；而民事诉讼没有这一前提，公民、法人、非法人组织只要认为自己的合法权益受到侵害就可以直接提起诉讼。

（四）举证责任不同

在民事诉讼中，举证责任通常遵循“谁主张，谁举证”的原则。在劳动关系中，用人单位是其内部规章制度的直接制定者和执行者，对劳动者具有管理的权利，因此具有明显的优势地位，而劳动者处于相对弱势地位。为了保护双方合法权益，劳动人事争议诉讼中加大了用人单位的举证责任。如《劳动争议调解仲裁法》规定，“与争议事项有关的证据属于用人单位掌握管理的，用人单位应当提供；用人单位不提供的，应当承担不利后果”。

（五）有无反诉制度不同

在一般的民事诉讼中，被告在收到法院送达的原告起诉书后，有权对原告的起诉提出反诉。反诉指在一个已经开始的民事诉讼（诉讼法上称为本诉）程序中，本诉的被告以本诉原告为被告，向受诉法院提出的与本诉有牵连的独立的反请求。该权利亦是当事人法律地位平等原则的重要体现，是本诉被告所享有的重要权利，是保障本诉被告人民事权益的一项重要制度。反诉是一个独立的诉讼，应具备反诉的事实、理由和请求。但在劳动争议诉讼中，是没有反诉程序的。因为劳动争议案件有仲裁前置的要求，即当事人所有的诉讼请求都应当先经过仲裁的审理。而反诉是被告收到原告的起诉书后，针对原告的起诉提出的反诉。显然，被告提起反诉的诉讼请求是没有经过劳动争议仲裁前置程序处理的，因此不能直接进入劳动争议诉讼程序进行处理。

（六）适用的实体法律不同

劳动争议诉讼适用劳动法律法规及相关政策；民事诉讼则适用民事法律法规。

此外，两者的诉讼目的不同，劳动争议诉讼的目的是解决劳动关系双方当事人之间因劳动权利义务而发生的纠纷；民事诉讼的目的是解决公民、法人或其他组织之间的民事纠纷。

五、劳动争议诉讼案件的审理机构

在我国，审理劳动争议诉讼案件的机构一般是民事审判庭，个别地方的法院设立了专门审理劳动争议案件的劳动审判庭。

第二节　劳动争议诉讼当事人

一、劳动争议诉讼当事人概述

（一）劳动争议诉讼当事人

劳动争议诉讼当事人是因劳动权利义务关系发生争议，或者劳动权益受到侵害，以自己的名义提起、参加诉讼，并受人民法院裁判约束的利害关系人。

（二）劳动争议诉讼当事人的特征

劳动争议诉讼当事人具有以下特征：第一，必须是以自己的名义进行诉讼；第二，必须与案件有直接利害关系；第三，必须受人民法院的裁判或者调解的约束；第四，劳动争议诉讼中的当事人必须是劳动争议仲裁当事人，而不能变换为其他主体。

二、劳动争议诉讼当事人的种类

诉讼当事人有广义和狭义之分。广义上的当事人指原告、被告、共同诉讼人和第三人。狭义上的当事人仅指原告和被告。

（一）原告

原告，指为维护自己的合法权益，以自己的名义向人民法院提起诉讼，因而引起民事诉讼程序发生的人。

（二）被告

被告，指被原告诉称侵犯其合法权益，或者与其发生了争执，而由人民法院通知应诉的人。

（三）共同诉讼人

当事人一方或者双方为2人以上，其诉讼标的是共同的，或者诉讼标的是同一种类，人民法院认为可以合并审理并经当事人同意的为共同诉讼。原告为2人以上的，称为共同原告；被告为2人以上的，称为共同被告。共同诉讼中复数方的当事人，统称为共同诉讼人。

（四）第三人

第三人，指对他人之间的诉讼标的主张独立的请求权，或者虽然不主张独立的请求权，但是案件的处理结果与他有着法律上的利害关系，因而参加到已经开始的民事诉讼中，以维护自己合法权益的人。

《民事诉讼法》第51条规定，“公民、法人和其他组织可以作为民事诉讼的当事人。法人由其法定代表人进行诉讼。其他组织由其主要负责人进行诉讼”。

三、确定劳动争议诉讼当事人的具体情形

《最高人民法院关于审理劳动争议案件适用法律问题的解释（一）》明确规定了确定劳动争议诉讼当事人的以下具体情形。

（一）劳动者与用人单位均不服劳动争议仲裁机构的同一裁决，向同一人民法院起诉的，人民法院应当并案审理，双方当事人互为原告和被告，对双方的诉讼请求，人民法院应当一并作出裁决。在诉讼过程中，一方当事人撤诉的，人民法院应当根据另一方当事人的诉讼请求继续审理。双方当事人就同一仲裁裁决分别向有管辖权的人民法院起诉的，后受理的人民法院应当将案件移送给先受理的人民法院。

（二）用人单位与其他单位合并的，合并前发生的劳动争议，由合并后的单位为当事人；用人单位分立为若干单位的，其分立前发生的劳动争议，由分立后的实际用人单位为当事人。用人单位分立为若干单位后，具体承受劳动权利义务的单位不明确的，分立后的单位均为当事人。

（三）用人单位招用尚未解除劳动合同的劳动者，原用人单位与劳动

者发生的劳动争议，可以列新的用人单位为第三人。原用人单位以新的用人单位侵权为由提起诉讼的，可以列劳动者为第三人。原用人单位以新的用人单位和劳动者共同侵权为由提起诉讼的，新的用人单位和劳动者列为共同被告。

（四）劳动者在用人单位与其他平等主体之间的承包经营期间，与发包方和承包方双方或者一方发生劳动争议，依法提起诉讼的，应当将承包方和发包方作为当事人。

（五）劳动者与未办理营业执照、营业执照被吊销或者营业期限届满仍继续经营的用人单位发生争议的，应当将用人单位或者其出资人列为当事人。

（六）未办理营业执照、营业执照被吊销或者营业期限届满仍继续经营的用人单位，以挂靠等方式借用他人营业执照经营的，应当将用人单位和营业执照出借方列为当事人。

（七）劳动者在用人单位与其他平等主体之间的承包经营期间，与发包方和承包方双方或者一方发生劳动争议，依法提起诉讼的，应当将承包方和发包方作为当事人。

（八）当事人不服劳动争议仲裁机构作出的仲裁裁决，依法提起诉讼，人民法院审查认为仲裁裁决遗漏了必须共同参加仲裁的当事人的，应当依法追加遗漏的人为诉讼当事人。被追加的当事人应当承担责任的，人民法院应当一并处理。

四、劳动争议诉讼当事人的权利和义务

（一）劳动争议诉讼当事人的权利

当事人是劳动争议诉讼的主体。按照《民事诉讼法》规定，当事人享有以下诉讼权利。

1. 一方当事人单独享有的诉讼权利

（1）原告有提起诉讼的权利。

（2）原告有提出变更、放弃诉讼请求和撤回诉讼的权利。

（3）原告有申请先予执行的权利。

（4）原告有申请缓交、减交或者免交案件受理费的权利。

（5）被告有对案件提出管辖异议的权利。

（6）被告有承认或者反驳原告的诉讼请求和提起反诉的权利。

（7）胜诉一方有申请执行的权利。

2. 双方当事人共同享有的诉讼权利

（1）使用本民族语言文字进行诉讼的权利。

（2）申请回避的权利。

（3）申请复议的权利。

（4）申请保全证据的权利。

（5）申请财产保全的权利。

（6）收集、提供证据的权利。

（7）申请不公开审理的权利。

（8）申请顺延期限的权利。

（9）进行辩论的权利。

（10）请求调解的权利。

（11）自行和解的权利。

（12）提起上诉的权利。

（13）申请再审的权利。

（14）委托诉讼代理人的权利。

（15）查阅并复制本案有关材料和法律文书的权利。

（16）要求重新调查、鉴定和勘验的权利。

（17）对法庭笔录有遗漏或差错，有申请补正的权利。

（二）劳动争议诉讼当事人的义务

诉讼权利和诉讼义务是密切联系、不可分割的。在劳动争议诉讼中，当事人享有广泛的诉讼权利，同时也必须承担相应的诉讼义务。根据《民事诉讼法》规定，当事人应承担以下诉讼义务。

1. 当事人必须依法行使诉讼权利

（1）原告起诉必须符合受案范围和法定起诉条件。

（2）被告应当应诉，经法院传票传唤必须到庭。

（3）委托诉讼代理人，必须向人民法院提交授权委托书，并明确特别授权的内容；委托律师代理诉讼的，必须委托中华人民共和国的律师。

（4）提出申请回避，应说明理由。

（5）对自己提出的主张，有责任提供证据。

（6）当事人举证，应当在人民法院规定的举证期限内进行。向人民法院提供证据，应当提交原件或原物；确有困难的，可以提交复制品、照片、副本、节录本。提交外文书证必须附有中文译本。

（7）对案件提出管辖异议的，应当在法定答辩期内提出。

（8）申请案件执行的期限，双方或一方当事人是公民的为1年，双方是法人或其他组织的为6个月。

（9）对涉及国家秘密、商业秘密和个人稳私的证据，当事人有义务保密。

（10）应当依法交纳诉讼费和其他应当支付的费用。

2. 当事人必须遵守诉讼秩序

（1）遵守法庭规则和法庭纪律。

（2）不得伪造、隐藏、毁灭证据。

（3）不得以暴力、威胁、贿买等方式阻止证人或者贿买、胁迫他人作证。

（4）不得隐藏、转移、变卖、毁损已被查封、扣押的财产或者已被清点并责令其保管的财产，不得转移已被冻结的财产。

（5）不得对司法工作人员、诉讼参加人、证人、翻译人员、鉴定人、勘验人、协助执行人，进行侮辱、诽谤、诬陷、殴打或者打击报复。

（6）不得以暴力、威胁或者其他方法阻碍司法人员执行职务。

（7）当事人必须履行发生法律效力的判决、裁决、调解书和其他应当由人民法院执行的法律文书。

第三节 劳动争议诉讼管辖

劳动争议仲裁委员会受理当事人的仲裁申请时，涉及各仲裁委员会的管辖问题，同样人民法院对劳动争议案件也存在管辖权问题。劳动争议诉讼管辖是指各级人民法院和同级人民法院之间，受理第一审劳动争议案件的分工和权限。它是在人民法院系统内部划分和确定某级或者同级中的某个人民法院对某一劳动争议案件行使审判权的问题。根据劳动争议案件的性质和影响范围以及人民法院所辖的区域范围等，把管辖分为：级别管辖、地域管辖、移送管辖和指定管辖。

一、级别管辖

级别管辖就是对上下级人民法院之间审判第一审劳动争议案件权限分工的规定，是当事人到哪一级人民法院打官司的规定。我国设立最高人民法院、地方各级人民法院和军事法院等专门人民法院。地方各级人民法院分为：基层人民法院、中级人民法院、高级人民法院。根据《民事诉讼法》规定，各级人民法院审判第一审案件的权限分工如下。

基层人民法院管辖第一审民事案件，但本法另有规定的除外。

中级人民法院管辖下列第一审民事案件：

（一）重大涉外案件；

（二）在本辖区有重大影响的案件；

（三）最高人民法院确定由中级人民法院管辖的案件。

（四）按照《劳动争议调解仲裁法》规定，用人单位向人民法院申请撤销终局裁决的案件。

高级人民法院管辖在本辖区有重大影响的第一审民事案件。

最高人民法院管辖下列第一审民事案件：

（一）在全国有重大影响的案件；

（二）认为应当由本院审理的案件。

劳动争议案件的级别管辖，根据《最高人民法院关于审理劳动争议案件适用法律问题的解释（一）》规定，劳动争议案件由基层人民法院管辖。

二、地域管辖

地域管辖，指同级法院之间在各自辖区范围内受理第一审民事案件的分工和权限。级别管辖只是确定民事案件第一审由哪一级法院审判，而地域管辖则是在确定级别管辖之后，再确定由哪个地方的法院管辖。只有根据地域管辖的规定，才能最后确定案件由哪一个地方的法院受理、审判。

地域管辖的基本原则是“原告就被告”，即一般由被告住所地法院管辖，这也被称作一般地域管辖。实行“原告就被告”原则，有利于传唤被告出庭应诉；有利于采取保全和先予执行措施，如果被告败诉，还有利于执行；同时，还可以防止原告滥用诉权，给被告造成不应有的损失。

《民事诉讼法》关于一般地域管辖的规定主要是：对公民提起的民事诉讼，由被告住所地人民法院管辖；被告住所地与经常居住地不一致的，由经常居住地人民法院管辖。对法人或者其他组织提起的民事诉讼，由被告住所地人民法院管辖。同一诉讼的几个被告住所地、经常居住地在两个以上人民法院辖区的，各该人民法院都有管辖权。下列民事诉讼，由原告住所地人民法院管辖；原告住所地与经常居住地不一致的，由原告经常居住地人民法院管辖：（1）对不在中华人民共和国领域内居住的人提起的有关身份关系的诉讼；（2）对下落不明或者宣告失踪的人提起的有关身份关系的诉讼；（3）对被采取强制性教育措施的人提起的诉讼；（4）对被监禁的人提起的诉讼。

关于劳动人事争议案件的地域管辖，《最高人民法院关于审理劳动争议案件适用法律问题的解释（一）》第 3 条规定，“劳动争议案件由用人单位所在地或者劳动合同履行地的基层人民法院管辖。劳动合同履行地不明确的，由用人单位所在地的基层人民法院管辖。法律另有规定的，依照其规定”。实行地域管辖，能够就近解决劳动争议，既便于当事人进行诉讼，又便于人民法院调查取证，有利于人民法院与劳动争议仲裁委员会之间的协调沟通，使劳动争议得到及时、正确的解决。

三、移送管辖

移送管辖，指地方人民法院受理某一案件后，发现对该案无管辖权，为保证该案件的审理，依照法律相关规定，将该案件移送给有管辖权的人民法院。移送管辖的实质是对案件进行移送，而不是对案件管辖权进行移送。它是对管辖发生错误所采用的一种纠正措施。《民事诉讼法》第 37 条规定，“人民法院发现受理的案件不属于本院管辖的，应当移送有管辖权的人民法院，受移送的人民法院应当受理。受移送的人民法院认为受移送的案件依照规定不属于本院管辖的，应当报请上级人民法院指定管辖，不得再自行移送”。

劳动争议案件移送管辖指人民法院发现受理的劳动争议案件不属于本院管辖范围，将该案移送给有管辖权的人民法院管辖。这种案件的移送必须符合以下几个条件：一是移送的人民法院对受理的劳动争议案件没有管辖权；二是移送的劳动争议案件必须是该法院已经受理的案件；三是受移送的法院对案件具有管辖权；四是移送只能在对案件审理之前，或者当事人对管辖提出正确异议时。如果对案件已经进行实体审理，当事人又没有提出管辖权异议的，就不宜再进行移送。被移送的人民法院认为按照规定不属于自己管辖的，应当报请上级人民法院指定管辖，而不能再行移送，以防止法院之间互相推诿，影响对案件的及时处理。

四、指定管辖

指定管辖，指裁定管辖的一种。上级法院以裁定的方式将某一案件交由某一下级法院受理。《民事诉讼法》第 38 条规定，“有管辖权的人民法院由于特殊原因，不能行使管辖权的，由上级人民法院指定管辖。人民法院之间因管辖权发生争议，由争议双方协商解决；协商解决不了的，报请它们的共同上级人民法院指定管辖”。

劳动争议案件指定管辖是由于种种特殊原因，有管辖权的法院不能行使对劳动争议案件的管辖权，或者由于几个法院对劳动争议案件的管辖发生争议，或者移送来的劳动争议案件也不属于本院管辖的，需要由上级法院指定某一个下级法院管辖，进行审判。被指定的法院因被指定就取得对该劳动争议案件的管辖权。

第四节　劳动争议诉讼证据

一、证据的种类

证据，是查明和确定劳动争议案件真实情况的根据。人民法院审理劳动争议案件，要以事实为根据，以法律为准绳，而确定事实要靠证据。证据在劳动争议诉讼中起着举足轻重的作用。

根据《民事诉讼法》规定，证据包括：

（一）当事人的陈述；

（二）书证；

（三）物证；

（四）视听资料；

（五）电子数据；

（六）证人证言；

（七）鉴定意见；

（八）勘验笔录。

证据必须查证属实，才能作为认定事实的根据。

二、证据收集的范围和方法

劳动争议诉讼活动中应当收集哪些证据，法律没有作出明确规定。在具体的劳动争议案件中，需要收集的证据范围是由劳动争议案件的具体情况决定的，即只要能证明案件真相的证据都要收集，不应该片面。

一般来说，证据的收集可以采取以下方法：

（一）当事人提供；

（二）直接调查；

（三）委托调查；

（四）勘验、鉴定、录音、录像等。

三、举证责任

举证责任指当事人对自己提出的主张有收集或提供证据的义务，并有运用该证据证明主张的案件事实成立或有利于自己的主张的责任，否则将承担其主张不能成立的风险。《民事诉讼法》第 67 条规定，“当事人对自己提出的主张，有责任提供证据。当事人及其诉讼代理人因客观原因不能自行收集的证据，或者人民法院认为审理案件需要的证据，人民法院应当调查收集。人民法院应当按照法定程序，全面地、客观地审查核实证据”。

劳动争议案件的举证责任与民事案件的举证责任有所不同。民事案件普遍适用“谁主张，谁举证”的原则；劳动争议案件一般情况下也适用这一原则，劳动争议当事人对自己提出的主张，须负举证责任。如果不能提出证据证明自己的主张，就不会得到法院的支持。但在有些情况下，举证责任倒置。按照《劳动争议调解仲裁法》规定：“与争议事项有关的证据属于用人单位掌握管理的，用人单位应当提供；用人单位不提供的，应当承担不利后果。”可见，在劳动争议诉讼中，有关证据属于用人单位掌握管理的，应由用人单位负举证责任。

四、证据保全

证据保全，指在证据有可能毁损、灭失，或以后难以取得的情况下，人民法院采取措施对证据进行保护，以保证其证明力的一项措施。证据保全的意义，在于保护证据的证明力，使与案件有关的事实材料不因有关情形的发生而无法取得或丧失证明作用，以此来满足当事人证明案件事实和法院查明案件事实的需要。《民事诉讼法》第 84 条规定，“在证据可能灭失或者以后难以取得的情况下，当事人可以在诉讼过程中向人民法院申请保全证据，人民法院也可以主动采取保全措施。因情况紧急，在证据可能灭失或者以后难以取得的情况下，利害关系人可以在提起诉讼或者申请仲裁前向证据所在地、被申请人住所地或者对案件有管辖权的人民法院申请保全证据。证据保全的其他程序，参照适用本法第九章保全的有关规定”。《最高人民法院关于民事诉讼证据的若干规定》第 24 条规定，“人民法院调查收集可能需要鉴定的证据，应当遵守相关技术规范，确保证据不被污染”。

劳动争议诉讼活动中，在证据可能灭失或者是以后难以取得的情况下，诉讼参加人可以向人民法院申请证据保全，人民法院也可以主动采取保全措施。

第五节　第一审普通程序

人民法院审理劳动争议案件实行两审终审制，所适用的审判程序分为第一审程序和第二审程序。第一审程序又分为普通程序和简易程序。第一审普通程序分为以下几个具体程序。

一、起诉

当事人向人民法院起诉是使劳动争议诉讼程序得以开始的一个必要步骤，是法院审理劳动争议案件的前提。为了使劳动争议案件得到及时解决，最高人民法院已经确定由各级人民法院的民事审判庭审理劳动争议案件，并根据有关法律作出了一系列解释和答复。

（一）起诉的条件

1. 原告是与本案有直接利害关系的公民、法人或其他组织。即原告必须能够证明其与本案有直接的利害关系，否则将被视为不符合起诉条件。劳动争议诉讼起诉人请求人民法院予以保护的受到侵害或发生争议的劳动权益，必须是自己的或者依法由自己管理、支配的劳动权益。如果起诉人与本案无直接的利害关系，就属于当事人不适格，不能向人民法院起诉。具体而言，起诉人包括企业、个体经济组织、民办非企业单位、国家机关、事业单位、社会团体等用人单位和劳动者。

2. 必须有明确的被告。即原告必须明确指出侵犯自己权益或与自己发生争议的公民、法人或其他组织。劳动争议当事人不服劳动争议仲裁裁决向人民法院起诉，或者劳动争议仲裁委员会不予受理或者逾期未作出决定而向人民法院起诉，必须有具体的被告，指明是谁侵害了其劳动权益或者与其发生了劳动争议，无论是公民、法人或其他组织都要写清楚。

3. 必须经过劳动争议仲裁委员会仲裁。一般来说，当事人一方或双方不能就劳动争议直接向人民法院起诉。而是不服劳动争议仲裁裁决，或者劳动争议仲裁委员会不予受理或者逾期未作出决定的才能向人民法院起诉。特别要强调的是，如果当事人在劳动争议仲裁委员会主持下就劳动争议达成了仲裁调解协议并已生效，则当事人也无权再向人民法院起诉。

4. 必须有具体的诉讼请求和事实、理由。即原告必须能够明确提出自己的诉讼请求，并说明其事实和理由，以便法院能够了解案件的具体情况。

具体的诉讼请求即原告要求通过人民法院的审判活动解决什么问题，一般来说，当事人可以向人民法院提出如下请求：（1）给付的请求；（2）确认的请求；（3）撤销或者变更的请求。

有事实和理由指当事人提出的诉讼请求，要有事实依据，向人民法院说明劳动争议是如何发生的，争议内容等。另外，当事人还应向人民法院提供能够证明劳动争议案情的一切证据。

5. 必须是在法律规定的时效期限内提起诉讼。即当事人对仲裁裁决不服的，应当自收到仲裁裁决书之日起 15 日内向人民法院起诉，超过期限的，一般不予受理。由于不可抗力或有其他正当理由造成逾期的，如果当事人能够提供证据证明的，要予以说明。

6. 属于人民法院受理劳动争议诉讼的范围和受诉人民法院管辖。即原告必须能够证明案件属于人民法院受理民事诉讼的范围，并且受诉人民法院具有管辖权。

如果不符合上述起诉条件，人民法院将不予受理或驳回起诉。

（二）起诉状

起诉状亦称“诉状”。指公民或法人因自身合法权益遭受侵害而向人民法院提起诉讼请求的文书。按照《民事诉讼法》规定，“起诉应当向人民法院递交起诉状，并按照被告人数提出副本。书写起诉状确有困难的，可以口头起诉，由人民法院记入笔录，并告知对方当事人”。因此，当事人起诉应当以书面起诉为原则，只有在书写起诉状确有困难的情况下，才允许口头起诉。

根据《民事诉讼法》规定，起诉状应当记明下列事项：

1. 原告的姓名、性别、年龄、民族、职业、工作单位、住所、联系方式，法人或者其他组织的名称、住所和法定代表人或者主要负责人的姓名、职务、联系方式；

2. 被告的姓名、性别、工作单位、住所等信息，法人或者其他组织的名称、住所等信息；

3. 诉讼请求和所根据的事实与理由；

4. 证据和证据来源，证人姓名和住所。

二、受理

（一）受理概述

受理，指人民法院对当事人的起诉经审查后，认为符合法定条件的，决定立案审理，从而引起劳动争议诉讼程序开始的行为。受理包括两个重要的环节：一个是审查，另一个是立案。

人民法院接到当事人的起诉后，应当进行认真的审查。审查起诉主要从以下三方面进行：（1）查明原告的起诉是否属于人民法院受理的劳动争议范畴，是否属于受诉人民法院的管辖范围；（2）审查起诉是否符合法定条件；（3）审查起诉手续是否完备，起诉状内容是否明确。对起诉手续不完备、起诉状内容不明确的，人民法院可以限期让当事人补齐。

人民法院应当保障当事人依照法律规定享有的起诉权利。人民法院收到起诉状或者口头起诉，经审查认为符合起诉条件的，应当在7日内立案，并通知当事人；不符合起诉条件的，应当在7日内作出裁定书，不予受理；原告对裁定不服的，可以提起上诉。

（二）劳动争议案件受理的具体规定

《最高人民法院关于审理劳动争议案件适用法律问题的解释（一）》对劳动争议案件的受理作了如下具体规定。

1. 劳动者与用人单位均不服劳动争议仲裁机构的同一裁决，向同一人民法院起诉的，人民法院应当并案审理，双方当事人互为原告和被告，对双方的诉讼请求，人民法院应当一并作出裁决。在诉讼过程中，一方当事人撤诉的，人民法院应当根据另一方当事人的诉讼请求继续审理。双方当事人就同一仲裁裁决分别向有管辖权的人民法院起诉的，后受理的人民法院应当将案件移送给先受理的人民法院。

2. 劳动争议仲裁机构以无管辖权为由对劳动争议案件不予受理，当事人提起诉讼的，人民法院按照以下情形分别处理：（1）经审查认为该劳动争议仲裁机构对案件确无管辖权的，应当告知当事人向有管辖权的劳动争议仲裁机构申请仲裁；（2）经审查认为该劳动争议仲裁机构有管辖权的，应当告知当事人申请仲裁，并将审查意见书面通知该劳动争议仲裁机构；劳动争议仲裁机构仍不受理，当事人就该劳动争议事项提起诉讼的，人民法院应予受理。

3. 劳动争议仲裁机构以当事人申请仲裁的事项不属于劳动争议为由，作出不予受理的书面裁决、决定或者通知，当事人不服依法提起诉讼的，人民法院应当分别情况予以处理：（1）属于劳动争议案件的，应当受理；（2）虽不属于劳动争议案件，但属于人民法院主管的其他案件，应当依法受理。

4. 劳动争议仲裁机构以申请仲裁的主体不适格为由，作出不予受理的书面裁决、决定或者通知，当事人不服依法提起诉讼，经审查确属主体不适格的，人民法院不予受理；已经受理的，裁定驳回起诉。

5. 劳动争议仲裁机构为纠正原仲裁裁决错误重新作出裁决，当事人不服依法提起诉讼的，人民法院应当受理。

6. 劳动争议仲裁机构仲裁的事项不属于人民法院受理的案件范围，当事人不服依法提起诉讼的，人民法院不予受理；已经受理的，裁定驳回起诉。

7. 当事人不服劳动争议仲裁机构作出的预先支付劳动者劳动报酬、工伤医疗费、经济补偿或者赔偿金的裁决，依法提起诉讼的，人民法院不予受理。用人单位不履行上述裁决中的给付义务，劳动者依法申请强制执行的，人民法院应予受理。

8. 劳动争议仲裁机构作出的调解书已经发生法律效力，一方当事人反悔提起诉讼的，人民法院不予受理；已经受理的，裁定驳回起诉。

9. 劳动争议仲裁机构逾期未作出受理决定或仲裁裁决，当事人直接提起诉讼的，人民法院应予受理，但申请仲裁的案件存在下列事由的除外：（1）移送管辖的；（2）正在送达或者送达延误的；（3）等待另案诉讼结果、评残结论的；（4）正在等待劳动争议仲裁机构开庭的；（5）启动鉴定程序或者委托其他部门调查取证的；（6）其他正当事由。当事人以劳动争议仲裁机构逾期未作出仲裁裁决为由提起诉讼的，应当提交该仲裁机构出具的受理通知书或者其他已接受仲裁申请的凭证、证明。

10. 劳动者依据劳动合同法第30条第2款和劳动争议调解仲裁法第16条规定向人民法院申请支付令，符合民事诉讼法第17章督促程序规定的，人民法院应予受理。依据劳动合同法第30条第2款规定申请支付令被人民法院裁定终结督促程序后，劳动者就劳动争议事项直接提起诉讼的，人民法院应当告知其先向劳动争议仲裁机构申请仲裁。依据劳动争议调解仲裁法第16条规定申请支付令被人民法院裁定终结督促程序后，劳动者依据调解协议直接提起诉讼的，人民法院应予受理。

11. 人民法院受理劳动争议案件后，当事人增加诉讼请求的，如该诉讼请求与讼争的劳动争议具有不可分性，应当合并审理；如属独立的劳动争议，应当告知当事人向劳动争议仲裁机构申请仲裁。

12. 劳动者以用人单位的工资欠条为证据直接提起诉讼，诉讼请求不涉及劳动关系其他争议的，视为拖欠劳动报酬争议，人民法院按照普通民事纠纷受理。

13. 劳动争议仲裁机构作出仲裁裁决后，当事人对裁决中的部分事项不服，依法提起诉讼的，劳动争议仲裁裁决不发生法律效力。

14. 劳动争议仲裁机构对多名劳动者的劳动争议作出仲裁裁决后，部分劳动者对仲裁裁决不服，依法提起诉讼的，仲裁裁决对提起诉讼的劳动者不发生法律效力；对未提起诉讼的部分劳动者，发生法律效力，如其申请执行的，人民法院应当受理。

15. 仲裁裁决的类型以仲裁裁决书确定为准。仲裁裁决书未载明该裁决为终局裁决或者非终局裁决，用人单位不服该仲裁裁决向基层人民法院提起诉讼的，应当按照以下情形分别处理：（1）经审查认为该仲裁裁决为非终局裁决的，基层人民法院应予受理；（2）经审查认为该仲裁裁决为终局裁决的，基层人民法院不予受理，但应告知用人单位可以自收到不予受理裁定书之日起30日内向劳动争议仲裁机构所在地的中级人民法院申请撤销该仲裁裁决；已经受理的，裁定驳回起诉。

16. 仲裁裁决书未载明该裁决为终局裁决或者非终局裁决，劳动者依据调解仲裁法第 47 条第 1 项规定，追索劳动报酬、工伤医疗费、经济补偿或者赔偿金，如果仲裁裁决涉及数项，每项确定的数额均不超过当地月最低工资标准 12 个月金额的，应当按照终局裁决处理。

17. 劳动争议仲裁机构作出的同一仲裁裁决同时包含终局裁决事项和非终局裁决事项，当事人不服该仲裁裁决向人民法院提起诉讼的，应当按照非终局裁决处理。

18. 劳动者依据劳动争议调解仲裁法第 48 条规定向基层人民法院提起诉讼，用人单位依据劳动争议调解仲裁法第 49 条规定向劳动争议仲裁机构所在地的中级人民法院申请撤销仲裁裁决的，中级人民法院应当不予受理；已经受理的，应当裁定驳回申请。被人民法院驳回起诉或者劳动者撤诉的，用人单位可以自收到裁定书之日起 30 日内，向劳动争议仲裁机构所在地的中级人民法院申请撤销仲裁裁决。

19. 用人单位依据劳动争议调解仲裁法第 49 条规定向中级人民法院申请撤销仲裁裁决，中级人民法院作出的驳回申请或者撤销仲裁裁决的裁定为终审裁定。

三、审理前的准备

人民法院在受理案件后，开庭审理前，需要进行一系列的准备工作。根据《民事诉讼法》的规定，开庭审理前应做好以下准备工作。

（一）向被告发送起诉状副本，向原告发送答辩状副本

人民法院应当在立案之日起 5 日内将起诉状副本发送被告，被告应当在收到之日起 15 日内提出答辩状。答辩状应当记明被告的姓名、性别、年龄、民族、职业、工作单位、住所、联系方式；法人或者其他组织的名称、住所和法定代表人或者主要负责人的姓名、职务、联系方式。人民法院应当在收到答辩状之日起 5 日内将答辩状副本发送原告。被告不提出答

辩状的，不影响人民法院审理。

（二）告知当事人有关诉讼权利义务

人民法院对决定受理的案件，应当在受理案件通知书和应诉通知书中向当事人告知有关的诉讼权利义务，或者口头告知。以便当事人及时了解诉讼权利和义务。

（三）管辖权异议的审查

人民法院受理案件后，当事人对管辖权有异议的，应当在提交答辩状期间提出。人民法院对当事人提出的异议，应当审查。异议成立的，裁定将案件移送有管辖权的人民法院；异议不成立的，裁定驳回。当事人未提出管辖异议，并应诉答辩或者提出反诉的，视为受诉人民法院有管辖权，但违反级别管辖和专属管辖规定的除外。

（四）告知当事人审判人员

审判人员确定后，应当在3日内告知当事人。

（五）认真审核诉讼材料和调查收集的证据

诉讼材料主要指原告提交的起诉状和所附的证据材料；被告提交的答辩状及所附的证据材料。审判人员必须认真审核诉讼材料，调查收集必要的证据。

人民法院派出人员进行调查时，应当向被调查人出示证件。调查笔录经被调查人校阅后，由被调查人、调查人签名或者盖章。

人民法院在必要时可以委托外地人民法院调查。委托调查，必须提出明确的项目和要求。受委托人民法院可以主动补充调查。受委托人民法院收到委托书后，应当在30日内完成调查。因故不能完成的，应当在上述期限内函告委托人民法院。

（六）通知共同诉讼当事人

人民法院在开庭审理的准备工作中，发现必须共同进行诉讼的原告、被告或第三人没有参加诉讼的，应当通知其参加诉讼。

四、开庭审理

开庭审理是人民法院在当事人与其他诉讼参与人共同出庭时，依照法定形式和程序，在法庭上对劳动争议案件进行实体审理的诉讼活动。开庭审理的主要任务是审查核实证据，查明案件的基本事实，分清双方当事人的是非责任，正确适用法律，保护当事人的合法权益，使劳动争议得到彻底解决。因此，开庭审理是劳动争议诉讼程序中的一个重要环节。

人民法院审理民事案件，除涉及国家秘密、个人隐私或者法律另有规定的以外，应当公开进行。人民法院审理民事案件，应当在开庭 3 日前通知当事人和其他诉讼参与人。公开审理的，应当公告当事人姓名、案由和开庭的时间、地点。

法庭审理按以下六个阶段进行。

（一）审理开始

开庭审理前，书记员应当查明当事人和其他诉讼参与人是否到庭，宣布法庭纪律。

开庭审理时，由审判长或者独任审判员核对当事人，宣布案由，宣布审判人员、法官助理、书记员等的名单，告知当事人有关的诉讼权利义务，询问当事人是否提出回避申请。

（二）法庭调查

法庭调查按照下列顺序进行：

1. 当事人陈述；

2. 告知证人的权利义务，证人作证，宣读未到庭的证人证言；

3. 出示书证、物证、视听资料和电子数据；

4. 宣读鉴定意见；

5. 宣读勘验笔录。

当事人在法庭上可以提出新的证据。当事人经法庭许可，可以向证人、鉴定人、勘验人发问。当事人要求重新进行调查、鉴定或者勘验的，是否准许，由人民法院决定。

（三）法庭辩论

根据《民事诉讼法》规定，法庭辩论按照下列顺序进行：

1. 原告及其诉讼代理人发言；

2. 被告及其诉讼代理人答辩；

3. 第三人及其诉讼代理人发言或者答辩；

4. 互相辩论。

法庭辩论终结，由审判长或者独任审判员按照原告、被告、第三人的先后顺序征询各方最后意见。

（四）判决

法庭辩论终结，应当依法作出判决。判决前能够调解的，还可以进行调解，调解不成的，应当及时判决。

原告经传票传唤，无正当理由拒不到庭的，或者未经法庭许可中途退庭的，可以按撤诉处理；被告反诉的，可以缺席判决。

被告经传票传唤，无正当理由拒不到庭的，或者未经法庭许可中途退庭的，可以缺席判决。

宣判前，原告申请撤诉的，是否准许，由人民法院裁定。人民法院裁定不准许撤诉的，原告经传票传唤，无正当理由拒不到庭的，可以缺席判决。

《最高人民法院关于审理劳动争议案件适用法律问题的解释（一）》对劳动争议案件的判决提出了如下意见。

1. 用人单位与其招用的已经依法享受养老保险待遇或者领取退休金的人员发生用工争议而提起诉讼的，人民法院应当按劳务关系处理。企业停薪留职人员、未达到法定退休年龄的内退人员、下岗待岗人员以及企业经营性停产放长假人员，因与新的用人单位发生用工争议而提起诉讼的，人民法院应当按劳动关系处理。

2. 外国人、无国籍人未依法取得就业证件即与中华人民共和国境内的用人单位签订劳动合同，当事人请求确认与用人单位存在劳动关系的，人民法院不予支持。持有《外国专家证》并取得《外国人来华工作许可证》的外国人，与中华人民共和国境内的用人单位建立用工关系的，可以认定为劳动关系。

3. 劳动合同期满后，劳动者仍在原用人单位工作，原用人单位未表示异议的，视为双方同意以原条件继续履行劳动合同。一方提出终止劳动关系的，人民法院应予支持。根据劳动合同法第 14 条规定，用人单位应当与劳动者签订无固定期限劳动合同而未签订的，人民法院可以视为双方之间存在无固定期限劳动合同关系，并以原劳动合同确定双方的权利义务关系。

4. 劳动者与用人单位就解除或者终止劳动合同办理相关手续、支付工资报酬、加班费、经济补偿或者赔偿金等达成的协议，不违反法律、行政法规的强制性规定，且不存在欺诈、胁迫或者乘人之危情形的，应当认定有效。前款协议存在重大误解或者显失公平情形，当事人请求撤销的，人民法院应予支持。

5. 当事人在劳动合同或者保密协议中约定了竞业限制，但未约定解除或者终止劳动合同后给予劳动者经济补偿，劳动者履行了竞业限制义务，要求用人单位按照劳动者在劳动合同解除或者终止前 12 个月平均工资的 30%按月支付经济补偿的，人民法院应予支持。前款规定的月平均工资的 30%低于劳动合同履行地最低工资标准的，按照劳动合同履行地最低工资标准支付。

6. 当事人在劳动合同或者保密协议中约定了竞业限制和经济补偿，当事人解除劳动合同时，除另有约定外，用人单位要求劳动者履行竞业限制义务，或者劳动者履行了竞业限制义务后要求用人单位支付经济补偿的，人民法院应予支持。

7. 当事人在劳动合同或者保密协议中约定了竞业限制和经济补偿，劳动合同解除或者终止后，因用人单位的原因导致 3 个月未支付经济补偿，劳动者请求解除竞业限制约定的，人民法院应予支持。

8. 在竞业限制期限内，用人单位请求解除竞业限制协议的，人民法院应予支持。在解除竞业限制协议时，劳动者请求用人单位额外支付劳动者3个月的竞业限制经济补偿的，人民法院应予支持。

9. 劳动者违反竞业限制约定，向用人单位支付违约金后，用人单位要求劳动者按照约定继续履行竞业限制义务的，人民法院应予支持。

10. 劳动合同被确认为无效，劳动者已付出劳动的，用人单位应当按照劳动合同法第28条、第46条、第47条的规定向劳动者支付劳动报酬和经济补偿。由于用人单位原因订立无效劳动合同，给劳动者造成损害的，用人单位应当赔偿劳动者因合同无效所造成的经济损失。

11. 劳动者主张加班费的，应当就加班事实的存在承担举证责任。但劳动者有证据证明用人单位掌握加班事实存在的证据，用人单位不提供的，由用人单位承担不利后果。

12. 用人单位与劳动者协商一致变更劳动合同，虽未采用书面形式，但已经实际履行了口头变更的劳动合同超过1个月，变更后的劳动合同内容不违反法律、行政法规且不违背公序良俗，当事人以未采用书面形式为由主张劳动合同变更无效的，人民法院不予支持。

13. 因用人单位作出的开除、除名、辞退、解除劳动合同、减少劳动报酬、计算劳动者工作年限等决定而发生的劳动争议，用人单位负举证责任。

14. 用人单位有下列情形之一，迫使劳动者提出解除劳动合同的，用人单位应当支付劳动者的劳动报酬和经济补偿，并可支付赔偿金：（1）以暴力、威胁或者非法限制人身自由的手段强迫劳动的；（2）未按照劳动合同约定支付劳动报酬或者提供劳动条件的；（3）克扣或者无故拖欠劳动者工资的；（4）拒不支付劳动者延长工作时间工资报酬的；（5）低于当地最低工资标准支付劳动者工资的。

15. 劳动者非因本人原因从原用人单位被安排到新用人单位工作，原用人单位未支付经济补偿，劳动者依据劳动合同法第38条规定与新用人单位解除劳动合同，或者新用人单位向劳动者提出解除、终止劳动合同，在计算支付经济补偿或赔偿金的工作年限时，劳动者请求把在原用人单位的工作年限合并计算为新用人单位工作年限的，人民法院应予支持。用人单位符合下列情形之一的，应当认定属于“劳动者非因本人原因从原用人单位被安排到新用人单位工作”：（1）劳动者仍在原工作场所、工作岗位工作，劳动合同主体由原用人单位变更为新用人单位；（2）用人单位以组织委派或任命形式对劳动者进行工作调动；（3）因用人单位合并、分立等原因导致劳动者工作调动；（4）用人单位及其关联企业与劳动者轮流订立劳动合同；（5）其他合理情形。

16. 建立了工会组织的用人单位解除劳动合同符合劳动合同法第 39 条、第 40 条规定，但未按照劳动合同法第 43 条规定事先通知工会，劳动者以用人单位违法解除劳动合同为由请求用人单位支付赔偿金的，人民法院应予支持，但起诉前用人单位已经补正有关程序的除外。

17. 劳动合同法施行后，因用人单位经营期限届满不再继续经营导致劳动合同不能继续履行，劳动者请求用人单位支付经济补偿的，人民法院应予支持。

18. 在诉讼过程中，劳动者向人民法院申请采取财产保全措施，人民法院经审查认为申请人经济确有困难，或者有证据证明用人单位存在欠薪逃匿可能的，应当减轻或者免除劳动者提供担保的义务，及时采取保全措施。人民法院作出的财产保全裁定中，应当告知当事人在劳动争议仲裁机构的裁决书或者在人民法院的裁判文书生效后 3 个月内申请强制执行。逾期不申请的，人民法院应当裁定解除保全措施。

19. 用人单位根据劳动合同法第 4 条规定，通过民主程序制定的规章制度，不违反国家法律、行政法规及政策规定，并已向劳动者公示的，可以作为确定双方权利义务的依据。用人单位制定的内部规章制度与集体合同或者劳动合同约定的内容不一致，劳动者请求优先适用合同约定的，人民法院应予支持。

（五）宣判

人民法院对公开审理或者不公开审理的案件，一律公开宣告判决。当庭宣判的，应当在10日内发送判决书；定期宣判的，宣判后立即发给判决书。宣告判决时，必须告知当事人上诉权利、上诉期限和上诉的法院，以免因当事人不懂而丧失了上诉的权利。

（六）审理期限

根据《民事诉讼法》规定，人民法院适用普通程序审理的案件，应当在立案之日起6个月内审结。有特殊情况需要延长的，经本院院长批准，可以延长6个月；还需要延长的，报请上级人民法院批准。

五、诉讼中止和终结

（一）诉讼中止

诉讼中止，指在诉讼进行中，因发生了某种特殊情况，使得案件在较长的时间内无法继续审理，而裁定诉讼程序暂停。根据《民事诉讼法》规定，有下列情形之一的，中止诉讼：

1. 一方当事人死亡，需要等待继承人表明是否参加诉讼的；

2. 一方当事人丧失诉讼行为能力，尚未确定法定代理人的；

3. 作为一方当事人的法人或者其他组织终止，尚未确定权利义务承受人的；

4. 一方当事人因不可抗拒的事由，不能参加诉讼的；

5. 本案必须以另一案的审理结果为依据，而另一案尚未审结的；

6. 其他应当中止诉讼的情形。

中止诉讼的原因消除后，恢复诉讼。

（二）诉讼终结

诉讼终结指在诉讼进行中，因发生了某种特殊情况，使得案件的审理不可能或者无必要进行下去，而结束诉讼程序。根据《民事诉讼法》规定，有下列情形之一的，终结诉讼：

1. 原告死亡，没有继承人，或者继承人放弃诉讼权利的；

2. 被告死亡，没有遗产，也没有应当承担义务的人的；

3. 离婚案件一方当事人死亡的；

4. 追索赡养费、扶养费、抚养费以及解除收养关系案件的一方当事人死亡的。

人民法院决定案件的诉讼终结，应当作出裁定，并通知当事人。当事人对该裁定，不得提起上诉。

六、判决和裁定

（一）判决

判决，指人民法院按照法律规定的程序，经对案件审理，就案件的实体问题所作的决定。

根据《民事诉讼法》规定，判决书应当写明判决结果和作出该判决的理由。判决书内容包括：

1. 案由、诉讼请求、争议的事实和理由；
2. 判决认定的事实和理由、适用的法律和理由；
3. 判决结果和诉讼费用的负担；
4. 上诉期间和上诉的法院。

判决书由审判人员、书记员署名，加盖人民法院印章。

人民法院审理案件，其中一部分事实已经清楚，可以就该部分先行判决。

（二）裁定

裁定指人民法院在审理案件过程中，对诉讼程序问题和部分实体问题所作出的处理决定。

根据《民事诉讼法》规定，裁定适用于下列范围：

1. 不予受理；
2. 对管辖权有异议的；
3. 驳回起诉；
4. 保全和先予执行；

5. 准许或者不准许撤诉；

6. 中止或者终结诉讼；

7. 补正判决书中的笔误；

8. 中止或者终结执行；

9. 撤销或者不予执行仲裁裁决；

10 不予执行公证机关赋予强制执行效力的债权文书；

11. 其他需要裁定解决的事项。

对上述第 1 项至第 3 项裁定，可以上诉。

裁定书应当写明裁定结果和作出该裁定的理由。裁定书由审判人员、书记员署名，加盖人民法院印章。口头裁定的，记入笔录。

第六节 简易程序

一、简易程序的特点

简易程序是相对于普通程序而言的，是基层人民法院和它的派出法庭审理简单的民事案件所适用的一种独立的第一审诉程序。具有以下特点。

（一）简易的起诉和受理方式

对简单的案件，原告可以口头起诉。当事人双方可以同时到基层人民法院或者它所派出的法庭，请求解决纠纷。基层人民法院或者它所派出的法庭可以当即审理，也可以另定日期审理。

（二）简单的传唤方式

基层人民法院和它派出的法庭审理简单的民事案件，可以用简便方式随时传唤当事人、证人。简便的传唤方式有：委托有关人员口头传唤当事人、证人；用电话通知；在农村还可以用有线广播通知等。

（三）简易的审判组织

适用简易程序审理民事案件，由审判员 1 人独任审理。

（四）简易的开庭审理程序

调查、辩论可以合二为一。

（五）较短的审限

人民法院适用简易程序审理案件，应当在立案之日起 3 个月内审结。有特殊情况需要延长的，经本院院长批准，可以延长 1 个月。

（六）小额诉讼实行一审终审

基层人民法院和它派出的法庭审理事实清楚、权利义务关系明确、争议不大的简单金钱给付民事案件，标的额为各省、自治区、直辖市上年度就业人员年平均工资 50% 以下的，适用小额诉讼的程序审理，实行一审终审。

基层人民法院和它派出的法庭审理前款规定的民事案件，标的额超过各省、自治区、直辖市上年度就业人员年平均工资 50% 但在 2 倍以下的，当事人双方也可以约定适用小额诉讼的程序。

人民法院适用小额诉讼的程序审理案件，可以一次开庭审结并且当庭宣判。

（七）简易程序只适用于第一审程序

简易程序只适用于第一审程序。第二审程序和审判监督程序均不适用简易程序。

二、适用简易程序的条件

简易程序只能适用于简单民事案件。简单民事案件指“事实清楚、权利义务关系明确、争议不大的案件。”主要有以下几类：

（一）争议金额不大的简单合同纠纷案件；

（二）简单的离婚案件；

（三）简单的赡养费、抚育费、抚养费案件；

（四）变更收养关系，双方争执不大的案件；

（五）简单的继承案件；

（六）简单的损害赔偿案件；

（七）简单的相邻关系案件；

（八）简单的劳动争议案件；

（九）其他事实清楚，权利义务关系明确，争议不大的民事案件。

第七节　第二审程序

第二审程序，指由于劳动争议诉讼的当事人不服第一审法院未生效的第一审裁判而在法定期间内向上一级人民法院提起上诉而引起的诉讼程序，是第二审级的人民法院审理上诉案件所适用的程序。第一审诉讼程序是第二审程序的前提和基础，第二审程序是第一审诉讼程序的继续和发展。上诉是当事人的诉讼权利，无论原告、被告，还是依法有权提起上诉的第三人，都可以对地方各级人民法院作出的判决、裁定不服而提起上诉。《民事诉讼法》第171条规定，"当事人不服地方人民法院第一审判决的，有权在判决书送达之日起十五日内向上一级人民法院提起上诉。当事人不服地方人民法院第一审裁定的，有权在裁定书送达之日起十日内向上一级人民法院提起上诉"。

一、上诉的提起与受理

当事人对一审裁决结果不服的，可以在规定期限内向上一级人民法院提起上诉。上诉应具备以下条件。

（一）必须是对法律规定可以上诉的判决和裁定。

（二）上诉人和被上诉人必须是一审程序的当事人。

（三）上诉必须是针对地方人民法院的第一审判决、裁定提起的。

（四）上诉必须是向作出第一审判决、裁定的人民法院的上一级人民法院提出。

（五）上诉必须在法定期限内提出。

（六）上诉应当递交上诉状。上诉状的内容，应当包括当事人的姓名，法人的名称及其法定代表人的姓名或者其他组织的名称及其主要负责人的姓名；原审人民法院名称、案件的编号和案由；上诉的请求和理由。

当事人虽然是向上一级人民法院提起上诉，但根据《民事诉讼法》的要求，上诉状应通过原审人民法院提出，并按照对方当事人和代理人的人数提交副本。当事人直接向第二审人民法院提交上诉状的，第二审人民法院应当在5日内将上诉状移交原审人民法院。

原审人民法院收到上诉状后，应当在5日内将上诉状副本送达对方当事人，对方当事人应当在收到之日起15日内提交答辩状。人民法院应当在收到答辩状之日起5日内将副本送达上诉人。对方当事人不提出答辩状的，不影响人民法院审理。

原审人民法院收到上诉状、答辩状后，应当在5日内连同全部案卷和证据，报送第二审人民法院。

二、上诉案件的审理

第二审人民法院审理上诉案件，除《民事诉讼法》另有规定外，适用第一审普通程序的规定。也就是说，第二审法院也应当做好以下工作。

（一）开庭审理前的准备工作。包括组成合议庭，对上诉案件进行审查，查阅案件材料，弄清案件情况，并做必要的调查，决定是否开庭审理，决定开庭的时间和地点。

（二）对第二审劳动争议案件的审查。《民事诉讼法》第175条规定："第二审人民法院应当对上诉请求的有关事实和适用法律进行审查。"

（三）第二审人民法院对上诉案件应当开庭审理。经过阅卷、调查和询问当事人，对没有提出新的事实、证据或者理由，人民法院认为不需要开庭审理的，可以不开庭审理。第二审人民法院审理上诉案件，可以在本院进行，也可以到案件发生地或者原审人民法院所在地进行。

（四）调解。第二审人民法院审理上诉案件，可以进行调解。调解达成协议，应当制作调解书，由审判人员、书记员署名，加盖人民法院印章。调解书送达后，原审人民法院的判决即视为撤销。

三、上诉案件的判决、裁定

根据《民事诉讼法》规定，第二审人民法院对上诉案件，经过审理，按照下列情形，分别处理：

（一）原判决、裁定认定事实清楚，适用法律正确的，以判决、裁定方式驳回上诉，维持原判决、裁定；

（二）原判决、裁定认定事实错误或者适用法律错误的，以判决、裁定方式依法改判、撤销或者变更；

（三）原判决认定基本事实不清的，裁定撤销原判决，发回原审人民法院重审，或者查清事实后改判；

（四）原判决遗漏当事人或者违法缺席判决等严重违反法定程序的，裁定撤销原判决，发回原审人民法院重审。

原审人民法院对发回重审的案件作出判决后，当事人提起上诉的，第二审人民法院不得再次发回重审。

第二审人民法院对不服第一审人民法院裁定的上诉案件的处理，一律使用裁定。

根据《民事诉讼法》规定，第二审人民法院的判决、裁定是终审的判决、裁定。这就是说，二审法院的判决、裁定一经宣告，即发生法律效力。当事人不得再提起上诉。

人民法院审理对判决的上诉案件，应当在第二审立案之日起 3 个月内审结。有特殊情况需要延长的，由本院院长批准。人民法院审理对裁定的上诉案件，应当在第二审立案之日起 30 日内作出终审裁定。

第八节　劳动争议案件的执行

一、执行

执行又叫强制执行，是一种法律制度，指人民法院依照法定程序，对生效法律文书确定的内容，运用国家强制力，依法采取执行措施，强制负有义务的当事人履行义务的行为。强制执行是权利人的合法权益得到兑现的一种重要方式。在人民法院作出裁判后，由于债务人不履行或拒绝履行法律文书确定的义务，当事人在法定的执行时效内向有管辖权的法院提出启动执行程序的叫申请执行。

《民事诉讼法》第235条规定，“发生法律效力的民事判决、裁定，以及刑事判决、裁定中的财产部分，由第一审人民法院或者与第一审人民法院同级的被执行的财产所在地人民法院执行。法律规定由人民法院执行的其他法律文书，由被执行人住所地或者被执行的财产所在地人民法院执行”。

二、执行的意义

我国劳动争议属于非对抗性的人民内部矛盾，通过当事人自行协商、调解委员会调解、仲裁委员会仲裁、人民法院的裁判，劳动争议当事人一般都能受到深刻的法治教育，认识到自己的错误和责任，一般情况下劳动争议都能够得到解决，双方当事人也能依照生效的法律文书的规定自觉履行义务。但也有一些当事人法律意识淡薄，逃避甚至拒绝履行义务，这就需要人民法院通过执行程序，依法强制其履行义务。因此执行程序具有以下重要意义。

（一）执行可以用国家强制力保证劳动争议仲裁机关作出的生效调解书、裁决书和人民法院作出的生效调解书、判决书、裁定书中确定的劳动权利的实现，维护当事人的合法权益，协调、稳定劳动关系。

（二）执行可以保证国家的劳动法律、法规在具体的劳动争议案件中得到贯彻执行。无论是劳动争议仲裁委员会作出的生效的仲裁调解书、裁决书，还是人民法院作出的生效的判决书、裁定书、调解书，都是依据国家的劳动法律、法规作出的，执行生效的法律文书，也就是执行了国家的劳动法律、法规，从而维护了国家法律的尊严。

（三）执行可以对全社会进行生动的法治教育。通过执行，不仅能够教育当事人要严格执行生效法律文书中规定的义务，而且也是对其他人进行法治宣传和法治教育，从而增强人们的法治观念，提高遵纪守法的自觉性。

三、执行的条件

启动执行程序必须具备以下几个条件。

（一）必须具有合法的执行依据，即要有生效的法律文书。

（二）执行的依据必须具有给付的内容。一般来说，裁决书、判决书、裁定书、调解书等法律文书中确定一方当事人交付财产、金钱或履行一定义务的，才具有执行性，这样的法律文书才可以作为执行的依据，如果法律文书没有给付内容的则不能强制执行。

（三）必须在法定期限内提出。《民事诉讼法》规定："申请执行的期间为二年。申请执行时效的中止、中断，适用法律有关诉讼时效中止、中断的规定。前款规定的期间，从法律文书规定履行期间的最后一日起计算；法律文书规定分期履行的，从最后一期履行期限届满之日起计算；法律文书未规定履行期间的，从法律文书生效之日起计算。"如果当事人在这个法定期限内没有行使自己的权利，法律就不再予以保护，当事人就不能再向人民法院申请强制执行。

（四）必须要有执行的原因。执行是因为当事人故意推脱、逃避或者拒绝履行生效的法律文书确定的义务，根据权利人申请或人民法院依职权主动提起而进行的。如果当事人按照法律文书的规定已经履行了义务或义务人正在履行义务的，就不需要执行。

（五）申请执行人必须是生效法律文书确定的权利人或者其继承人、权利承受人。

以上几个条件必须同时具备，权利人才可以向人民法院申请执行。申请执行时，应当提交书面申请，说明申请执行的事项和理由，并提出作为执行依据的法律文书和被执行人可供执行的经济、行为能力等状况，经人民法院审查受理后，才可以启动执行程序。

四、执行的依据

可以作为人民法院执行依据的法律文书主要有两种：

（一）劳动争议仲裁委员会作出的发生法律效力的裁决书或调解书；

（二）人民法院发生法律效力的判决书、裁定书和调解书。

五、执行的对象

在我国，执行对象实行的是执行对象有限原则。也就是说，人民法院执行的只能是被申请执行人的财产和行为。如冻结、划拨企业的存款，支付拖欠或克扣职工的工资，强制企业或职工履行劳动合同中规定的行为等。

强制执行不能以被执行人的人身作为执行对象，这有两层意思，既不能以扣押义务人代替其履行义务，也不能以扣押为手段，促使其履行义务。我国的执行程序严禁扣押、监禁义务人。

六、执行的措施

根据《民事诉讼法》的规定，人民法院可以采取的执行措施有以下几种。

（一）查询、冻结、划拨存款。被执行人在银行有存款的，法院有权查询、冻结、划拨，银行必须协助。查询、冻结、划拨法院都需要手续齐备。《民事诉讼法》规定，“被执行人未按执行通知履行法律文书确定的义务，人民法院有权向有关单位查询被执行人的存款、债券、股票、基金份额等财产情况。人民法院有权根据不同情形扣押、冻结、划拨、变价被执行人的财产。人民法院查询、扣押、冻结、划拨、变价的财产不得超出被执行人应当履行义务的范围。人民法院决定扣押、冻结、划拨、变价财产，应当作出裁定，并发出协助执行通知书，有关单位必须办理。”

（二）扣留、提取收入。扣留、提取被执行人的收入，是由执行法院作出裁定，并向有关单位发出协助执行通知书，由有关单位协助扣留、提取。被执行人的收入包括工资、劳务报酬、利息、股息、红利、财产租赁收入等。《民事诉讼法》规定，“被执行人未按执行通知履行法律文书确定的义务，人民法院有权扣留、提取被执行人应当履行义务部分的收入。但应当保留被执行人及其所扶养家属的生活必需费用。人民法院扣留、提取收入时，应当作出裁定，并发出协助执行通知书，被执行人所在单位、银行、信用合作社和其他有储蓄业务的单位必须办理。”

（三）查封、扣押、冻结、拍卖、变卖财产。《民事诉讼法》规定，“被执行人未按执行通知履行法律文书确定的义务，人民法院有权查封、扣押、冻结、拍卖、变卖被执行人应当履行义务部分的财产。但应当保留被执行人及其所扶养家属的生活必需品。采取前款措施，人民法院应当作出裁定。”

（四）搜查。《民事诉讼法》规定，“被执行人不履行法律文书确定的义务，并隐匿财产的，人民法院有权发出搜查令，对被执行人及其住所或者财产隐匿地进行搜查。采取前款措施，由院长签发搜查令”。

（五）强制交付。《民事诉讼法》规定，“法律文书指定交付的财物或者票证，由执行员传唤双方当事人当面交付，或者由执行员转交，并由被交付人签收。有关单位持有该项财物或者票证的，应当根据人民法院的协助执行通知书转交，并由被交付人签收。有关公民持有该项财物或者票证的，人民法院通知其交出。拒不交出的，强制执行”。

（六）强制迁退。《民事诉讼法》规定，“强制迁出房屋或者强制退出土地，由院长签发公告，责令被执行人在指定期间履行。被执行人逾期不履行的，由执行员强制执行”。

（七）强制完成行为。《民事诉讼法》规定，“对判决、裁定和其他法律文书指定的行为，被执行人未按执行通知履行的，人民法院可以强制执行或者委托有关单位或者其他人完成，费用由被执行人承担”。

（八）强制加倍支付迟延履行期间的债务利息和支付迟延履行金。《民事诉讼法》规定，“被执行人未按判决、裁定和其他法律文书指定的期间履行给付金钱义务的，应当加倍支付迟延履行期间的债务利息。被执行人未按判决、裁定和其他法律文书指定的期间履行其他义务的，应当支付迟延履行金”。

（九）限制出境。《民事诉讼法》规定，“被执行人不履行法律文书确定的义务的，人民法院可以对其采取或者通知有关单位协助采取限制出境，在征信系统记录、通过媒体公布不履行义务信息以及法律规定的其他措施”。

七、劳动争议案件执行的具体规定

《最高人民法院关于审理劳动争议案件适用法律问题的解释（一）》对劳动争议案件的执行作出了如下具体规定。

（一）不予执行的情形

当事人申请人民法院执行劳动争议仲裁机构作出的发生法律效力的裁决书、调解书，被申请人提出证据证明劳动争议仲裁裁决书、调解书有下列情形之一，并经审查核实的，人民法院可以根据民事诉讼法第 237 条规定，裁定不予执行：

1. 裁决的事项不属于劳动争议仲裁范围，或者劳动争议仲裁机构无权仲裁的；

2. 适用法律、法规确有错误的；

3. 违反法定程序的；

4. 裁决所根据的证据是伪造的；

5. 对方当事人隐瞒了足以影响公正裁决的证据的；

6. 仲裁员在仲裁该案时有索贿受贿、徇私舞弊、枉法裁决行为的；

7. 人民法院认定执行该劳动争议仲裁裁决违背社会公共利益的。

人民法院在不予执行的裁定书中，应当告知当事人在收到裁定书之次日起 30 日内，可以就该劳动争议事项向人民法院提起诉讼。

（二）终局裁决的执行

劳动争议仲裁机构作出终局裁决，劳动者向人民法院申请执行，用人单位向劳动争议仲裁机构所在地的中级人民法院申请撤销的，人民法院应当裁定中止执行。用人单位撤回撤销终局裁决申请或者其申请被驳回的，人民法院应当裁定恢复执行。仲裁裁决被撤销的，人民法院应当裁定终结执行。用人单位向人民法院申请撤销仲裁裁决被驳回后，又在执行程序中以相同理由提出不予执行抗辩的，人民法院不予支持。

八、执行中止和终结

（一）中止执行

中止执行，指在执行程序开始后，由于发生某种特殊情况，执行程序暂时停止，这种情况消失后，执行程序再继续进行。中止执行的裁定，送达当事人后立即生效。

根据《民事诉讼法》规定，有下列情形之一的，人民法院应当裁定中止执行：

1. 申请人表示可以延期执行的；

2. 案外人对执行标的提出确有理由的异议的；

3. 作为一方当事人的公民死亡，需要等待继承人继承权利或者承担义务的；

4. 作为一方当事人的法人或者其他组织终止，尚未确定权利义务承受人的；

5. 人民法院认为应当中止执行的其他情形。

中止的情形消失后，恢复执行。

（二）终结执行

终结执行是在民事诉讼中，已经开始的强制执行因发生某种法定的特殊情况不能继续进行，因而结束执行程序。

根据《民事诉讼法》规定，有下列情形之一的，人民法院裁定终结执行：

1. 申请人撤销申请的；
2. 据以执行的法律文书被撤销的；
3. 作为被执行人的公民死亡，无遗产可供执行，又无义务承担人的；
4. 追索赡养费、扶养费、抚养费案件的权利人死亡的；
5. 作为被执行人的公民因生活困难无力偿还借款，无收入来源，又丧失劳动能力的；
6. 人民法院认为应当终结执行的其他情形。

终结执行的裁定，送达当事人后立即生效。

第九节　工会参与劳动争议诉讼

根据《工会法》规定，职工认为用人单位侵犯其劳动权益而向人民法院提起诉讼的，工会应当给予支持和帮助。劳动争议诉讼，是处理劳动争议的最终程序，它通过司法程序保障了劳动争议的最终彻底解决。同时，劳动争议诉讼也是劳动者维护自身合法权益的最终救济手段。工会参与劳动争议诉讼，是工会履行“维护职工合法权益、竭诚服务职工群众”基本职责的基本要求，是工会对提起劳动争议诉讼职工给予支持和帮助的具体途径，也是工会参与构建和谐劳动关系的重要体现。全国总工会发布的《工会参与劳动争议处理办法》对工会参与劳动争议诉讼提出了明确的要求。

一、工会在劳动争议诉讼中的职责

根据《工会参与劳动争议处理办法》规定，工会在劳动争议诉讼中主要履行以下职责：

（一）支持帮助职工当事人起诉；

（二）接受职工当事人委托，指派或者委派诉讼代理人；

（三）推动生效法律文书的诚信履行；

（四）代表劳动者参加集体合同争议诉讼。

二、工会可以接受职工的委托代理其参加劳动争议诉讼活动

根据《工会参与劳动争议处理办法》规定，依法设立的工会法律服务机构可以接受职工的委托，指派或者委派诉讼代理人，代理其参加劳动争议诉讼活动。职工应当向人民法院提交由其本人签名或者盖章的授权委托书，指派或者委派的诉讼代理人在授权范围内代理诉讼。

依法设立的工会法律服务机构指派或者委派的诉讼代理人代理职工参与诉讼，主要有以下方式：

（一）为职工当事人提供法律咨询，代写起诉状、上诉状、申诉状等法律文书；

（二）在诉讼过程中为职工当事人代写应诉相关文本；

（三）调查案件有关事实，搜集对职工当事人有利的证据；

（四）代理职工当事人参加法院组织的立案前或者诉讼中调解，提出有利于职工当事人的调解意见和主张，促成双方当事人和解；

（五）代理职工当事人出庭应诉；

（六）为职工当事人实施法律法规规定或者当事人授权的其他代理行为。

工会在参与劳动争议诉讼中，应当依法履行职责，积极帮助职工及时、妥善处理劳动争议，切实把职工合法权益实现好、维护好、发展好，

促进劳动关系和谐稳定。

思考题：

1. 什么是劳动争议诉讼？
2. 劳动争议诉讼的受案范围是什么？
3. 人民法院受理劳动争议案件的条件是什么？
4. 劳动争议诉讼与民事诉讼有什么区别？
5. 劳动争议诉讼当事人分哪几种？
6. 劳动争议诉讼当事人有哪些权利和义务？
7. 简述劳动争议诉讼管辖。
8. 当事人向人民法院起诉的条件是什么？
9. 人民法院如何受理劳动争议案件？
10. 简述人民法院审理劳动争议案件的简易程序。
11. 简述第二审程序。
12. 劳动争议案件执行的条件、依据、措施是什么？
13. 工会如何参与劳动争议诉讼？

案例 1

劳动者超时加班发生工伤，用工单位、劳务派遣单位是否承担连带赔偿责任

基本案情

2017 年 8 月，某服务公司（已依法取得劳务派遣行政许可）与某传媒公司签订劳务派遣协议，约定某服务公司为某传媒公司提供派遣人员，每天工作 11 小时，每人每月最低保底工时 286 小时。2017 年 9 月，某服务公司招用李某并派遣至某传媒公司工作，未为李某缴纳工伤保险。2018 年 8 月、9 月、11 月，李某月工时分别为 319 小时、293 小时、322.5 小时，每月休息日不超过 3 日。2018 年 11 月 30 日，李某工作时间为当日晚 8 时 30 分至 12 月 1 日上午 8 时 30 分。李某于 12 月 1 日凌晨 5 时 30 分晕倒在

单位卫生间，经抢救无效于当日死亡，死亡原因为心肌梗死等。2018年12月，某传媒公司与李某近亲属惠某等签订赔偿协议，约定某传媒公司支付惠某等工亡待遇42万元，惠某等不得再就李某工亡赔偿事宜或在派遣工作期间享有的权利，向某传媒公司提出任何形式的赔偿要求。上述协议签订后，某传媒公司实际支付惠某等各项费用计423497.80元。此后，李某所受伤害被社会保险行政部门认定为工伤。某服务公司、惠某等不服仲裁裁决，诉至人民法院。

原告诉讼请求

惠某等请求判决某服务公司与某传媒公司连带支付医疗费、一次性工亡补助金、丧葬补助金、供养亲属抚恤金，共计1193821元。

某服务公司请求判决不应支付供养亲属抚恤金；应支付的各项赔偿中应扣除某传媒公司已支付款项；某传媒公司承担连带责任。

裁判结果

一审法院判决：按照《工伤保险条例》，因用人单位未为李某参加工伤保险，其工亡待遇由用人单位全部赔偿。某服务公司和某传媒公司连带赔偿惠某等医疗费、一次性工亡补助金、丧葬补助金、供养亲属抚恤金合计766911.55元。某传媒公司不服，提起上诉。二审法院判决：驳回上诉，维持原判。

案例分析

本案的争议焦点是李某超时加班发生工伤，用工单位与劳务派遣单位是否应承担连带赔偿责任。

《劳动法》第38条规定："用人单位应当保证劳动者每周至少休息一日。"第41条规定："用人单位由于生产经营需要，经与工会和劳动者协商后可以延长工作时间，一般每日不得超过一小时；因特殊原因需要延长工作时间的，在保障劳动者身体健康的条件下延长工作时间每日不得超过三小时，但是每月不得超过三十六小时。"《劳动合同法》第92条第2款中规定："用工单位给被派遣劳动者造成损害的，劳务派遣单位与用工单位承担连带赔偿责任。"《国务院关于职工工作时间的规定》（国务院令第

174号）第3条规定："职工每日工作8小时、每周工作40小时。"休息权是劳动者的基本劳动权利，即使在支付劳动者加班费的情况下，劳动者的工作时间仍然受到法定延长工作时间上限的制约。劳务派遣用工中，劳动者超时加班发生工伤，用工单位和劳务派遣单位对劳动者的损失均负有责任，应承担连带赔偿责任。劳动者与用工单位、劳务派遣单位达成赔偿协议的，当赔偿协议存在违反法律、行政法规的强制性规定、欺诈、胁迫或者乘人之危情形时，不应认定赔偿协议有效；当赔偿协议存在重大误解或者显失公平情形时，应当支持劳动者依法行使撤销权。

本案中，某服务公司和某传媒公司协议约定的被派遣劳动者每天工作时间及每月工作保底工时，均严重超过法定标准。李某工亡前每月休息时间不超过3日，每日工作时间基本超过11小时，每月延长工作时间超过36小时数倍，其依法享有的休息权受到严重侵害。某传媒公司作为用工单位长期安排李某超时加班，存在过错，对李某在工作期间突发疾病死亡负有不可推卸的责任。惠某等主张某传媒公司与某服务公司就李某工伤的相关待遇承担连带赔偿责任，应予支持。惠某等虽与某传媒公司达成了赔偿协议，但赔偿协议是在劳动者未经社会保险行政部门认定工伤的情形下签订的，且赔偿协议约定的补偿数额明显低于法定工伤保险待遇标准，某服务公司和某传媒公司应对差额部分予以补足。

典型意义

面对激烈的市场竞争环境，个别用人单位为降低用工成本、追求利润最大化，长期安排劳动者超时加班，对劳动者的身心健康、家庭和睦、参与社会生活等造成了严重影响，极端情况下会威胁劳动者的生命安全。本案系劳动者超时加班发生工伤而引发的工伤保险待遇纠纷，是超时劳动严重损害劳动者健康权的缩影。本案裁判明确了此种情况下用工单位、劳务派遣单位承担连带赔偿责任，可以有效避免劳务派遣用工中出现责任真空的现象，实现对劳动者合法权益的充分保障。同时，用人单位应依法为职工参加工伤保险，保障职工的工伤权益，也能分散自身风险。如用人单位未为职工参加工伤保险，工伤职工工伤保险待遇全部由用人单位支付。

案例 2

孕期女职工因出勤不满八小时遭辞退
法院发挥裁判引领作用保障女职工权益

2024 年 2 月 22 日　来源：法治日报

用人单位以顾女士多次出勤不满 8 小时，依据其入职时签收的员工手册规定，构成事实早退为由解除劳动合同，但顾女士处于孕期，用人单位的行为是否构成违法解除？近日，上海市杨浦区人民法院审结了这样一起劳动争议案件。

案情回顾

顾女士系上海某公司员工。2022 年 4 月，公司突然以顾女士 2021 年多次出勤不满 8 小时，构成事实早退为由解除劳动合同，依据是顾女士签收的员工手册中规定，员工自然月内早退 3 次以上者属于严重违纪。

对此，顾女士感到十分郁闷。她认为，自己入职以来一直遵守公司考勤制度，月平均工时达每日 8 小时，从不破坏或对抗管理秩序；公司从未就上下班时间提出异议或指令纠正，2021 年始终正常发放工资，从无以早退为由扣款；公司解除劳动合同时自己已处孕期，故公司系违法解除，要求恢复劳动关系。

公司则回复称，解除前并不知晓顾女士怀孕，其所在岗位也已经由其他员工顶替，故系合法解除，不存在继续履行劳动合同的条件。经多次交涉无果后，顾女士起诉至法院，要求恢复劳动关系。

法院经审理认为，解除劳动关系是较为严厉的处罚，认定员工严重违反规章制度，并以此为由行使劳动合同解除权的，除应审查制度的合法性之外，还应考量施行的合理性。首先，公司制度以规定上下班时间为基准，界定迟到早退，但员工手册未列明上下班时间，故公司就员工迟到早退是否构成严重违纪的适用规定并不明确，且公司将日工时不满 8 小时视为早退，这一制度缺乏依据亦不合理。其次，2022 年 4 月公司发送的劳动合同解除通知中，所称违纪行为均发生在 2021 年。按常理用人单位按月发放工资并应按月审查员工的出勤情况，但此前公司却从未向顾女士提及早退事宜，亦未要求整改或进行处罚。最后，综观考勤记录，所列出勤不满8小时的天数中工时合计均非常接近8小时，且只占少数，日平均工时已超8小时，顾女士并无早退的主观故意。

综上，法院认为，公司以2021年数日工时不满8小时作早退论，缺乏依据亦不合理，顾女士的行为并未达到解除劳动合同的严重程度，从保护“三期”女职工的角度出发，判决双方恢复劳动关系。

该案宣判后，公司不服判决提起上诉，二审期间与顾女士达成和解并撤回上诉，目前案件判决已生效。

法官说法

“解雇涉及劳动者劳动权之核心，与平衡保护用人单位自主经营权、劳动者基本劳动权息息相关，关涉司法服务保障稳定就业。”杨浦区法院民事审判庭法官龚平介绍说，本案涉及“三期”女职工劳动权益保护问题，对此我国法律亦有规定，处于孕期、产期、哺乳期的女职工，用人单位一般不得解除劳动关系，但女职工严重违反用人单位规章制度的不在此限。法院应以更加审慎、严格的态度审查用人单位解除劳动合同的合法性，公司规章制度的效力及执行合理性均系考量范畴，不宜机械，以期作出符合社会主义核心价值观的结论。

龚平认为，本案审理中，争议焦点为用人单位的解除行为是否违法，如系违法解除劳动关系是否可以恢复。虽然员工手册对早退属于严重违纪行为有所界定，但其对早退的定义并不明晰，考虑用人单位制度合理性及实际执行情况，再结合女职工所有考勤记录、劳动合同的履行情况，认定女职工的行为并未达到要解除劳动合同的严重程度。再者，用人单位按月发放工资，按常理应每月审核员工考勤，但此前却从未向劳动者提出异议，亦未要求整改或是进行处罚，有借故解除之嫌。鉴于此，综合企业规章制度合理性与劳动者违纪行为作效力与程度审查，用人单位的解除行为不符合法律规定，为更好地保障孕期女职工合法权益，法院最终支持了女职工要求恢复劳动关系的诉请。

专家点评

上海政法学院司法研究所教授、社会法研究中心主任王倩指出，人民法院必须坚持依法保护和促进发展并重，合理平衡劳企双方利益，有效保障稳定就业。用人单位过错解雇立即生效且无须支付经济补偿金，对于劳动者而言是最为严厉的惩罚，所以实践中对于适用劳动合同法第 39 条“严重违反用人单位的规章制度的”解除劳动合同的情况，法院往往会综合考量多方面因素，如规章制度的规定本身是否合法、合理，劳动者违纪行为是否达到“严重违反”程度，用人单位是否事先提醒或警告过劳动者。

王倩称，本案中劳动者处于孕期，由于“三期”女职工受到特殊解雇保护，不适用无过错解雇，所以可能出现用人单位故意“找碴”的情形。女性生育保障需要在个案中得到落实，人民法院有必要充分发挥司法裁判的规则引领和价值导向作用，促进就业和生育的平衡。

案例 3

患有特殊疾病的劳动者在医疗期满后仍不能返岗的，用人单位未对劳动者进行劳动能力鉴定即解除劳动合同属违法解除

——周某与某饮品公司劳动争议案

基本案情

某饮品公司的公司手册规定：“公司员工旷工累计满 3 天，处罚为解除劳动合同。”周某于 2018 年 3 月 19 日入职某饮品公司，2021 年 8 月底，周某确诊为胰腺导管腺癌。某饮品公司批准了周某 2021 年 8 月 29 日至 2022 年 2 月 28 日期间的病假申请。上述病假期满后，周某再次以继续治疗为由申请延长病假。某饮品公司以周某 6 个月的医疗期已满为由，未予批准。2022 年 2 月 25 日，某饮品公司向周某寄送《返岗通知书》，要求周某于 2022 年 3 月 2 日返岗上班，如逾期不到岗，公司有权按照劳动合同法及劳动合同约定对周某进行处理。周某签收后未到岗上班。3 月 10 日，某饮品公司再次向周某寄送了《限期返岗通知书》，告知周某连续旷工 3 日将按自动离职处理。2022 年 3 月 28 日，某饮品公司以严重违反单位规章

制度为由，解除与周某的劳动合同。周某起诉请求撤销某饮品公司作出的《解除劳动合同通知书》。

裁判结果

人民法院经审理认为，旷工指劳动者故意不到岗上班，拒绝向用人单位提供劳动的行为。周某自2021年8月确诊胰腺导管腺癌后，一直在连续地接受医学治疗，其所患的疾病属于众所周知的严重难以治愈的疾病。某饮品公司也在确定医疗期的过程中，对周某的患病情况有所了解。因此，周某未返岗上班系基于其自身存在严重性疾病需继续接受治疗的客观原因，而非主观上拒绝向某饮品公司提供劳动，周某的行为不构成旷工，某饮品公司无权以周某存在旷工行为为由，认定周某严重违反单位规章制度。另外，《企业职工患病或非因工负伤医疗期规定》第7条规定："企业职工非因工致残和经医生或医疗机构认定患有难以治疗的疾病，医疗期满，应当由劳动鉴定委员会参照工伤与职业病致残程度鉴定标准进行劳动能力的鉴定。被鉴定为一至四级的，应当退出劳动岗位，解除劳动关系，并办理退休、退职手续，享受退休、退职待遇。"周某所患疾病为难以治疗的胰腺导管腺癌，在其医疗期满后，参照上述规定，应当由劳动能力鉴定委员会对周某的劳动能力进行鉴定。被鉴定为一至四级的，可解除劳动关系。基于此，某饮品公司解除与周某的劳动关系，既没有旷工的事实依据，也没有直接解除的法律依据。某饮品公司向周某作出《解除劳动合同通知书》的行为违法，遂判决撤销某饮品公司作出的《解除劳动合同通知书》，双方签订的《劳动合同书》继续履行。

典型意义

劳动者因患难以治愈的特殊疾病，医疗期满后因继续治疗的需要，仍然无法为用人单位提供劳动的，用人单位负有为上述情况的劳动者申请劳动能力鉴定的义务。用人单位未履行该义务，而以劳动者医疗期满未到岗的行为构成旷工及严重违反单位规章制度为由，解除双方劳动关系的行为违法。劳动者有权要求恢复劳动关系或向用人单位主张违法解除劳动合同的赔偿金。本案的裁判提醒用人单位，对待患有特殊疾病的劳动者，不应机械地适用《劳动合同法》第 40 条第 1 项的规定，认为医疗期届满劳动者即必须回岗工作，否则就构成旷工。面对此类情况，用人单位应当关心劳动者的身心健康，积极地为劳动者申请劳动能力鉴定，以便劳动者在生活陷入困难时，能够依法获得相应的社会保障。同时，也能避免用人单位承担违法解除劳动合同的法律责任。

参考资料及说明

[1]《中华人民共和国宪法》（2018 年修正文本）本书中简称《宪法》

[2]《中华人民共和国民法典》（2020 年 5 月 28 日第十三届全国人民代表大会第三次会议通过）本书中简称《民法典》

[3]《中华人民共和国公司法》（根据 2023 年 12 月 29 日第十四届全国人民代表大会常务委员会第七次会议第二次修订）本书中简称《公司法》

[4]《中华人民共和国行政复议法》（2023 年 9 月 1 日第十四届全国人民代表大会常务委员会第五次会议修订）本书中简称《行政复议法》

[5]《中华人民共和国公务员法》（2018 年 12 月 29 日第十三届全国人民代表大会常务委员会第七次会议修订）本书中简称《公务员法》

[6]《中华人民共和国职业教育法》（2022 年 4 月 20 日第十三届全国人民代表大会常务委员会第三十四次会议修订）本书中简称《职业教育法》

[7]《中华人民共和国职业病防治法》（根据 2018 年 12 月 29 日第十三届全国人民代表大会常务委员会第七次会议《关于修改〈中华人民共和国劳动法〉等七部法律的决定》第四次修正）本书中简称《职业病防治法》

[8]《中华人民共和国安全生产法》（根据 2021 年 6 月 10 日第十三届全国人民代表大会常务委员会第二十九次会议《关于修改〈中华人民共和国安全生产法〉的决定》第三次修正）本书中简称《安全生产法》

[9]《中华人民共和国工会法》（根据 2021 年 12 月 24 日第十三届全国人民代表大会常务委员会第三十二次会议《关于修改〈中华人民共和国

工会法〉的决定》第三次修正）本书中简称《工会法》
[10]《中华人民共和国未成年人保护法》（2020年10月17日第十三届全国人民代表大会常务委员会第二十二次会议第二次修订）本书中简称《未成年人保护法》
[11]《中华人民共和国妇女权益保障法》（2022年10月30日第十三届全国人民代表大会常务委员会第三十七次会议修订）本书中简称《妇女权益保障法》
[12]《中华人民共和国劳动法》（根据2018年12月29日第十三届全国人民代表大会常务委员会第七次会议《关于修改〈中华人民共和国劳动法〉等七部法律的决定》第二次修正）本书中简称《劳动法》
[13]《中华人民共和国劳动合同法》（根据2012年12月28日第十一届全国人民代表大会常务委员会第三十次会议《关于修改〈中华人民共和国劳动合同法〉的决定》修正）本书中简称《劳动合同法》
[14]《中华人民共和国就业促进法》（根据2015年4月24日第十二届全国人民代表大会常务委员会第十四次会议《关于修改〈中华人民共和国电力法〉等六部法律的决定》修正）本书中简称《就业促进法》
[15]《中华人民共和国社会保险法》（根据2018年12月29日第十三届全国人民代表大会常务委员会第七次会议《关于修改〈中华人民共和国社会保险法〉的决定》修正）本书中简称《社会保险法》
[16]《中华人民共和国刑法》（2020年12月26日第十三届全国人民代表大会常务委员会第二十四次会议通过的《中华人民共和国刑法修正案（十一）》修正）本书中简称《刑法》
[17]《中华人民共和国民事诉讼法》（根据2023年9月1日第十四届全国人民代表大会常务委员会第五次会议《关于修改〈中华人民共和国民事诉讼法〉的决定》第五次修正）本书中简称《民事诉讼法》
[18]《中华人民共和国劳动争议调解仲裁法》（2007年12月29日第十届全国人民代表大会常务委员会第三十一次会议通过）本书中简称

《劳动争议调解仲裁法》
[19]《中华人民共和国行政诉讼法》（根据2017年6月27日第十二届全国人民代表大会常务委员会第二十八次会议《关于修改〈中华人民共和国民事诉讼法〉和〈中华人民共和国行政诉讼法〉的决定》第二次修正）本书中简称《行政诉讼法》
[20]《中华人民共和国人民调解法》（2010年8月28日第十一届全国人民代表大会常务委员会第十六次会议通过）本书中简称《人民调解法》
[21]《中国工会章程》（中国工会第十八次全国代表大会部分修改，2023年10月12日通过）
[22]《中华人民共和国企业劳动争议处理条例》（1993年6月11日国务院第五次常务会议通过　1993年7月6日中华人民共和国国务院令第117号发布）本书中简称《企业劳动争议处理条例》
[23]《中华人民共和国劳动合同法实施条例》（2008年9月3日国务院第25次常务会议通过　2008年9月18日中华人民共和国国务院令第535号公布　自公布之日起施行）本书中简称《劳动合同法实施条例》
[24]《劳动保障监察条例》（2004年10月26日国务院第68次常务会议通过　2004年11月1日中华人民共和国国务院令第423号公布　自2004年12月1日起施行）
[25]《职工带薪年休假条例》（2007年12月7日国务院第198次常务会议通过　2007年12月14日中华人民共和国国务院令第514号公布　自2008年1月1日起施行）
[26]《工伤保险条例》（根据2010年12月20日《国务院关于修改〈工伤保险条例〉的决定》修订）
[27]《女职工劳动保护特别规定》（2012年4月18日国务院第200次常务会议通过　2012年4月28日中华人民共和国国务院令第619号公布　自公布之日起施行）

[28]《企业劳动争议协商调解规定》(人力资源社会保障部令第17号)
[29]《工会劳动法律监督办法》(总工办发〔2021〕9号)
[30]《工会参与劳动争议处理办法》(总工发〔2023〕23号)
[31]《劳动人事争议仲裁办案规则》(2017年5月8日人力资源社会保障部令第33号公布　自2017年7月1日起施行)
[32]《劳动人事争议仲裁组织规则》(2017年5月8日人力资源社会保障部令第34号公布　自2017年7月1日起施行)